中央民族大学"985工程"
中国当代民族问题战略研究哲学社会[科学]
民族发展与民族关系问题研究中心

民族学教研一得录

MINZUXUE JIAOYAN YIDELU

陈克进／著

中央民族大学出版社

图书在版编目(CIP)数据

民族学教研一得录/陈克进著. —北京：中央民族大学出版社，2009.6
ISBN 978-7-81108-671-3

Ⅰ.民… Ⅱ.陈… Ⅲ.民族学-文集 Ⅳ.C95-53

中国版本图书馆 CIP 数据核字(2009)第 061531 号

民族学教研一得录

作　　者	陈克进
责任编辑	张　山
封面设计	布拉格
出版　者	中央民族大学出版社
	北京市海淀区中关村南大街 27 号　邮编：100081
	电话：68472815（发行部）传真：68932751（发行部）
	68932218（总编室）　　68932447（办公室）
发 行 者	全国各地新华书店
印 刷 者	三河市灵山红旗印刷厂
开　　本	880×1230（毫米）1/32　印张：16.5　彩页：4
字　　数	410 千字
版　　次	2009 年 5 月第 1 版　2009 年 5 月第 1 次印刷
书　　号	ISBN 978-7-81108-671-3
定　　价	40.00 元

版权所有　翻印必究

作者（左一）祝贺林耀华教授（中）从教 62 周年

作者（左一）与宋蜀华教授（左二）等留影

作者在西江"千户苗寨"考察

作者（中）在民族学学科建设研讨会上发言

苗族芦笙坪一瞥

作者与苗族儿童共度苗年

作者到汉代闽越王城遗址考察

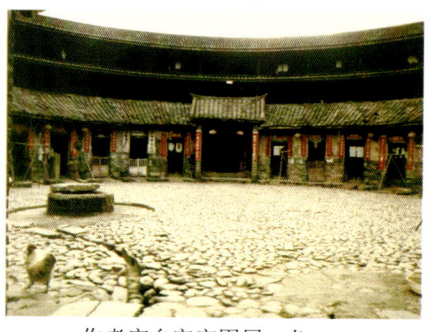

作者家乡客家围屋一角

湘西凤凰苗族靓女

景颇族利用牛角、尖竹棍、"火草"在"取火"

景颇族一对新人喜结连理

作者（左一）在闽东考察畲族祖图

贵州布依族妇女在绣花

黎族鼻箫

作者（后排左一）与西双版纳傣族房东一家

左图：
作者与黎族妇女留影

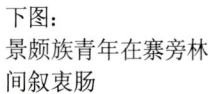

下图：
景颇族青年在寨旁林间叙衷肠

目 录

自序 …………………………………………………………… (1)

第一编　马克思恩格斯对民族学的贡献

马克思主义民族学的创立 …………………………………… (3)
马克思与马克思主义民族学 ………………………………… (15)
关于马克思、恩格斯与摩尔根的关系 ……………………… (40)
《家庭、私有制和国家的起源》论略 ……………………… (49)
《家庭、私有制和国家的起源》写作背景 ………………… (76)
《家庭、私有制和国家的起源》是恩格斯晚年一部重要的
　独立著作 …………………………………………………… (87)

第二编　婚姻家庭研究

坚持历史唯物主义的婚姻家庭理论 ………………………… (107)
婚姻家庭与亲属制度 ………………………………………… (122)
景颇族婚姻家庭制度 ………………………………………… (206)
《古兰经》的婚姻家庭观 …………………………………… (218)
对藏区"多夫多妻"现象的浅见 …………………………… (228)

第三编　原始社会形态研究

原始社会形态 ………………………………………………… (235)
《关于原始社会的分期》余论 ……………………………… (257)
从原始婚姻家庭遗俗看母权制向父权制的过渡 …………… (271)
黎族合亩制性质试析
　——兼谈私有制的产生 …………………………………… (294)

瑶族原始社会残余试析……………………………………（307）
景颇族的原始宗教信仰……………………………………（323）

第四编　民族理论与民族关系研究

为消除各民族事实上的不平等而努力
　　——学习周恩来在青岛民族工作座谈会上的讲话……（331）
"部族"质疑………………………………………………（340）
关于"民族"定义的新思考………………………………（346）
社会主义民族关系的形成与发展…………………………（355）
党的民族政策光辉胜利的物证……………………………（441）
讲历史上的爱国主义应该有所选择………………………（444）
略论皇太极的历史作用……………………………………（449）
从"民族博物馆"名称说开去……………………………（460）
我国古代民族关系史研究的新进展………………………（466）
略述中国古代民族关系的讨论……………………………（477）

附　录………………………………………………………（507）

自　　序

　　我1959年高中毕业参加全国统一高考，结果幸运地被中央民族学院（今中央民族大学）历史系录取了。接到录取通知书，我心潮澎湃，立即凑足几十元路费，从粤东客家山村赶赴北京报到。一踏进校门，我便沉浸在几十个兄弟民族热情、友好的氛围中。参加了历史系的迎新会，又一次振荡了我的心，因为有那么多的教授将给我们授课；五年学成后，将做党的民族工作，为少数民族服务。从入学时起，我就暗下决心，一定好好学习，绝不辜负祖国的期望。

　　1964年大学本科毕业，我留校任教。刚工作两年，十年"文革"开始了。那时，"打倒封资修"的口号震天响，这意味着搞民族史、民族学教学和研究是根本不可能的。由于我自中学时起就对文艺活动有兴趣，所以在"文革"后期一个偶然机会，一边学点皮毛的知识，一边不知天高地厚地写起了歌舞"评论"，尔后又断断续续地为《光明日报》文艺部撰写了《沂蒙颂》、《长征组歌》以及少数民族歌舞调演和外国艺术团访华演出"评论"。直到"四人帮"被打倒后，1977年12月写了东方歌舞团恢复演出的述评，这才结束外行写内行的荒唐游戏。

　　党的十一届三中全会召开后，全国各行各业的建设走上正轨，高校的教学和学术研究也开始生机盎然。我受到莫大的鼓舞，于是在编辑岗位上做好工作的同时，一方面主动到系里为学生讲授恩格斯的《家庭、私有制和国家的起源》等课程；一方面结合《起源》教学，探讨原始社会史特别是原始公社与婚姻家庭等方面的课题。这里我要特别提到，在历史系临毕业前夕，我和王世辉、游凤章同学曾贸然合写过有关母权制向父权制过渡的万余字文稿，并将之请教于时任系副主任的林耀华教授。林教授阅后对我说："即便杂志不给发表，搞个小册子也可以嘛！"这番激励话语，我深记在心。正是在这种鼓励下，时隔15年，我重审文稿，从资料、论据、逻辑、观点等方面检点缺失。经反复思考后，我到校内外图书馆遍查相关史料和20世纪50年代以来少数民族社会历史调查资料，于是重新拟稿，写成了2万余字的《从原始婚姻家庭遗俗看母权制向父权制过渡》初稿。为慎重起见，我把初稿打印出来，分别送给吴文藻、杨成志、林耀华、费孝通、张锡彤、吴泽霖等教授审阅，北大张广达教授还到北京图书馆（今国家图书馆）查阅国内外文献对此课题的研究情况。教授们肯定了我的看法，有的还建议在哪些方面不妨多着笔墨。该文作为我在民族学方面的处女作，终于在《民族研究》1980年第1期发表。自此，民族学、民族关系史等方面的研究成果持续不断，研究和教学的领域也越来越宽广，于是为今天出版的《民族学教研一得录》打下了坚实的基础。

这里我说明两点：收入本书的文稿，个别段落在今天读来或许有重复感，但那些文字写于不同时期，且都有一定的针对性，构成不同的独立篇章，故保持原样。再者，各文稿的注释，不同刊物、不同时期都有各不相同的规矩、要求，本书尽管已力求统一，但仍不甚理想，请读者鉴谅。

本书的出版，得到了中央民族大学民族学与社会学学院领导杨圣敏等同志的大力支持，谨表谢忱。

陈克进

2007年2月

第一编
马克思恩格斯
对民族学的贡献

马克思主义民族学的创立

任何一种完整和系统的学说都来源于长期的知识积累，有其肥沃的土壤。马克思主义民族学也不例外。马克思在着手编写《资本论》时就意识到，若要彻底揭露资本主义制度的实质，必须深入了解前资本主义的各种社会经济形态。正如恩格斯所说，马克思在研究任何事物时都要考虑它的历史起源和前提，以求了解社会现象全面发生和发展的过程。马克思对前资本主义社会历史的研究，是它全部学说的一个重要组成部分。1845—1846年，马克思、恩格斯合著的《德意志意识形态》一书，详细叙述了历史唯物主义的基本原理，论证了人们的社会存在决定人们的社会意识，阐明了生产力与生产关系发展的客观规律。他们创立的辩证唯物主义和历史唯物主义是建立科学的民族学的理论基础。

马克思主义民族学与马克思、恩格斯学说之间的关系十分密切。两位马克思主义奠基人的一生，恰好是民族学这门科学产生和初步发展的时期。19世纪中叶，当西方民族学刚刚开始形成时，就引起了马克思、恩格斯的密切关注。他们的充分体现无产阶级革命理论、辩证法和唯物史观的著作，对民族学的发展起着巨大的指导和推动作用。同时，当时出现的许多民族学资料对马克思、恩格斯的学说和世界观的发展也有一定影响。

马克思、恩格斯关于民族学问题的理论和观点，有一个逐步充实和深化的过程。只从19世纪50年代以后看，他们涉及民族学课题的论著和笔记日见丰富。比如，在马克思方面，有《经济学手稿(1857—1858年)》、《给维·伊·查苏利奇的复信草稿》、《马·柯瓦列夫斯基〈公社土地占有制，其解体的原因、进程和结果〉一书摘要》、《路易斯·亨·摩尔根〈古代社会〉一书摘要》、《亨利·萨姆纳·梅恩〈古代法制史讲演录〉一书摘要》、《约·拉伯克〈文明的起源和人的原始状态〉一书摘要》等等;在恩格斯方面,有《反杜林论》、《劳动在从猿到人转变过程中的作用》、《论俄国的社会问题》、《德国古代的历史和语言》、《马尔克》、《家庭、私有制和国家的起源》等等。所有这些,都在不同程度上探讨了人类起源、氏族组织、婚姻家庭形态、原始公社制度及其解体、私有制和阶级的产生、民族的形成、国家的起源及其阶级实质和发展前途等重大问题,因而都是马克思主义民族学的光辉论著。

特别要指出的是,马克思在生命的最后时刻,甚至忍痛放下《资本论》的写作而孜孜不倦地去钻研当时陆续问世的各种民族学著作,所做的笔记竟达3万页之多。据恩格斯后来说,马克思生前曾计划在长期积累起来的民族学资料的基础上,参考摩尔根的《古代社会》,撰写一部关于古代史研究方面的专著。可惜,由于马克思的过早去世而没有如愿以偿。然而,恩格斯实现了马克思的"遗愿",终于写就《家庭、私有制和国家的起源》这部名著。诚然,它首先是科学社会主义的主要著作,但是恩格斯在书中详细论证了一系列古代社会和现实社会中的问题,提出了许多深邃、透彻的学术见解,因而正如周恩来所说,它乃是"马克思主义的第一部民族学著作"[①]。我们认为,《家庭、私有制和国家的起源》的问世,标志着马克思主义民族学创立起来了。

马克思和恩格斯对民族学的贡献是多方面的。

首先,关于劳动在人类起源过程中的作用问题。人类由动物进化而来,这一发现是达尔文(G. R. Darwin)进化思想的一大贡献。但是,进化论中的自然选择法则远未能解释清楚人类起源

[①] 参见杨堃:《民族与民族学》,第5页,四川民族出版社1983年版。

的一系列问题。只有恩格斯根据当时的古生物学、比较解剖学和地质学等实际资料写成的《劳动在从猿到人转变过程中的作用》一文，才科学地说明了人类的起源。他指出，人类远古祖先的共同劳动是社会性的劳动，劳动不仅完善了人的生物本质，而且建立了人类社会。共同劳动使实际生活的各个领域发生了重大变化，以至恩格斯有充分的理由这样说："劳动创造了人本身。"①

其次，关于"两种生产"的理论。所谓"两种生产"，是指物质资料的生产和人类自身的生产。对于"两种生产"做出科学说明的，最早要数马克思、恩格斯。早在1845—1846年，他们就共同提出了如下的见解："我们首先应当确定一切人类生活的第一个前提也就是一切历史的第一个前提，这个前提就是：人们为了能够'创造历史'，必须能够生活。但是为了生活，首先就需要衣、食、住以及其他东西。因此第一个历史活动就是生产满足这些需要的资料，即生产物质生活本身。""第二个事实是，已经得到满足的第一个需要本身、满足需要的活动和已经获得的为满足需要用的工具又引起新的需要。""一开始就纳入历史发展过程的第三种关系就是：每日都在重新生产自己生命的人们开始生产另外一些人，即增殖。""不应把社会活动的这三个方面看做是三个不同的阶段，而只应看做是三个方面……从历史的最初时期起，从第一批人出现时，三者就同时存在着，而且就是现在也还在历史上起着作用"②。过了40年，即1884年，恩格斯在《家庭、私有制和国家的起源》第一版序言中，对此重新作了言简意赅的表述："根据唯物主义观点，历史中的决定性因素，归根结蒂是直接生活的生产和再生产。但是，生产本身又有两种。一方面是生

---

① 《马克思恩格斯选集》第3卷，第508页，人民出版社1972年版。
② 马克思和恩格斯：《德意志意识形态》，见《马克思恩格斯选集》第1卷，第32—34页，人民出版社1972年版。

活资料即食物、衣服、住房以及为此所必需的工具的生产；另一方面是人自身的生产，即种的繁衍。一定历史时代和一定地区内的人们生活于其下的社会制度，受着两种生产的制约：一方面受劳动的发展阶段的制约，另一方面受家庭的发展阶段的制约。"①这就是我们通常所说的"两种生产"的理论。前后两种说法，只是文字表达繁简有别，而理论内涵却完全一致。

"两种生产"理论是历史唯物主义的一条基本原理，也是马克思主义民族学的一块基石。我们认为，物质资料的生产和人类自身的生产，是社会生产这一矛盾统一体的两个方面。二者相互依存，相互制约，相互渗透，没有人类自身的生产，物质资料的生产就失去了前提、主体和目的，就不会有人类社会；没有物质资料的生产，人类自身则无法生存。应该说，人类社会的存在和发展，正是这两种生产矛盾运动的结果，并不是只由哪一种生产单独地起决定性作用。近二三十年来，世界上多数国家都越来越重视人类自身生产问题的研究，试图寻找出它与整个社会经济发展相适应或和谐的最佳方案。为此，就目前来说，不同国家对人口政策各有自己的侧重点。比如，人口生产偏低、老龄化现象突出的国家，往往突出鼓励生育，或使少、青、中、老年的人口结构尽可能合理，以保证有足够的劳动力去进行物质资料生产和社会事业的发展。又如，人口生产过高的国家，特别是像我国这样一个有12亿人口的社会主义国家，人口政策倡导一对夫妇只生一个孩子和晚婚晚育、优生优育，使人口生产和物质资料生产尽可

---

① 恩格斯：《家庭、私有制和国家的起源》，第3—4页，人民出版社1972年版，单行本。

请读者注意：当初为便于教学，我多年来都选用1972年的单行本作为教材，写作时也引用它。中共中央马克思列斯著作编译局后来又有新的中译本问世，收有《起源》的《马克思恩格斯选集》第4卷，人民出版社1995年6月就出了第2版，该版与1972年版在译文上有个别字句的更动。本《一得录》对引用的《起源》文字，已尽可能地按1995年版予以校正，但所注的页码一律维持原样。——作者注

能彼此适应。民族学工作者结合实际深入研究"两种生产"理论,在各民族的人口生产等问题上为国家、为人类社会献计献策,有着十分重大的意义。

第三,关于氏族和家庭史的理论。氏族和家庭问题,一直是民族学家十分重视的研究课题。在19世纪60年代以前,由于对原始社会的研究很不充分、透彻,即便像格罗斯、尼希尔、瑟尔沃尔、梅恩、蒙森及其他一切古典古代史学家,尽管能够正确地描述氏族的许多特征,但是他们并不理解氏族的起源及其本质,因而总是把氏族看作家庭的集合体。在家庭发展史方面,他们也没有科学的认识,家庭似乎根本就没有经历过任何历史的发展。正因为受当时科研水平的限制,马克思和恩格斯早先也不能不受到传统偏见的影响,误认为最早的"社会结构只局限于家庭的扩大:父权制的酋长、他们所管辖的部落成员以及奴隶"[①]。

然而,马克思和恩格斯并没有停留在以往的看法上,而是密切注视着有关学科所提供的新材料和新结论,并且以自己的唯物史观和方法论系统地阐明了氏族和家庭方面的理论问题。这集中地反映在马克思的《摩尔根〈古代社会〉一书摘要》等民族学笔记和恩格斯的杰作《家庭、私有制和国家的起源》中。关于他们的看法,这里概括地转述如下:当实行杂交的原始群内部开始排除兄弟和姊妹的婚姻关系以后,氏族才产生出来;在氏族社会的组织中,氏族是基本组织,它既是社会体制的基础,也是社会体制的单位;首先出现的是母系氏族社会,然后过渡为父系氏族社会,它们均以原始共产制经济为基础,人们过着原始平等、民主的社会生活,整个氏族制度随着农村公社的出现而逐渐崩溃;至于家庭与氏族的关系,任何家庭形态都不是氏族的基础,氏族整个包括在胞族内,胞族整个包括在部落内,部落整个包括在民族内,

---

① 马克思和恩格斯:《德意志意识形态》,见《马克思恩格斯选集》第1卷,第26页。

而家庭只要氏族存在就从未整个包括在氏族内,即它总是一半包括在丈夫的氏族内,一半包括在妻子的氏族内。关于家庭发展史问题,马克思和恩格斯认为:在实行杂交的原始群时期,没有家庭,往后才依次发展出血缘家庭、普那路亚家庭、对偶家庭、一夫一妻制家庭①;有什么样的婚姻形态就会有什么样的家庭形态,而不同类型的亲属制度则以各种不同形态的家庭为基础,或者说,前者是对后者的反映和记录;在阶级社会中,一夫一妻制不再以自然条件为基础,而是以经济条件为基础,因而它从一开始就具有自己的特殊的性质,使它成为只是对妇女而不是对男子的一夫一妻制;只有随着无产阶级革命的胜利,生产资料转归社会所有,个体家庭才逐渐不再是社会的经济单位,妇女的平等地位才能实现,以性爱为基础的婚姻,对男子来说是真正的一夫一妻制才能成为社会公认的道德。

第四,关于原始公社的理论。还在19世纪40年代,马克思、恩格斯就着手探讨所有制问题,提出了区分各种所有制形式的一个基本原则:"分工发展的各个不同阶段,同时也就是所有制的各种不同形式。这就是说,分工的每一个阶段还根据个人与劳动的材料、工具和产品的关系决定他们相互之间的关系。"②据此,他们首次指出:"第一种所有制形式是部落所有制。它是与生产的不发达的阶段相适应的,当时人们是靠狩猎、捕鱼、牧畜,或者最多是靠耕作生活的。在后一种情况下,它是以有大量

---

① 恩格斯在1883年为《资本论》第1卷第3版(德文版)作注时称:"后来对人类原始状况的透彻的研究,使作者得出结论:最初不是家庭发展为氏族,相反地,氏族是以血缘为基础的人类社会的自然形成的原始形式。由于氏族纽带的开始解体,各种各样家庭形式后来才发展起来。"见《马克思恩格斯全集》第23卷,第389—390页。我们认为,"家庭"一词有广义和狭义之分,详见本书第十二、十三章正文及有关脚注。

② 马克思和恩格斯:《德意志意识形态》,见《马克思恩格斯选集》第1卷,第26页。

未开垦的土地为前提的。在这个阶段上,分工还很不发达……"①这表明,当时他们已觉察到,在私有制产生以前,人类社会尚无阶级和国家,只是存在着一种土地公有的社会,但对其内涵并不明晰。通过二三十年的独立探索,马克思和恩格斯对原始共产制的公社在认识上有了质的飞跃。例如,马克思在1867年写《资本论》第一卷时指出:"在印度的不同地区存在着不同的公社形式。"②恩格斯在1876年写的《反杜林论》进一步阐述道:"我们在所有的文明民族的历史初期所看到的不是'大地主'……而是土地公有的氏族公社和农村公社。从印度到爱尔兰,大面积的地产经营,最初正是由这种氏族公社和农村公社来进行的,同时,耕地或者以公社为单位共同耕种,或者分成小块,由公社在一定时期内分配给各个家庭去耕种,而森林和牧场总是公用的。"③引人注目的是,此时柯瓦列夫斯基的《公社土地占有制,其解体的原因、进程和结果》以及摩尔根的《古代社会》均尚未问世,而恩格斯却已明确地把原始公社划分出氏族公社和农村公社两个时期,并把农村公社被经营的土地分作两种情况,这就相当真实地反映了原始公有的范围、程度不断缩小和削弱的历史趋势。当马克思于1879—1880年读了柯瓦列夫斯基的《公社土地占有制,其解体的原因、进程和结果》这部民族学著作后,对原始公社的发展过程也有了相当明晰的看法。他的看法可归纳如下:(1)在不是定居的远古群的状态下,财产是公有的,"产品本身作为共同产品都是群的财产","还不存在'不动产'"④。(2)氏族公社的公有制,土地为氏族成员所共有,他们"共同生活,共同耕

---

① 马克思和恩格斯:《德意志意识形态》,见《马克思恩格斯选集》第1卷,第26页。
② 马克思:《资本论》第1卷,见《马克思恩格斯全集》第23卷,第396页,人民出版社1972年版。
③ 恩格斯:《反杜林论》,第172—173页,人民出版社1970年版。
④ 马克思:《马·柯瓦列夫斯基〈公社土地占有制〉一书摘要》,见《马克思恩格斯全集》第45卷,第210页,人民出版社1985年版。

地","并用共同的(公共的)收益满足自己的需要"①。(3)父系家族公社的公有制,早期的亦即"南方斯拉夫式的家庭公社"②,或如阿尔及利亚卡比尔人中"不分居家庭",共有集体耕种的土地,其他财产也为全体家族成员所有,个人只占有极为有限的动产如衣服、装饰品等,公社成员共同消费产品。后来,土地所有权的不可分割和共同的耕作、消费消逝了,于是"这种家庭在历史发展的过程中也越来越简化为现代意义上的私人的个体家庭了"③。(4)农村公社,定期平均分配耕地,"如此等等"④。后来,公社"共同使用者以时效［давность владения, Alter des Besitzes］为理由而把他们的个体份地变为私有财产"⑤。长此以往,由于"份地的不平等已经很大,这种不平等必然逐渐地造成财富、要求等等方面的各种不平等,简言之,即造成各种社会的不平等,因而产生争执,——这就必然使事实上享有了特权的人极力确保自己作为所有者的地位"⑥。原始公社制度终于走到了它的尽头,因为"通过把土地所有制个人化,也达到了政治的目的——消灭这个社会的基础"⑦。这里应强调指出,马克思在晚年给俄国作家维·伊·查苏利奇的复信草稿中,对农村公社的历史地位及其主要特征,提出了为后人经常引用的卓越见解,诸如农村公社"摆脱了牢固然而狭窄的血统亲属关系的束缚"⑧,具有原始公有和私有的二重性,"既然是原生的社会形态的最后阶段,所以它同时

---

① 马克思:《马·柯瓦列夫斯基〈公社土地占有制〉一书摘要》,见《马克思恩格斯全集》第45卷,第231—232页。
② 同上书,第242页。
③ 同上书,第309—311页。
④ 同上书,第243页。
⑤ 同上书,第246页。
⑥ 同上书,第247页。
⑦ 《马克思恩格斯全集》第45卷,第327页。
⑧ 《马克思恩格斯全集》第19卷,第450页,人民出版社1963年版。

也是向次生的形态过渡的阶段,即以公有制为基础的社会向以私有制为基础的社会的过渡"①。

第五,关于私有制产生的理论。剥削阶级特别是资产阶级及其代言人,历来宣扬私有制自有人类以来就存在,而且是"天然地合理"。马克思和恩格斯从民族学角度,多次分析、论证了私有制是人类社会一定历史阶段的产物,而且同它的产生具有必然性一样,它终将被消灭,而为最高形式上的公有制所取代。早在19世纪40年代,马克思和恩格斯就指出:"无论在古代或现代民族中,真正的私有制只是随着动产的出现才出现的。"②而"动产的私有制以及后来不动产的私有制","是从自然形成的共同体形式的解体过程中"发展起来的。③ 这个基本思想,马克思和恩格斯一直坚持不渝。比如,19世纪60年代,马克思指出:"私有制作为公共的、集体的所有制的对立物,只是在劳动资料和劳动的外部条件属于私人的地方才存在。"④在70年代,恩格斯论述商品生产与货币之间的关系时写道:"如果生产商品的社会把商品本身所固有的价值形式进一步发展为货币形式,那么还隐藏在价值中的各种萌芽就显露出来了。最先的和最重要的结果是商品形式的普遍化。甚至以前直接为自己消费而生产出来的物品,也被货币强加上商品的形式而卷入交换之中。于是商品形式和货币就侵入那些为生产而直接结合起来的社会组织的内部经济生活中,它们逐一破坏这个社会组织的各种纽带,而把它分解为一群群私有生产者。最初,正如在印度所看到的,货币使个人的耕种代替了公社的耕种;后来,货币以最后的分割取消了还实行定期

---

① 《马克思恩格斯全集》第19卷,第450页,人民出版社1963年版。
② 马克思和恩格斯:《德意志意识形态》,见《马克思恩格斯选集》第1卷,第68—69页。
③ 同上书,第26、70页。
④ 马克思:《资本论》第1卷,见《马克思恩格斯全集》第23卷,第830页。

重分的耕地公有制(例如在摩塞尔流域的农户公社中,在俄国的村社中也开始出现);最后,货币促成了余留下来的公有森林和牧场的分配。无论促进这一过程的还有什么其他基于生产发展的原因,货币始终是其中影响公社的最有力的手段。"① 而马克思在80年代则从个体劳动等角度指出:小土地经营、各种动产的积累和个体交换的发展,必然破坏着原始的经济平等和社会平等,"引起公社内部各种利益和私欲的冲突,这种冲突,首先会破坏耕地的公有制,然后会破坏森林、牧场、荒地等等的公有制;一旦这些东西变成了私有制的公社附属物,也就会逐渐变成私有制了。"②

第六,关于"直接过渡"的理论。马克思和恩格斯是在对马克思主义的敌人进行论战中提出这个光辉理论的。1874年俄国民粹派分子彼得·特卡乔夫发表致恩格斯的"公开信",指责、谩骂恩格斯对于俄国没有"丝毫知识",不主张立即发动革命就是站在沙皇政府一边等等。他认为,在俄国实现社会主义革命,比西欧各国要容易得多,因为俄国绝大多数人民"都充满着公社占有制原则的精神","是本能的、传统的共产主义者"③。为批判毫无社会主义常识的特卡乔夫,揭穿他奢谈社会革命的骗人伎俩,恩格斯于1875年出版了题为《论俄国的社会问题》的小册子。正是在这里,恩格斯率先明确地提出了"直接过渡"的理论:"俄国的公社所有制早已度过了它的繁荣时代,看样子正在趋于解体。但是也不可否认有可能使这一社会形式转变为高级形式……然而这种过渡只有在下述情况下才会发生,即西欧在这种公社所有制彻

---

① 恩格斯:《反杜林论》,第306—307页。
② 马克思:《给维·伊·查苏利奇的复信草稿(三稿)》,见《马克思恩格斯全集》第19卷,第450页。
③ 转引自《马克思恩格斯选集》第2卷,第623页,人民出版社1972年版。

底解体以前就胜利地完成无产阶级革命,而这个革命会给俄国农民提供实现这种过渡的主要条件,其中也为他们提供在整个农业制度中实行必然与其相联系的变革所必需的物资。"[1]过了六年,俄国的查苏利奇写信向马克思求教。为消除他对《资本论》有关资本主义制度起源的理论分析存在的误解,马克思及时回了信。在复信草稿中,马克思除论述了农村公社的特征等问题外,还探讨了俄国公社的发展前途问题。他是同意恩格斯上述意见的,并有更加详明的阐述。他指出,资本主义制度的存在和发展,在西方"是把一种私有制形式变为另一种私有制形式。相反地,在俄国农民中,则是要把他们的公有制变为私有制"[2]。同时,他也考察了俄国公社存在另一种发展前途的可能性:"如果它在现在的形式下事先被引导到正常状态,那它就能直接变成现代社会所趋向的那种经济体系的出发点,不必自杀就能获得新的生命。"[3]究竟是私有制战胜原始的公有制,还是后者直接向高级形式过渡,"一切都取决于它所处的历史环境"[4]。就是说,无产阶级革命取得了胜利,通过国家各方面的帮助,尤其是引导人民对原始公有制进行根本改造,就能使残存着原始公社的民族,"可以不通过资本主义制度的卡夫丁峡谷"[5],而直接过渡到社会主义。

马克思主义创始人关于"直接过渡"的英明预见,在社会主义国家中已成为现实。在我国,不只是保留有原始公社浓厚残余的少数民族,而且已经进入到奴隶制、农奴制社会的少数民族,由于中国共产党制订的有关方针、政策和方法、措施正确,还由于国家从人力、物力、财力等方面的巨大帮助和扶持,它们都成功地建立起社会主义制度,而且在昔日的废墟上迅速发展着经济、

---

[1] 《马克思恩格斯选集》第2卷,第625—626页。
[2] 《马克思恩格斯全集》第19卷,第447页。
[3][4][5] 同上书,第451页。

政治、文化等事业,为跻于先进民族之林迈出了坚定步伐。

关于马克思、恩格斯为创建新型的马克思主义民族学立下的丰功伟绩,我们在这里不可能一一介绍,比如民族的形成、国家的起源(这既是国家学说的内容,也关系到民族学的内容),就没有涉及。但是,从以上列举的几个方面,读者足可看出,他们从辩证唯物主义和历史唯物主义原则出发,为我们继承和发展马克思主义民族学奠定了良好的基础。

(节选自林耀华主编《民族学通论》修订本,中央民族大学出版社,1997年版)

马克思与马克思主义民族学

(为纪念马克思逝世一百周年而作)

马克思对人类的巨大贡献是多方面的,特别是作为他的观点和学说完整体系的马克思主义,一直成为各国无产者和劳动人民开展共产主义运动的指导思想的理论基础。在运用唯物史观来研究原始社会和民族学方面,马克思的成就也是卓越的,这主要体现在他和恩格斯共同创立了马克思主义民族学,并给我们树立了利用民族学研究成果去为共产主义理论和实践服务的光辉榜样。

*   *   *

马克思毕生博览深研古今论著,孜孜不倦地汲取人类文化的精华,通过创造性的劳动丰富和发展了自己的学说,使之更富有战斗精神。

19世纪60年代,著名的美国民族学家摩尔根,在原始社会史的研究领域,以崭新的观点和前所未有的事实根据,打破了资产阶级诸如父权制家庭自有人类以来就存在这一类传统偏见。在其代表作《古代社会》一书中,"他巧妙地展示出原始社会和原始社会共产主义的情景。他独立地重新发现了马克思的历史理论,并且在自己著作的末尾对现时代作出了共产主义的结论"[①]。"他根据野蛮人的、尤其是美洲印第安人的氏族组织,第一次充分地阐明了罗马人和希腊人的氏族,从而为上古史奠定了牢固的基

---

① 恩格斯致弗·阿·左尔格的信(1884年3月7日),见《马克思恩格斯全集》第36卷,第127页。

础。……泰罗、拉伯克及其同伙所搞的整个骗局，不管是族内婚、族外婚，还是其他各种荒诞无稽之谈，现在都被彻底揭穿了"①。对这样一本独树一帜，"像达尔文学说对于生物学那样具有决定意义的书"，"当然也是被马克思发现的"②。

当马克思从柯瓦列夫斯基那里借到《古代社会》③后，就以敏锐的洞察力看出该书具有如此重大的科学价值。他及时向恩格斯推荐，自己则做了十分详细的摘要，准备完成一部新的论著，以进一步阐明人类社会发展的客观规律。《摘要》本身表明：（1）他改变了摩尔根论述问题的次序，即把第二编《政治观念的发展》调到末尾，而把第三编《家族观念的发展》、第四编《财产观念的发展》改置于第一编《各种发明和发现所体现的智力发展》④之后。（2）他在摘录摩尔根提供的资料和基本观点的过程中，一一加了附注，尤其是写了许多自己的见解，明确指出原著所存在的谬误或不确切的地方。（3）他在研读摩尔根原著的同时，也广泛阅读了包括亨·梅因、鲁·佐姆、爱·泰勒等著名学者有关原始社会的著作，并加以摘引和评注，从而使《摘要》的内容更为丰富。此外，我们还注意到，在摘录《古代社会》的前两年，即1879—1880年，马克思读到了刚刚出版的马·马·柯瓦列夫斯基的新作《公社土地占有制，其解体的原因、进程和结果》，同样写了摘要，做了很多重要的评注，指出了书中一些观点和结论的错误。而且，就在收有柯瓦列夫斯基该书摘要的同一笔记本中，还收入了《印度史编年稿》，后者多次地、整段整段地引述了前者有关印度村社土地所有制的内容。由此可见，马克思当时是同时进行这

---

① 恩格斯致卡·考茨基的信(1884年2月16日)，见《马克思恩格斯全集》第36卷，第112—113页。

② 同上。

③ 参阅《回忆马克思恩格斯》，胡尧之等译，人民出版社1957年版，第343页。

④ 《古代社会》编名的中译采用杨东莼、马雍、马巨的合译本。

两部手稿的工作的。把前前后后的事情联系起来看,这些手稿恐怕也是后来激发马克思准备利用《古代社会》摘要进行新著写作的一个原因。但是,由于担负着许多繁重的工作,特别是紧张地继续进行改造政治经济学和完成《资本论》的写作,迫使马克思"没有再回头研究"。加上健康状况日益恶化,他不幸于1883年3月14日与世长辞,他生前的打算便成了遗愿。恩格斯读到战友的《摘要》手稿后,深知据此去撰写一部理论著作的重大意义,于是把执行马克思的遗愿看作自己应该担负的一项义务,他甚至放下了一切最紧急的事情去写作,终于在战友故去的第二年春天完成了《家庭、私有制和国家的起源》(以下简称《起源》)这部不朽之作。

《起源》是科学社会主义的主要著作之一,也是马克思主义民族学最后确立的一个标志。诚然,《起源》出自恩格斯之手,也与他长期以来对原始社会制度进行了研究有十分密切的关系,但是,确切点说,应该把它看作恩格斯和马克思几十年相互砥砺、共同探索的硕果。

我这样说是符合实际情况的。前已述及,马克思生前有一个批判地利用《古代社会》写出新论著的构想,即联系唯物史观来"阐述摩尔根的研究成果,并且只是这样来阐明这些成果的全部意义"[①]。《古代社会》闪烁着摩尔根自发的历史唯物论思想的光芒,但他的历史唯物论毕竟不彻底,比如,在编目拟题中称某某"观念"的发展,反映出精神与物质、意识与存在的关系在他头脑里是被颠倒的;该书最后一句话,将人类社会的发展说成是上帝事先计划好的,也表明他仍然属于主观唯心主义的营垒。所以恩格斯客观地指出,《古代社会》是一部"内容如此丰富,但写得如

---

① 恩格斯:《家庭、私有制和国家的起源》,人民出版社1972年版,第3页。

此糟糕的书"[1]。对于摩尔根这样一位资产阶级学者来说，围绕他的氏族制度学说所作的经济等方面的论证，无疑是很充分的了。然而，对于马克思主义者的目的来说，这就远远不够了，因为想要阐明人类社会发展的客观规律，借以提高工人对资本主义制度必然灭亡的认识，激发为建立共产主义的社会制度而奋斗的觉悟，去揭示古代氏族制度的本来面貌固然是必不可少的，但更重要的理论研究应放在原始公社的解体过程，以雄辩的事实说明私有制是如何从原始公社制中产生出来的，贫富两极分化和阶级对抗是怎样形成的，明晰地揭示出国家的阶级实质以及它如同必然会产生也终将要消亡的历史发展过程。因此，"如果只是'客观地'叙述摩尔根的著作，对它不作批判的探讨，不利用新得出的成果，不同我们的观点和已经得出的结论联系起来阐述，那就没有意义了。这对我们的工人不会有什么帮助"[2]。显然，马克思是准备基于这样的想法来利用和改造《古代社会》一书的，恩格斯的《起源》则忠实地把它实现了。如果把它们略加对照的话，我们不难发现，在问题分类、篇章布局上，《摘要》和《起源》是一脉相通的；在思想内容上，恩格斯几无遗漏地吸收了马克思附于《摘要》上的精辟见解，并结合他们一贯倡导的理论作了进一步的阐述。据笔者不完全的统计，《起源》直接引用马克思的有关评语凡14处，加上转述或提到了的则在20处以上；其中所涉及的问题都是至关重要的，包括原始社会分期的根据，母权制向父权制的过渡，家长制家庭的特征及其实质，氏族的形成、职能和它必然灭亡的命运，财产私有制的产生以及由此引起的贫富分化、阶级

---

[1] 恩格斯致卡·考茨基的信(1884年4月11日)，见《马克思恩格斯全集》第36卷，第136页。

[2] 恩格斯致卡·考茨基的信(1884年4月26日)，见《马克思恩格斯全集》第36卷，第144页。

对立和国家的出现,等等。

*　　*　　*

自从《起源》公开出版后,西方民族学界反对马克思主义的活动一直不曾中止过。那些为私有制的存在辩护、为资本主义制度唱赞歌的学者们,总是有意无视马克思对《古代社会》所作的大量评述,也根本不顾恩格斯反复声明《起源》与《古代社会》在思想体系上有着本质的不同,坚持认为《起源》只是简单地重复了摩尔根的研究成果,硬把马克思、恩格斯同摩尔根画上等号。他们大肆挞伐摩尔根的氏族制度学说,或集中围攻他的历史哲学观点,无非是妄图借此打开一个缺口,进而推翻马克思主义关于人类社会发展规律的科学理论。这就是问题的实质。对此,美国的民族史学家N·利科克写道:"因为摩尔根的著作被恩格斯用来作为基础,所以反对摩尔根的论据也是隐蔽的反对马克思的论据。"她还指出,在美国学者有关理论的全部争论中,"马克思总是无形地在场,虽然谁也不承认这一点"①。

不必讳言,马克思和恩格斯读了《古代社会》后,的确颇受启发,并获得了可资参考的丰富材料,使他们在用唯物史观来考察原始社会方面取得了迅速的进展,从而为马克思主义民族学奠定了坚实的基础。但是,实际上,从19世纪40年代中期起,他们就断断续续地研究了原始社会史上的一些重大问题,并形成了自己的观点和有关理论。为说明马克思(自然也要联系到恩格斯)在这方面所做出的伟大贡献,现将其有关的研究情况简略地介绍如下。

(一)关于"两种生产"的理论

早在1845—1846年,马克思和恩格斯就共同提出了这样的

---

① 转引自〔苏〕Ю·Л·阿维尔基耶娃:《马克思主义与美国民族学》,见《民族译丛》1982年第2期,第10页。

见解:"我们首先应当确定一切人类生活的第一个前提也就是一切历史的第一个前提,这个前提就是:人们为了能够'创造历史',必须能够生活。但是为了生活,首先就需要衣、食、住以及其他东西。因此第一个历史活动就是生产满足这些需要的资料,即生产物质生活本身。""第二个事实是,已经得到满足的第一个需要本身、满足需要的活动和已经获得的为满足需要用的工具又引起新的需要。""一开始就纳入历史发展过程的第三种关系就是:每日都在重新生产自己生命的人们开始生产另外一些人,即增殖。""不应把社会活动的这三个方面看做是三个不同的阶段,而只应看做是三个方面……从历史的最初时期起,从第一批人出现时,三者就同时存在着,而且就是现在也还在历史上起着作用。"[①]过了40年,即1884年,恩格斯在《起源》第一版序言中,对此重新作了言简意赅的表述:"根据唯物主义观点,历史中的决定性因素,归根结蒂是直接生活的生产和再生产。但是,生产本身又有两种。一方面是生活资料即食物、衣服、住房以及为此所必需的工具的生产;另一方面是人自身的生产,即种的蕃衍。一定历史时代和一定地区内的人们生活于其下的社会制度,受着两种生产的制约:一方面受劳动的发展阶段的制约,另一方面受家庭的发展阶段的制约。"[②]这就是我们通常所说的"两种生产"的理论。前后两种说法,只是文字表达繁简有别,而理论内涵却完全一致。"两种生产"理论是历史唯物主义的一条基本原理,也是马克思主义民族学的一块基石。

可是,自恩格斯重新表述了这一理论后,对它的非难、指责一直不断。最早提出异议的是俄国的民粹派首领米海洛夫斯基,

---

① 马克思和恩格斯:《德意志意识形态》,见《马克思恩格斯选集》第1卷,第32—34页。

② 恩格斯:《家庭、私有制和国家的起源》,第3—4页。

他在《俄国财富》1894年第一、二期上著文指责恩格斯"附和"了摩尔根,自动"更正"了唯物史观。到了20世纪四五十年代,苏联学术界还公开批评恩格斯所概括的"两种生产"理论。列昂捷夫在《马克思主义旗帜下》杂志1943年七、八期合刊上撰文,声称即便在原始社会制度问题上也不能"拿二元论的观点来代替一元论的观点"。联共中央马恩列研究院于1947年为《起源》写的俄文版序言,也指责"两种生产"的说法"不精确",说由此"可以产生错误的观点"。由罗森塔尔、尤金主编的《简明哲学辞典》(1955年第4版增订本)在《起源》专条中,又声称"恩格斯在序言中犯了一个错误"。直到不久前,有的西方学者也还指责恩格斯对"种的生产(人类的蕃衍)与生活资料的生产","作出最非马克思主义的划分"①。

　　以上的责难都是站不住脚的,因为关键在于他们将"种的蕃衍"排除在经济因素(经济条件)之外,否认它属于物质的生产和再生产,而且有意或无意地在这个问题上把恩格斯同马克思对立起来,似乎两位革命导师的观点并不一致。把人的自身生命的延续和人口的增殖看成经济因素,看成一种物质生产,恰恰坚持了唯物主义的一元论,也符合马克思的一贯思想。正是马克思自己明确指出,"居民的增长","同样也属于生产之列"②。他还说过:"原始的生产条件是作为自然的前提亦即生产者生存的自然条件而出现的;正如他所再生产出来和发展出来的他的活的躯体一样,最初不是由他本身造成的,而是他本身的前提。"③恩格斯在逝世前两年还指出:"我们认为,经济条件归根到底制约着历

---

① 戴维·麦克莱兰:《马克思以后的马克思主义》(1979年版),转引自《国外社会科学动态》1980年第12期,第31页。

② 马克思:《资本主义生产以前各形态》,人民出版社1956年版,第20页。

③ 同上书,第25页。

史的发展。种族本身就是一种经济因素。"[1]对此,列宁的观点也很明确,他曾针对米海洛夫斯基把"人本身的生产"视为"非经济因素"而嘲笑地诘问道:"难道米海洛夫斯基先生以为子女生产关系是一种思想关系吗?"[2]我认为,物质资料的生产和人类自身的生产,是社会生产这一矛盾统一体的两个方面。二者相互依存、相互制约、相互渗透,没有人类自身的生产,物质资料的生产就失去了前提、主体和目的,就不可能有人类社会;没有物质资料的生产,人类自身也无法生存。应该说,人类社会的存在和发展,正是这两种生产矛盾运动的结果,并不是只由哪一种生产单独地起决定性作用。

近二三十年来,世界上多数国家都越来越重视人类自身生产问题的研究。这一事实也证明马克思主义关于"两种生产"的理论是经得起历史检验的。我国是社会主义国家,实行有计划、按比例地发展国民经济,坚持一手抓物质资料的生产,一手抓人口生产,使两种生产尽可能互相适应。胡耀邦同志在党的十二大报告中指出:"在我国经济和社会的发展中,人口问题始终是极为重要的问题。实行计划生育,是我国的一项基本决策。"当前,在全面开创社会主义现代化建设新局面的斗争中,民族学工作者结合实际深入研究"两种生产"理论,在各民族的人口生产等问题上献计献策,有着十分重大的意义。这方面的研究工作,以往我们做得太少了,如若跟目前哲学界、经济学界,特别是人口学界的热烈讨论相比较,更显得冷冷清清,极不相称。让我们立即行动起来,尽快改变这种落后状况。

---

[1] 恩格斯致符·博尔吉乌斯的信(1894年1月25日),见《马克思恩格斯全集》第39卷,第198页。

[2] 列宁:《什么是"人民之友"以及他们如何攻击社会民主主义者?》,见《列宁选集》第1卷,第17—18页,人民出版社1972年版。

(二)关于氏族和家庭问题

由于对原始社会的研究十分不足,即便像格罗特、尼布尔、蒙森及其他一切古典古代历史学家,尽管能够正确地描述氏族的许多特征,但是他们并不理解氏族的起源及其本质,因而总是把氏族看作家庭的集合体。在家庭发展史方面,他们也没有科学的认识。正如恩格斯所指出的,在19世纪"60年代开始以前,根本谈不到家庭史。历史科学在这一方面还是完全处在摩西五经的影响之下。人们不仅毫无保留地认为那里比任何地方都描写得更为详尽的这种家长制的家庭形式是最古的形式,而且把它——除一夫多妻制外——跟现代资产阶级的家庭等同起来,这样一来,家庭实际上就根本没有经历过任何历史的发展。"[1]正因为受当时科研水平的局限,马克思和恩格斯也不能不受到传统偏见的影响,曾误认为家庭是原始社会的基本单位。他们于1845—1846年合写的《德意志意识形态》里就说过,最早的"社会结构只局限于家庭的扩大:父权制的酋长、他们所管辖的部落成员以及奴隶"[2]。马克思在1857—1858年的经济学手稿中亦曾写道:"我们越往前追溯历史,个人,也就是进行生产的个人,就显得越不独立,越从属于一个更大的整体:最初还是十分自然地在家庭和扩大成为氏族的家庭中。"[3]又如他在《资本论》第1卷(1867年出版)中,认为以性别和年龄为基础的自然分工,最早是"在家庭内部,随后在氏族内部"而产生的[4]。

然而,马克思并没有停留在以往的看法上,而是密切注视着

---

[1] 恩格斯:《家庭、私有制和国家的起源》,第7页。
[2] 见《马克思恩格斯选集》第1卷,第26页。
[3] 马克思:《〈政治经济学批判〉导言》,见《马克思恩格斯选集》第2卷,第87页。
[4] 参阅《马克思恩格斯全集》第23卷,第389页。

有关学科所提供的新材料和新结论。被马克思看作"学术上的朋友"的柯瓦列夫斯基,曾经在回忆与马克思多次会见的文章中提到:"他比较赞同揭露土地公社的过去或者根据当时的比较人种学和比较法学史来阐明远古以来的家族制度的发展过程。"①随着原始社会史研究取得新的进展,尤其是摩尔根卓绝地发现了氏族的真正本质以及根据亲属制度首次绘出了人类家庭发展史的略图,把原始共产主义社会内部组织的典型形式揭示出来后,马克思对于氏族和家庭方面的认识就起了质的变化,这集中地反映在他所写下的《科瓦列夫斯基〈公社土地占有制,其解体的原因、进程和结果〉一书摘要》和《摩尔根〈古代社会〉一书摘要》中。

为便于读者了解马克思在这一方面所持的新观点,也为了消除学术界某些人存在着的误会,这里不得不有选择地将他有关的评述或明显表示赞同柯瓦列夫斯基和摩尔根看法的文字,按历史发展的脉络引述如下(引文中的黑体表示马克思自己的,只有个别地方才是由他概括转述他人的):

"〔最古是:过着群团的生活实行杂乱的性交;没有任何家族;在这里只有母权能够起某种作用。〕亲属制度以各种不同形态的家族为基础;这些制度也是它们所经历过的各种不同形态的家族存在过的证据。"②

"共产制生活方式必然作为他们存在的必要条件而通行于血缘家族和普那路亚家族中。共产制现在还普遍通行于蒙昧和野蛮部落中〔每一个小家族是整个集团的缩影〕。"③

"按起源来说,氏族比一夫一妻制和对偶制家族要早;本质上它是和普那路亚家族同时的东西,但是这些家族形式中没有一

---

① 《回忆马克思恩格斯》,第350页。
② 马克思:《摩尔根〈古代社会〉一书摘要》,第10页。
③ 同上书,第19页。

个是氏族的基础。""氏族整个地加入胞族,胞族整个地加入部落,部落整个地加入民族,但家族当氏族存在时,从未整个地加入氏族,因为它总是一半加入丈夫的氏族,一半加入妻子的氏族。"①

"次氏族的名称是个人名称,而且大部分——如果不是全部的话——是女性的名称……这证明:第一,氏族最初的动物名称如何让位于个人的名称〔氏族最初的名称依然存在,例如在这里,德拉瓦部落的狼氏族、龟氏族及吐绥鸡氏族,不过由氏族分裂而成的次氏族各自具有特殊的(个人的)名称——每个次氏族(氏族家族的分支)的始祖母的名称;因此,氏族最初的动物名称成为胞族的名称,而个人名称(母亲的名称)则成为次氏族的名称,而且这一改变与英雄(祖先)崇拜毫无共同之处,如同以男系计算世系时的古典古代那样〕;第二,在这里显露出胞族是通过一个氏族分裂出几个次氏族的途径而自然形成的。"②按:马克思在这里讲的以个人名称命名的次氏族,似即我们通常所说的母系家族公社(母系大家庭)。

"在德拉瓦部落间也流行将属于父亲氏族的名字以名其子女的习惯;这就引起了我们在萧尼部落及迈安密部落中所见到的在世系计算上的那种混乱情形。〔这似乎是亲属关系由按女系计算到按男系计算的自然的过渡阶段;只有这种过渡方能结束这一混乱情形〕。"③

"从历史上发生的次序看印度现代公社土地所有制的各种形式。"④"这样一来,出现了下述(发展)过程:1)最初是具有土地共同所有制及其集体耕耘的氏族公社;2)氏族公社依照氏族支系

---

① 马克思:《摩尔根〈古代社会〉一书摘要》,第168—169页。
② 同上书,第139页。
③ 同上书,第139页。
④ 马克思:《科瓦列夫斯基〈公社土地占有制,其解体的原因、进程和结果〉一书摘要》,第23页。

的数目而分为或多或少的家族公社〔南方斯拉夫人的含义上的〕。……5)公社土地多少定期的重分制度，如此等等……在旧的公共所有制中只有公社土地〔指和转归私有的土地相对立而言的〕，〔或者是原先只是附属地的地方才〕作为 beaux restes(余晖——译者注)残留下来，而另一方面，共同的家族所有制也保存下来了；**但是这个家族，由于历史发展的过程，越来越趋向于近代意义下的私有的独立家族了。**"①

"阿尔及利亚继印度之后仍然保存着土地所有制古老形式的最多的痕迹……在柏柏尔人中间，某些——名为卡比里亚人——居住在北部地中海沿岸等地的居民，直到现在仍然过着未分居家庭的生活，严格遵守家庭财产的不可让渡性。"②随后，马克思连摘要带注释地录下了卡比里亚人父系大家庭的共产制生活，其整个情状酷似《起源》中提到的南方斯拉夫人的扎德鲁加。对此，限于篇幅，本文不再一一加以引述。

"闪族部落的父权家族制属于野蛮期的最晚期而且在文明期开始以后还保持了一些时期……这种家族形式的主要特点是：将相当数量的自由民和非自由民，以耕种土地和照料畜群为目的而在父权之下组成家族……家长支配其成员和支配其财产的权力是这种家族的实质。"③

"传统的说法是：认为父权家族……是原始社会(家族)的典型形式。野蛮期最晚期的氏族的存在是为人所承认的，但是氏族却被错误地认为在时间上是比一夫一妻制家族更晚的制度。"④
"鲜明形式的一夫一妻制出现于野蛮期的最晚期。"

---

① 马克思:《科瓦列夫斯基〈公社土地占有制，其解体的原因、进程和结果〉一书摘要》，第33—34页。
② 同上书，第88页。
③ 《摩尔根〈古代社会〉一书摘要》，第36页。
④ 同上书，第37页。

"[傅立叶认为一夫一妻制和土地私有制是文明时代的特征。现代家族在胚胎时期就不仅含有 Servitus(奴隶制),而且也含有农奴制,因为它从最初起就和土地的赋役有关。它含有后来在社会和国家中广泛发展起来的一切对抗性的缩影。]"①

　　事实胜于雄辩。尽管以上的引述只是马克思手稿有关文字中极为有限的一小部分,但它们都足以展示出革命导师在氏族和家庭问题上的唯物史观。

　　但是,近几十年来,流行一种否定血缘家庭和普那路亚家庭存在、否定氏族起源于普那路亚家庭的观点。《民族研究》1982年第3期发表的汪连兴同志的论文《卡·马克思对摩尔根原始社会史学说的批判和改造》(以下简称汪文),也拥护这种观点。汪文极其尖锐地提出:"在关于最早的人类家庭和婚姻形式上,以及氏族的起源问题上,马克思不仅与摩尔根,而且也和恩格斯存在着分歧意见。在这种情况下,我们应该何去何从呢?"②为了说明所谓马克思主张"氏族并不是如摩尔根所说的那样起源于普那路亚家庭,而是起源于杂交集团"③,汪文摘引了《摘要》的一段话:"每一个家族,不管是极古的或较发达的,一半处于该氏族的内部,一半处于外部,因为丈夫和妻子属于不同的氏族。但是**氏族**必然是从**杂交集团**中产生的"。作者正确地分辨出"但是"以前为摩尔根原话,以下则是马克思所加的批语后,就大做文章了。姑且把"氏族"、"杂交集团"的着重号当是汪文一时疏忽未说明是引者所加,以及它把血缘婚与血缘家庭混乱并用除外,我认为有必要指出,由于汪文采用断章取义的做法,并没有正确地反映马克思在这一段文字中所表述的完整观点。请读者注意,马克

---

① 《摩尔根〈古代社会〉一书摘要》,第38页。
② 《民族研究》1982年第3期,第7页。
③ 同上,第6页。

思在"但是氏族必然是从杂交集团中产生的"一句下用的是分号,接着又写下了属于他自己的而不是摩尔根的话:"只有当这个集团内部开始排除兄弟和姊妹的婚姻关系以后,才可能从这个集团的内部滋长出氏族来,而不是以前就能滋长出来的。兄弟和姊妹(亲的和叔伯的)从其他血亲中划分出来乃是氏族的前提条件。"①然后又转述了摩尔根的一句话:"氏族一旦产生后就继续是社会体制的单位,而家族则起着巨大的变化。"试问,排除兄弟姊妹婚以后而不是以前,"乃是氏族的前提条件",即"氏族才可能从这个集团的内部滋长出"来,氏族出现后"家族则起着巨大的变化",应该怎样理解呢?难道这些话不与汪文的解释相悖吗?

为了支持否定血缘家庭、普那路亚家庭存在的观点,有的人使用"以子之矛攻子之盾"的手法,即引用恩格斯为《资本论》第一卷第三版所写的这一条注文:"后来对人类原始状况的透彻的研究,使作者得出结论:最初不是家庭发展为氏族,相反地,氏族是以血缘为基础的人类社会的自然形成的原始形式。由于氏族纽带的开始解体,各种各样家庭形式后来才发展起来。"②但是,这种说法与随后问世的《起源》并不一致,所以疑云又生。他们试图把它消除,以利于自己的观点。最近,杨堃教授作了一次大胆的尝试。他在《家族、婚姻发展史略说》一文中说:"也许人们会提出为什么在1883年恩格斯作了上述注后,1891年他仍将前二种群婚形式称之为二种家庭形式(按:指血缘家庭和普那路亚家庭)呢?对此我们也有疑问,不过是否可以推测恩格斯上述注是在1891年以后写的,而注上的1883年是印刷上的错误。这种推测当然需要进一步通过查阅恩格斯原稿才能最后确定,这在目前我

---

① 马克思:《摩尔根〈古代社会〉一书摘要》,第168页。
② 见《马克思恩格斯全集》第23卷,第389页注。

们是无能为力的。"①这种"推测"不足信，因为没有一丝一毫的根据。对此，笔者不妨先指出两点：第一，"注上"并无年代，倒是恩格斯在《资本论》第一卷第三版序言终了写有时间地点："1883年11月7日于伦敦"。第二，序言的最后一句话是："第二卷可望在1884年出版。"上下两行的年代既已相互印证，"印刷错误"从何谈起？如若把1883年"更正"为1891年以后的某一年，恩格斯还能说"第二卷可望在1884年出版"吗？可见，那种带有主观随意性的猜测，即便查到了恩格斯的原稿也是得不到答案的。

笔者认为，释疑的线索是存在的，比如恩格斯于1884年2月16日致卡·考茨基的信中，高度评价了摩尔根的《古代社会》后表示："假如我有时间，我倒想利用马克思的札记来把这些材料加加工，为《社会民主党人报》的杂文栏或《新时代》写点东西，但是，目前不可能去考虑这一点。"②既然恩格斯在写序言的三个月后还说，由于没有时间，"目前不可能去考虑"利用马克思的手稿写东西，这不正表明他为《资本论》写上述注文时，尚未就有关问题进行真正透彻的研究吗？恩格斯的注文共三句话，我认为关键是后两句。第二句无疑是正确的，它修正了马克思正文的错误，准确地反映了马克思晚年所持的新观点。第三句则不妥当，有讨论的必要。"氏族纽带"无非指血缘关系，它"开始解体"即意味着血缘关系已开始松弛，人们的地缘关系逐渐发展起来。此时人类处于何种社会发展阶段呢？一般地说，正是农村公社时期。这时或以后，人们存在着"各种各样家庭形式"吗？如依照杨堃先生说的，"最早的家庭也只能是母系家庭"，或者说"最初是母系家庭公社，然后是父系家庭公社"，或者说对偶婚代替群婚即"出

---

① 见《北京师范大学学报》1982年第1期，第44页注释③。
② 《马克思恩格斯全集》第36卷，第113页。

现了对偶家庭"①，那么，这些家庭或家庭公社能列于氏族纽带开始解体后的社会发展阶段吗？学者们承认，母权制向父权制过渡后，除了家长曾实行过单纯的多妻制外，一般人是实行一夫一妻制婚姻的。在父系家庭公社前期，人们共同生活在这个公社之中，只是到了晚期，作为生产和消费单位的一夫一妻制小家庭才逐渐独立出来，因而从此以后，其他所谓各种形式的家庭（或家族）就都无从谈起了。再者，《起源》本身也证明：恩格斯一旦对马克思的手稿和摩尔根的著作进行透彻的研究后，就放弃了不确切的看法。要知道，他对《起源》的写作抱着严肃和科学的态度，是"下一番工夫"，经过"认真加工，仔细推敲，从总体上作周密思考"②了的，即便书稿出来后，仍精心修订、润色，甚至印刷前还嘱咐一定要亲自看校样③。1891年出第四版时，恩格斯又对《起源》作了大量的、必要的修改和补充，据统计，全书的改动达144处，其中改得最多最大的恰恰是《家庭》这一章。我们今天读到的就是这个版本。《起源》标志着运用唯物史观对资产阶级民族学的改造基本完成，为马克思主义民族学的建立奠定了基石，自然它也是当时马克思主义民族学最高水平的代表作。因此，遇到恩格斯对一些问题存在前后矛盾的说法时，我们自应尊重后来的结论。

（三）关于原始公社和私有制产生

还在19世纪40年代，马克思和恩格斯就着手探讨所有制问题，提出了区分各种所有制形式的一个基本原则："分工发展的

---

① 参阅《北京师范大学学报》1982年第1期，第34—36页。
② 恩格斯致卡·考茨基的信(1884年4月26日)，见《马克思恩格斯全集》第36卷，第144页。
③ 参阅恩格斯致爱·伯恩施坦的信(1884年5月17日)、致爱·伯恩施坦和卡·考茨基的信(1884年5月22日)，见《马克思恩格斯全集》第36卷，第147、148页。

各个不同阶段,同时也就是所有制的各种不同形式。这就是说,分工的每一个阶段还根据个人与劳动的材料、工具和产品的关系决定他们相互之间的关系。"①据此,他们首次指出:"第一种所有制形式是部落所有制。它是与生产的不发达的阶段相适应的,当时人们是靠狩猎、捕鱼、牧畜,或者最多是靠耕作生活的。在后一种情况下,它是以有大量未开垦的土地为前提的。在这个阶段上,分工还很不发达……"②当时他们已觉察到,在私有制产生以前,人类社会还没有阶级和国家,只是存在着一种土地公有的社会,但对其内涵尚不明晰。例如,他们既认为"古代公社所有制"属于第二种所有制形式,又看出"动产的私有制以及后来不动产的私有制""作为一种反常的、从属于公社所有制的形式"已经开始发展起来③。这里所说的"古代公社",当是指农村公社,只是由于受当时历史条件和科研水平的限制,他们才不得不采用这一笼统的说法。不过,对私有制的产生,他们已有了初步的结论:"无论在古代或现代民族中,真正的私有制只是随着动产的出现才出现的。"④"私法和私有制是从自然形成的共同体形式的解体过程中同时发展起来的。"⑤

到了五六十年代,他们对印度和日耳曼的农村公社,特别是对前者已有所了解,因而认识上就有了提高。例如,马克思在1853年6月14日致恩格斯的一封信中,事实上已指出印度农村公社存在着不同的发展阶段,既有"共同耕种"村落土地的早期村社,也有"每个居民耕种自己的田地"的晚期村社⑥。马克思在

---

①②③ 马克思和恩格斯:《德意志意识形态》,见《马克思恩格斯选集》,第1卷,第26页。
④ 同上书,第68—69页。
⑤ 同上书,第70页。
⑥ 《马克思恩格斯通信集》第1卷,三联书店1957年版,第554页。

1867年写《资本论》第一卷时进一步指出:"在印度的不同地区存在着不同的公社形式。形式最简单的公社共同耕种土地,把土地的产品分配给公社成员,而每个家庭则从事纺纱织布等等,作为家庭副业。"①"把基督教日耳曼家庭形式看成绝对的东西,就像把古罗马家庭形式、古希腊家庭形式和东方家庭形式看成绝对的东西一样,都是荒谬的。这些形式依次构成一个历史的发展序列。"②同时,马克思对私有制产生的前提条件也有了更明确的回答:"私有制作为公共的、集体的所有制的对立物,只是在劳动资料和劳动的外部条件属于私人的地方存在。"③

对于马克思的见解,恩格斯是完全同意的,而且在70年代中期的一些重要著作中加以阐发。他指出:"我们在所有的文明民族的历史初期所看到的不是'大地主'……而是土地公有的氏族公社和农村公社。从印度到爱尔兰,大面积的地产的经营,最初正是由这种氏族公社和农村公社来进行的,同时,耕地或者以公社为单位共同耕种,或者分成小块,由公社在一定时期内分配给各个家庭去耕种,而森林和牧场总是公用的。"④引人注目的是,此时柯瓦列夫斯基的《公社土地占有制,其解体的原因、进程和结果》以及摩尔根的《古代社会》均尚未问世,而恩格斯却已明确地把原始公社划分出氏族公社和农村公社两个时期,并把农村公社被经营的土地分作两种情况,这就相当真实地反映了原始公有的范围、程度不断缩小和削弱的历史趋势。关于这一点,他在一年前写的《论俄国的社会问题》小册子中也作过探讨:"俄国农民不是像在印度某些省份里现在还有的情形那样,共同耕种公社土

---

① 见《马克思恩格斯全集》第23卷,第396页。
② 同上书,第537页。
③ 同上书,第829页。
④ 恩格斯:《反杜林论》,人民出版社1970年版,第172—173页。

地，以便仅仅把产品拿来分配。相反，在俄国，土地是在各个家长之间定期重新分配，并且每个人都为自己耕种自己的一块土地。这就有可能造成公社各社员间在财富上很大的不平等，而这种不平等现象也确实是存在的。"[1]恩格斯还从产品交换等经济发展状况，分析了原始公有与私有两种因素此消彼长的大致过程："在一切文明民族的古代的自发的公社中，私有财产已经存在了，虽然只限于某几种物品。早在这种公社的内部，最初是在同外地人进行交换时，它就发展成商品的形式。公社的产品愈是采取商品的形式，就是说，产品中为自己消费的部分愈小，为交换目的而生产的部分愈大，在公社内部，原始的自发的分工被交换排挤得愈多，公社各个社员的财产状况就愈加不平等，旧的土地公有制就被埋葬得愈深，公社也就愈加迅速地瓦解为小农的乡村。……在私有财产形成的任何地方，这都是由于改变了的生产关系和交换关系，是为了提高生产和促进交流——因而是由于经济的原因产生的。"[2]

马克思在伦敦居住期间，曾结识俄国社会学家和历史学家马·马·柯瓦列夫斯基，并有过频繁往来，在学术上也多有交流。据柯瓦列夫斯基说："马克思熟悉我的著作，并且毫不客气地提出自己的意见。""假如没有和马克思认识，我很可能既不去研究土地占有制的历史，也不去研究欧洲的经济发展，而是把大部分注意力集中在政治制度的发展进程上……"[3]当他的《公社土地占有制，其解体的原因、进程和结果》于1879年出版时，马克思是它的最早读者之一，并做了详细摘要。马克思对书中的观点和材料，并非全盘接受，而是多有修正，留下了许多自己的见解。从

---

[1]《马克思恩格斯选集》第2卷，第624—625页。
[2] 恩格斯：《反杜林论》，第159—160页。
[3]《回忆马克思恩格斯》，第350页。

《摘要》可看出，对原始公有制的发展过程，马克思已有了相当明晰的观点。这里不妨把他的看法归纳如下(引文中的黑体字是马克思的原话)：首先，在最古的群居状态下，财产是公有的，"**产品本身，作为公共的产品，是群团的财产**"；"'**不动产**'**还没有存在**"①。其次，氏族公社的公有制，土地为氏族成员所共有并进行集体耕作。第三，父系家族公社的公有制，早期的亦即"**南方斯拉夫人的含义上的**"②家族公社，或如阿尔及利亚卡比里亚人中"未分居的家庭"，共有集体耕种的土地，其他财产也为全体家族成员所有，个人只占有极为有限的动产如衣服、装饰品等，家族成员共同消费产品。后来，土地所有权的不可分割和共同的耕作制度消逝了，出现了"**不再属于未析居的家族**"③。"这个家族，由于历史发展的过程，越来越趋向于近代意义下的私有的独立家族了"④。第四，农村公社，定期平均分配耕地，"**如此等等**"⑤。后来，"**公社使用人以时效〔占有的时效(давностъвладения)——占有期限〕为理由，而把他个人的份地转变为私人的财产**"⑥。至此，马克思指出："由于份地方面日益扩大的不平等——这种不平等后来必然导致其他的财产不平等，——各种要求的不平等，以及其他种种，简单说来，就是导致形形色色的社会不平等——而产生的争执，必然促使事实上享有特权的人们力图巩固所有者的身份。"⑦原始公社制度走到了它的尽头，因为"**土地所有制的个体化也达到了政治目的——消灭这个社会的基础**"⑧。

---

① 马克思：《科瓦列夫斯基〈公社土地占有制，其解体的原因、进程和结果〉一书摘要》，第3—4页。
②⑤ 同上书，第33页。
③ 同上书，第45页。
④ 同上书，第34页。
⑥ 同上书，第36页。
⑦ 同上书，第37页。
⑧ 同上书，第106页。

必须强调指出,马克思在晚年时,对原始公社发展的阶段性,尤其是对农村公社的历史地位及其主要特征,提出了为后人经常引用的卓越见解。这些见解出现在马克思主义民族学的一份珍贵文献即 1881 年给俄国作家维·伊·查苏利奇的信稿中。马克思认为,"把所有的原始公社混为一谈是错误的"[①],因为"它们有好多种社会结构,这些结构的类型、存在时间的长短彼此都不相同,标志着依次进化的各个阶段"[②],这正像"地球的太古结构或原生结构是由一系列不同时期的沉积组成的"[③]一样。所有其他的原始公社,都是建立在自己社员的血统亲属关系之上的,而从亚洲到欧洲所看到的那些"**最新型**的公社"[④],即农村公社,已经"摆脱了牢固然而狭窄的血统亲属关系的束缚"[⑤],因而它们"是最早的没有血统关系的自由人的社会联合"[⑥]。它们从古代的公社中产生出来,属于"古代形态的**最后阶段**或最后时期"[⑦]。由于各地方的历史条件不同,社会经济发展的程度有别,所以马克思也指出,农村公社存在着不同的类型,即指它有不同的发展阶段。尽管如此,农村公社"既然是原生的社会形态的最后阶段,所以它同时也是向次生的形态过渡的阶段,即以公有制为基础的社会向以私有制为基础的社会的过渡。"[⑧]

马克思在详细考察农村公社与其他原始公社具有不同的主要特征时,特别探讨了它的二重性。他指出:"在农业公社中,房屋及其附属物——园地,是农民私有的。""耕地是不准转卖的公共财产,定期在农村公社社员之间进行重分,因此,每一社员用自己的力量来耕种分给他的地,并把产品留为己有。"[⑨]这种二重

---

① 《马克思恩格斯全集》第 19 卷,第 432 页。
② 同上书,第 448 页。
③ 同上书,第 445 页。
④⑥⑨ 同上书,第 449 页。
⑤⑧ 同上书,第 450 页。
⑦ 同上书,第 434 页。

性，加上血缘关系不复存在，都是古代其他公社所没有的，而这些却是农村公社有着巨大生命力的源泉。但是，"这种二重性也可能逐渐成为公社解体的萌芽。除了外来的各种破坏性影响，公社内部就有使自己毁灭的因素。土地私有制已经通过房屋及农作园地的私有渗入公社内部，这就可能变为从那里准备对公有土地进攻的堡垒。"①小土地经营、各种动产的积累和个体交换的发展，破坏着原始的经济平等和社会平等，"引起公社内部各种利益和私欲的冲突，这种冲突，首先会破坏耕地的公有制，然后会破坏森林、牧场、荒地等等的公有制；一旦这些东西变成了私有制的**公社附属物**，也就会逐渐变成私有了"②，于是作为过渡阶段的农村公社便面临着彻底崩溃，并最终为剥削制度的阶级社会所取代。

这里顺便提一下，有的学者把马克思对农村公社的看法，说成是受到了摩尔根《古代社会》的影响③。这不对。事实是，马克思给查苏利奇的复信稿写于1881年2月底3月初，那时他尚未阅读《古代社会》，只是这一年的5月以后才开始研读它。更为有力的证据是，《古代社会》几乎就未曾涉及农村公社问题。试问，马克思的这封信稿与它有何必然联系？我们应该抛弃那种想当然的结论。

---

①② 《马克思恩格斯全集》第19卷，第450页。
③ 伯良的《从"两种生产"的理论谈对历史唯物主义的狭义和广义解释》一文说，马克思在写复查苏利奇的信稿时，"他正在仔细阅读摩尔根的著作，因此他对上古史的发展已有了一个较清晰的概念"。见山西《晋阳学刊》1982年第5期，第12页。苏联古拉姆·科拉纳什维利的《摩尔根对马克思的影响：亚细亚社会问题》一文，在谈到马克思论农村公社二重性等问题时说："这就是马克思在研究了摩尔根的著作之后（按：着重号为原作者所加），对部落制所抱的看法。"见《国外社会科学动态》1982年第3期，第32页。

(四)关于"直接过渡"问题

保留有原始公社残余的民族,有无可能直接向社会主义过渡?对此,马克思和恩格斯都进行过科学分析,并作出了肯定的回答。

1874年,俄国民粹派分子彼得·特卡乔夫发表了致恩格斯的"公开信",指责、谩骂恩格斯对于俄国没有"丝毫知识",不主张立即发动革命就是站在沙皇政府一边等等。他认为,在俄国实现社会主义革命,比西欧各国要容易得多,因为俄国绝大多数人民"都充满着公社占有制原则的精神","是本能的、传统的共产主义者","比西欧各国人民更接近于社会主义"[①]。为批判毫无社会主义常识的特卡乔夫,揭穿他奢谈社会革命的骗人伎俩,恩格斯出版了题为《论俄国的社会问题》的小册子。在这里,恩格斯第一次明确地提出了"直接过渡"的理论。他指出:"俄国的公社所有制早已度过了它的繁荣时代,看样子正在趋于解体。但是也不可否认有可能使这一社会形式转变为高级形式……然而这种过渡只有在下述情况下才会发生,即西欧在这种公社所有制彻底解体以前就胜利地完成无产阶级革命,而这个革命会给俄国农民提供实现这种过渡的必要条件,其中也为他们提供在整个农业制度中实行必然与其相联系的变革所必需的物资。"[②]

过了六年,俄国的查苏利奇写信向马克思求教。为消除他对《资本论》有关资本主义制度起源的理论分析存在的误解,马克思及时回了信。在复信稿中,除上一节已提到的内容外,还探讨了俄国公社的发展前途问题,特别是有关"直接过渡"的问题。马克

---

① 转引自《马克思恩格斯选集》第2卷,第623页。
② 《马克思恩格斯选集》第2卷,第625—626页。

思是同意恩格斯上述意见的,并有更加详明的阐述。他指出,资本主义制度的存在和发展,在西方"是把一种私有制形式变为另一种私有制形式。相反地,在俄国农民中,则是要把他们的公有制变为私有制"①。同时,马克思也考察了俄国公社存在另一种发展前途的可能性:"如果它在现在的形式下事先被引导到正常状态,那它就能直接变成现代社会所趋向的那种经济体系的**出发点,不必自杀就能获得新的生命。**"②究竟是私有制战胜原始的公有制,还是后者直接向高级形式过渡,"一切都取决于它所处的历史环境"③。就是说,无产阶级革命取得了胜利,通过国家各方面的帮助,尤其是引导人民对原始公有制进行根本改造,就能使残存着原始公社的民族,"可以不通过资本主义制度的卡夫丁峡谷"④,而直接过渡到社会主义。

马克思主义创始人关于"直接过渡"的英明预见,在我国已成为现实。中国共产党坚持把马克思主义的普遍原理与本国的具体实际结合起来,创造性地运用和发展了革命导师的"直接过渡"理论,取得了举世瞩目的伟大成就。在我国,不只是保留有原始公社浓厚残余的少数民族,而且已经进入到奴隶制、农奴制社会的少数民族,由于党制定的有关方针、政策和方法、措施正确,还由于国家从人力、物力、财力等方面的巨大帮助和扶持,它们都成功地建立起社会主义制度,而且在昔日的废墟上迅速发展着经济、政治、文化等事业,为跻于先进民族之林迈出了坚定步伐。

* * *

关于马克思为批判和改造资产阶级民族学、创建新型的马克思主义民族学立下的丰功伟绩,他在一系列著作中有关民族学内容的大量论述,笔者不可能也没有能力一一予以介绍(例如国家

---

① 《马克思恩格斯全集》第19卷,第447页。
②③④ 同上书,第451页。

的起源，既是国家学说的内容，也关系到民族学的内容，由于篇幅关系本文就未涉及，等等）。但是，仅仅通过以上比较有限的介绍，我想应该得出这样的结论：民族学坚持为社会主义事业服务，才能不断开辟新的研究领域，才会不断取得新的研究成果，而这也正是马克思主义民族学工作者义不容辞的历史责任。胡耀邦同志在党的十二大所作的报告中号召我们，一定要坚定地继承和学习马克思列宁主义、毛泽东思想的立场、观点和方法，深入各个领域的实际，有系统地进行调查研究，在新的历史条件下，在新的伟大实践中，积累新的经验，创造新的理论，把马克思列宁主义、毛泽东思想推向前进。全面开创社会主义现代化建设新局面的伟大斗争，已经在各条战线、各行各业迅猛兴起。让我们民族学工作者通过自己的研究领域，为实现党中央的期望和重托做出应有的贡献。

（原载《云南社会科学》1983年第1期）

关于马克思、恩格斯与摩尔根的关系

读了陈淑华同志所写的文章《马克思、恩格斯与人类学及摩尔根等人的姻缘所在和分歧》（见《中国人民警官大学学报》1985年第2期，以下简称《姻缘》），颇感迷惑不解。这里姑且不谈何谓人类学，马克思和恩格斯跟人类学究竟有什么姻缘，仅就革命导师与原始社会史学家、民族学家摩尔根的关系问题做些说明。

《姻缘》作者似乎不甚了解摩尔根的学术活动，不恰当地高估了其研究成果对马克思主义创始人所具有的参考价值，也对革命导师的有关研究知之甚少，所以作者声称："马克思和恩格斯向摩尔根靠拢"，是由于"马克思认为摩尔根的阶段过渡思想肯定了他和恩格斯的社会变更理论"；"摩尔根的观点对恩格斯的影响比对马克思的影响更大"，恩格斯的《家庭、私有制和国家的起源》（以下简称《起源》）一书"照搬了不少摩尔根的话，并且利用达尔文论述自然选择的话来解释"原始公社向阶级社会的"过渡"，等等。此种评说，在西方非马克思主义著作中不乏出现。比如，在西方学者中，有的就完全无视马克思、恩格斯对原始社会所做的一系列独辟蹊径的卓越研究，过分夸大摩尔根研究成果对革命导师的影响。对此，马克思主义的民族学家、原始社会史学家莫不予以批驳。

摩尔根的学术成果甚丰，从1851年到1881年，先后出版了几部著作，即《易洛魁联盟》、《人类家庭的血亲和姻亲制度》、《古代社会》和《美国土著的房屋和家庭生活》，其中最杰出的要数1877年出版的《古代社会》。在这部代表作中，摩尔根在原始社会史的研究领域，以崭新的观点和前所未有的事实根据，打破了封建阶级和资产阶级诸如父权制家庭自有人类以来就存在这一类传统偏见。"他巧妙地展示出原始社会和原始社会共产主义的情景。**他独立地重新发现了马克思的历史理论**,并且在自己著作的末尾对现时代作出了共产主义的结论"[1]。"他根据野蛮人的、尤其是美洲印第安人的氏族组织,第一次充分地阐明了罗马人和希腊人的氏族,从而为上古史奠定了牢固的基础。"[2]对这样一本独树一帜,"正如达尔文的进化理论对于生物学和马克思的剩余价值理论对于政治经济学的意义一样"的原始社会史著作[3],"当然也是被马克思发现的"[4]。100多年来,摩尔根之所以名扬天下,他的《古代社会》之所以得到广泛传播,的确还有赖于马克思、恩格斯的高度评价和大量的摘录、征引。

由此能不能说,马克思、恩格斯是向摩尔根"靠拢"呢?不能!众所周知,马克思在1881年5月—1882年2月完成了《摩尔根〈古代社会〉一书摘要》。《摘要》本身就反映了马克思的独立见解。比如,为了克服《古代社会》唯心主义的色彩,马克思按照历史发展的本来面目,以及社会生产力、生产关系和上层建筑等各种因素的内在联系,改变了摩尔根叙述问题的次序,把原著第二编《管理观念的发展》调到末尾,而把第三编《家族观念的发展》、第四编《财产观念的发展》改置于第一编《由于发明及发现而来的理智的发展》之后,而且对部分编章的标题也重新予以安排,即将第一编第二章的《生存的技术》改为《生活资料的生产方式》,并删去了第三章的内容,略去第三编原有的标题,将第二编和第

---

[1] 恩格斯致弗·阿·左尔格的信(1884年3月7日),见《马克思恩格斯全集》第36卷,第127页。

[2][4] 恩格斯致卡·考茨基的信(1884年2月16日),见《马克思恩格斯全集》第36卷,第112—113页。

[3] 恩格斯:《家庭、私有制和国家的起源》(以下简称《起源》),人民出版社1972年版,第16页。

四编原有的标题放在圆括弧中(这么做显然仅作参考用)。再者,马克思不仅详细摘录了经过精选的原著珍贵的资料和基本观点,而且写下了大量的评述和注解,指出了原著在一些问题上的错误或不确切的地方,还补充了不少自己所掌握的资料,这包括摘引自亨·梅因、鲁·佐姆、爱·泰勒等学者有关史前文化著作中的资料。这些事实也表明,马克思准备完成一部阐明人类从原始社会发展到阶级社会的论著。但是,由于担负着许多繁重的工作,特别是紧张地继续进行改造政治经济学和完成《资本论》的写作,迫使他"没有再回头研究",加上健康状况的日益恶化,不幸于1883年3月14日谢世,马克思生前的打算便成了遗愿。

恩格斯读到马克思的《摘要》手稿以后,深知据此去撰写一部理论著作的重大意义,于是把执行马克思的遗愿看作自己责无旁贷的一项义务,放下了一切最紧急的事情去写作,并终于在战友故去的第二年春天完成了不朽杰作《家庭、私有制和国家的起源》。

大概是《起源》的副题为《就路易斯·亨·摩尔根的研究成果而作》以及第四版序言称该书以《古代社会》为基础的缘故,致使某些望文生义者或持有偏见者竟怀疑恩格斯所做的独立研究。显然这是不经一驳的。列宁曾指出,马克思主义"这一理论对世界各国的社会主义者之所以具有不可遏止的吸引力,就在于它把严格的和高度的科学性(它是社会科学的最新成就)和革命性结合起来,并且不是偶然地结合起来(即不仅因为学说的创始人本人兼有学者和革命家的品质),而是把二者内在地和不可分割地结合在这个理论本身中。实际上,这里直接地提出理论的任务、科学的目的是帮助被压迫阶级去进行他们已在实际进行的经济斗争。"①《起源》正是把科学性和革命性"内在地和不可分割地结合"在马克思主义理论本身中的又一典范。

对于摩尔根的《古代社会》，恩格斯曾一而再、再而三地给予高度评价，同时也实事求是地指出它是一本"内容如此丰富、但写得如此糟糕的书"②（按：所谓"如此糟糕"，似乎主要是指文字繁芜、材料堆砌、议论重沓、结构散乱、逻辑不强）。尤其必须强调指出以下两点：

首先，恩格斯在《起源》第一版序言里就划清了自己和摩尔根的界限——"在关于希腊和罗马历史的章节中，我没有局限于摩尔根的例证，而是补充了我所掌握的材料。关于克尔特人和德意志人的章节，基本上是属于我的；在这里，摩尔根所掌握的差不多只是第二手的材料，而关于德意志人的章节——除了塔西佗以外——还只是弗里曼先生的不高明的自由主义的赝品。经济方面的论证，对摩尔根的目的来说已经很充分了，对我的目的来说就完全不够，所以我把它全部重新改写过了。最后，凡是没有明确引证摩尔根而做出的结论，当然都由我来负责。"在这一段话里，关于"经济方面的论证"这个问题特别重要。就是说，对于摩尔根这样一位资产阶级学者来说，《古代社会》围绕他的氏族制度学说所做的经济等方面的论证，显然足以令人信服。然而，对于马克思主义者的目的来说，这就远远不够了，因为想要阐明人类社会发展的客观规律，借以提高工人对资本主义制度必然灭亡的认识，激发为建立共产主义的社会制度而奋斗的精神，去揭示古代氏族制度的本质及其基本面貌固然是必不可少的，但更重要的理

---

① 列宁：《什么是"人民之友"以及他们如何攻击社会民主主义者？》第三编附录三，见《列宁选集》第1卷，人民出版社1972年版，第81页。
② 恩格斯：致卡尔·考茨基的信（1884年4月11日），见《马克思恩格斯全集》第36卷，第136页。

论研究应该放在原始公社的解体过程,以雄辩的事实和唯物辩证法来说明私有制是如何从原始公社制中产生出来的,贫富两极分化和阶级对抗是怎样形成的,明晰地展现出国家的阶级实质以及它如何必然会产生也终将要消亡的历史发展过程。因此,恩格斯在提到《起源》写作的主旨等问题时明确地说道:"如果只是'客观地'叙述摩尔根的著作,对它不作批判的探讨,不利用新得出的成果,不同我们的观点和已经得出的结论联系起来阐述,那就没有意义了。这对我们的工人不会有什么帮助。"特别是"关于一夫一妻制那一章,以及关于私有制是阶级矛盾的根源和破坏古老公社的杠杆的那最后一章(按:该章也充分、深刻地阐述了马克思主义的国家观),我根本不可能写得适合反社会党人法的要求。正如路德说的:宁可让我去见鬼,我也不能改变!"①

其次,凡认真读过《起源》和《古代社会》的人,哪怕只作粗略的对比就能看出,固然恩格斯从摩尔根那里摘选了许多宝贵的原始资料,但两者在理论体系和文字叙述上有着根本的区别也是很明显的。就是一部分为恩格斯直接征引的摩尔根的论断,由于已置于新的理论基点上,它被赋予了唯物史观的革命意义,从而成为《起源》不可分割的一个整体。至于恩格斯重新表述的"两种生产"(生活资料以及为此所必需的工具的生产和人类自身的生产)理论,有关父系大家庭公社和农村公社的表现形式、本质内容及其过渡性的历史地位,深刻地揭露和批判资产阶级一夫一妻制、资本主义制度下国家是资本剥削雇佣劳动的工具,以及明晰地揭示人类必然和如何走向共产主义等等重大内容,在摩尔根的书里自然是无法找到的。

同马克思一样,恩格斯不但有着无所畏惧的革命战斗精神,

---

① 恩格斯:致卡尔·考茨基的信(1884年4月26日),见《马克思恩格斯全集》第36卷,第144页。

善于根据唯物史观和马克思主义的经济理论去阐明最一般的科学问题以及历史上和现实中的各种社会现象，而且有着高尚的和富于创造的学术品德，坚决反对鼠窃狗偷、掠人之美的丑恶行径。这里只举一个例子就可看出，恰恰是恩格斯毅然维护了摩尔根的伟大功绩。他曾在一封书信中指出："在剽窃别人的观点方面，日罗-特隆和他们中间的所有其他英国人同样恶劣和同样巧妙。"①事情是这样的：日罗-特隆在1884年出版了《婚姻与家庭的起源》，这是1874年版《家庭的起源》一书彻底修订了的新版。他在新版书中称，摩尔根有关氏族实行外婚制的说法不是什么新发现，因为他在1874年即早于摩尔根三年就提出来了。恩格斯读了他的新版书后觉得：日罗-特隆"在描述划分克兰（氏族）的部落时，其说法和摩尔根完全一样，但又说得好像与摩尔根毫无关联，似乎这是他日罗-特隆的功劳"，"他提出自己这种奢望的方式如此暧昧，使我非常怀疑。"由于手头上无日罗-特隆的旧版书，为了弄清"使整个关于原始社会的科学发生了革命的一个发现"这一重大问题，恩格斯只好由伦敦写信给在法国的保尔·拉法格，请他向旧书商买或向私人借，实在弄不到就去图书馆代为查阅。委托查核的问题有三个："（1）他提出什么来反对麦克伦南的**外婚制部落**"；"（2）他是否在1874年就已发现，部落划分为**外婚制克兰**，即摩尔根所说的氏族"；"（3）……如确有此发现，他引用了哪些例子？他是否承认他所说的**克兰**相当于罗马、希腊的氏族？"②"为了维护摩尔根的权利"③，恩格斯在《起源》第四版序言中，公布了经一番考查所做出的结论："这位日罗-特隆先生在

---

①③　恩格斯：致劳拉·拉法格的信（1891年6月13日），见《马克思恩格斯全集》第38卷，第111页。

②　参阅恩格斯：致保尔·拉法格的信（1891年5月29日），见《马克思恩格斯全集》第38卷，第101—103页。

1874年(《家庭的起源》)还是束手无策地徘徊于麦克伦南的外婚制的迷宫中,全仗摩尔根才被救出来!"①

马克思和恩格斯从开始创立马克思主义学说时起,就一直关注着人类原始状况的研究,并通过自己的辛勤劳动不断取得了令人敬佩的成绩,这包括人类的起源,原始的婚姻家庭制度,氏族部落和原始公社,私有制、阶级、国家的产生,等等。早在19世纪40年代,马克思和恩格斯在探讨所有制问题时,即提出了区分各种所有制形式的一个基本原则:"分工发展的各个不同阶段,同时也就是所有制的各种不同形式。这就是说,分工的每一个阶段还根据个人与劳动的材料、工具和产品的关系决定他们相互之间的关系。"据此,他们首次指出:"第一种所有制形式是部落所有制。它是与生产的不发达的阶段相适应的,当时人们是靠狩猎、捕鱼、牲畜,或者最多是靠耕作生活的。在后一种情况下,它是以有大量未开垦的土地为前提的。"②这表明,他们运用唯物主义历史观,比摩尔根等人更早地觉察到,在私有财产出现以前,人类社会还没有阶级和国家,只是存在着一种土地公有的社会,因为"无论在古代或现代民族中,真正的私有制只是随着动产的出现才出现的"③。"私法和私有制是从自然形成的共同体形式的解体过程中同时发展起来的"④。

到了五六十年代,他们对古代公社的内涵有了进一步的了解。马克思在《资本论》第一卷中明确写道:"私有制作为公共的、集体的所有制的对立物,只是在劳动资料和劳动的外部条件属于

---

① 恩格斯:《起源》,第17—18页。
② 马克思和恩格斯:《德意志意识形态》,见《马克思恩格斯选集》第1卷,第26页。
③ 同上书,第69页。
④ 同上书,第70页。

私人的地方存在。"①对于家庭形式问题,该书也有精辟的见解:"把基督教日耳曼家庭形式看成绝对的东西,就像把古罗马家庭形式、古希腊家庭形式和东方家庭形式看成绝对的东西一样,都是荒谬的。这些形式依次构成一个历史的发展序列。"②马克思在晚年时,对原始公社发展的阶段性,尤其是对农村公社的历史地位及其主要特征和发展前途,更是提出了为后人经常引用的卓越见解③。

恩格斯所做的研究,同样是光彩夺目的。他之所以只用两个月的时间就完成了《起源》,与他对原始社会问题进行过多年卓有成效的研究有密切关系。他十分熟悉希腊、罗马的典籍和有关克尔特人和德意志人的历史材料,钻研过许多大大小小原始文化学者的著述,特别是独自先后写了《反杜林论》、《劳动在从猿到人转变过程中的作用》、《论俄国的社会问题》、《德国古代的历史和语言》、《马尔克》等论著,在不同程度上探讨了人类起源、氏族组织、婚姻家庭制度、原始公社制度及其解体、私有制和阶级的产生、国家的起源及其阶级实质和发展前途等重大问题。最为可贵而又往往为人忽视的是,恩格斯在1875—1876年间即早于摩尔根和科瓦列夫斯基,就对土地公有制的原始形式、阶级分化和国家产生等问题提出了不少科学的见解。比如他说:土地公社所有制存在着多种形式,有土地公有的氏族公社和农村公社,后者又有共同耕种公社土地和各家农户耕种定期重新分配的土地之别,"剩余的可用土地用尽了,公有制也就衰落了";公社成员之间在产品分配方面发生了比较大的不平等,这就已经是出现了阶

---

① 《马克思恩格斯通信集》第1卷,三联书店1957年版,第554页。
② 同上书,第537页。
③ 详见拙作:《马克思与马克思主义民族学》,见《云南社会科学》1983年第2期,第19—21页。

级差别；社会分为享受特权的和被损害的、剥削的和被剥削的、统治的和被统治的阶级，国家就出现了，它的目的是"用暴力来维持统治阶级的生活条件和统治条件，以反对被统治阶级"[1]，等等。又如在原始婚姻方面，他在尚未读到摩尔根的《古代社会》和马克思的有关《摘要》之前，就已经有了一些发现和科学的论断。例如他说："在克尔特人和斯拉夫人那里发现的初夜权是旧的两性共有关系的残余。"[2]"可以肯定地得出结论说，凡是在强制放牧下土地定期重新回到共有状态的地方，原先都实行过完全的土地共有制，我认为，可以同样肯定地得出结论说，凡是妇女定期回到——实际地或象征性地——共有状态的地方，原始时期都实行过共妻。"[3]

以上所说，只是一个简略的介绍，更未就《姻缘》所涉及的许多学术问题展开讨论，其中粗疏、谬误或许存在，唯盼读者指正。

（原载《中国人民警官大学学报》1985年第4期）

---

[1] 参阅恩格斯：《论俄国的社会问题》，见《马克思恩格斯选集》第2卷，第624—625页；《劳动在从猿到人转变过程中的作用》，见《马克思恩格斯选集》第3卷，第519页；《反杜林论》，人民出版社1970年版，第145页。

[2] 恩格斯：致马克思的信（1882年12月18日），见《马克思恩格斯全集》第35卷，第120页。

[3] 恩格斯：致卡尔·考茨基的信（1883年2月10日），见《马克思恩格斯全集》第35卷，第432页。

《家庭、私有制和国家的起源》论略

今年是恩格斯的《家庭、私有制和国家的起源》（以下简称《起源》）发表一百周年。

《起源》在马克思主义经典著作中占有极为重要的地位。综观全书，处处闪烁着唯物史观的光辉，毫无疑义，它首先是科学社会主义的主要著作，同时由于它蕴含着丰富而又深邃的学术见解，也堪称为马克思主义历史学（特别是原始社会史学）、民族学的一部奠基性论著。正因为如此，一个世纪以来，《起源》传遍各国，不仅成为共产主义者犀利的战斗武器，而且是有关学术领域不可缺少的基础读物。随着研究的不断深入，有关的论著越来越多，以至我们可以说，今天已经存在一门"《起源》学"。

一百年来的实践证明，人们由于观点、方法不同，对《起源》的评价并不一致。至于那些资本主义的辩护士，又当别论，因为他们站在反动的立场上，自无褒贬各占多少的问题，有的往往是恶意的歪曲和攻击。因此，今天纪念《起源》，对于信仰马克思主义的学者来说，我认为最重要的，应是坚持和宣传该书所阐明的科学社会主义原理，并以恩格斯为楷模，遵循唯物史观，结合当代有关学科的新成果进行创造性的学术研究，以丰富和发展《起源》的思想内容，甚至争取写出一部《起源》的续篇来。

列宁指出，马克思主义"这一理论对世界各国的社会主义者之所以具有不可遏止的吸引力，就在于它把严格的和高度的科学性（它是社会科学的最新成就）和革命性结合起来，并且不是偶然地结合起来（即不仅因为学说的创始人本人兼有学者和革命家的品质），而是把二者内在地和不可分割地结合在这个理论本身中。实际上,这里直接地提出理论的任务、科学的目的是帮助被压迫阶级去进行他们已在实际进行的经济斗争"①。《起源》正是把科学性和革命性"内在地和不可分割地结合"在马克思主义理论本身中的又一典范。恩格斯在提到《起源》写作的主旨时就明确说过:"如果只是'客观地'叙述摩尔根的著作,对它不作批判的探讨,不利用新得出的成果,不同我们的观点和已经得出的结论联系起来阐述,那就没有意义了。这对我们的工人不会有什么帮助。"特别是"关于一夫一妻制那一章,以及关于私有制是阶级矛盾的根源和破坏古老公社的杠杆的那最后一章(按:该章也充分、深刻地阐述了马克思主义的国家观),我根本不可能写得适合反社会党人法的要求。正如路德说的:宁可让我去见鬼,我也不能改变!"② 恩格斯大无畏的战斗精神,总是表现在根据唯物史观和马克思的经济理论去阐明最一般的科学问题以及历史上和现实中的各种社会现象。为什么《起源》要以家庭、私有制、国家作为论述的对象?就是因为这些相互关联的问题,当时有着无产阶级对资产阶级、马克思主义对机会主义进行理论斗争的典型性和迫切性。对此,笔者在专论《起源》的写作背景一文中已有说明③,这里不再赘述。

本文只准备就恩格斯独立完成《起源》写作和精心修订第四版等情况作些考察,并结合当今有关学科的新成就对《起源》中的某些问题进行讨论。不当之处,请大家批评指正。

---

① 列宁:《什么是"人民之友"以及他们如何攻击社会民主主义者?》第三编附录三,见《列宁选集》第1卷,第81页,人民出版社1972年版。

② 恩格斯:致卡尔·考茨基的信(1884年4月26日),见《马克思恩格斯全集》第36卷,第144页,人民出版社1974年版。

③ 详见拙作:《〈家庭、私有制和国家的起源〉写作背景》,载《中南民族学院学报》1983年第1期。

一

由于《起源》的副题为《就路易斯·亨·摩尔根的研究成果而作》,以及第四版序言称该书以《古代社会》为基础,或者由于恩格斯曾一再说明利用了马克思有关的读书札记,有人就怀疑恩格斯所做的独立研究。比如,在西方学者中,有的说:"马克思和恩格斯从摩尔根得来基本的灵感",《起源》"那本书就是摩尔根的书,只有一些细微的修改"[1]。有的攻击恩格斯"过分依赖摩尔根"而"提出了过于一般化的发展图式","对经济现象与社会现象作出最非马克思主义的划分","比马克思更单线式描述社会的发展"[2]。

事实胜于雄辩。恩格斯不但有着无所畏惧的革命战斗精神,而且有着高尚的和富于创造的学术品德。对于摩尔根的杰出著作《古代社会》,恩格斯曾一再作出高度的评价,同时也实事求是地指出了它的不足。其实,他在《起源》第一版序言里已划清了自己和摩尔根的界限:"在关于希腊和罗马历史的章节中,我没有局限于摩尔根的例证,而是补充了我所掌握的材料。关于克尔特人和德意志人的章节,基本上是属于我的……经济方面的论证,对摩尔根的目的来说已经很充分了,对我的目的来说就完全不够,所以我把它全部重新改写过了。最后,凡是没有明确引证摩尔根而做出的结论,当然都由我来负责。"凡认真读过《起源》和《古代社会》的人,哪怕只作粗略的对比就能看出,固然恩格

---

[1] 参阅 P·博安南 1965 年为摩尔根《美洲土著的房屋及宅居生活》一书所写的《导论》,见《民族译丛》1982 年第 1 期(译文题为《论摩尔根的〈美洲土著的房屋及宅居生活〉及其他》)。

[2] 戴维·麦克莱兰:《恩格斯的贡献》,见《国外社会科学动态》1980 年第 12 期。

斯从摩尔根那里选择了许多珍贵的资料,但两书在理论体系和思想内容上有着根本的区别也是很明显的。即便恩格斯有时直接征引了摩尔根的论断,由于已置于新的理论基点上,它被赋予了唯物史观的革命意义,从而成为《起源》不可分割的一部分。至于恩格斯深刻地揭露和批判资产阶级的一夫一妻制、资本主义制度下国家是资本剥削雇佣劳动的工具,以及明晰地揭示人类必然和如何走向共产主义等等重大内容,在摩尔根那里自然是根本找不到的。

诚然,恩格斯在写《起源》时,充分利用了马克思所写的《古代社会》读书札记,在许多至关重要的问题上,直接抄录了马克思的精辟见解,特别是联系他们两人的唯物主义的历史研究所得出的结论充分地阐明了摩尔根的研究成果的全部意义,因此应该说,《起源》是两位革命导师几十年来共同精神生活的产物。但是,恩格斯并非简单地利用马克思的札记,更不是以札记作为创作的蓝本,而是谨慎地研读了马克思的札记和摩尔根的原著,同时参考了八十多位作者上百部著作之后,联系自己多年来对原始社会研究的心得,才写出《起源》的。所以恩格斯在写完这本书后又强调:"在一段时间内将是最后一本独立的著作。"[1]

据有关通信来看,至迟在1884年1月上旬,恩格斯有了写《起源》的打算,并把读摩尔根的原著作为准备工作的一部分,所以当时曾在伦敦订购《古代社会》,然而过了五个星期还未得到。后来恩格斯"费了很大劲才从旧书商那里弄到"一本,大概只用了半个月的时间,他就把书读过了,并再次评价了摩尔根的功绩:"他巧妙地展示出原始社会和原始社会共产主义的情景。他独立地重新发现了马克思的历史理论,并且在自己著作的末尾

---

[1] 恩格斯:致劳拉·拉法格的信(1884年5月26日),见《马克思恩格斯全集》第36卷,第156页。

对现时代作出了共产主义的结论。"基于这一评论,他建议左尔格也去"读一读"①。值得注意的是,正是亲自读过了,所以恩格斯作出高度评价的同时,也客观地指出《古代社会》"写得如此糟糕"②(这似乎主要是说它文字繁芜、结构散乱、逻辑不强)。如果只看札记而未研读原著,恩格斯是不可能作出如此全面评价的。

恩格斯只用两个月的时间就完成了《起源》,这与他对原始社会问题进行过多年卓有成效的研究有密切关系。他十分熟悉希腊、罗马的典籍和有关克尔特人和德意志人的历史材料,钻研过许多大大小小原始文化学者的著作,特别是独自先后写出了《反杜林论》、《劳动在从猿到人转变过程中的作用》、《论俄国的社会问题》、《德国古代的历史和语言》、《马尔克》等论著,在不同程度上探讨了人类起源、氏族组织、婚姻家庭制度、原始公社制度及其解体、私有制和阶级的产生、国家的起源及其阶级实质和发展前途等重大问题。比如说,正当马克思为写作《资本论》涉及地租和整个土地关系问题而对有关公社土地所有制形式和俄国农村公社的史料和著作埋头钻研的时候,恩格斯则在钻研塔西佗、毛勒有关德国马尔克公社的论著,而且"为了最后彻底弄清楚"古代日耳曼人和美洲印第安人之间的相似点,他还查阅了班克罗夫特等人的著作,并在通篇"重新改写了两三次"后终于完成了小册子《马尔克》,书中详细叙述了马尔克土地公有制的兴衰变化史③。为了使首先是"献给工人,而不是献给书呆子和其他

---

① 恩格斯:致弗·阿·左尔格的信(1884年8月7日),见《马克思恩格斯全集》第36卷,第127页。

② 恩格斯:致卡尔·考茨基的信(1884年4月11日),见《马克思恩格斯全集》第36卷,第136页。

③ 参阅恩格斯:致马克思的信(1882年12月8日),见《马克思恩格斯全集》第35卷,第120—121页,人民出版社1971年版。

'有教养者'"① 的《马尔克》能保证质量,恩格斯"迫切地希望"听取马克思的意见,于是还"没有来得及完成最后的检查"就把书稿寄给他了②。马克思看完后赞赏道:"非常好!"③ 特别可贵而又往往为人忽视的是,恩格斯在 1875—1876 年间即早于摩尔根和科瓦列夫斯基,就对土地公有制的原始形式、阶级分化和国家产生等问题提出了不少科学的见解。比如他说:土地公社所有制存在着多种形式,有土地公有的氏族公社和农村公社,后者又有共同耕种公社土地和各家农户耕种定期重新分配的土地之别,"剩余的可用土地用尽了,公有制也就衰落了";公社成员之间在产品分配方面发生了比较大的不平等,这就已经是出现了阶级差别,社会分为享受特权的和被损害的、剥削的和被剥削的、统治的和被统治的阶级,国家就出现了,它的目的是"用暴力来维持统治阶级的生活条件和统治条件,以反对被统治阶级",等等④。又如在原始婚姻方面,他在《起源》写作前通过自己的研究就有一些发现和论述。恩格斯读了班克罗夫特的著作《北美太平洋沿岸各州的土著民族》后,曾对马克思谈了心得:在古代那个阶段,"生产方式不像部落的旧的血缘关系和旧的两性(sexus)相互共有关系之解体程度那样具有决定性的作用"。"我为我的推测找到了证据,即在欧洲,最初在克尔特人和斯拉夫人那里发现

---

① 恩格斯:致奥·倍倍尔的信(1882 年 12 月 22 日),见《马克思恩格斯全集》第 35 卷,第 416 页

② 恩格斯:致马克思的信(1882 年 12 月 15 日、1882 年 12 月 16 日),见《马克思恩格斯全集》第 35 卷,第 125、122 页。

③ 马克思:致恩格斯的信(1882 年 12 月 18 日),见《马克思恩格斯全集》第 35 卷,第 126 页。

④ 参阅恩格斯:《论俄国的社会问题》,见《马克思恩格斯选集》第 2 卷,第 624—626 页;《劳动在从猿到人转变过程中的作用》,见《马克思恩格斯选集》第 3 卷,第 519 页;《反杜林论》,第 145 页,人民出版社 1970 年版。

的初夜权是旧的两性共有关系的残余。"① 特别是在尖锐地批判考茨基有关原始婚姻的错误理论时，恩格斯进一步显示了独创的才华（有关论点和论据后来写进了《起源》）。例如他说："原始状态的标志不是粗野，而是部落古老的血缘关系保留的程度。""我还坚持我过去的看法：共妻（和对妇女来说共夫）是部落内部性交关系的起点……相反地，用嫉妒去作心理上的解释，就是硬把后来的看法扯进去，这种解释被成百的事实所驳倒。""可以肯定地得出结论说，凡是在强制放牧（按：指古代德国马尔克公社社员在收获后、播种前有义务把耕地上的篱笆拆去以供自由放牧）下土地定期重新回到共有状态的地方，原先都实行过完全的土地共有制，我认为，可以同样肯定地得出结论说，凡是妇女定期回到——实际地或象征性地——共有状态的地方，原始时期都实行过共妻。"② "凡有共有制的地方——不管是土地的、或者妻子的、或者任何东西的共有制——共有制就必定是原始的、来源于动物界。后来的全部发展就是这种原始共有制的逐渐消亡的过程；无论何时何地，我们都找不到一个例子能证明，共有制是作为派生现象从最初的个人占有发展起来的。"③ "无论如何，原始的性的共同体属于遥远的时代，并为以后进步的或退步的发展所淹没，现在无论在什么地方再也找不到它的原始形式的标本。可是，一切晚近的形式都可在这种原始的基础上找到它们的说明。不过我相信，只要您不完全放弃忌妒是社会的决定性因素

---

① 恩格斯：致马克思的信（1882年12月18日），见《马克思恩格斯全集》第35卷，第120页。

② 恩格斯：致卡尔·考茨基的信（1883年2月10日），见《马克思恩格斯全集》第35卷，第432页。

③ 恩格斯：致卡尔·考茨基的信（1883年8月2日），见《马克思恩格斯全集》第35卷，第448页。

（在原始时代）这种看法，就不可能正确叙述这一发展过程。"①

从上述属于凤毛麟角的例证中，我们不难看出恩格斯独自完成《起源》并非偶然，而是有着长期累积的坚实基础。我们如进一步了解他修改该书的过程中所取得的新成就，无疑还会受到更大的启迪和教育。

众所周知，我们今天读到的《起源》，是作者1891年增订的本子，即通常所说的第四版。它较之第一版（二、三版同此），虽然在基本观点和理论方面保持了原貌，但文字上有许多更改，特别是对若干问题的具体阐述作了原则性的修改或重要的补充，据统计，大大小小的文字改动有144处②，其中修改最大的是第二章《家庭》，同时增写了一篇重要序言，即在《新时代》杂志发表过的论文《关于原始家庭的历史（巴霍芬、麦克伦南、摩尔根）》。为出好《起源》新版，恩格斯足足花了一年的时间（1890年4月—1891年5月）去准备，除了查阅有关问题的以往全部文献（包括已被引用过的）外，主要是尽力搜寻和钻研《起源》初版以来一切有关的著作和材料；巧合的是，新版执笔时间（1891年5月中旬—7月中旬）与初版所用的时间（1884年3月底—5月底）一样多，即整整两个月③。年逾七十的恩格斯，既要指导各国工人运动，又要继续整理《资本论》第三卷以及为自己和马克思著作的再版写新序言，再加上眼疾等身体原因，"只

---

① 恩格斯：致卡尔·考茨基的信（1883年9月18日），见《马克思恩格斯全集》第36卷，第61页。

② 参阅伊·恩·文尼科夫：《恩格斯〈家庭、私有制和国家的起源〉一书的第一版和第四版》，见《民族问题译丛》1956年第5期。

③ 据恩格斯致卡尔·考茨基（1890年4月11日）、致奥·倍倍尔（1891年5月1—2日）、致保·拉法格（1891年5月19日）、致康·施米特（1891年7月1日）、致劳·拉法格（1891年7月20日）等人的信函可以判断《起源》新版的准备时间和执笔修订的时间。见《马克思恩格斯全集》第37卷，第374页；第38卷，第91、100、124、132页。

准许"他"在有阳光的时候写东西,并且一天最多写三小时,往往还只能写两小时"①,而他竟在这困难重重的情况下,以惊人的毅力完成了《起源》的修订工作。难怪连他自己也感慨地指出:"这不是一件轻而易举的事,特别是在工作时常中断的情况下。"②

恩格斯之所以用那么大的精力去认真修订《起源》并增写一篇序言,关键在于他一丝不苟地恪守自己参与创立的辩证唯物论和历史唯物论的世界观和方法论。具体地说,首先,是为了击退资产阶级对马克思主义关于人类社会发展规律这一科学理论的反扑。19世纪八九十年代,自由资本主义向垄断资本主义过渡的步子加快了。与此相适应,资产阶级御用学者一方面围攻达尔文的进化论,一方面讨伐摩尔根的氏族制度学说和家庭发展史的观点,竭力宣扬私有制和父权制家庭是人类社会一出现就存在了的,鼓吹阶级社会的各种制度是亘古不变的,妄图借以论证资本主义制度的永恒性。他们对摩尔根的攻击如此疯狂,咒骂他"根本仇视历史方法",千方百计地抵制他的书,不只是因为他在原始社会史研究中带来了一场革命,还在于他不仅像傅立叶那样地对阶级社会的一切不合理现象,对资本主义社会的基本形式进行了批评,"而且还用了卡尔·马克思才能说的话来谈论这一社会的未来的改造"③。对于那一伙官方的原始社会史学家妄图在摩尔根的学说上打开缺口,进而反对马克思主义革命学说的阴谋伎俩,恩格斯一眼就看穿了,并愤怒地斥责道:"他们在国际范围内结党营私,排斥异己","再没有一个比原始社会史学家勾结得

---

① 恩格斯:致威廉·李卜克内西的信(1890年12月18日),见《马克思恩格斯全集》第37卷,第520页,人民出版社1971年版。
② 恩格斯:致弗·阿·左尔格的信(1891年6月10日),见《马克思恩格斯全集》第38卷,第104页,人民出版社1972年版。
③ 《起源》第17页。

更紧的互助保险公司了！"① 因此，借《起源》再版的机会，进一步阐述摩尔根的伟大发现的革命意义，充分揭露和批判官方学者的谬论，这自然是恩格斯首先要考虑到的。

其次，《起源》初版后的七八年间，"对于原始家庭形式的认识，已经获得了很大的进展"，因此，恩格斯必须"用心地加以修订和补充"②。体现当时原始社会史研究新成绩的著作为数不少，特别为恩格斯注意的，如马·科瓦列夫斯基的《家庭及所有制的起源和发展概论》、安·霍伊斯勒的《德意志私法制度》、亨·库诺夫的《古秘鲁的农村公社和马尔克公社》，以及80年代初已出版后来才读到的劳·法森、阿·威·豪伊特的《卡米拉罗依和库尔奈》和摩尔根的最后一部重要著作《美洲土著的住房和家庭生活》等。对于那些有反面教员作用的著述，恩格斯也不放过，较为重要的如麦克伦南的《古代史研究》、沙·勒土尔诺的《婚姻和家庭之进化》、爱·韦斯特马尔克的《人类婚姻史》等。为了能够充分地反映当时的科学状况，如恩格斯所说，"在修订《起源》的过程中，须参阅有关的全部文献"，"并将其精华写进书中"③。与此同时，他对初版中提法不准确或论述不完备、有欠缺的地方作了严肃的修正和补充，也深刻地批判了来自论敌的一切蛊惑、毒害人们的糟粕。对此，我们可举些例子来说明。

1. 关于杂交和群婚问题

《古代社会》和《起源》相继问世以后，否认人类盛行过杂乱性交和群婚的观点仍然颇为时髦。例如赫尔辛基大学教授韦斯

---

① 恩格斯：致卡·考茨基的信（1891年6月3日），见《马克思恩格斯全集》第38卷，第108页。
② 《起源》第6页。
③ 恩格斯：致弗·阿·左尔格的信（1891年6月10日）、致卡尔·考茨基的信（1891年6月13日）。见《马克思恩格斯全集》第38卷，第108、104页。

特马尔克,在《人类婚姻史》一书中全面发挥了考茨基关于婚姻和家庭起源的错误理论,声称人们最初生活于杂乱的性交关系或群婚状态中的假说是完全非科学的和事实上没有根据的,这种假说的辩护人所援引的婚外性交自由如初夜权、以妻待客等等风俗当作共妻残余来解释的话,其实都可以用其他令人满意得多的方法来说明;嫉妒心的存在使得杂乱性关系在人类发展中曾盛行一事十分令人难以置信;由于食物困难,妨碍我们的祖先组成群,迫使他们按一个一个的家庭过活,因而家庭才是任何社会团体的核心;人类家庭一开始就是实行一夫一妻制,父亲则几乎总是家长[①],等等。由于他使用了许多新奇的资料,该书立刻受到反进化论者和敌视马克思主义者的欢迎,如当时几乎所有较大型的杂志都予以好评。针对这种情况,恩格斯在《家庭》这一章,几乎增加了1万字(按中文计)的内容[②]。他指出:动物社会对于推断人类社会只有反面的价值。正在形成中的人,"为了在发展过程中脱离动物状态,实现自然界中的最伟大的进步,还需要一种因素:以群的联合力量和集体行动来弥补个体自卫能力的不足"。"而成年雄者的互相宽容,没有嫉妒,则是形成较大的持久的集团的首要条件,只有在这种集团中才能实现由动物向人的转变。"可以确切证明并且现在某些地方还可以加以研究的最古老、最原始的婚姻形式,是整个一群男子与整个一群女子互为所有的群婚。由此往前追溯,更早、更简单的性交关系的形式就是"同从动物状态向人类状态的过渡相适应的杂乱的性关系的时期"。"所谓杂乱,是说后来由习俗所规定的那些限制那时还不存在。"[③]

---

　① 伊·恩·文尼科夫《恩格斯〈家庭、私有制和国家的起源〉第一版和第四版》一文曾概述了考茨基和韦斯特马尔克的有关论点,见《民族问题译丛》1956年第5期。
　② 比较集中的文字修改见《起源》第29—33、34、47—50、59—62页等。
　③ 详见《起源》第31—33页。

接着，恩格斯结合大量新掌握的世界各地的民族学资料（包括论敌著作中提供的材料），详尽地论证了人类由群婚经对偶婚直到一夫一妻制的发展过程。

　　在研究群婚问题时，最令人头痛的莫过于分析澳大利亚黑人中的级别婚制度。摩尔根依据间接得来的片断材料，在《古代社会》中写下了最差的一章。他认为，这是"以性为基础的社会组织"，它"比氏族更早、更古老"，"比迄今所知的任何社会形态更为原始"，充其量也只是"体现了氏族的萌芽"①。恩格斯在写《起源》初版时，经过分析后，曾断定澳大利亚的级别制度也可以成为氏族的出发点，"澳大利亚人有氏族"，这就抛弃了摩尔根的结论。但是，他又说，"他们的组织具有十分个别的性质，我们无须加以注意"，于是他只指出"他们还没有普那路亚家庭"，而没有去进一步考察级别婚的详情及其在群婚中的地位。后来，恩格斯阅读了法森和豪伊特的有关著作，大大丰富了关于级别婚的知识，于是在第四版中，他增添了约三千字（按中文计）的论述，进一步完善了群婚理论。他指出：澳大利亚的级别婚，"乃是群婚的一种十分低级的、原始的形式；而普那路亚家庭，就我们所知道的而论，则是群婚的最高发展阶段"，亦即可以用来最容易地说明向对偶婚过渡的"最高的、典型的群婚形式"。他还预言："在这两种婚姻形式之间，我们无疑还会发现某些中间阶段"。百年来民族学研究的新成就已证明这一预言完全正确。

　　正是基于上述的新认识，恩格斯在修订新版时，对凡是把"普那路亚家庭"等同于"群婚"含义的地方，一律加以修改。恩格斯的这种修改，或置换一词，或增益几字，使原文的思想内容更丰富、更明确，这不仅无损于摩尔根关于"普那路亚"的理

---

　　① 摩尔根：《古代社会》，杨东莼、马雍、马巨译本，第47—51页，商务印书馆1977年版。

论,而且把群婚方面的研究水平提到了新的高度。

2. 关于家庭公社和农村公社问题

在《起源》的初版中,恩格斯认为在母权制向父权制过渡以后、阶级社会出现以前,存在的是"家长制家庭这一中间形式",它"表示着从对偶婚向一夫一妻制的过渡"。"这种家庭的主要标志,一是把非自由人包括在家庭以内,一是父权"。"这种家庭形式的完善的典型是罗马的家庭",在这里,"父权支配着妻子、子女和一定数量的奴隶,并且对他们握有生杀之权"。但是,当他研究了科瓦列夫斯基、库诺夫、霍伊斯勒等人的新著以后,对自己原先的看法事实上只是予以有条件的保留,所以他指出:"家长的绝对权力,以及其他的家庭成员对家长的无权地位,近来是受到很大怀疑的。"

对于比较法学家们对家长制家庭公社的研究,恩格斯予以赞扬,说它"确实促成了重大的进步",并且把他们的新成就写进了《起源》第四版。例如,他全面概述了南方斯拉夫"扎德鲁加"这种家长制家庭公社从组织形式直到经济生活的一套制度,同时通过引述俄国、德国、爱尔兰、法国、阿尔及利亚、墨西哥、秘鲁和印度等国的有关文献资料,证明它的存在有相当的普遍性。最后,恩格斯确认:"实行土地的共同占有和共同耕作的家长制家庭公社","在旧大陆各文化民族和其他若干民族中,在母权制家庭和个体家庭之间所起的重要的过渡作用,已不能有所怀疑了。""这种家长制家庭公社也是实行个体耕作以及起初是定期的而后来是永远的分配耕地和草地的农村公社或马尔克公社从中发展起来的过渡阶段。"① 请注意,在向个体家庭过渡方面,恩格斯认为,除了"家长制家庭"这一种形式外,还有一种形式

---

① 以上引文均见《起源》第54—57页。

是"家长制家庭公社"或叫做"大家庭公社"。这无疑是对家庭理论的丰富和发展。

这里顺便指出，近年来国内的某些论著的作者，对于恩格斯的上述两种说法不加详察，特别是对扎德鲁加类型的家庭公社未予应有的重视，于是每当谈到对偶婚向一夫一妻制过渡、母权制向父权制过渡时，不问具体的社会历史条件究竟如何，硬是照搬恩格斯针对古希腊罗马家庭所下的结论，似乎新出现的父系家庭都以存在父权和奴隶为其特点，强调妻子受到奴役，变成生孩子的简单工具等等。这种草率的态度要不得，因为它起码是对恩格斯有关论述作了片面的理解。

由于家长制家庭公社理论的提出，恩格斯重新审订了《起源》第七章关于塔西佗时代德意志人的公社制度的论述。在初版时，恩格斯一方面倾向于塔西佗时代的德意志人中间存在着农村公社，指出如果个体耕作的土地需每年重新分配是确实的，那么从恺撒时代到塔西佗时代的一个半世纪就"是个很大的进步"。另一方面，恩格斯对此还有怀疑，因为恺撒时代的德意志人（如苏维汇人），"不仅有过土地公有，而且也有过共同核算的共同耕作"，"在这样短的时间内，而且没有任何外来干涉，要从那个阶段过渡到土地完全私有，是根本不可能的"。后来科瓦列夫斯基的研究表明，"塔西佗所描述的状况，不是以马尔克公社或农村公社为前提，而是以家庭公社为前提的；只是过了很久，由于人口增加，农村公社才从这种家庭公社中发展出来"。恩格斯在新版中吸收了这种看法，认为它"在许多方面，较之迄今流行的把农村公社的存在追溯到塔西佗时代的推测，能更好地诠释典籍，更容易解决困难"。不过，恩格斯也指出："这种家庭公社又造成了新的困难和引起了新的需要解决的问题。在这里只有新的研究才能作出结论"①。

家庭公社方面的新见地,促使恩格斯相应地去审订《起源》有牴牾的地方。比如,他在谈到古罗马各拉丁部落的土地一部分为部落占有,一部分为氏族占有,一部分为家户占有时,初版推测那时这种家庭"并不必定是"个体家庭,新版则写作"未必是"②,这么一改,就加重了否认的口气。关于这一修改的意图,在另一处说得更明白。请看这句话的变动:初版说"耕地仍然是部落的财产,最初是交给氏族使用,后来氏族便交给个人使用……"新版保留了前两句,紧接着增加了文字,写作"……后来由氏族交给家庭公社使用,最后交给个人使用……"③ 增添文字的结果,就是表明个体家庭之前有一个家庭公社的发展阶段。又如,恩格斯在谈到财产所有形式的变化对对偶家庭进一步发展为一夫一妻制所起的作用时,新旧两版在财产的提法上有着原则性的区别,即将"畜群乃是家庭首领的私有财产"改为"畜群乃是家庭首领的特殊财产";"畜群完全转归私人所有"改为"畜群完全转归家庭所有";"这些财富,一旦转归私有"改为"这些财富,一旦转归家庭私有"④。很显然,新版对土地和动产所作的文字修改,更确切地反映了原始公有制日益走向衰亡、私有制逐渐发展起来的客观规律和大致过程。

在《起源》的第四版中,我们还可以清楚地看到,恩格斯坚决反对掠人之美的丑恶行为,对于别人(包括论敌),不论是观点、理论上有巨大功绩,还是在资料方面尽了绵薄之力,只要有机会,都客观地写入书中。比如,巴霍芬在1861年出版了《母

---

① 以上引文均见《起源》第138—140页。
② 《起源》第119页。
③ 《起源》第158页。
④ 《起源》第51页。

权论》,尽管该书充斥着神秘主义的宗教观念,但他运用古代经典著作中的材料提出了群婚到一夫一妻制、母权制到父权制发展的一系列论点,从而打破了家长制家庭是最古的形式这一传统说教,于是恩格斯誉称他的论点"在1861年是一个完全的革命",指出家庭史的研究就是从这一年开始的,而"在60年代开始以前,根本谈不到家庭史"[1]。关于摩尔根的功绩,恩格斯所作的评价上文已说过。这里要说的是,恩格斯一方面有原则地把他的母权制先于父权制而存在的理论称之为"重新发现"[2],而不抹杀巴霍芬的头功;另一方面,对于他的一切伟大的发现,他不但通过科学的说明予以宣扬,而且义正词严地斥责所有窃贼,以维护摩尔根的发现权。

这里还应指出,自精心修订《起源》直到临终前夕,恩格斯仍然密切注视着原始社会史方面的学术进展和论敌的活动。《起源》新版的第二年,即1892年,当他从《俄罗斯新闻》第284号读到尼·安·杨楚克在俄国自然科学爱好者协会人类学部会议上介绍列·雅·施特恩堡对库页岛吉里亚克人(尼夫赫人的旧称)的生活和社会制度的研究结果的报道后,立即肯定了施特恩堡的研究有着珍贵的科学价值,并把报道的全文译成德文,加上千余字的评论,合成一篇题为《新发现的一个群婚实例》的文章,寄给《新时代》杂志发表。恩格斯之所以在自己的文章里几乎全部引用那篇报道,就在于它不仅肯定了有关普那路亚群婚的理论,而且再次表明"处在大致相同发展阶段上的原始民族的社会制度,在其基本特征上,是多么相似,甚至相同"[3]。从观点到资料性内容,这篇文章与《起源》完全一致,所以把它作为

---

[1] 参阅《起源》第7—10页。
[2] 《起源》第16页。
[3] 《起源》第178页。

《起源》的附录是适宜的。

又如,1893年夏天,恩格斯还读过法国民族学家、无政府主义者埃利·勒克律的著作《原始人》,并作了评论:"这也是一本混乱不堪和实用主义的作品;而且材料极为杂乱,常常使人不知道讲的是哪些部落和民族。"① 当恩格斯得知讲坛社会主义者布伦坦诺攻击《起源》后,一方面斥责"布伦坦诺维护韦斯特马尔克就已经够瞧的了",断定"他要在上古史问题方面大大出丑",另一方面要考茨基帮忙订购刊有布伦坦诺攻击文章的《社会经济史杂志》②。

再如恩格斯在1895年逝世前四个月,应保尔·拉法格之请,仔细审阅了他的《财产及其起源》一书。恩格斯在致拉法格的信中,既充分肯定该书"文笔漂亮,历史事例非常鲜明,见解正确并有独到之处",也指出该书"主要的缺点","似乎结束得太仓促",文字方面"尤其是关于封建的和资本主义的所有制的那几章,可以更严谨些",以及其他方面的"几个小错误"。值得注意的是,就在这封信里,恩格斯结合拉法格书中涉及的内容上的缺陷,再次分析了家庭公社与农村公社的相互联系和区别。③

二

恩格斯曾指出:"我们绝不需要担心我们现在所处的认识阶段和先前的一切阶段一样地都不是最后的。……认识就其本性而言,或者对漫长的世代系列来说是相对的而且必然是逐步趋于完

---

① 恩格斯:致卡尔·考茨基的信(1893年6月1日),见《马克思恩格斯全集》第39卷,第76页。
② 同上书,第75—76页。
③ 见恩格斯:致保尔·拉法格的信(1895年4月8日),《马克思恩格斯全集》第39卷,第434—435页。

善的,或者就像在天体演化学、地质学和人类历史中一样,由于历史材料不足,甚至永远是有缺陷的、不完善的,而谁要以真正的、不变的、最后的、终极的真理的标准来衡量它,那么,他只是证明他自己的无知和荒谬,即使真正的动机并不像在这里那样是要求承认个人的没有错误。"① 在这里,恩格斯不是表示谦虚,而是重申辩证唯物论的认识论。他始终恪守自己说过的话。在他仔细研究了《古代社会》并完成了《起源》写作后,曾多次利用再版马克思主义著作的机会,对有关论述作了必要的审订。例如,《反杜林论》出第二版时,恩格斯解释某些地方需要修改的一个原因,即是"关于人类原始史,直到1877年,摩尔根才给我们提供了理解这一历史的关键"②,出于同样的理由,当《共产党宣言》于1888年出英文版时,恩格斯为书中的"到目前为止的一切社会的历史都是阶级斗争的历史"这句话写了重要注释,显然考虑到"到目前为止的一切社会的历史"时限过宽,所以他指出,"确切地说,这是指有文字记载的历史",因为只是随着原始公社的解体,"社会开始分裂为各个独特的、终于彼此对立的阶级"以后,才谈得上"阶级斗争的历史"③。再者,通过本文第一部分的介绍,我们也能清楚地看到,恩格斯始终是以发展的眼光对待《起源》的。20世纪以来,随着资料的日益丰富,有关理论也在深化。因此,我们今天就《起源》中的某些问题进行讨论,甚至提出不同的看法,是很自然的,也完全符合恩格斯倡导的认识论。

---

① 恩格斯:《反杜林论》第88页。
② 恩格斯:《反杜林论》第二版序言,见该书第8页。
③ 马克思、恩格斯:《共产党宣言》,见《马克思恩格斯选集》第1卷,第250—251页。

1. 关于原始社会分期问题

恩格斯认为,摩尔根"根据生活资料生产的进步""所提出的分期法,在没有大量增加的资料认为需要改变以前,无疑依旧是有效的"[①],所以《起源》基本上采用了摩尔根对原始社会的分期意见,如果说不同之处,则反映在概括摩尔根的分期法时赋予了更符合唯物史观的内涵,这就是:"蒙昧时代是以获取现成的天然产物为主的时期;人工产品主要是用作获取天然产物的辅助工具。野蛮时代是学会畜牧和农耕的时期,是学会靠人类的活动来增加天然产物生产的方法的时期。文明时代是学会对天然产物进一步加工的时期,是真正的工业和艺术的时期"[②]。我认为,这些说法直到今天仍然是不可争辩的。有的学者指责摩尔根分期法"过时",而提出以氏族制度的发展程度等为分期的名称,实际上只是角度不同。关键不在名称,而是能否体现恩格斯在上述概括中所说的根本原则。对此需另文论说,这里不赘。

不过,恩格斯在谈到蒙昧时代和野蛮时代诸阶段的具体标志时,为当时科研水平的局限,不得不沿用了摩尔根的资料,今天看来,显然不少是应加以修正的。

例如,《起源》把火的使用作为蒙昧时代中级阶段开始的标志[③],已为大量的考古学新成就所否定。仅以我国的实例来说,原始人类学会用火已经可以上溯到距今一百七八十万年前。象山西芮城县西侯度文化遗址,距今有 180 万年。1961—1962 年进行发掘时,发现的文化遗物有石器、带有砍痕的鹿角(证明主人

---

① 《起源》第 19 页。
② 《起源》第 25 页。
③ 《起源》第 20 页。

已使用骨质工具），还发现了一些颜色呈黑、灰、灰绿的哺乳动物的肋骨、鹿角和马牙。呈灰绿色的马牙还炸裂成碎纹，和距今约 50 万年的北京人遗址被烧过的骨头和牙齿并无二致，化验结果也证明是被火烧过的。特别是云南元谋盆地那蚌村附近的元谋遗址，距今约有 170 万年。1973 年在含元谋人牙齿地层所发现的炭屑，小者如芝麻，大者如黄豆，含炭层有三层，上下相加厚达 3 米左右，结合一系列的遗物发现，说明它并非野火所致，而是人类用火的最早的证据。①

又如，《起源》说，在东大陆，即欧亚两洲，"野蛮时代的中级阶段是以驯养供给乳和肉的动物开始的，而植物的种植，在这里似乎直到这一时期的晚期还不为人所知"②。对此，考古发掘的文物也是予以否定的。第二次世界大战后，西亚的考古工作取得了新的重大进展，仅属于旧石器时代晚期、新石器时代初期的重要遗址已在 30 处以上，出土遗物表明，西亚的动物家养和植物种植恐怕也算是世界上最早的地方之一。如属于公元前 8000－9000 千年的北扎格罗斯山萨威·克米遗址 B 层，除发现了人工饲养绵羊的证据外，还发现有石磨、石臼；属公元前 7000 年的南扎格罗斯山阿里·库什遗址，发现了饲养的山羊化石，也发现了小麦、大麦种子。与西亚地区毗邻的埃及，在谷物种植起始年代上也居前列。据报道，最近几年在埃及南部库姆温布地区的库巴尼

---

① 参阅贾兰坡：《从人类起源问题谈到我国近年来的重大发现》。见《史学月刊》1980 年第 1 期。这里说元谋猿人的年代为距今 170 万年，是根据我国地质力学研究所采用古地磁方法于 1977 年测定的。对此年代一直有人提出疑问。1982 年在莫斯科举行的第十一届国际第四纪研究会议上，有的学者根据古地磁地层对比，提出我国元谋猿人的年代在距今 73－90 万年之间。1983 年我国学者刘东生、丁梦林更认为元谋猿人的年代不会超过 73 万年，可能只有 50－60 万年（见吴汝康：《人类起源问题研究的新进展》，载《历史教学》1983 年第 11 期）。即便有根据把元谋人遗址的年代降至 50 万年前，与北京人相差不大，本文的论点亦不受影响。

② 《起源》第 22 页。

亚发现一处旧石器时代遗址，曾掘得600多粒炭化的大麦粒和一些扁豆、枣核，在该地不久又发掘出同一时期的石臼和数粒大麦种。经C_{14}测定，该遗址距今竟有1.8万年[1]。至于我国这方面的考古资料，更是无比丰富。如距今7000～8000年的河南新郑裴李岗、河北武安磁山这两处文化遗址，都曾找获家养猪、狗的证据，也曾发掘出数量可观的石铲、石斧（翻土用）、石镰、石磨盘和磨棒。距今6000多年的浙江余姚河姆渡遗址，第四文化层发现有猪、狗、牛等家畜的遗物，生产工具中仅骨耜就达76件，又在10余个探方共计4000平方米的范围内，普遍发现了稻谷，有的稻谷与稻壳、秆、叶互相混杂形成了几十厘米厚的堆积层[2]。总之，20世纪以来考古学的新成就一再表明，相当于旧石器时代晚期、新石器时代初期的蒙昧时代中、高级阶段，散布于东大陆的人们，不但已经能够饲养多种家畜，而且已经在种植麦、粟、稻等粮食作物和某些蔬菜，而绝不是所谓直到野蛮时代中级阶段"还不知道"植物的种植，动物的驯养也不是进入野蛮时代以后才出现。

至于西大陆，《起源》利用摩尔根的材料说，"被欧洲人征服

---

[1] 参阅孔令平：《西亚动物家养的起源》，见《考古》1980年第6期；程培英：《世界谷物种植起源问题探索》，见《南开学报》1981年第5期；孔令平：《埃及的农业起源问题》，见《东北师大学报》1981年第1期。

[2] 参阅开封地区文管会、新郑县文管会：《河南新郑裴李岗新石器时代遗址》，见《考古》1978年第2期；开封地区文管会、新郑县文管会、郑州大学历史系考古专业：《裴李岗遗址一九七八年发掘简报》，见《考古》1979年第3期；中国社会科学院考古研究所河南一队：《1979年裴李岗遗址发掘报告》，见《考古学报》1984年第1期；邯郸市文管所、邯郸考古短训班：《河北磁山新石器遗址试掘》，见《考古》1977年第6期；河北省文物管理处等：《河北武安磁山遗址》，见《考古学报》1981年第3期；《新中国的考古收获》第7页；浙江省文管会、浙江省博物馆：《河姆渡遗址第一期发掘报告》，见《考古学报》1978年第1期；李根蟠、黄崇岳、卢勋：《试论我国原始农业的产生和发展》，见《中国社会经济史论丛》第1集，江西人民出版社。

以前，不论什么地方，都还没有越过这个阶段"，像"新墨西哥的所谓普韦布洛印第安人，以及墨西哥人、中美洲人和秘鲁人"，只是"处于野蛮时代中级阶段"。然而据目前的研究成果看，墨西哥人（阿兹特克人）、中美洲人（玛雅人和托尔特克人）、秘鲁人（指南美安第斯山中部地区的印第安人），实际上在西班牙人入侵之前，都已进入奴隶制社会发展阶段，如当时的墨西哥居民建立的就是奴隶制的阿兹特克王国（首都在特洛提兰，即今墨西哥城），秘鲁人建立了奴隶制的印加王国（首都在库斯科，今秘鲁境内）。像作为阿兹特克文化发展基础的玛雅文化，据种种遗迹来判断，当已达到相当高的水平。在玛雅人故乡的墨西哥尤卡坦半岛，人们进入密林便可看到他们的城市遗迹。①

2. 关于澳大利亚的级别婚问题

澳大利亚中、北部的黑人曾实行一种级别对级别的婚姻制度。由于它十分复杂，何况摩尔根只是依靠片断、零星的材料进行研究的，所以他不知道这是一种群婚形式，乃至得出它是"以性为基础的社会组织"。恩格斯在《起源》中，如前所说，已从根本上否定了摩尔根的结论。但毕竟19世纪可资参考的材料太少，因而要把级别婚制说个明白是很困难的事情。我认为，恩格斯对芒特甘比尔地区两个婚级的分析是正确的，即它"是群婚的一种十分低级的、原始的形式"，"是走出血缘家庭的第一步"，"也可以成为产生氏族的出发点"②。不过，有些论述，从20世纪所提供的材料来看，显然不恰当了，比如，对级别婚的发展水平估计不足。事实上，除了恩格斯引用的卡米拉罗依部落实行母系制的四个婚级外，还有实行父系制四个婚级的，如南方阿兰达

---

① 关于玛雅人的城市遗迹，《人民日报》1981年5月28日第7版有所介绍。
② 《起源》第43、41、38页。

人就是如此①。而且在一些部落中,已经实行八个级别的制度,这种级别婚就不再是群婚,而是发展到了对偶婚阶段,因此,不能笼统地说"他们还没有普那路亚家庭,而只有比较粗陋的群婚形式"②,只是"走出血缘家庭的第一步"。例如,在实行父系制八个婚级的北方阿兰达人中间,在亲属称谓上,既有亲生母亲的特定名称"妈蒂英加",也有了亲生父亲的特定名称"卡达尔蒂亚"。生身父亲这一概念,在群婚时期是不存在的,只有进入对偶婚阶段以后才会产生。再如狄耶里部落,也是实行父系八级婚制的,他们虽然还保存着浓厚的群婚残余,但总是盛行对偶婚,这突出地表现在他们有一种"皮劳鲁"习俗。按照这种习俗,男子最先是属于个人的结婚,此妻子叫"蒂帕—马尔库";后来,长者或首领们通过隆重的、公开的仪式又为他指派副妻,称为"皮劳鲁"。当丈夫得到新的妻子"皮劳鲁"时,他的第一个妻子是嫉妒、不满的。正妻与副妻的相互关系并不那么和谐,正妻往往有一切优先权,甚至当大家一起宿夜时,正妻总是同丈夫睡得更近些。既有正副妻之别,又有明显的嫉妒心理存在,这种级别婚怎么也不能说比普那路亚这一群婚的最高形式"更粗野",更何况级别婚不只存在于母权制氏族社会,也存在于发展水平更高的父权制氏族社会。因此,对澳大利亚级别婚发展水平的估计,不必拘于《起源》有所论述不敢越雷池一步,而应该依据不同的具体情况进行分析再做出恰当的结论。③

----

① 参阅乔治·穆达克:《我们当代的原始民族》第二章,童恩正译,四川民族研究所1980年铅印本,С·П·托尔斯托夫主编:《澳大利亚和大洋洲各族人民》(上册),第五章,李毅夫等译,三联书店1980年版。
② 《起源》第38页。
③ 有关级别婚问题笔者已有专文探讨,详见拙稿:《澳大利亚级别婚试析》(第三届全国民族学讨论会论文,已编入《民族学研究》第7辑)。

3. 关于家长制家庭和家长制家庭公社问题

《起源》说，随着"母权制的被推翻"、父权制的胜利，就出现了"家长制家庭这一中间形式"，并以古代希腊、罗马为例，指出这种家庭的主要特点，"一是把非自由人包括在内，一是父权"，而父权的含义是指作为一家之长的男子支配着所有家庭成员，"并且对他们握有生杀之权"。如前所说，恩格斯在第四版的修订中，又认为"家长的绝对权力，以及其他的家庭成员对家长的无权地位，近来是受到很大怀疑的"，像扎德鲁加那种家庭公社，"乃是一个由群婚中产生的母权制家庭和现代世界的个体家庭之间的过渡阶段"，"这一点看来已经得到证明了"。请读者注意，恩格斯在书中并没有直接说明，古希腊、罗马的家长制家庭与南方斯拉夫的扎德鲁加在发展序列上的相互关系，而是明显地既肯定家长制家庭"表示着从对偶婚向一夫一妻制的过渡"，又肯定扎德鲁加"也是一个过渡阶段"。对于这两种家庭形式的内涵，恩格斯有不同的解释；在名词使用上，前者叫"家长制家庭"，后者则称"家长制家庭公社"，但都保留着"家长制"这一限制词，其主要原因似乎可以从他引述霍伊斯勒的意见中找到答案，即德意志人起初也存在过扎德鲁加类型的家庭公社，它"是由几代人或者说几个个体家庭所构成的，并且往往还包括许多非自由人"，而且连"罗马的家庭也被归在这种类型以内"[①]，就是说，"家长制"总是与"非自由人"即奴隶联系在一起的。

我认为，把这两种家庭形式并列看作同等意义上的过渡阶段是不恰当的。实际上，依时间顺序相承来说，扎德鲁加型的家庭形式在前，罗马型的家庭形式在后，前者还谈不到家长有什么绝

[①] 参阅《起源》第54—57页。

对权力（无论对财产还是对家庭成员），所以把它叫做"家长制家庭公社"并不确切，若以父系家族公社（家庭公社）或父系大家庭相称才是名副其实（使用这一类术语是半个多世纪以来为学术界普遍接受的）；至于后者叫做"家长制家庭"，那是适宜的，它的基本结构和主要特点表明，这时的人们共同体已临近或正跨入阶级社会的发展阶段。明确地把这两种家庭形式区分为相互衔接的早晚两个阶段，在学术上有助于探讨对偶家庭向一夫一妻制家庭、母权制向父权制的过渡，能够更合逻辑地剖析原始公有的衰落、个体私有的滋长以及由此造成的贫富分化、阶级对立和国家产生的渐进过程。

一夫一妻制家庭的最后确立，是文明时代即阶级社会开始的一个重要标志。所谓最后确立，是指作为社会细胞的个体家庭有一个渐进成熟的过程，这不仅与母权制向父权制过渡的长期性有关，而且与原始公有制逐渐为私有制所取代的过程联系在一起。就拿母权制向父权制过渡来说，虽然"并不像我们现在所想象的那样困难"，但也不可能"只要有一个简单的决定，规定以后氏族男性成员的子女应该留在本氏族内，而女性成员的子女应该离开本氏族，转到他们父亲的氏族中去就行了"[1]。在实践上，母权制的习惯势力进行了不简单的反抗。大量的民族学资料表明，这一空前的变革，是经过了长期而又复杂的斗争，才一步一步得以实现的。对此，笔者曾结合原始婚姻家庭遗俗作过一些探讨[2]，这里不再赘述。

母权制向父权制的过渡，从实质上说，恐怕是共产制经济的母系家族公社向父系家族公社的过渡。我认为，氏族制度充分发

---

[1] 《起源》第52—53页。
[2] 详见拙作：《从原始婚姻家庭遗俗看母权制向父权制的过渡》，见《民族研究》1980年第1期。

展起来后，母系家族公社已经取代氏族公社成为集体劳动、共同消费的单位，而氏族的经济职能却已近乎于零，它更多的是担负保卫氏族、部落的安全，维护社会公共秩序，开展宗教活动，调节婚姻关系等职责。在父权制取代母权制的初期阶段，顺乎自然，是父系家族公社承接了母系家族公社原有的生产和消费这一基本职能。像《起源》所提到的"扎德鲁加"，即是这样的父系家族公社。中华人民共和国成立前我国少数民族中如东北鄂温克、鄂伦春族的"乌力楞"、海南岛黎族的"纹茂"（海南汉语方言叫"合亩"）、云南独龙族的"吉柯罗"等等，都比较明显地残存着这种家族公社。不过，通过比较，我觉得独龙族的"吉柯罗"尤具典型意义，因为它有着向家长制家庭发展的种种的迹象①。

通过独龙族的实例，我们可以看到父系家族公社的一些显著特点：血缘联系是它的天然基础；主要的生产资料公有，大家集体劳动，共同消费，实行原始民主制，家长仍是一个公仆；公社里包含着若干个经济上尚未独立的小家庭（确切地说，它主要是婚姻方面的一夫一妻制，尚无私有制的经济职能）。同时，我们还可以看到家族公社必然瓦解、向家长制家庭发展的趋势：随着生产力的提高，劳动组织形式发生了由大集体到小集体再到个体的变化，并由此造成动产和不动产由原始公有逐步转化为一夫一妻制小家庭的私有；公有和私有一消一长的演变过程，正是出现贫富分化、产生阶级对立的过程。当然，这只是就一般发展规律而言。事实上，由于种种具体的社会历史条件不同，各个民族、各个地区跨进私有制为基础的阶级社会的步伐并非整齐划一，如有的没有充分发展起父权，便由父系家族公社经农村公社而进入

---

① 有关独龙父系家族公社的情况，见《民族问题五种丛书》云南省编委会编：《独龙族社会历史调查》（一），云南民族出版社1981年版。

到阶级社会，有的则可能并未蹒跚于家族公社就迅速发展为家长制家庭，甚至由此越过农村公社而踏进了阶级社会。

笔者孤陋寡闻，对《起源》尚未入门，却在这里班门弄斧、吹毛求疵（或许并非"疵"），的确自感愧甚，惟盼读者不吝赐教。

（原载《云南社会科学》1984年第4期）

《家庭、私有制和国家的起源》写作背景

恩格斯的《家庭、私有制和国家的起源》（以下简称《起源》），是科学社会主义的主要著作之一，也是马克思主义历史学、民族学的一部奠基性论著。由于书名的副题为"就路易斯·亨·摩尔根的研究成果而作"，加上恩格斯在第四版序言中称该书以摩尔根的《古代社会》为基础，所以除了某些资产阶级学者的恶意攻击之外，不少人对《起源》的成书并无正确的认识，以至直到不久前还有人指责恩格斯"过分依赖摩尔根"①。其实，恩格斯深知："要把内容如此丰富、但写得如此糟糕的书（按：指《古代社会》）概括起来，可不是闹着玩儿的事"②。所以他写作《起源》时，不得不放下一切事情，甚至最紧急的事情，"下一番工夫"，"认真加工，仔细推敲，从总体上作周密思考"③。书稿写完后，恩格斯又加以精心校订、润色，印刷前还亲自看校样。尤为重要的是，恩格斯始终把《起源》的写作同工人运动、社会主义运动紧密地联系在一起，充分地体现了马克思主义创始人所特有的战斗精神。正如他自己所说："如果只是'客观地'叙述摩尔根的著作，对它不作批判的探讨，不利用新得出的成

---

① 戴维·麦克莱兰：《恩格斯的贡献》，见《马克思以后的马克思主义》一书（1979年版），转引自《国外社会科学动态》1980年第12期。
② 恩格斯：致卡尔·考茨基的信（1884年4月11日），见《马克思恩格斯全集》第36卷第136页。
③ 恩格斯：致卡尔·考茨基的信（1884年4月26日），见《马克思恩格斯全集》第36卷，第144页。

果，不同我们的观点和已经得出的结论联系起来阐述，那就没有意义了。这对我们的工人不会有什么帮助。"① 所有这一切表明，恩格斯非但没有简单地重复摩尔根的东西，而且远远地超出了摩尔根，依据历史唯物论去阐明摩尔根研究成果的全部意义，从而科学地论证了原始社会的一般特征，说明婚姻家庭制度的产生及其在不同社会发展阶段的特点，特别是着力分析了原始公社制度的瓦解、私有制的产生以及建立在私有制基础上的阶级社会形成的过程，揭示了国家的起源及其阶级实质，指出随着共产主义社会的实现国家终究要消亡的历史必然性。

《起源》对于我们来说，无论是树立辩证唯物主义和历史唯物主义世界观，还是进行有关学科的学术探讨，都是必须反复加以精读的教科书。为了更好地掌握该书阐发的基本理论，洞悉其写作背景显然是必要的。

首先谈谈恩格斯著述《起源》的社会背景。概括地说，这本书是在自由资本主义开始向垄断资本主义即帝国主义阶段过渡，无产者与资产者之间的阶级斗争日益尖锐化，各国工人运动、社会主义运动正普遍展开，马克思主义在国家与革命等重大问题上跟形形色色的机会主义进行激烈论战的情况下写成的。

至17世纪中叶，资本主义制度已在西欧形成，接着也在北美出现。资产阶级及其御用学者为维护资本主义永世长存，竭力鼓吹各种谬论，如说什么父权制家庭是最古老的形式，并把它同近代资产阶级的家庭等同起来。到了19世纪初期，面对社会主义思潮的勃兴，他们力图掩饰资本主义社会所固有的对抗性矛盾和种种弊端，更是大肆宣扬私有制自人类出现时起就已存在，以至胡说在原始社会时期就出现了资本。例如，英国资产阶级经济

---

① 恩格斯：致卡尔·考茨基的信（1884年4月26日），见《马克思恩格斯全集》第36卷，第144页。

学家罗·托伦斯在《论财富的生产》（1821年）一书中谈到资本的起源时竟说："在野蛮人用来投掷他所追逐的野兽的第一块石头上，在他用来打落他用手摘不到的果实的第一根棍子上，我们看到占有一物以取得另一物的情形，这样我们就发现了资本的起源。"①

对于资产阶级维护资本主义制度的谬论，马克思、恩格斯在《共产党宣言》中予以严正驳斥。他们指出，"现代的资产阶级私有制是建筑在阶级对立上面、建筑在一些人对另一些人的剥削上面的生产和产品占有的最后而又最完备的表现。""从这个意义上说，共产党人可以用一句话把自己的理论概括起来：消灭私有制。"②《共产党宣言》公开宣布："资产阶级的灭亡和无产阶级的胜利是同样不可避免的。"③ 正是在《共产党宣言》的旗帜下，法国工人阶级发动了1848年的六月起义和1871年的巴黎公社革命。巴黎公社失败了，资产阶级额手称庆，并叫嚣"社会主义长此休矣！"但是，巴黎公社的原则永存，它的革命首创精神鼓舞着工人阶级继续奋起战斗。19世纪中叶以后，马克思主义得到了广泛传播，为越来越多的工人所接受。欧美各国社会主义政党、团体纷纷成立。比如，除1869年成立的德国社会民主工党继续进行活动外，1876年美国劳工人民党（次年更名为社会劳工党）成立，1876年法国工人党成立，1881年英国民主联盟成立，1882年意大利工党和波兰社会民主党成立，1883年俄国组织了劳动解放社。

由于工人运动、社会主义运动获得了新的发展，资产阶级惶

---

① 转引自马克思：《资本论》第1卷，见《马克思恩格斯全集》第23卷，第209页注（9），人民出版社1972年版。
② 见《马克思恩格斯选集》第1卷，第265页，人民出版社1972年版。
③ 同上书，第263页。

恐万分,掀起了反对科学社会主义,反对马克思主义政治经济学的恶浪,他们在国家问题上也搅得"混乱不堪",妄图"利用国家学说来为社会特权做辩护,为剥削的存在做辩护,为资本主义的存在做辩护"①。例如,德国的资产阶级反动经济学家威廉·罗雪尔的《政治经济学原理》,从1854年出笼到1877年的23年间,竟出了13版,并被译成外文在各国兜售。罗雪尔鼓吹:"私有财产权的合理性,是根据每个工人可以把他的劳动果实或者消费掉或者储蓄起来这个天赋权利而发生的。"②罗雪尔还诬蔑、攻击"社会主义和共产主义所作出的企图","是社会躯体上的疾病"。"这种病患","很容易导致一切真正的自由和秩序的没落。共产主义者把一切身外的东西,特别是国家的组织,只看成是他的物质的无限的欲求的供应工具"③。另一些资产阶级经济学家,即"不愿单为统治阶级辩护、单向统治阶级献媚,还要求科学意义的人,就尝试要以资本家的政治经济学和已经不容忽视的无产阶级要求调和起来。一个没有精神的折中派发生了。约翰·穆勒是其中最著名的代表"④。这位英国的资产阶级哲学家、经济学家,对资本主义抱着幻想,企图用改良办法来克服资本主义的种种祸害,并使之理想化。他认为:"私有财产的原则不一定会和那些自然的和社会的罪恶联系着"。"关于私有制度在它的最好的形式之下,或社会主义在它的最好的形式之下,能够做出哪些成绩来,我们目前的知识太不够,还没有资格来断定这两种制度之

---

① 列宁:《论国家》,见《列宁选集》第4卷,第43页,人民出版社1972年第2版。
② 转引自季陶达主编:《资产阶级庸俗政治经济学选辑》,第334页,商务印书馆1963年版。
③ 同上书,第335页。
④ 马克思:《资本论》第1卷,第2版跋。

中，哪一种将会成为人类社会的最终形式。"① 穆勒主张采用立法等手段来改良资本主义，即"不是助长财富的集中而是助长它的分散"，使人们"能够在合作或互相协助的关系中工作"②。美国的资产阶级经济学家亨利·查理士·凯雷则赤裸裸地贩卖"阶级利益调和"论。他说："由于人类整体的长远利益是完全一致的，看来需要做到的只是：使人们深信这种一致性的存在，能够充分认清共同行动起来去反对对立的好处，并且唤醒一切正直和文明的人为帮助周围的人实现联合与组合的自然愿望而共同努力……各个阶层之间的和谐将招致各个民族之间的和谐，全世界将充满着对于和平的热爱。那时，人们全都认识到……当他们开始尊重别人的身权和财产权（这是他们希望在自己方面也受到尊重的）时，对他们的切身利益会最有帮助。"③

除了上述的反动舆论喧嚣之外，掌握着国家大权的资本家们则施展反革命两手，以维护资本主义制度的长治久安。他们慑于马克思主义的传播和工人运动、社会主义运动的发展，便披上社会主义的外衣，挂起"国家社会主义"的招牌，散布对国家的迷信心理和对议会制度的崇拜，企图把社会主义运动纳入资产阶级的轨道，与此同时大力强化国家机器，加紧对社会主义者和工人群众的镇压。例如俾斯麦政府于1878年10月21日制定了反社会党人非常法。这个法律将德国社会民主党置于非法地位，党的一切组织、群众性的工人组织、社会主义的和工人的刊物都被禁止，社会主义著作被没收，社会民主党人遭到空前的镇压。在挥舞屠刀的同时，俾斯麦政府采取某些社会改良措施，特别是在"国有化"的名义下，大搞"国家社会主义"的骗局。那些御用

---

① 转引自季陶达主编：《资产阶级庸俗政治经济学选辑》，第267页。
② 转引自季陶达主编：《资产阶级庸俗政治经济学选辑》，第267、282页。
③ 转引自季陶达主编：《资产阶级庸俗政治经济学选辑》，第245页。

学者们（主要是大学中的教授，如阿·瓦格纳、古·施穆勒、路·布伦坦诺、威·桑巴特等），对此遥相呼应，组织起"社会改革同盟"（即"讲坛社会主义者"），硬说国家是超阶级的组织，它能够调和敌对阶级的利益，逐步实行"社会主义"。他们粉饰德意志帝国是为"全民"谋福利的国家，吹捧俾斯麦的社会改良和"国有化"措施，都是"社会主义的一点一滴"。这一切正如恩格斯所揭露、批判的那样，"最近出现了一种冒牌的社会主义，它有时甚至堕落为一种十足的奴才习气，直截了当地把任何一种国有化，甚至俾斯麦的国有化，都说成社会主义的。显然，如果烟草国营是社会主义的，那么拿破仑和梅特涅也应该算入社会主义创始人之列了……皇家海外贸易公司、皇家陶瓷厂，甚至陆军被服厂，也都是社会主义的设施了。"① 总之，所有那些"社会主义者"，无非是在社会主义的伪装下，丝毫不触动雇佣劳动，也就是丝毫不触动资本主义生产，企图去挽救、巩固资本家的统治。

资产阶级的反动宣传严重地侵蚀着工人队伍和社会主义运动。例如，拉萨尔的信徒们，不但声称"力求用一切合法手段来争取自由国家和社会主义社会"，而且崇拜俾斯麦的"国家社会主义"，企图依靠以议会形式粉饰门面、按官僚制度组织起来、并以警察来保卫的军事独裁的德意志帝国来帮助建立社会主义组织。尽管这种谬论遭到了马克思主义创始人的严厉批判，但不过几年时间，由卡·赫希柏格、爱·伯恩施坦和卡·奥·施拉姆组成的苏黎世三人团又声称，"正是在现在，在反社会党人法的压迫下，党表明，它不打算走暴力的、流血的革命的道路，而决定

---

① 恩格斯：《反杜林论》，第274页注，人民出版社1970年版。

……走合法的即改良的道路"①。在法国，机会主义者也宣扬用和平方法去取得政权。在英国，自诩为"社会主义者"的费边社分子，同样恬不知耻地宣扬国有化和阶级合作乃是渐进到社会主义的唯一道路。在美国，自命不凡的亨利·乔治，宣传资产阶级国家的国有化是解决资本主义制度各种社会矛盾的手段，实现社会主义的灵丹妙药。简而言之，形形色色的机会主义派别在捡拾资产阶级的牙慧，宣扬资本主义的国家机器是超历史的、万古不变的东西，是超阶级的、为一切人造福的工具，或者把国家当作徒具形式的投票表决机器，当作"民主"的圣物而加以顶礼膜拜。他们掩盖了国家是阶级压迫、阶级统治的工具这个实质，从而模糊了工人阶级的斗争目标，从根本上取消了科学社会主义所提出的任务。

对于来自内部和外部两个方面的挑战，革命导师马克思和恩格斯以大无畏的英勇气概，开展了一系列艰苦卓绝的斗争，包括领导著名的第一国际即"国际工人协会"，指导各国群众性的社会主义工人政党的活动，同时更加紧张地进行理论研究，完成了许多马克思主义的基本著作，有力地回击了资产阶级的猖狂进攻，澄清了工人运动、社会主义运动内部那些机会主义者所散布的谬论，从而极大地帮助了各国社会主义政党和工人群众去掌握马克思主义这一锐利的理论武器，为通过无产阶级革命推翻资本主义制度，建立无产阶级专政，进而实现人类的最高理想——共产主义而英勇战斗。

《起源》写于1884年3月底到5月底，并于同年10月在苏黎世问世。为什么拿到瑞士去出版呢？因为当时德国仍在实行反

---

① 转引自马克思、恩格斯给奥·倍倍尔、威·李卜克内西、威·白拉克等人的通告信（1879年9月17—18日），见《马克思恩格斯选集》第3卷，第369页，人民出版社1972年版。

社会党人非常法,严禁一切社会主义著作。恩格斯指出:《起源》要是"写得好,就一定被查禁;写得坏,就得到许可。可是按后一种做法,我办不到"。"关于一夫一妻制那一章,以及关于私有制是阶级矛盾的根源和破坏古老公社的杠杆的那最后一章,我根本不可能写得适合反社会党人法的要求。"①

  恩格斯写作《起源》也有其直接的原因,他在第一版序言一开头就申明"在某种程度上是执行遗愿",即执行战友马克思的遗愿。他说:"不是别人,正是卡尔·马克思曾打算联系他的——在某种限度内我可以说是我们两人的——唯物主义的历史研究所得出的结论来阐述摩尔根的研究成果,并且只是这样来阐明这些成果的全部意义。"马克思在1881年5月—1882年2月完成了《摩尔根〈古代社会〉一书摘要》,并准备在这个基础上撰写一部新的著作。恩格斯高度评价摩尔根的成就说:"他巧妙地展示出原始社会和原始社会共产主义的情景。他独立地重新发现了马克思的历史理论,并且在自己著作的末尾对现时代作出了共产主义的结论。"② 恩格斯称《古代社会》在论述社会的原始状况方面,"像达尔文学说对于生物学那样具有决定意义"后指出:"摩尔根在他自己的研究领域内独立地重新发现了马克思的唯物主义历史观,并且最后还对现代社会提出了直接的共产主义的要求。他根据野蛮人的、尤其是美洲印第安人的氏族组织,第一次充分地阐明了罗马人和希腊人的氏族,从而为上古史奠定了牢固的基础。……泰罗、拉伯克及其同伙所搞的整个骗局,不管是族内婚、族外婚、还是其他各种荒诞无稽之谈,现在都被彻底揭穿

---

  ① 恩格斯:致卡尔·考茨基的信(1884年4月26日),见《马克思恩格斯全集》第36卷,第143—144页。
  ② 恩格斯:致弗·阿·左尔格的信(1884年3月7日),见《马克思恩格斯全集》第36卷,第127页。

了。这些先生们在这里拼命抵制这本书……"① 恩格斯还说："摩尔根使我们能够树立崭新的观点,因为他通过史前史为我们提供了前所未有的事实根据。"②《古代社会》具有如此重大的科学价值,"当然也是被马克思发现的"③。马克思做了十分详细的摘录表明,他曾打算独自完成一部新著。这反映在几个方面:(1) 他改变了摩尔根原著对问题叙述的次序,如把第二编《管理观念的发展》调到末尾,而把第三编《家族观念的发展》、第四编《财产观念的发展》改置于第二编之前。(2) 他不仅摘录了摩尔根的大量材料和基本观点,而且附上了自己的评述,指出了摩尔根在一些问题上的错误观点和结论,或不确切的地方。(3) 在阅读摩尔根的原著时,他还读了许多有关原始社会方面的著作,其中包括亨·梅因、鲁·佐姆、爱·泰勒以及其他人的论著,并加以摘引和评注,大大补充了《摘要》的内容。我们还注意到,在摘录《古代社会》之前,即1879—1880年间,马克思读到了1879年出版的马·马·柯瓦列夫斯基的《公社土地占有制,其解体的原因、进程和结果》一书,同样摘下了要点,做了很多重要的评注,指出了书中一些观点和结论的错误。这件事恐怕也是激发马克思准备利用《古代社会》的摘要进行新著写作的一个原因。但是,由于繁重的工作,特别是紧张地进行《资本论》的写作,马克思"没有再回头研究",加上病魔缠身,健康状况日益恶化,不幸于1883年3月14日与世长辞了,马克思的生前打算便成了遗愿。恩格斯读了战友的《摘要》遗稿后,深知据此去完

---

① 恩格斯:致卡尔·考茨基的信(1884年2月16日),见《马克思恩格斯全集》第36卷,第113页。

② 恩格斯:致卡尔·考茨基的信(1884年4月26日),见《马克思恩格斯全集》第36卷,第144页。

③ 恩格斯:致卡尔·考茨基的信(1884年2月16日),见《马克思恩格斯全集》第36卷,第112页。

成一部新的理论著作的重大意义，于是作为对马克思应该担负的一项义务，只好放下一切事情，于战友故去的第二年便完成了《家庭、私有制和国家的起源》这部伟大著作。

恩格斯之所以能在马克思逝世仅仅一年之后，而且只用了两个月的时间就使战友的遗愿付诸实现，这应该说，一方面是他与马克思几十年间共同研究的结果，另一方面则是他对原始社会问题长期关注和研究的结晶。早在1845—1846年间，马克思和恩格斯就在《德意志意识形态》一书的第一章《费尔巴哈》中，首次一起探讨了所有制问题，指出"第一种所有制形式是部落所有制"①，研究了私有制在原始公有制中产生的情况，国家出现的条件，"两种生产"（物质生活资料的生产和人类自身的生产）的内涵，等等。后来他们也经常交流有关原始公社问题的研究心得。比如，马克思在1853年6月10日所写的《不列颠在印度的统治》一文，有关印度的农村公社、国家政权萌芽的情况，就引用了恩格斯当时给他的书信中所提供的一些见解。就恩格斯自己来说，他十分熟悉希腊、罗马的经典，有关西欧克尔特人和德意志人的历史材料，以及巴霍芬、泰勒、麦克伦南、拉伯克、日罗特-隆等等原始文化研究者的学术情况，特别是他独自先后写出了《反杜林论》、《劳动在从猿到人转变过程中的作用》、《论俄国的社会问题》、《德国古代的历史和语言》、《马尔克》等论著，在不同程度上探讨了人类起源、氏族组织、原始公社制度解体、私有制的发展、国家的产生及其阶级实质等重大问题。所有这些，都是恩格斯能自如地充分利用摩尔根的《古代社会》和马克思的有关摘要，最终得以完成《起源》一书的坚实基础。

这里必须指出，我们今天读到的《起源》是经恩格斯于1891年订正的本子，即第四版。它较之于第一版，虽然在基本

---

① 马克思、恩格斯：《德意志意识形态》，第15页，人民出版社1961年版。

观点和理论方面保持了原貌，但对于一些具体问题的阐述则作了必要的修订和重要补充。据统计，大大小小的改动全书计144处，其中改得最多、最大的是第二章《家庭》，同时还将在《新时代》杂志上发表的论文《关于原始家庭的历史（巴霍芬、麦克伦南、摩尔根）》收为第四版的序言。这是恩格斯密切注视并吸收了《起源》出版以来的有关新材料和科研成就的结果。这一事实也令人信服地表明，恩格斯对于自己的著作始终抱着科学的态度，一丝不苟地恪守自己参与创立的辩证唯物论和历史唯物论的方法论和世界观。

此外，恩格斯所以要修订出一个新的版本，并增写一篇序言，也是为了打退资产阶级对马克思主义关于人类社会发展规律这一科学理论的反扑。19世纪80年代中期以后，自由资本主义向垄断资本主义过渡的步子加快了。与此相适应，资产阶级御用学者不惜歪曲、捏造事实，声嘶力竭地鼓吹私有制和一夫一妻制家庭是人类一出现就存在了的，宣扬阶级社会的各种制度是亘古不变的，借以论证资本主义制度的永恒性，他们一方面围攻达尔文的进化论，另一方面则围攻摩尔根的氏族制度学说，其实质就是妄图在进化论和氏族制度问题上打开缺口，进而推翻马克思、恩格斯有关人类社会发展规律的学说。对此，恩格斯自然不能沉默，所以在新版的《起源》中予以充分的揭露和深刻的批判。

（原载《中南民族学院学报》1983年第1期）

《家庭、私有制和国家的起源》是恩格斯晚年一部重要的独立著作

恩格斯在晚年多次强调,《家庭、私有制和国家的起源》(以下简称《起源》)一书,"在一段时间内将是最后一本独立的著作"①。然而,自19世纪90年代迄今,在西方学者中由于立场不同、观点有异,对恩格斯的这部著作,或持偏见而妄加评论,或居心不良而横加指责。

《起源》之所以成为科学社会主义的基本著作之一,以及马克思主义民族学和原始社会史学的不朽论著,是与恩格斯既有英勇无畏的革命胆略,又有严肃、高尚和富于创造的学术品德分不开的。

恩格斯在谈到《起源》写作的主旨时指出:"如果只是'客观地'叙述摩尔根的著作,对它不作批判的探讨,不利用新得出的成果,不同我们的观点和已经得出的结论联系起来阐述,那就没有意义了。这对我们的工人不会有什么帮助。"② 在撰稿过程中,他认为,《起源》"对于我们共同的观点,将有特殊的重要性","在写作时不应当顾虑反社会党人法",因此,"要认真加工,仔细推敲,从总体上作周密思考"③。可见,恩格斯同马克思一样,在任何理论著述中,始终把严格的和高度的科学性与革

---

① 恩格斯:致劳拉·拉法格的信(1884年5月26日),见《马克思恩格斯全集》第36卷,第156页,人民出版社1974年版。
② 恩格斯:致卡尔·考茨基的信(1884年4月26日),见《马克思恩格斯全集》第36卷,第143—144页
③ 恩格斯:致卡尔·考茨基的信(1884年4月26日),见《马克思恩格斯全集》第36卷,第143—144页

命性结合起来,并且不是偶然地结合起来(即不仅因为学说的创始人本身兼有学者和革命家的品质),而是把二者内在地和不可分割地结合在马克思主义理论本身中①。

大概是《起源》的副题为《就路易斯·亨·摩尔根的研究成果而作》,以及第四版序言称该书以《古代社会》为基础,或者由于恩格斯曾一再说明利用了马克思的《摩尔根〈古代社会〉一书摘要》,致使某些望文生义者或持有偏见者竟怀疑恩格斯所做的独立研究。对于摩尔根的《古代社会》,恩格斯的确曾一再做出高度的评价,但是,也实事求是地指出了它的不足。首先,他在《起源》第一版序言里就已划清了自己和摩尔根的界限:"在关于希腊和罗马历史的章节中,我没有局限于摩尔根的例证,而是补充了我所掌握的材料。关于克尔特人和德意志人的章节,基本上是属于我的;在这里,摩尔根所掌握的差不多只是第二手的材料,而关于德意志人的章节——除了塔西佗以外——还只是弗里曼先生的不高明的自由主义的赝品。经济方面的论证,对摩尔根的目的来说已经很充分了,对我的目的来说就完全不够,所以我把它全部重新改写过了。最后,凡是没有明确引证摩尔根而做出的结论,当然都由我来负责。"

其次,凡认真读过《起源》和《古代社会》的人,哪怕只作粗略的对比就能看出,固然恩格斯从摩尔根那里摘选了许多宝贵的原始材料,但两者在理论体系和文字叙述上有着根本的区别也是很明显的。恩格斯直接征引的摩尔根的一些论断,由于已置于新的理论基点上,它们被赋予了唯物史观的革命意义,从而成为《起源》不可分割的一个整体。至于恩格斯重新表述的"两种生产"(生活资料以及为此所必需的工具的生产和人类自身的生产)

---

① 参阅列宁:《什么是"人民之友"以及他们如何攻击社会民主主义者?》第三编附录三,见《列宁选集》第1卷,第81页,人民出版社1972年版。

理论，有关父系大家庭公社和农村公社的表现形式、本质内容及其过渡性的历史地位，深刻地揭露和批判资产阶级一夫一妻制、资本主义制度下国家是资本剥削雇佣劳动的工具，以及明晰地揭示人类必然和如何走向共产主义等等重大内容，在摩尔根的书里自然是无法找到的。

诚然，恩格斯在写《起源》时，曾充分利用马克思所写的《古代社会》读书札记。在许多至关重要的问题上，包括原始社会分期的根据，母权制向父权制的过渡，家长制家庭的特征及其实质，氏族的形成、职能和它必然灭亡的命运，财产私有制度的产生以及由此引起的贫富分化、阶级对立和国家的出现等，据笔者初步统计，《起源》直接引用马克思的精辟评语共 14 处，加上转述或提到了的则在 20 处以上。再者，在问题分类、篇章布局上，《起源》和马克思的《摘要》是一脉相通的。特别是在思想内容上，恩格斯联系他和马克思两人的唯物主义的历史研究所得出的结论，充分地阐明了摩尔根的研究成果及其全部意义。因此，从这个意义上说，《起源》是两位革命导师几十年来共同精神生活的产物。但是，恩格斯并非简单地利用马克思的《摘要》，更不是以这部《摘要》作为创作的蓝本，而是精心、谨慎地研读了马克思的《摘要》和摩尔根的《古代社会》，并参考了 80 多位作者、上百部著作之后，联系自己多年来对原始社会研究的心得，才写出《起源》的。

据有关通信来看，至迟在 1884 年 1 月上旬，恩格斯就曾"想利用马克思的札记来把这些材料加加工"，即有了写《起源》的打算，并把读摩尔根的原著作为准备工作的一部分，所以当时向伦敦一家书局订购《古代社会》，然而过了 5 个星期还未收到书。只是后来恩格斯费了很大劲才从旧书商那里得到一本。仅用半个月的时间，他就把书读完，并再次评价了摩尔根的功绩："他巧妙地展示出原始社会和原始社会共产主义的情景。他独立地重新发现了马克思的历史理论,并且在自己著作的末尾对现时代作出了共产主义的结论。"基于这一结论,他建议弗·阿·左尔格也去"读一读"①。这也说明,正是亲自读过了,所以恩格斯才再次客观地指出《古代社会》是一部"内容如此丰富、但写得如此糟糕的书"②。如果只看了马克思的《摘要》而未研读原著,恩格斯怎么可能做出如此全面、中肯的评价?

从1884年3月底到5月底这两个月的时间,恩格斯就顺利地完成了《起源》的写作。这显然与他对原始社会问题进行过多年卓有成效的研究有密切关系。他十分熟悉希腊、罗马的古代典籍以及有关克尔特人和德意志人的历史材料,钻研过近代资产阶级学者所写的各种原始文化著作,特别是独自先后写出了《反杜林论》、《劳动在从猿到人转变过程中的作用》、《论俄国的社会问题》、《德国古代的历史和语言》、《马尔克》等论著,在不同程度上探讨了人类起源、氏族组织、婚姻家庭制度、原始公社制度及其解体、私有制和阶级的产生、国家的起源及其阶级实质和发展前途等重大问题。比如说,正当马克思为写作《资本论》涉及地租和整个土地关系问题而对有关公社土地所有制形式和俄国农村公社的史料以及有关著作埋头钻研的时候,恩格斯则在钻研塔西佗、毛勒等人有关古代德国马尔克公社的论著,而且"为了最后彻底弄清楚"古代日耳曼人和美洲印第安人之间的相似点,他还查阅了班克罗夫特等人的著作,在这个基础上,终于在"重新改写了两三次"后完成了《马尔克》。这个小册子详细叙述了马尔

---

① 恩格斯:致弗·阿·左尔格的信(1884年3月7日),见《马克思恩格斯全集》第36卷,第127页。

② 恩格斯:致卡尔·考茨基的信(1884年4月11日),见《马克思恩格斯全集》第36卷,第136页。

克土地公有制的兴衰变化史①。为了使首先是"献给工人，而不是献给书呆子和其他'有教养者'"②的《马尔克》能保证质量，恩格斯"迫切地"希望听取马克思的意见，于是还"没有来得及完成最后的检查，就把书稿寄给他过目"③。马克思看完后赞赏道："非常好！"④ 特别难能可贵而又往往为人忽视的是，恩格斯在1875—1876年间早于摩尔根和科瓦列夫斯基，就对土地公有制的原始形式、阶级分化和国家产生等问题提出了不少科学的创见。例如他说：土地公社所有制存在着多种形式，有土地公有的氏族公社和农村公社，后者又有共同耕种公社土地和各家农户耕种定期重新分配的土地之别，"剩余的可用土地用尽了，公有制也就衰落了"；公社成员之间在产品分配方面发生了比较大的不平等，这就已经是出现了阶级差别；社会分为享有特权的和被损害、剥削的和被剥削的、统治的和被统治的阶级，国家就出现了，它的目的是"用暴力来维持统治阶级的生活条件和统治条件，以反对被统治阶级"，等等⑤。

又如在原始婚姻方面，他在《起源》写作前通过自己的研究已有了一些发现和论述。恩格斯读了班克罗夫特的著作《北美太平洋沿岸各州的土著民族》以后，曾对马克思谈了心得："塔西

---

① 参阅恩格斯：致马克思的信（1882年12月8日），见《马克思恩格斯全集》第35卷，第120—121页，人民出版社1971年版。

② 恩格斯：致奥·倍倍尔的信（1882年12月22日），见《马克思恩格斯全集》第35卷，第416页。

③ 恩格斯：致马克思的信（1882年12月15日、16日），见《马克思恩格斯全集》第35卷，第125、122页。

④ 马克思：致恩格斯的信（1882年12月18日），见《马克思恩格斯全集》第35卷，第126页。

⑤ 参阅恩格斯：《论俄国的社会问题》，见《马克思恩格斯选集》第2卷，第624—625页；《劳动在从猿到人转变过程中的作用》，见《马克思恩格斯选集》第3卷，第519页；《反杜林论》（单行本），第145页。

佗［时代］的日耳曼人和美洲的红种人间"的"这种相似确实特别令人感到惊奇，因为生产方式如此不相同——这里是渔业和狩猎业，没有畜牧业和农业，那里是向农业过渡的游牧业。这正好说明，在这个阶段，生产方式不像部落的旧的血缘关系和旧的两性（sexus）相互共有关系之解体程度那样具有决定性的作用。……其次，我为我的推测找到了证据，即在欧洲，最初在克尔特人和斯拉夫人那里发现的初夜权是旧的两性共有关系的残余：在两个相距很远并且起源不同的部落中，部落的代表萨满都有初夜权。"①

尤其是在尖锐地批判考茨基有关原始婚姻的错误理论时，恩格斯进一步显示了独创性的才华（有关论点和论据后来写进了《起源》）。例如他指出："原始状况的标志不是粗野，而是部落古老的血缘关系保留的程度。""我还坚持我过去的看法：共妻（和对妇女来说共夫）是部落内部性交关系的起点……相反的，用嫉妒去作心理上的解释，就是硬把后来的看法扯进去，这种解释被成百的事实所驳倒。""可以肯定地得出结论说，凡是在强制放牧（按：指古代德国马尔克公社社员在收获后、播种前这一段时间有义务把耕地上的篱笆拆去以供自由放牧）下土地定期重新回到共有状态的地方，原先都实行过完全的土地共有制，我认为，可以同样肯定地得出结论说，凡是妇女定期回到——实际地或象征性地——共有状态的地方，原始时期都实行过共妻。"这是"远古就有的，而且是广泛盛行的"，因而它"完全驳倒了嫉妒这种心理论据"②。这一席话，是恩格斯针对考茨基关于婚姻问题的

---

① 恩格斯：致马克思的信（1882年12月8日），见《马克思恩格斯全集》第35卷，第120页。

② 恩格斯：致卡尔·考茨基的信（1883年2月10日），见《马克思恩格斯全集》第35卷，第432—433页。

第一篇文章说的。不久,考茨基又抛出第二篇文章,其中还含有反批评、坚持错误的意思,于是恩格斯再次批评了他,进一步阐述了自己的见解:"凡有共有制的地方——不管是土地的、或者妻子的、或者任何东西的共有制——,共有制就必定是原始的、来源于动物界的。后来的全部发展就是这种原始共有制的逐渐消亡的过程;无论何时何地,我们都找不到一个例子能证明,共有制是作为派生现象从最初的个人占有发展起来的。"[①] "无论如何,原始的性的共同体属于遥远的时代,并为以后进步的或退步的发展所淹没,现在无论在什么地方再也找不到它的原始形式的标本。可是,一切晚近的形式都可在这种原始的基础上找到它们的说明。不过我相信,只要您不完全放弃忌妒是社会的决定性因素(在原始时代)这种看法,就不可能正确叙述这一发展过程。"[②]

从上述属于凤毛麟角的例证中,我们不难看出,恩格斯在两个月内独自完成《起源》写作并非偶然,而是有着长期累积的坚实基础。

我们今天读到的《起源》,是作者于1891年修订的本子,即通常所说的第四版。它较之第一版(二、三版同此),虽然在基本观点和理论方面保持了原貌,但文字上有许多更动,特别是对若干问题的具体阐述作了原则性的修改或重要的补充。据统计,大大小小的文字变动有144处[③],其中修改最大的是第二章《家庭》,同时增写了一篇重要序言,即在《新时代》杂志先发表了

---

① 恩格斯:致卡尔·考茨基的信(1883年3月2日),见《马克思恩格斯全集》第35卷,第448页。

② 恩格斯:致卡尔·考茨基的信(1883年9月18日)见《马克思恩格斯全集》第36卷,第61页。

③ 参阅伊·恩·文尼科夫:《恩格斯〈家庭、私有制和国家的起源〉一书的第一版和第四版》,见《民族问题译丛》1956年第5期。

的论文《关于原始家庭的历史（巴霍芬、麦克伦南、摩尔根）》。为出好《起源》新版，恩格斯整整花了一年的时间（1890年4月—1891年5月）去准备，除查阅有关问题的以往全部文献（包括已被引用过的）外，主要是尽力搜寻和钻研《起源》初版以来一切有关的著作和材料。巧合的是，修改该书所花的时间（1891年5月中旬至7月中旬）与初版执笔的时间（1884年3月底至5月底）一样多，都是为期两个月。① 特别令人感动的是，此时恩格斯已年逾70，既要指导共产主义运动（如筹备和领导第二国际等），又要继续整理《资本论》第三卷以及为自己和马克思著作的再版写新的序言，再加上眼疾等身体条件的限制，"只准许"他"在有阳光的时候写东西，并且一天最多写三小时，往往还只能写两小时"②，而他在这困难重重的情况下，竟以惊人的毅力完成了《起源》的修订工作。难怪连他自己也感慨地说："这不是一件轻而易举的事，特别是在工作时常中断的情况下。"③

为什么恩格斯毅然用那么大的精力去认真修订《起源》并增写一篇序言？关键在于他一丝不苟地恪守自己参与创立的辩证唯物论和历史唯物论的世界观和方法论。具体地说，首先，是为了击退资产阶级对马克思主义关于人类社会发展规律这一科学理论的反扑。大家知道，到19世纪八九十年代，自由资本主义向垄

---

① 据恩格斯致卡尔·考茨基（1890年4月11日）、奥·倍倍尔（1891年5月1—2日）、保·拉法格（1891年5月19日）、康·施米特（1891年7月1日）、劳·拉法格（1891年7月20日）等人的信函可以判断《起源》新版的准备时间和执笔修订时间，见《马克思恩格斯全集》，第37卷，第374页，第38卷，第91、100、124、132页。

② 恩格斯：致威廉·李卜克内西的信（1890年12月18日），见《马克思恩格斯全集》第37卷，第520页，人民出版社1971年版。

③ 恩格斯：致弗·阿·左尔格的信（1891年6月10日），见《马克思恩格斯全集》第38卷，第104页，人民出版社1972年版。

断资本主义过渡的步伐加快了。与此相适应，资产阶级御用学者一方面围攻达尔文的进化论，一方面讨伐摩尔根的氏族制度学说和家庭发展史的观点，竭力重弹私有制和父权制家庭是人类社会一出现即已存在，阶级社会的各种制度亘古不变等陈词滥调，妄图借以论证资本主义制度的永恒性。他们对摩尔根的攻击如此疯狂，咒骂他"根本仇视历史方法"，千方百计地抵制他的书，不只是因为他在原始社会史研究领域带来了一场革命，还在于他不仅像傅立叶那样地对阶级社会的一切不合理现象、对资本主义社会的基本形式进行了批评，而且还用了只有卡尔·马克思才能用的字眼来谈论这一社会的未来的改造。对于那一伙靠资本家钱袋活命的原始社会史学家妄图在摩尔根的学说上打开缺口，进而反对马克思主义革命学说的阴谋伎俩，恩格斯一眼就看穿了，并愤怒地斥责道："他们在国际范围内结党营私，排斥异己"，"再没有一个比原始社会史学家勾结得更紧的互助保险公司了"[①]！因此，借《起源》再版的机会予以修订，进一步阐明摩尔根的伟大发现的革命意义，充分地揭露和批判官方学者的谬论，这自然是恩格斯不能不去做的。

其次，《起源》出版后的七八年间，"对于原始家庭形式的研究，已经获得了很大的进展"，这也促使恩格斯必须用心地加以修订和补充。体现当时原始社会史研究新成果的著作为数甚多，特别为恩格斯注意的，有马·马·科瓦列夫斯基的《家庭及所有制的起源和发展概论》、安·霍伊斯勒的《德意志私法制度》、亨·库诺夫的《古秘鲁的农村公社和马尔克公社》，以及80年代初已出版后来才读到的劳·法森、阿·威·豪伊特的《卡米拉罗依和库尔奈》和摩尔根的最后一部重要著作《美洲土著的住房和家

[①] 恩格斯：致卡尔·考茨基的信（1891年6月3日），见《马克思恩格斯全集》第38卷，第108页。

庭生活》等。对于那些有反面教员作用的著述，恩格斯也不曾放过，较为重要的，有麦克伦南的《古代史研究》、沙·勒土尔诺的《婚姻和家庭之进化》、爱·韦斯特马尔克的《人类婚姻史》等。为了能够充分地反映当时的科学状况，正如恩格斯自己所说："在修订《起源》的过程中，须参阅有关的全部文献"，"并将其精华写进书中"①。

基于以上两个方面的原因，恩格斯在1891年修订《起源》时，既深刻地批判了来自论敌的一切蛊惑、毒害人们的谬论，也对初版中提法不够准确或论述不完备、有欠缺的地方做了严肃的修正和补充。对此，我们不妨举些例子来说明。

1. 关于杂交和群婚问题

自《古代社会》和《起源》相继问世以来，否认人类盛行过杂乱性交和群婚的观点仍然颇为时髦。例如赫尔辛基大学教授爱·韦斯特马尔克，在《人类婚姻史》（1891年）一书中全面发挥了考茨基关于婚姻和家庭问题的错误理论，声称人们最初生活于杂乱的性交关系或群婚状态中的假说是完全非科学的和没有事实根据的，这种假说的辩护人所援引的婚外性交自由如初夜权、以妻待客等等风俗当作共妻残余来解释的话，其实都可以用其他令人满意得多的方法来说明；嫉妒心的存在使得杂乱性关系在人类发展中曾盛行一事十分令人难以置信；由于食物困难，妨碍我们的祖先组成群，迫使他们按一个一个的家庭过活，因而家庭才是任何社会团体的核心；人类家庭一开始就是实行一夫一妻制，父亲则几乎总是家长，等等。由于韦斯特马尔克使用了许多新奇的资料，从学术角度适应了官方的需要，因而该书立刻受到反进

---

① 恩格斯：致弗·阿·左尔格的信（1891年6月10日），致卡尔·考茨基的信（1891年6月13日），见《马克思恩格斯全集》第38卷，第108、104页。

化论者和敌视马克思主义的资本家们的欢迎,当时几乎所有较大型的杂志都予以好评。针对这种情况,恩格斯在《家庭》这一章中,几乎增加了1万字(按中文计)的内容予以驳斥①。

在研究群婚问题时,最复杂、最令人头痛的莫过于分析澳大利亚土著中的级别婚制度。摩尔根依据间接得来的片断材料,在《古代社会》中写下了最差的一章。他认为,这是"以性为基础的社会组织",它"比氏族更早、更古老","比迄今所知的任何社会形态更为原始",充其量也只是"体现了氏族的萌芽"。② 恩格斯在写《起源》初版时,经过分析,曾断定澳大利亚的级别制度"也可以成为氏族的出发点","澳大利亚人有氏族",这就抛弃了摩尔根的错误结论。但是,他又说,"他们的组织具有十分个别的性质,我们无须加以注意",于是他只指出"他们还没有普那路亚家庭",而未曾进一步考察级别婚的详情及其在群婚中的地位。后来,恩格斯阅读了法森和豪伊特的有关著作,大大丰富了关于级别婚的知识,于是在第四版中,他增添了约3000字(按中文计)的论述,进一步完善了群婚理论。他指出:澳大利亚的级别婚,"乃是群婚的一种十分低级的、原始的形式;而普那路亚家庭,就我们所知道的而论,则是群婚的最高发展阶段",亦即可以用来最容易地说明向对偶婚过渡的"最高的、典型的群婚形式"。他还预言:"在这两种婚姻形式之间,我们无疑还会发现某些中间阶段"。100多年来民族学研究的新成就已证明这一预言是完全正确的。对此,需另文阐述,这里不赘。

基于对群婚的新认识,恩格斯在修订《起源》时,凡是把"普那路亚家庭"等同于"群婚"含义的地方,一律加以修改。

---

① 比较集中的文字修改见《起源》第29—33、34、47—50、59—62页等。
② 摩尔根:《古代社会》,杨东莼、马雍、马巨译,第47—51页,商务印书馆1977年版。

比如，谈到恺撒时代布列吞人每10个或12个男子共妻，而且多半是兄弟和兄弟、父母和子女时，恩格斯在初版里说"这最好解释为普那路亚家庭"，而在新版中则写作"这最好解释为群婚"。又如，谈到美洲印第安人的亲属制度在普那路亚家庭中获得了合理的解释和自然的根据后做出的结论，初版为"普那路亚家庭至少也应该和美洲的亲属制度同样流行过"，新版则写作"普那路亚或某种与它类似的形式，至少也应该和美洲的亲属制度同样流行过"。[①] 恩格斯的这种修改，或置换一词，或增益几字，使原文的思想内容更丰富、更明确，这不仅无损于摩尔根关于"普那路亚"的学术价值，而且把群婚方面的理论研究水平提到了一个新的高度。

2. 关于家庭公社和农村公社问题

在《起源》的初版中，恩格斯认为，在母权制向父权制过渡以后、阶级社会出现以前，存在着"家长制家庭这一中间形式"，即它"表示着从对偶婚向一夫一妻制的过渡"。"这种家庭的主要标志，一是把非自由人包括在家庭以内，一是父权"。"这种家庭形式的完善的典型是罗马的家庭"，在这里，"父权支配着妻子、子女和一定数量的奴隶，并且对他们有生杀之权"。但是，当他研读了科瓦列夫斯基、库诺夫、霍伊斯勒等人的新著以后，对自己原先的看法只是予以有条件的保留，并明确表示："家长的绝对权力，以及其他的家庭成员对家长的无权地位，近来是受到很大怀疑的。"

恩格斯对于比较法学家们对家长制家庭公社的研究，大加赞扬，说他们"确实促成了重大的进步"，并且把他们的新成就写进了《起源》第四版。例如，他全面概述了南方斯拉夫"扎德鲁

---

① 以上有关级别婚和用词修改的引文，均见《起源》，第38—43页。

加"这种家庭公社从组织形式直到社会经济生活的一整套制度，同时通过引述俄国、德国、爱尔兰、法国、阿尔及利亚、墨西哥、秘鲁和印度等国的有关资料，证明它的存在有相当的普遍性。然后作出以下的重要结论："实行土地的共同占有和共同耕作的家长制家庭公社"，"在旧大陆各文化民族和其他若干民族中，在母权制家庭和个体家庭之间所起的重要的过渡作用，已不能有所怀疑了"。"这种家长制家庭公社也是实行个体耕作以及起初是定期的而后来是永远的分配耕地和草地的农村公社或马尔克公社从中发展起来的过渡阶段。"① 请注意，恩格斯认为，在向个体家庭过渡方面，除了"家长制家庭"这一形式外，还有一种形式是"家长制家庭公社"或叫做"大家庭公社"。这无疑是对家庭理论的丰富和发展。

这里顺便指出，80年代以来国内的某些论者，对于恩格斯的上述两种家庭形式不加详察，特别是对扎德鲁加类型的家庭公社的历史地位未作足够的估计，再加上有寻章摘句、为我所用的片面性，于是每当谈及对偶婚向一夫一妻制过渡、母权制向父权制过渡问题时，不问具体的社会历史条件，硬是照搬恩格斯针对古希腊、罗马家庭所下的结论，似乎新出现的父系家庭都以存在绝对的父权和奴隶为其特点，强调妻子受到奴役，变成生孩子的简单工具等等。这种做法不可取，因为它对恩格斯有关论述作了片面的理解。

由于家庭公社理论的提出，恩格斯重新审订了《起源》第七章关于塔西佗时代德意志人的公社制度的论述。在初版时，恩格斯一方面倾向于塔西佗时代的德意志人中间存在着农村公社，并指出如果个体耕作的土地需要每年重新分配是确实的，那么从恺撒到塔西佗时代的一个半世纪的时间里就实现了"很大的进步"。

---

① 以上引文见《起源》，第54—57页。

另一方面，恩格斯对此还有怀疑，因为恺撒时代的德意志人（如其中的苏维汇人），土地还是"由共产制家庭公社共同耕作"的，"在这样短的时间内，而且没有任何外来干涉，要从那个阶段过渡到土地完全私有，是根本不可能的"。科瓦列夫斯基经过研究后认定，"塔西佗所描述的状况，不是以马尔克公社或农村公社为前提，而是以家庭公社为前提的；只是过了很久，由于人口增加，农村公社才从这种家庭公社中发展出来"。恩格斯在新版中吸收了这种看法，认为它"在许多方面，较之迄今流行的把农村公社的存在追溯到塔西佗时代的见解，能更好地诠释典籍，更容易解决困难"。不过，恩格斯也感到仍有困惑的地方，因而指出："这种家庭公社又造成了新的困难和引起了新的需要解决的问题。在这里只有新的研究才能作出结论。"[①]

家庭公社方面的新见地，使恩格斯明确了原始公社的发展序列大体是氏族（部落）→母权制共产制家庭→家长制家庭公社→农村公社，于是他在审订《起源》中有关不动产土地和动产畜群的提法时作了相应的修改。比如，初版说，"耕地仍然是部落的财产，最初是交给氏族使用，后来氏族便交给个人使用……"；新版保留了前两句，紧接着增加了文字，写作"……后来由氏族交给家庭公社使用，最后交给个人使用"[②]。增写文字的结果，就是表明个体家庭之前还有一个家庭公社的发展阶段。又如，恩格斯在谈到财产所有制形式的变化对于对偶家庭进一步发展为一夫一妻制个体家庭所起的作用时，新旧两版在财产的提法上有着原则性的区别，即将"畜群乃是家庭首领的私有财产"改为"畜群乃是家庭首领的特殊财产"；"畜群完全转归私人所有"改为"畜群完全转归家庭所有"；"这些财富，一旦转归私有"改为

---

① 以上引文见《起源》，第138—140页。
② 见《起源》，第158页。

"这些财富，一旦转归家庭私有"①。显然，新版对不动产土地和动产畜群等所作的文字修改，更确切地反映了原始公有制一步步走向衰亡、私有制逐渐发展起来的客观规律和大致过程。

此外，在《起源》第四版序言中，我们可以清楚地看到，恩格斯坚决反对掠人之美的丑恶行径，而对于别人（包括论敌）的辛劳，不论是观点、理论上有功绩，还是在资料方面尽了绵薄之力，只要有机会，都客观地写入书中。比如，巴霍芬在1861年出版了《母权论》，尽管该书充斥着神秘主义的宗教观念，但他从古代经典著作中找来许多证据证明：人类是经群婚才发展到一夫一妻制的，曾有过一个人们不知其父、只能依女系计算世系的母权制，然后才发展起父权制，等等。巴霍芬的发现打破了家长制家庭是最古的形式这一传统偏见，所以恩格斯称他的有关论点"在1861年是一个完全的革命"，并指出家庭史的研究是从这一年开始的，而"在60年代开始以前，根本谈不到家庭史。历史科学在这一方面还是完全处在摩西五经的影响之下"②。再如麦克伦南，尽管他采取民族沙文主义的态度，恶意诽谤和攻击摩尔根的研究方法及其所取得的伟大成就，而且他不过是根据自己"纯粹出于误解的外婚制'部落'与内婚制'部落'的对立理论"来编造出一套家庭史，而恩格斯在予以严厉批判的同时，仍然认为麦克伦南也有功绩，即他"指出了他所谓的外婚制的到处流行及其重大意义"，"认定母权制的世系制度是最初的制度"③。关于摩尔根的功绩，恩格斯所作的高度评价前面已有介绍。这里要说的是，恩格斯一方面有原则地把他的母权制先于父权制而存在

---

① 见《起源》，第51页。
② 参阅《起源》，第7—10页。
③ 参阅《起源》，第10—13页。

的理论称之为"重新发现"①,而不至抹杀巴霍芬的头功;另一方面,对于他的一切伟大成就,恩格斯不但通过科学的说明予以褒扬,而且义正词严地斥责所有的剽窃行为,以维护摩尔根的发现权。

恩格斯在一封书信中指出:"在剽窃别人的观点方面,吉罗-特隆和他们中间的所有其他英国人同样恶劣和同样巧妙。"② 事情是这样的:吉罗-特隆在1884年出版了《婚姻与家庭的起源》,这是1874年版《家庭的起源》一书彻底修订了的新版。他在新版书中称,摩尔根有关氏族实行外婚制的说法不是什么新发现,因为他在1874年即早于摩尔根三年就提出来了。恩格斯读了他的新版书后觉得:吉罗-特隆"在描述划分为克兰(氏族)的部落时,其说法和摩尔根完全一样,但又说得好像与摩尔根毫无关联,似乎这是他吉罗-特隆的功劳"。"他提出自己这种奢望的方式如此暧昧,使我非常怀疑"。由于手头上无吉罗-特隆的旧版书,为了弄清"使整个关于原始社会的科学发生了革命的一个发现"这一重大问题,恩格斯只好由伦敦写信给在法国的保尔·拉法格,请他向旧书商买或向私人借,实在弄不到就去图书馆代为查阅。委托查核的问题有三个:"(1)他提出什么来反对麦克伦南的外婚制部落";"(2)他是否在1874年就已发现,部落划分为外婚制克兰,即摩尔根所说的氏族";"(3)……如确有此发现,他引用了哪些例子?他是否承认他所说的克兰相当于罗马、

---

① 《起源》,第16页。
② 恩格斯:致劳拉·拉法格的信(1891年6月13日),见《马克思恩格斯全集》第38卷,第111页。

希腊的氏族?"① "为了维护摩尔根的权利"②，恩格斯在《起源》第四版序言中，公布了自己考查的结论："这位日罗-特隆先生在1874年（《家庭的起源》）还是束手无策地徘徊于麦克伦南的外婚制的迷宫中，全仗摩尔根才被解救出来！"③

以上所述足以说明：恩格斯不仅是一个坚毅的、彻底的革命领袖，而且是一个严谨的、极富创造力的学术典范！

（原载《中央民族大学学报》1998年第1期）

---

① 参阅恩格斯致保尔·拉法格的信（1891年5月29日），见《马克思恩格斯全集》第38卷，第101—103页。
② 恩格斯致劳拉·拉法格的信（1891年6月13日），见《马克思恩格斯全集》第38卷，第111页。
③ 《起源》，第17—18页。

第二编
婚姻家庭研究

坚持历史唯物主义的婚姻家庭理论

（一）

　　婚姻、家庭是人类社会发展到了一定的阶段才出现的社会形式，并随着社会的向前发展而发生演变；这种演变，或是由低一级的形式向高一级的形式转化；或是在其社会属性这一内涵上取得了新的进步。

　　婚姻指男女两性的结合，这种结合就是为当时社会制度或社会道德规范所确认的夫妻关系。家庭则是由一定范围的亲属（如父母子女、兄弟姐妹）所组成，以婚姻关系和血缘关系为其联结的纽带。简言之，婚姻和家庭既有联系又有区别，婚姻是产生家庭的前提，家庭是缔结婚姻的结果。

　　从理论上说，婚姻家庭制度与婚姻家庭关系应加以严格的区分。这种区分在阶级社会里尤为重要。例如，在剥削制度的社会里，虽说不同阶级的人们普遍实行一夫一妻的婚姻家庭制度，但在剥削阶级与被剥削阶级两个营垒中，各自的婚姻家庭关系就根本无法相提并论。再拿我国社会主义现阶段来说，虽然实行的还是一夫一妻的婚姻家庭制度，但已经是以公有制为其根基，从而出现了崭新的婚姻家庭关系，它显然与以私有制为基础的奴隶社会、封建社会、资本主义社会的婚姻家庭关系截然不同。这是一方面，也是基本的方面。另一方面，旧社会的父母包办、媒妁之言的形式，门阀等第、拜金主义等残余思想尚未消除尽净，至今仍在不同程度、不同范围上阻碍、影响着新型的婚姻家庭关系的形成和发展。这个次要方面，就给我们提出了如何加强法制，确立社会主义道德规范，形成新型的社会风尚，以利于建立和发展崭新的婚姻家庭关系的现实问题。

（二）

在19世纪60年代以前，根本谈不到婚姻家庭制度的发展史。正如恩格斯指出："历史科学在这一方面还是完全处在摩西五经的影响之下。"① 出于维护资本主义所有制的长存，资产阶级不仅毫无保留地接受了中世纪宗教神学的偏见，认为父系家长制的家庭是最古老的形式，而且把它（除一夫多妻制外）跟现代资产阶级的家庭等同起来。这样一来，婚姻家庭制度似乎根本没有经历过任何历史发展阶段。

为什么要以19世纪60年代作为分界线呢？因为对人类婚姻家庭制度的认真研究，是从1861年开始的。那年瑞士的法学家、历史学家巴霍芬出版了《母权论》一书。他从古代经典著作中搜集了许多证据来证明：最初人们实行原始的杂乱性交（他使用了一个并不恰当的名词"淫游婚"）；由于这种毫无限制的性关系排除了确切认知父亲的任何可能性，因此，世系最初只能依女系即从母亲到母亲来确定，妇女作为母亲，作为年青一代唯一可以确切知道的长亲，占据过崇高的社会地位；向个体婚制的过渡，是

---

① 《家庭、私有制和国家的起源》（以下简称《起源》），人民出版社1972年版，第7页。引文中的"摩西五经"有必要说明一下。基督教的圣经《旧约》有三十九卷，前五卷为《创世记》、《出埃及记》、《利未记》、《民数记》、《申命记》，"五经"即指这五卷。《旧约》是从犹太教继承下来的经典，传说它是古代犹太人的领袖摩西所著，其实是不同时代由许多人根据不同的传说材料编写而成的。

由女子通过一定时期内献身于他人来实现的。尽管在巴霍芬看来，由"淫游婚"到一夫一妻制的发展，以及由母权制到父权制的发展，"并不是人们的现实生活条件的发展，而是这些条件在这些人们头脑中的宗教反映"，但是他毕竟证明了上述诸论点，所以恩格斯认为，这在1861年"是一个完全的革命"。由于《母权论》是用德文写的，"即用那时对现代家庭的史前史最不感兴趣的民族的语言写的"，因此，在很长的一段时间里，这本书一直湮没无闻。①

对人类婚姻家庭制度的研究，在19世纪资产阶级学者中，成就卓著并且影响深远的要数美国的民族学家摩尔根。恩格斯在评论中强调指出，摩尔根除了论证部落内婚与氏族外婚并不构成对立，从而"彻底推翻了麦克伦南人为地编造的理论的最后残余"外，"确定原始的母权制氏族是文明民族的父权制氏族以前的阶段的这个重新发现，对于原始历史所具有的意义，正如达尔文的进化理论对于生物学和马克思的剩余价值理论对于政治经济学的意义一样。它使摩尔根得以首次绘出家庭史的略图；这一略图，在目前已知的资料所容许的限度内，至少把典型的发展阶段大体上初步确定下来了。非常清楚，这样就在原始历史的研究方面开始了一个新时代。"②

人类出现在地球上已有300万年以上的历史，我们怎么能恢复婚姻家庭制度演变的大致过程呢？毫无疑义，首先要归功于摩尔根的创造性研究。这已为恩格斯所肯定。摩尔根通过对大量材料的比较研究后认为，亲属制度与婚姻家庭制度有密切的联系，即有什么样的婚姻形式就会有什么样的家庭形式，有什么样的婚姻家庭形式就会有什么样的亲属制度。他说："每一种亲属制度

---

① 参阅《起源》，第7—10页。
② 《起源》，第15—16页。

表达了该制度建立时所存在的家族的实际亲属关系，因此，它也就反映了当时所流行的婚姻形态和家族形态。"① 对此，恩格斯是赞成的，并且进一步指出："亲属关系在一切蒙昧民族和野蛮民族的社会制度中起着决定作用，因此，我们不能只用说空话来抹杀这一如此广泛流行的制度的意义。……父亲、子女、兄弟、姊妹等称呼，并不是单纯的荣誉称号，而是代表着完全确定的、异常郑重的相互义务，这些义务的总和构成这些民族的社会制度的实质部分。"②

虽然亲属制度是婚姻家庭制度的反映或记录，但它并非一下子就能形成。实际上，某一种婚姻、家庭形式产生的初期，记录它们的亲属制度尚未形成；只有在某一种婚姻、家庭形式的成熟阶段即发展到较晚的阶段，与之相应的亲属制度才会在社会上流行开来。而婚姻、家庭形式是随着社会不断向前发展的，当与之相应的亲属制度巩固下来时，原有的婚姻、家庭形式却向新的一种婚姻、家庭形式发展了，就在这新的婚姻、家庭形式产生之前，却还没有新的亲属制度出现而只是沿用了上一发展阶段的亲属制度。对此摩尔根写道："家族表现为一种能动的要素；它从来不是静止不动的，而是随着社会从低级阶段向高级阶段的发展，本身也从低级形态向高级形态进展，最后脱离一种形态而进入另一种较高的形态。反之，亲属制却是被动的；它把家族每经一段长久时间所产生的进步记录下来，并且只是在家族已经急剧变化了的时候，它才发生急剧的变化。"③ 对于这一精彩论述，

---

① 摩尔根《古代社会》，第 390 页。引文中的"家族"一词，英文为 Family，德文为 Familia，俄文为 Семья，按中文习惯，这里应译作"家族"。在中文里，"家族"与"家庭"的词义有所不同，前者的概念比后者宽泛，但外文都是使用同一个词，由此造成有关著作的中译不一致。对于此类现象，请读者注意加以分辨。

② 《起源》，第 26 页。

③ 摩尔根：《古代社会》，第 433 页。

马克思在做《古代社会》的摘要时,情不自禁地批注说:"政治、宗教、法律和一般哲学体系也完全一样。"① 恩格斯则在《起源》的有关章节中一字不落地照录,并指出:"当家庭继续发展的时候,亲属制度却僵化起来;当后者以习惯的方式继续存在的时候,家庭却已经超过它了。不过,正像居维叶可以根据巴黎附近所发现的有袋动物骨骸的骨片,来确实地断定这种骨骸属于有袋动物,并断定那里曾经生存过这种已经绝迹的有袋动物一样,我们也可以根据历史上所留传下来的亲属制度,同样确实地断定,曾经存在过一种与这个制度相适应的业已绝迹的家庭形式。"② 正是基于对亲属制度与婚姻家庭制度之间的关系作出彼此既有直接联系而又相互矛盾的科学解释,恩格斯断定:"三种婚姻形式大体上与人类发展的三个主要阶段相适应",即"群婚制是与蒙昧时代相适应的,对偶婚制是与野蛮时代相适应的,以通奸和卖淫为补充的专偶制是与文明时代(按:指阶级社会)相适应的。"③ 与这些婚姻形式相适应,则存在着血缘家庭、普那路亚家庭、对偶家庭和一夫一妻制家庭这几种家庭形式。至于极其邈远的洪荒时代,属于正在形成中的人,根本无任何的婚姻规则,实行毫无限制的原始的杂乱性交,因而自无家庭形式可言。

在《起源》一书中,恩格斯整整用了三分之一的篇幅来论述人类的婚姻家庭制度。在这里,他运用历史唯物论的观点和方法,批判地吸收、改造了摩尔根有关婚姻家庭的学术成果,总结和发展了自己和马克思 40 年来在这方面的思想,从而奠定了马克思主义有关人类婚姻家庭制度的理论体系。

---

① 马克思:《摩尔根〈古代社会〉一书摘要》,人民出版社 1985 年版,第 25 页。
② 《起源》,第 27 页。
③ 《起源》,第 72 页。

100年来，民族学以及与之有密切联系的历史学、民俗学、民间文学等学科的丰硕成果，充分证明恩格斯写进《起源》的基本理论是正确的。这并不是说，他在阐发这些基本理论时，所做的一切说明都很完美而无需补充，每一个具体结论都符合实际而不容修改。其实，革命导师从不认为一个人可以穷尽真理。恩格斯曾指出："我们绝不需要担心我们现在所处的认识阶段和先前的一切阶段一样地都不是最后的。……认识就其本性而言，或者对漫长的世代系列来说是相对的而且必然是逐步趋于完善的，或者就像在天体演化学、地质学和人类历史中一样，由于历史材料不足，甚至永远是有缺陷的、不完善的，而谁要以真正的、不变的、最后的、终极的真理的标准来衡量它，那么，他只是证明他自己的无知和荒谬，即使真正的动机并不像在这里那样是要求承认个人的没有错误。"[①] 马克思主义关于婚姻家庭的基本原理是符合辩证唯物论的认识论的。实事求是地研究《起源》，坚持和发展它包括婚姻家庭问题在内的基本理论，始终是我们应取的态度。

（三）

自马克思主义的婚姻家庭理论经恩格斯系统地阐明以来，蓄意歪曲、攻击者有之（有的以摩尔根指代），学术争鸣者亦有之。不说更早的事例，仅是20世纪的六七十年代，这两方面的情况都一直存在着。例如，对摩尔根及其著作颇有研究的美国学者L·A·怀特就曾写道："现代人类学家们已证明，摩尔根的家族进化（自原始群的杂交到一夫一妻制）的全部理论是不能令人信

---

① 恩格斯：《反杜林论》，人民出版社1970年版，第88页。

服的。如今只有顽固的马克思主义者仍然相信这个理论。他们以为对摩尔根的任何批评都是对马克思主义信念的背叛。这一理论之所以过时，首先是因为我们有了一个更好的解释亲属称谓的理论：表示社会关系的称谓的词意所指的是行为和态度，而不是实际的婚姻和世系关系……其次，我们发现在文化最低的民族中一夫一妻制占优势……第三，对非人类的灵长类的社会生活的研究，加上有关灵长类（人和非人）的性的生理学和心理学知识，已能断定家庭在人类的祖先前人的社会中已经存在，因而人类社会一开始就必然有这个制度。"① 又如，美国人、英国肯特大学政治理论教授戴维·麦克莱兰，在其1979年出版的《马克思以后的马克思主义》一书中称："由于摩尔根关于原始杂乱性交关系、群婚以及母系氏族先于父系氏族的观点都极其可疑，论述家庭的一节成为恩格斯这本书（按：指《起源》）的最薄弱环节就不足为奇了。"② 此类西方学者的议论和责难并不新鲜，甚至可以说是对19世纪末以来韦斯特马尔克等人的学舌而已。既然恩格斯在《起源》第四版中已针对这类论敌——作了批驳，这里实无赘言的必要。

近几十年来，在社会主义国家中，也流行一种否定群婚制时期存在家庭形式（包括血缘家庭和普那路亚家庭）、否定氏族起源于普那路亚家庭的观点。诚然，持这些观点的学者，莫不力求在马克思主义有关理论的指导下进行探索，所发的议论都属于学术争鸣的性质。既然是学术争鸣，笔者有不同看法也自应把它写出来。

---

① L·A·怀特1964年为摩尔根《古代社会》所写的引论，略有删节的译文见《民族译丛》1979年第2期（题为《摩尔根生平及〈古代社会〉》）。
② 戴维·麦克莱兰：《马克思以后的马克思主义》（1979年），节译文见《国外社会科学动态》1980年第12期（题为《恩格斯的贡献》）。

苏联的 Ю·И·谢苗诺夫在 1974 年出版的《婚姻和家庭的起源》一书中断言："现代科学既没有证明人类从前存在过血缘家庭的资料，也没有证明人类从前存在过普那路亚家庭的资料。不仅如此，而且可以十分肯定地认为，这些家庭形式从来就没有存在过。""血缘家庭和普那路亚家庭确实是摩尔根家庭婚姻关系进化模式的最薄弱的地方。"① 他提出的一些理由，包括亲属制度的可靠性，婚姻家庭和社会发展水平的真实性，家庭概念的确定以及恩格斯的意见等方面。

对于谢苗诺夫所提出的理由，本文只准备就如何理解家庭的概念和恩格斯的意见这互有联系的两点略加讨论。

谢苗诺夫认为，只有对偶婚时期才产生家庭即对偶家庭，尔后再发展为一夫一妻制的婚姻、家庭；在对偶婚前没有家庭形式，因为"实际上，群婚出现时，并没有产生任何可以叫做家庭的单独养育子女的组织"②。国内一位称谢苗诺夫是自己"学习现代科学意义上的原始社会史的第一位启蒙老师"③ 的作者更明确地写道："所谓家庭，至少应包括两个方面的关系：一是婚姻关系；二是供养关系——即双亲对未成年子女的供养以及一般说成年子女对年老体衰的双亲的供养。只有这两种关系结合在同一个社会单位之内，才组成家庭。而群婚时代，婚姻关系是在氏族与氏族之间实现的，供养关系是在氏族内部实现的，这两种关系恰恰处于两个严格分开的社会领域里，不可能形成家庭。家庭是

---

① 谢苗诺夫：《婚姻和家庭的起源》（1974 年），蔡俊生译，中国社会科学出版社 1983 年版，第 49、37 页。
② 谢苗诺夫：《婚姻和家庭的起源》第 184 页。
③ 蔡俊生：谢苗诺夫《婚姻和家庭的起源》"译后记"。

随着个体婚姻的出现而产生的。"① 基于这样理解家庭的概念，谢苗诺夫对恩格斯的意见作了有利于自己的解释："在准备（《起源》）第四版的过程中了解了这方面的一些新的研究成果以后，使他不得不进行一系列的修正。与摩尔根不同的是，他认为血缘家庭作为家庭婚姻关系发展的一个阶段也可能是不存在的，限制两性关系从而取代乱婚的第一种形式也可能是外婚制的禁规。普那路亚家庭在恩格斯那里也引起了一定的疑问。如果说在第一版中他像摩尔根一样地把这种家庭形式看作家庭婚姻关系进化的一个普遍阶段的话，那么后来他就放弃了这个观点。"随后又说，迄今科学所积累起来的资料表明，"恩格斯的怀疑是正确的"②。

　　这里先说说家庭的概念。从上述观点看，除了婚姻关系的建立和包括一定范围的血缘亲属成员外，家庭还必须有经济关系即供养关系——双亲对未成年子女的供养和子女对年老双亲的供养。那种相互供养的经济关系，严格说来，显然只有一夫一妻制的家庭——作为社会细胞的个体家庭才会存在。可是，谢苗诺夫等人也认为，个体婚初期——对偶婚时期已产生了对偶家庭。把他们的家庭概念，用到对偶家庭上，行不行呢？从狭义的角度看，我认为根本不行。

　　大家知道，对偶婚和对偶家庭存在于母系氏族社会的繁荣时期。一般说来，在这一时期，母系家族公社是社会生产和生活的基本单位。③ 这种家族公社包括了数目不等的若干对偶家庭，由于"这种对偶制家庭，本身还很脆弱，还很不稳定，不能使人需

---

① 蔡俊生：《论群婚》，载《中国社会科学》1983 年第 1 期，又见《公社、民族、家庭——三个相递出现的历史范畴》，载《学术月刊》1984 年第 1 期；中国民族学会第三届学术讨论会论文《关于血缘婚姻和血缘家庭问题的商榷》。
② 谢苗诺夫：《婚姻和家庭起源》第 35、37 页。
③ 详拙稿《关于原始社会的分期》第二部分，载《中央民族学院学报》1986 年第 3 期。

要有或者只是希望有自己的家户经济，因此它根本没有使早期传下来的共产制家户经济解体"①。按照母权制的原则，即使是已实行男子从妻居的居住制，夫妻双方及其子女的生产、消费生活都离不开母系家族公社的大集体。幼小的子女、伤残患病的成人和年迈力衰的长辈，供养问题的解决，并非靠双亲或子女，而是仰仗于共产制经济的公社，这又正是与按照母系计算世系（包括其所属成员）和财产继承法则相一致的。其实，这种幼有所养、老有所终的供养关系，在母权制向父权制过渡后的一段时期，即父亲家族公社的初期阶段，恐怕仍然如此，因为由主夫主妻的对偶制向一夫一妻制的婚姻过渡，并不就是个体家庭在经济上完全从家族公社分离出来了，而必然有一个公有制衰落、私有制滋长这样的一消一长的演变过程。

事实胜于雄辩。到1956年民主改革前夕，云南永宁纳西族社会虽然早已处于封建领主制阶段，但还比较完整地残存着小型化了的母系家族公社——"衣杜"②。它对于我们的学术讨论颇有参考价值，这里不妨作些介绍。

永宁纳西族的母系家庭（实为母系家族公社），在民主改革前是一个独立的生产、消费单位和承担封建土司各种剥削的负担单位。在婚姻上，70%以上的男女配偶实行异居，极少数才同居

---

① 《起源》，第45页。

② 永宁纳西族称家庭为"衣杜"（有的写作"一度"，作如此译写，与汉语中的"一度"易混淆，故不采）。据调查，在永宁中心区六个乡的388户中，母系家庭为191户，占49.2%；母系父系并存的家庭为171户（母系血统成员多于父系血统成员），占44.1%；父系家庭为26户，占6.7%。其中母系家庭又可分为大家庭，人口一般在20人以上，最多的达60余人，到1956年民主改革时，母系家庭的人口一般包含三四代七八口人，个别的有五代21口人。参阅詹承绪等：《永宁纳西族的阿注婚姻和母系家庭》第六章，上海人民出版社1980年版；杨学政：《摩梭人的母系家庭和阿夏婚姻——喇瓦村摩梭人家庭婚姻调查研究》，见云南省历史研究所编《研究集刊》1984年第2期。

于妻方家庭。血统依母系计算，全部家庭成员都属于一个始祖母和她的姐妹的后裔，一般包括母亲、兄弟、姐妹、子女以及（外）祖母、舅祖父、姨母、舅父、姨兄弟姐妹、姨侄（女）、甥（女）、（外）孙、舅孙女。他们实行母系财产继承制，即母死由其子女、姨侄（女）继承，舅死由其甥（女）继承。换言之，家庭中的男女成员，对上一辈的母亲及其姐妹兄弟的财产，有完全的继承权。男子在家庭中的财产和他经营副业的收入，乃至于日常用品，其亲生子女，因为属于另外一个家庭，则无权享用和继承。每个家庭都有一个家长"达布"，通常由年长或能干的妇女担任。作为家庭的财产，无论封建份地、牲畜、农具等生产资料，还是房屋、用具等生活资料，都为全家集体共有，个人无权支配。属个人支配的东西，通常只限于少量的衣物和日常生活用品。女子接受男"阿注"（指建立性关系的朋友，因一般朋友也称"阿注"，为加以区别，有的学者写作"阿夏"或"阿肖"）赠送的衣物，男子在将赶马或经营副业的收入交给家庭后的剩余部分，尚可归个人所有。至于不少经济贫困的家庭，就连稍好一点的衣服、裙子、裤子和其他日用品，也属于家庭集体共有，即为大家使用。在生活资料方面，基本上实行平均分配的原则。例如，吃饭由当家长的妇女（"达布"）分食，菜蔬不论好坏每人一份，主食根据个人需要可以增减，有较好的食品时，对老年和儿童才有所照顾。增加或替换衣、裙、裤等主要衣着时，通常是按人头每人一件，或者根据实际情况，首先给最需要的成员。大家都是"一个娘肚子里生下来的人"，所以人们对积"私房"、闹分家的成员，总是十分反感。实行"阿注"婚姻的男女之间，在经济上最普遍的联系是互赠礼物，此外为男子到女家做一些田间的或家务的劳动。属于公开的、长期的"阿注"关系者，已出现女阿注生育时，男家要派人带着食物去"认"子女；如果"阿注"关系未解除，男子年老病故，有的女阿注率其子女（男子的亲生子女）前往悼念，分担一部分丧葬费用；女子去世，有的男子也去参加葬礼。但是，就大多数人来说，上述那些联系，并没有成为定例，人们可以遵守，也可置之不理。他们认为，你既不属于我，我也不属于你，谁都不靠谁吃饭。至于男子与其亲生子女之间的联系更其有限，感情更为淡薄。所谓"认"子女习俗，不少男子根本不予理睬。虽然大部分孩子都知道自己的生父，但父子间大多视若路人，相互冷若冰霜，子不认父、父不认子的事例屡见不鲜。①

  永宁纳西族的实例充分表明，把供养关系作为对偶家庭的一个内涵或要素，并不科学。因此，如果一定要把供养关系作为家庭必具的内涵，这只能被人理解为一夫一妻制的个体家庭。

  从家庭发展史的角度来看，对"家庭"一词作广义的理解，认为群婚制时期有其相应的家庭形式，是站得住脚的，也是符合马克思、恩格斯的一贯看法的。早在1846年，革命导师在论述历史发展过程的第三种关系时说："每日都在重新生产自己生命的人们开始生产另外一些人，即增殖。这就是夫妻之间的关系，父母和子女之间的关系，也就是家庭。这个家庭起初是唯一的社会关系"，后来才成为"从属的关系"②。马克思在晚年摘录摩尔根的《古代社会》时，写下了许多评注，没有一条是针对摩尔根提出的多种家庭形式进行诘问的。他倒是写了这样的意见："最古是：过着群团的生活实行杂乱的性交；没有任何家族，在这里，只有母权能够起某种作用。"并摘了摩尔根的话："血缘家族是第一个'社会组织形式'。"③

---

  ① 参阅詹承绪等：《永宁纳西族的阿注婚姻和母系家庭》第三、六章。
  ② 马克思和恩格斯：《德意志意识形态》，见《马克思恩格斯选集》第1卷第33页。
  ③ 马克思：《摩尔根〈古代社会〉一书摘要》第10、20页。马克思将摩尔根说的社会组织形式打上了引号，这显然有所保留。

至于恩格斯的意见，在《起源》一书中表达得十分明确、肯定。他写《家庭》一章时，不但阐述了摩尔根有关婚姻、家庭和亲属制度三者的辩证关系以及绘出家庭发展史的理论、方法，而且依次解剖了血缘家庭、普那路亚家庭、对偶家庭和一夫一妻制家庭这"几种家庭形式"。他指出：虽然"血缘家庭已经绝迹了"，不过，"这种家庭一定是存在过的"，夏威夷的亲属制度，"使我们不能不承认这一点，因为它所表现的血缘亲属等级只有在这种家庭形式之下才能发生；家庭后来的全部发展，使我们不能不承认这一点，因为这一家庭形式作为必然的最初阶段决定着家庭后来的全部发展"。家庭组织上的"第二个进步"，是由血缘家庭发展到"普那路亚家庭"，"这种家庭形式十分精确地向我们提供了美洲的制度所表现的亲属等级"，"普那路亚家庭或某种与它类似的形式，至少也应该同样流行过"。① 在谈到这两种家庭形式中的婚姻至少也规则时，恩格斯指的正分别是血缘群婚和族外群婚。

　　上述事实说明，恩格斯直到修订《起源》出第四版时，仍然认为群婚制时期是存在不同的家庭形式的。为说明恩格斯"放弃"了原先的观点，谢苗诺夫说："在准备该书（按：指《起源》）第四版的时候，凡有可能的一切地方恩格斯都用'群婚'一词代替了'普那路亚家庭'一词。"②

　　谢苗诺夫的这句话本身并没有错，但纳入否定群婚制时期存在家庭形式的轨道，就大错特错了，变得似是而非了。恩格斯在1891年修订《起源》时，之所以在许多地方要用"群婚"一词代替"普那路亚家庭"一词，完全是为了用词的科学性，因为"家庭"与"婚姻"这两个概念不能混淆。只要具体地看看修改

---

① 参阅《起源》，第34—37页。
② 谢苗诺夫：《婚姻和家庭的起源》，第36页。

的地方,我们便可得出这个结论。例如,谈到恺撒时代布列吞人每十个或十二个男子共妻,而且多半是兄弟和兄弟、父母和子女时,恩格斯在初版中说"这最好解释为普那路亚家庭",而在第四版则改为"这最好解释为群婚"①。显然,这么修改更为贴切。

又如,谈到美洲印第安人的亲属制度在普那路亚家庭中获得了合理的解释和自然的根据后做出的结论,初版为"普那路亚家庭至少也应该和美洲的亲属制度同样流行过",新版则写作"普那路亚家庭或某种与它类似的形式,至少也应该同样流行过"。②此例更说明问题:第一,恩格斯进一步研究了澳大利亚级别婚后认为,集团(氏族)外的群婚当有多种形式,就当时已知的说,级别婚和"普那路亚"婚都属于其中的一种,不过,前者"乃是群婚的一种十分低级的、原始的形式",后者"则是群婚的最高发展阶段"。基于这样的判断,他还预言:"在这两种婚姻形式之间,我们无疑还会发现某些中间阶段"③。出于同样的理由,恩格斯照例将"从这种群婚形式出发,最容易说明希罗多德及其他古代著作家关于蒙昧民族和野蛮民族中共妻情况的叙述"一句,有意增添了10个字,改写为"从这种群婚形式或与它类似的群婚形式出发,最容易说明希罗多德及其他古代著作家关于蒙昧民族和野蛮民族中共妻情况的叙述"④(着重号为引者所加)。第二,就在这一改动了的例子中,我们可以看出,恩格斯显然认为,有不同的群婚形式就会存在相应的不同的家庭形式,因此为了精确起见,他在"普那路亚家庭"之后,特地在第四版中紧接着补写了"或某种与它类似的形式"这10个字。⑤可见,恩格斯的看法始终如一,而且明显不利于谢苗诺夫的结论。

---

①②⑤ 《起源》,第37页。
③ 《起源》,第38页。
④ 《起源》第43页。

恩格斯持群婚制时期存在家庭形式的观点，在1891年以后也没有改变过。例如，他在1892年从《俄罗斯新闻》第284号读到有关施特恩堡对库页岛吉里亚克人（旧称尼夫赫人）的生活和社会制度的研究结果的报道后，感到十分欣喜，立即写了《新发现的一个群婚实例》的文章（即《起源》附录）。恩格斯在文章中几乎全文引用了这篇报导。他不但肯定了吉里亚克人的群婚"跟夏威夷人普那路亚婚姻，即群婚的最发展最典型的阶段非常接近的形式"，而且再次重申了群婚时期有家庭形式存在的观点，比如他写道："典型的普那路亚家庭是由一群兄弟（同胞的或较远的）跟一群同胞的或较远的姊妹结婚而组成的。"在这里，恩格斯从内涵上区分了婚姻和家庭这两个词，明明白白地判定有什么样的婚姻就会有什么样的家庭形式。这再次表明，谢苗诺夫所谓恩格斯曾"放弃"或"怀疑"群婚制时期先后有血缘家庭和普那路亚家庭的说法，纯属子虚乌有、强加于人。

（原载《广西民族研究》1986年第1期）

婚姻家庭与亲属制度

人类的婚姻、家庭与亲属制度，是民族学研究的重要对象之一。这三者互有不可分割的内在联系，即婚姻是建立家庭的前提；家庭是缔结婚姻的结果，亲属制度则是婚姻家庭制度的产物。但是，它们又各有自己特定的概念和基本的内容，因此，我们应分别予以说明。

* * *

婚姻家庭制度

每一个人从呱呱落地到老死病终，莫不与婚姻家庭结下不解之缘。婚姻家庭问题的客观存在及其在社会生活中占有的重要地位，人人都能感受到。比如，对这个问题处理得好，将令人生活得幸福、欢乐；处理失当，就可能带来烦恼、忧伤。对于婚姻家庭问题，我们应该做横向和纵向的考察，才会有一个明确、科学的认识，因为它既涉及现实生活的各个方面，又涉及历史发展进程中的所有链条；既有理论和政策、法规问题，也有世界观、人生观和道德风尚问题。

第一节 婚姻家庭的基本概念和理论

婚姻指男女两性的结合，而且这种结合就是为一定历史时代和一定地区内社会制度及其文化和伦理道德规范所认可的夫妻关系，婚姻关系的成立，意味着夫妻双方彼此存在着各项权利和义务。性生活只是诸项权利和义务中的一个。如果男女之间发生性行为，只要未履行特定的某种手续，不符合某时某地的社会规范，并不能构成婚姻。由于失和等原因，通过一定的手续，夫妻离异了，婚姻关系随之解除；倘若丧偶，原先的婚姻关系也自然宣告结束。

家庭是由一定范围的亲属（如夫妻、父母子女、兄弟姊妹）所组成的社会生活细胞。它的联结纽带是婚姻关系和血缘关系（进入阶级社会以后又增加了收养关系，从而形成拟制血缘关系）。基于婚姻关系的缔结，形成了最初的家庭成员——夫妻，尔后又产生出其他一系列的家庭成员。自古迄今，家庭毫无例外都是人类自身生产和再生产的一种社会组织形式，但它的职能远不止此，比如在社会经济生活中，在传统文化和道德风尚的教育中，等等，都有其特殊的功能。

至于家庭的结构和规模，因时因地而有区别。通常存在的家庭结构类型，有核心家庭、扩大家庭、联合家庭、不完全家庭（即配偶缺一）、单身家庭。家庭规模的大小，与家庭类型密切相关，人口少者一至数人，多者十几人以至数十、上百人。按照历史唯物主义的观点，婚姻家庭制度就其性质来说，属于上层建筑的范畴，总是受着某种生产方式的制约。马克思主义关于经济基础与上层建筑之间相互关系的基本原理，完全适用于对婚姻家庭问题的分析。然而，婚姻家庭问题又有别于上层建筑中的其他问题，因为它还有自己固有的特性，即自然属性和社会属性。

婚姻家庭制度固有的自然属性，是不难为人理解的。男女两性的差别和性本能，是婚姻在生理上的基础。成年的男女，通过对异性的追求——恋爱而达到结婚的目的，这就是生理作用的一种表现。种的繁衍，即人口的生产和再生产，以及由此而引起的父母子女、兄弟姊妹、祖父母孙儿女等家庭成员之间的血缘关系，则是家庭所特有的生物学功能。所以婚姻与家庭是以两性结合和血缘联系为其自然条件的，若无视这种自然条件，就无异于否定婚姻家庭的客观存在。

生理学和生物学对人类婚姻家庭有着积极的制约作用。对此，美国民族学家摩尔根在100多年前就已做过雄辩的论证，指出自然选择原则对于人类自身发展的特殊意义。恩格斯是同意摩尔根的意见的，并在《家庭、私有制和国家的起源》一书中，充分阐明了人类在由杂交到血缘婚（集团内婚）、氏族外群婚再到对偶婚的历史过程中，自然选择原则发生着重要作用。例如，他在谈到家庭组织上的第二个进步时指出，由于排除同胞的（母方的）兄弟和姊妹之间，最后甚至禁止旁系兄弟和姊妹之间的结婚，"按照摩尔根的看法，这一进步可以作为'自然选择原则是在怎样发生作用的最好说明'。""不容置疑，凡近亲繁殖因这一进步而受到限制的部落，其发展一定要比那些依然把兄弟姊妹婚姻当作惯例和规定的部落更加迅速，更加完全。"[1] 又如，在谈到由于婚姻禁例日益复杂（在所承认的一切亲属之间禁止结婚）群婚就越来越不可能，而终于被对偶婚排挤掉时，恩格斯又写道："在这种越来越排除血缘亲属结婚的事情上，自然选择的效果也继续表现出来。用摩尔根的话来说就是：'没有血缘亲属关系的氏族之间的婚姻，生育出在体质上和智力上都更强健的人种；两个正在进步的部落混合在一起了，新生代的颅骨和脑髓便自然地扩大到综合了两个部落的才能的程度。'"[2]

其实，不论是古代还是近现代，任何国家制订有关婚姻家庭方面的法律，都不能不考虑到婚姻家庭所固有的自然属性。比

---

[1] 《家庭、私有制和国家的起源》，第35页，人民出版社1972年版。

[2] 《家庭、私有制和国家的起源》，第44页。

如，有关当事人必须是异性以及婚龄的规定，对近亲结婚的限制，把缺乏性行为的能力作为禁止结婚或判决离婚的理由，把生育子女的事实作为确定亲子关系的依据，父母与子女之间有抚育或赡养的权利与义务，通常情况下直系亲属享有财产继承权，等等，都是尊重自然属性的具体表现。

我们固然应正视婚姻家庭中的各种自然属性，但绝不可过分夸大它的作用，更不能忘记婚姻家庭中还存在着具有本质意义的社会属性。资产阶级法学家通常认为婚姻是一种契约，有的又说婚姻只是"一种存在于一男一女之间较为持久的关系，其持续将超过生殖行为"。至于家庭，他们或者说是一种"生物社会群体"，"它的功能最低限度要能提供性爱需求的满足和控制，包括性欲关系，以及生育子女及其保护和教养"；或者认为家庭只"是一种符合于婚姻制度的结合，而为社会所认可的一种性关系的形式"。极而言之，他们说的婚姻不外是包含着生理学、生物学上的意义，他们说的家庭只是诸如生育、子女的保护和濡化、经济合作、亲属结构、性爱与性欲的模式和控制等。很明显，这些看法，都不承认婚姻家庭的社会属性，不承认生产方式对它所起的决定性作用。

马克思主义认为："人的本质并不是单个人所固有的抽象物，实际上，它是一切社会关系的总和。"[①] 社会性是人类的根本属性。婚姻原子之间和家庭成员之间的关系，是社会关系的一种特殊形式。为了揭示婚姻家庭的性质、特点及其产生和发展变化，以及在社会生活中的地位和作用，远非运用自然属性就能阐明，而必须从社会制度的整体上进行考察才能获得正确的答案，包括婚姻在内的家庭关系，同社会的种种关系存在着千丝万缕的内在联系，有其非常复杂的社会内容。婚姻家庭中的社会关系，包括

[①] 《马克思恩格斯全集》第21卷，第5页。

物质的和思想的两个方面。作为经济基础的生产关系，必然要在婚姻家庭的经济关系中表现出来；社会物质生活条件中的其他因素，也都对婚姻家庭有着程度不同的制约或影响。至于思想关系，如感情的、伦理的，在阶级社会中还有政治的、法律的等等，同上层建筑各领域也有着不可分割的联系。

在社会物质生活条件中，物质资料的生产方式起着决定性作用。人们在一定的生产力发展水平下结成的生产关系，是最基本的社会关系，而且基于它又产生出其他各种社会关系。从这个意义上说，婚姻家庭的性质和特点等，是由作为社会经济基础的生产关系决定的。经济基础对婚姻家庭的要求，会直接或间接地在上层建筑各领域中表现出来。这种要求既表现为有关婚姻家庭的观点、观念，也表现为由各种行为规范所构成的有关婚姻家庭的制度。我们一方面要肯定经济基础对婚姻家庭制度的决定作用，另一方面又要看到上层建筑各领域对婚姻家庭制度所发生的制约作用。正如列宁所说："如果企图把两性关系从它们整个思想体系的总的联系中划分出来后的本身变化，直接归结到社会的经济基础，那就不是马克思主义，而是唯理主义。"[①] 上层建筑对婚姻家庭制度的制约作用，在政治、法律、道德、宗教等领域中表现得十分明显。风俗习惯对婚姻家庭制度的影响也不应忽视。由此我们便可理解，为什么有着同一类型的经济基础的民族和国家，在婚姻家庭制度上却有着各不相同的某些特点。

婚姻家庭制度既然属于一定经济基础之上的上层建筑，那么，它也和上层建筑的其他方面一样，必然会能动地反作用于经济基础，对生产力的发展起积极的或消极的作用。旧的或没落的婚姻家庭制度及其观念，是束缚生产力发展的一种消极因素；先进的婚姻家庭制度及其观念则是促进生产力发展的一种积极

[①] 引自蔡特金：《回忆列宁》，第59—60页，人民出版社1960年版。

因素。

从理论上严格说来，婚姻家庭制度与婚姻家庭关系，是应该予以区别的。这种区别，在阶级社会里尤为重要。例如，在实行剥削制度的社会里，不同阶级的人们在形式上都实行一夫一妻的婚姻家庭制度，但事实上，在剥削阶级与被剥削阶级两个营垒中，各自的婚姻家庭关系根本无法相提并论。就以资本主义社会来说，资本家阶级在形式上实行一夫一妻制的不乏其人，可是以聚敛私有财富为天职的资本家们，婚姻家庭关系的建立和瓦解莫不与金钱紧紧扣在一起；在这里，对于相当一部分人来说，父权和夫权膨胀到了极点，通奸和卖淫是司空见惯的事情。而对于普通劳动者来说，最大的问题是维持生计，根本没有聚敛财富的可能，缔结婚姻、建立家庭往往为自然规律所使然，或者当作他们的一项社会义务，但真诚相爱和彼此和谐这些新型的婚姻家庭关系却在萌芽、滋长着。又如，在社会主义阶段，特别是像我国这样一个处于社会主义初级阶段的国家，虽然已形成了以公有制为基础的一夫一妻的婚姻家庭制度，与以私有制为基础的奴隶社会、封建社会、资本主义社会一夫一妻的婚姻家庭制度有着本质上的不同，但是，阶级社会所固有的那些父母包办、门当户对、拜金主义等残余远未扫除尽净，而且至今还在不同程度地腐蚀、影响着社会主义的婚姻家庭关系。

第二节 群婚及其家庭形式

一、原始群实行杂交

在人类发展阶梯的最底层，即原始群时期，男女成员之间，实行杂乱的性交关系，尚未产生婚姻规则，没有家庭形式可言，也没有真正的社会组织和社会规范。

首先严肃地提出人类曾经存在过"男女杂交"这种原始状态的是摩尔根。对此，马克思深表赞同，所以他曾写道："最古是：过着杂交的原始群的生活；没有家庭；在这里只有母权能够起某种作用。"① 至于恩格斯，在《家庭、私有制和国家的起源》这一杰作的初版中，仅通过300多字（按中文计）的评论，就充分表明了支持摩尔根的态度；在出第四版时，针对19世纪80年代"否认人类性生活的这个初期阶段，已成时髦了"，总想"使人类免去这一'耻辱'"② 的状况，更是旁征博引，透彻地分析了动物学、民族学、民俗学等方面的丰富资料，雄辩地阐明了原始的杂乱性交关系，是"同从动物状态向人类状态的过渡相适应的"，"只要戴着妓院眼镜去观察原始状态，便永远不可能对它有任何理解"③。

　　此种男女杂交的原始状态，是属于非常遥远的洪荒时代，我们已不可能在社会的化石中间，找到它的直接证据了。然而，间接的证据，不论在中国还是在外国，可以说俯拾即是，这包括古籍的星散记载和民间流传的神话故事。

　　例如，我国的《吕氏春秋·恃君览》写道："昔太古尝无君矣，其民聚生群处，知母不知父，无亲戚、兄弟、夫妻、男女之别，无上下、长幼之道。"《管子·君臣》也说："古者未有君臣上下之别，未有夫妇配匹之合，兽处群居，以力相征。"寥寥数语，便勾画出了原始人日常生活的轮廓。这些古籍，虽无"杂交"一类的字眼，但不难看出，只有实行杂交才会存在那样一种原始状态。

----

　　① 马克思：《摩尔根〈古代社会〉一书摘要》，见《马克思恩格斯全集》第45页，第337—338页，人民出版社1985年版。
　　② 《家庭、私有制和国家的起源》，第29页。
　　③ 参见《家庭、私有制和国家的起源》，第29—33页。

民间的神话传说故事，不仅有迷人的艺术魅力，而且蕴藏着重要的学术研究价值。保尔·拉法格说得好："神话，我们对它加以嘲笑，把创造它和信仰它的行为看作是荒谬的，但是相反地，在原始人看来是可以理解的和自然的。"①

曲折地反映男女杂交的神话传说故事，是相当丰富的。例如，我国鄂伦春族有小伙子和老太婆同居生下儿女的故事②，傣族有小伙子与妈妈结婚和女儿与父亲结成夫妻的故事③，黎族有母亲与儿子婚配的故事④，台湾泰雅人有接连两代亲子相婚的故事⑤。又如国外的例子，印度有梵天（一切众生之父）同自己的女儿萨拉瓦斯提特结婚的故事，埃及有阿蒙以成为自己的母亲的丈夫而骄傲的故事，古代斯堪的纳维亚文献《伊达》里有奥丁成为自己的女儿弗里基的丈夫的故事⑥，等等。

恩格斯在论及嫉妒心和限制近亲婚配的观念都是较后才发展起来的时候指出："不仅兄弟和姊妹起初曾经是夫妇，而且父母和子女之间的性关系今日在许多民族中也还是允许的。班克罗夫特（《北美太平洋沿岸各州的土著民族》1875年版第1卷）证明，白令海峡沿岸的加惟基人、阿拉斯加附近的科迪亚克岛上的人、英属北美内地的提纳人，都有这种关系；勒土尔诺也提出了关于印

---

① 保尔·拉法格：《宗教和资本》，第1页，王子野译，三联书店1963年版。
② 参阅吕光天：《北方民族原始社会形态研究》，第75—78页，宁夏人民出版社1981年版。
③ 参阅王国祥：《傣族神话里的古代婚姻家庭》，中国民族学学会第三届学术讨论会（1984年）论文。
④ 参阅刘威：《海南黎人文身之研究》，见《民族学研究集刊》，1936年1期。林冠群：《"勾花"的传说》，见《民族研究》1981年第3期。两则传说情节不同，主题相同。
⑤ 参阅何廷瑞：《台湾土著诸族文身习俗之研究》，见台湾大学《考古人类学刊》。
⑥ 参阅保尔·拉法格：《宗教和资本》，第6页。

第安赤北韦人、智利的库库人、加勒比人、印度支那半岛的克伦人的同样事实的报告；至于古希腊人和古罗马人关于帕提亚人、波斯人、西叙亚人、匈奴人等的故事，在这里就不必说了。在血亲婚配尚未发明之前（这的确是一种发明，而且是一种极其宝贵的发明），父母和子女之间的性关系所引起的憎恶，并不大于其他不同辈的人们之间的性交关系……如果我们从我们所知道的最原始的家庭形式上抛弃那种与它们连在一起的血亲婚配的观念，——这种观念跟我们的观念完全不同，而且往往是跟它们直接冲突的，——那么我们就得出一种只能叫做杂乱的性关系的形式了。所谓杂乱，是说后来由习俗所规定的那些限制那时还不存在。"[①]

资产阶级同其他剥削阶级一样，竭力宣扬社会是家庭的集合体，并借此进而证明，私有制是亘古不变、应予顶礼膜拜的圣物。为此，在婚姻关系问题上，他们莫不坚持人类一出现即已实行父权的一夫一妻（或多妻）制，其论据是嫉妒心所使然。无产阶级的叛徒卡尔·考茨基，由于"读了很多这方面的书"，竟对恩格斯多次的严厉批评置若罔闻，始终顽固地认为，在原始时代，嫉妒"是社会的决定性因素"，而且它与"妇女自由在第一阶段促进了一夫一妻制"，试图论证人类的性交关系最早的状态绝不是杂乱性交和群婚[②]。芬兰学者韦斯特马克（Edwsrd Westermack）在 1891 年出版的《人类婚姻史》及其 1926 年出版的缩写本，都受到了考茨基的基本观点的决定性影响，并进一步作了发挥。他引证鸟类、猿类的"习惯"，说它们都是由严格的一雄一雌或一雄数雌及其幼儿组成为家庭的，进而论证雄者强烈的嫉妒心使得杂乱性交和群婚成为不可能，这种动物界的状况"能

---

① 《家庭、私有制和国家的起源》，第 32—33 页。
② 参阅恩格斯致考茨基的信，见《马克思恩格斯全集》第 35 卷，第 432—433、447—450 页；第 36 卷，第 61 页。

适应人类原始情态"。"在人类既存种族及类人猿间,男性妒嫉之普遍,乃初期人类具有嫉妒心之有力的明确佐证"。① 这种观点,至今仍为某些学者首肯并加以传播。

其实,一些较有见地的资产阶级学者早在100年前就提出了不利于上述观点的看法。例如,埃斯潘纳斯在《论动物的社会》一书中写道:"群是我们在动物中所能看到的最高的社会集团。它大概是由家庭构成的,但是家庭和群一开始就处在对抗之中,它们是以反比例发展的。"② 这非常清楚地说明了雄性在交尾期内嫉妒是怎样削弱或者暂时瓦解任何共居生活的群,或者说,雄者的嫉妒,既联系又限制着动物的家庭,使动物的家庭跟群对立起来。"单是这一点就足以证明,动物的家庭和人类的原始社会是两不相容的东西;正在脱离动物状态的原始人类,或者根本没有家庭,或者至多只有动物中所没有的那种家庭。"③ 假如正在形成中的人,实行的是一夫一妻制的性关系,存在着所谓雄者的嫉妒心,那就根本不可能组成较大规模的持久的群。面对严酷无情的大自然的力量,原始人靠那极其孤立、弱小的小家庭(如果说有这样的小家庭)的力量,怎么能够脱离动物状态呢?因此,为了在发展过程中从动物状态脱离出来,即实现自然界中最伟大的进步,就不能不需要一种因素——以群的联合力量和集体行动来弥补个体自卫能力和谋生能力的不足。

总之,我们只要坚持历史唯物主义的科学精神,并不试图抹去"奇耻大辱",就应该承认:在实现由动物(狭义上的)向人转变的过渡阶段,由于自身的生存和发展的需要,成年雄者只能

---

① 参阅韦斯特马克:《人类婚姻史》,王亚南译本,神州国光出版社1930年版,第2—19页。
② 转引自《家庭、私有制和国家的起源》,第30页。
③ 《家庭、私有制和国家的起源》,第31页。

相互宽容而无嫉妒心,现在或较早时期通行的禁例(如禁止血亲婚配观念)不可能产生,所以定然实行一种比群婚更早、更简单的性交关系——原始的杂乱性交关系。但是,"由此绝不能说,在日常实践中也必然是一片混乱。短时期的成对配偶绝不是不可能的,正如在群婚制中,当时的多数情况也是成对配偶那样。"①

人猿终揖别。其标志是地球上出现了利用石材等制作的劳动工具。为了生计,原始群终究随着人口增殖而分成若干小集团,于是出现了第一个社会组织形式——前氏族公社,随后又产生了氏族公社。

人类社会的产生和发展,婚姻规则也随之出现并日益完善,杂交成为往事,代之而起的是群婚。

二、群婚及其家庭形式

人类实行群婚的历史时期是相当漫长的,这包括前氏族公社时期和母系氏族公社的前期和中期。

人类先是实行集团内群婚,然后才是集团外群婚。前者就是通常所说的血缘婚(班辈婚),与之相应的家庭形式叫做血缘家庭;后者通常称之为氏族外群婚,与之相应的家庭形式,因摩尔根采用了夏威夷土著的"普那路亚"这一名称,所以称为普那路亚家庭。实际上,氏族外群婚的形式并非只有一种而是多种,但是相应的家庭形式在特点上却无不同。不过,"普那路亚"乃是群婚的最高发展阶段,最具向下一个阶段——对偶婚阶段发展的典型意义,所以自摩尔根定名以来,一般学者都相继沿用,把"普那路亚"家庭看做是族外群婚时期家庭形式的代表。

(一)血缘婚及其家庭形式

通过长期的物质生活资料生产的实践,特别是人类自身生产

---

① 《家庭、私有制和国家的起源》,第33页。

的实践,直立人不知不觉地服从自然选择原则的作用,逐渐从杂乱性交关系的原始状态中脱离出来,即排除亲子间的性交关系,只允许同一辈的男女之间结成配偶,并且最终形成人人必须遵守的一种社会规则。按照这种社会规则,婚姻集团是按照辈数来划分的,即祖父祖母构成第一个夫妻圈,父亲母亲构成第二个夫妻圈,后者的子女构成第三个夫妻圈,再下一代即曾孙儿女构成第四个夫妻圈,如此等等。这意味着,同一辈的男女既互为兄弟姊妹,也互为夫妻,而禁止上下辈男女之间的婚配,就是说,排除祖先和子孙之间,双亲和子女之间结为夫妻的权利和义务。这是人类婚姻家庭发展史上的第一个大进步。

这种家庭形式早就绝迹了。不过,正如恩格斯所说:我们不能不承认这种家庭一定是存在过的,因为它所表现的血缘亲属等级只有在这种家庭形式之下才能发生;同时,"家庭后来的全部发展,使我们不能不承认这一点,因为这一家庭形式作为必然的最初阶段决定着家庭后来的全部发展。"[①]

我们先来看看亲属称谓情况。按照这时的通婚规则,即同一辈的男女才有通婚的权利与义务,于是在亲属方面并无父方与母方、夫方与妻方之分,也没有血亲与姻亲上的区别。例如,对父亲与叔伯父、姑父、姨父、舅父使用同一个称呼,因为这一辈的男子都属于母亲的丈夫(不论是否成为事实);对母亲与姨母、姑母、舅母使用同一个称呼,因为这一辈的女子都属于父亲的妻子;所有下一代男女,虽然能够分清自己的生身母亲,但不能分清自己的父亲,所以这些男女们作为儿女,相互之间一律互称为兄弟姊妹。

在我们看来不免感到奇特的这种亲属制度,除摩尔根曾在夏威夷土著中发现外,其遗迹直至 20 世纪中叶,在我国一些兄弟

---

① 《家庭、私有制和国家的起源》,第 34—35 页。

民族如鄂伦春族、高山族、佤族、阿昌族中也能找到。阿昌族的遗迹表现得更明显些。在这里，伯父、姑父、舅父、姨父同称为"龙帕"；伯母、姑母、舅母、姨母同称为"巴"；胞兄、堂兄、姑表兄、舅表兄同称为"喳唉"；胞姊、堂姐、姑表姐、舅表姐、姨表姐同称为"衣"；儿子、侄子、外甥、内侄同称为"早"；女儿、侄女、内侄女同称为"乌早"①。这些称谓虽然并不反映现实中的婚姻关系，但为我们提供了同一辈男女曾经互为夫妻的佐证。

引人注目的是，云南基诺族的亲属制度资料以及各种风俗，对于肯定历史上血缘婚的存在颇有说服力。直至20世纪中期，在他们中间，除了父辈因外族影响较为进步外，在己辈、儿女辈、孙儿女辈三种亲属关系里，都各有男女通行的总称：己辈称"车饶"，它包括我的兄弟姊妹以及一切远近从表中的兄弟姊妹、兄弟之妻、妻之丈夫等；儿女辈称"饶古"，它包括儿子、女儿、侄子、侄女、儿媳、女婿等一切子女辈；孙儿女辈称"里饶"，它包括孙子、孙女、外孙、外孙女和一切同辈亲属中的孙子、孙女们。这种亲属称谓并非完全僵死，因为许多习俗在不同程度上同它还保留着关系。据调查，不少村寨仍允许血缘氏族内的男女恋爱和同居，只是禁止正式结婚而已。迄至50年代，个别村寨（属于同一氏族）非同胞的男女，如誓死成婚，或是由女子备一定礼物拜认另一个氏族的某长者为父亲，便可越过族内禁婚的障碍而达到结婚的目的；或是他们按照古规，手捧猪头到巴别寨长老处去请求，并经长老的种种考验和用猪头祭祖后，终于遂了相匹配的凤愿。对于大多数同族男女虽可恋爱并同居，但不得正式结婚者，在一年一度的过年仪式上，可以尽情吟唱"巴什"情

---

① 云南少数民族社会历史调查组编：《阿昌族简史简志合编（初稿）》，第6页，1963年铅印本。

歌。情歌的主要内容是,绘声绘色地描写氏族内情人自幼相处,成年后更钟情互爱,最后经过曲折斗争达到了结婚的目的。若一对"巴什"恋人在世时不能完婚,他们认为死后将到另一世界即祖先"鬼魂"居住的地方去结婚。① 如此生动的民俗资料,不是证明人类历史上存在过血缘群婚,还能证明什么呢?

"神话是保存关于过去的回忆的宝库,若非如此,这些回忆便会永远付之遗忘。"② 透过神话故事来看血缘婚的史迹,一直受到历史唯物论者的重视。马克思在1882年春季所写的一封信中,以最严厉的语调,批评瓦格纳根据斯堪的那维亚和德国史诗创作的《尼贝龙根》歌词对原始时代的曲解。歌词说:"谁曾听说哥哥抱着妹妹做新娘?"对此,马克思回答道:"在原始时代,姊妹曾经是妻子,而这是合乎道德的。"③

我国民间流传的洪水故事或创世史诗,描写兄妹结婚的不乏例证,涉及的民族包括汉、黎、瑶、布依、傣、傈僳、彝、苗、高山、纳西、哈尼等。值得我们注意的是,这些作品大体上可分为两大类:一是兄妹结婚被认为是合理的,甚至自豪地把自己看成是他们的后裔,这一类作品可以哈尼族的《奥色密色》、傣族的《布桑嘎与雅桑嘎》为代表;二是兄妹婚配受阻隔,往往带有悲剧的色彩,受孕生下的不是肉团(块)就是异物(葫芦、冬瓜、皮口袋等),这一类作品占绝大多数。虽然这两类作品都反映了历史上有过血缘婚的事实,但第一类显得更为古朴,第二类则反映了人类在自身生产过程中逐渐形成了阻止血亲婚配的观念。

---

① 以上详见杜玉亭:《血缘家庭史迹新探》,载云南省历史研究所《研究集刊》1982年第2期。
② 保尔·拉法格:《宗教和资本》,第53页。
③ 转引自《家庭、私有制和国家的起源》,第34页注。

血缘婚与血缘家庭存在于前氏族公社之中，并基本上同前氏族公社相始终。马克思曾指出，人类社会形成之初，"生活上的共产制"必然作为当时人们"生存的必要条件"而通行于血缘家庭和普那路亚家庭中。他还说："一旦原始群为了生存必须分成较小的集团，它就从杂交转变为血缘家庭；血缘家庭是第一个有'组织的社会形式'。"① 恩格斯在《家庭、私有制和国家的起源》一书中也写道："家庭组织上的第一个进步在于排除了父母和子女之间相互的性关系。""每个原始家庭，至迟经过几代以后是一定要分裂的。原始共产制的共同的家户经济（它毫无例外地一直盛行到野蛮时代中级阶段的后期），决定着家庭公社的最大限度的规模，这种规模虽然依条件而变化，但是在每个地方都是相当确定的。不过，认为同母所生的子女之间的性关系不妥的观念一旦发生，这种观念就一定要影响到旧家庭公社的分裂和新家庭公社的建立（这种新的家庭公社这时并不必然同家庭群体相一致）。"② 这里提到的"旧家庭公社"，当是指前氏族公社，至于"新家庭公社"，联系恩格斯把排除同母所生的子女之间的性交作为前提，又考虑到共产制原始公社不同发展阶段的序列，它当是指母系氏族公社。由此可知，在人类社会的初期阶段上存在的"血缘家庭"，从婚姻家庭发展史的角度来考察，它是第一种家庭形式；从社会制度的组织形式来说，它又是原始共产主义社会的第一个发展阶梯。

（二）氏族外群婚及其家庭形式

前氏族公社向母系氏族公社的转变，意味着集团内群婚（血缘婚）向集团外婚即氏族外群婚的转变。

---

① 马克思：《摩尔根〈古代社会〉一书摘要》，见《马克思恩格斯全集》第45卷，第347—348页，人民出版社1985年版。
② 《家庭、私有制和国家的起源》，第35—36页。

随着对劳动工具——主要是石器制作技术水平的提高，采集和渔猎经济有了长足的进步，人群的规模扩大了，并已有了较为稳定的定居生活。这样，一个集团便由于人口的自然增加而分裂成几个集团，这些集团之间常常可以而且需要联合起来从事经济活动，彼此建立起社会方面的某种联系。他们要实现自然而又密切的交往和联系，最好的形式莫过于缔结婚姻关系，即实行族外群婚。在这里，我们虽然强调了当时社会经济的发展促成了集团内群婚向氏族外群婚的转变，但丝毫无意否认自然选择原则在这种转变过程中所起到的积极作用。

1. 自然选择原则

所谓自然选择原则的积极作用，是指没有近亲关系的群体成员之间的联姻，创造出在体质上和智力上更强健的人种，这些群体的进步、发展比那些仍然实行集团内近亲繁殖的群体更迅速。对此，恩格斯深刻地指出："这一进步的影响有多么大，可以由氏族的建立来做证明，氏族就是由这一进步直接引起的，而且远远超出了最初的目的，它构成地球上即使不是所有的也是大多数野蛮民族的社会制度的基础，并且在希腊和罗马我们还由氏族直接进入了文明时代。"[①]

自然选择原则发生作用，实质上就是克服近亲婚配的弊害。在这里，我们可以运用遗传学方面的基础知识去理解。

每个正常人的身体，都是由各种各样的细胞组成的。每个细胞核里都有46条染色体，两两成双，共有23对。每条染色体上布满了遗传基因，这些基因一半是父亲传下来的，另一半是母亲传下来的。遗传基因满载着来自父母的各种遗传的密码，这些密码巧妙地控制着人体各部分的生长发育，并能将父母的特征遗传下去，所以一家人总是有一点相像。

---

① 《家庭、私有制和国家的起源》，第35页。

假定父亲有一个遗传上的特性，由一对基因 A、B 代表；母亲有另一个遗传特性，由另一对基因 C、D 代表，他们生育的子女，基因分配必然具有如下图所示的几种可能：

$$\begin{matrix}父亲\\ \|\\ 母亲\end{matrix} \xrightarrow[C、D]{A、B} 子女 \begin{cases} AC & BC \\ AD & BD \end{cases}$$

如果子一代中哥哥体内的一对基因有 BC，妹妹体内也有一对基因 BC，那么，这一对兄妹的基因是 100% 相同；如果妹妹的一对基因为 AC，他们只有 50% 相同（C 相同），若为 BD，也有 50% 相同（B 相同）；倘若妹妹的一对基因为 AD，他们就完全不相同（0%）。相同机遇以 100 计，所有亲兄弟妹妹基因相同的机会就是（100＋50＋50）/（100＋100＋100＋100）＝1/2。这表明，遗传特性相同的可能性高达 50%。

这些亲兄弟姊妹与其他人通婚，所生下的子女，即子二代，就成了表兄弟姊妹的关系。如果其中一对表兄妹结婚，表兄身上来自父亲的 1/2 基因，就有可能与表妹身上来自母亲的 1/2 基因相同，而他们的父母本来就是兄弟姊妹，所以已有 1/2 基因相同的可能性。这样，他们出现基因相同的机遇就是 1/8。据此类推，子三代，他们的基因有可能相同的机遇则为 1/32。

我们人体的每个细胞里至少有 5 万个以上的基因，在这么多的基因中，不免夹杂着个别的有害基因（致病基因）。非近亲婚配者，如一方某个基因是有害的，另一方某个基因却往往是正常的，双方一经结合，有害基因被正常基因所掩盖，于是生下的孩子仍表现为健康。如果是表兄妹结婚，由于他们的基因有 1/8 的机遇相同，而相同的基因又是有害的，那么他们两人结合后，这两个有害基因就很容易在下一代反映出来，形成某种遗传性疾病。这就是近亲结婚易生下不健康孩子的原因。

近亲结婚很容易使后代（子一代或二代）得先天性、遗传性疾病，如聋、哑、瞎、傻或其他畸形状态的疾病。这已为科学的调查研究所证实。据统计,先天性和遗传性疾病的发病率,近亲结婚的比非近亲结婚的高达 150 倍,婴儿死亡率一般高出 3 倍。当然,得先天性疾病,并不能都归因于近亲结婚,因为也可能是环境所致(如孕妇得了某种疾病或使用了某种不当药物,遭到放射线或其他污染的毒害等)。但调查数据表明,遗传因素比环境因素造成的先天性疾病要整整高出一倍。

有人会说,某些近亲结婚生下的孩子不是很好吗?这种情况确实有,其原因,或者他们的病态基因可能较少,或者虽有却不属于关键性的病,或病态基因隔代才会表现出来。然而,无论如何,近亲通婚者后代的遗传素质,总不如非近亲通婚者好。

一位医学家曾根据有智力缺陷子女的线索,去了解他们父母和同胞兄弟姐妹的智力程度,结果如下表[①]:

父母智力情况	被调查人数	子女智力正常(%)	子女智力低下(%)	子女智力有缺陷(%)
正常×正常	18 人	73	5	22
正常×低下	59 人	64	33	3
低下×低下	252 人	28	57	15
低下×缺陷	89 人	10	55	35
缺陷×缺陷	141 人	4	39	57

从上表可以看出,父母双方智力都正常的,所生子女智力正常的占多数;父母智力低下,所生子女智力明显受到影响;父母智力都有缺陷,所生子女智力多数很差。这说明,智力低下或缺陷的确与遗传有关。

古人类学的材料对我们也是有启发的。北京猿人处于前氏族公社时期,他们的寿命很短,据对骸骨考察,在大约 40 个北京猿人中,死于 14 岁以下的占 39.5%,死于 30 岁以下的占 7%,

---

[①] 楼象:《生育的知识》,第 101 页,科学普及出版社 1981 年版。

死于 40—50 岁的占 7.9％，死于 50—60 岁的占 2.6％，其余的 43％寿命尚未确定[①]。诚然，北京猿人的生产力水平极端低下，生活条件十分恶劣，对寿命有明显的影响，但他们实行集团内的血亲婚配，这无疑也是寿命短促的一个重要原因。

阻止血亲婚配观念的好处，并不是一开始就为人所认识，要不然，怎么会有过杂交和血缘婚呢？只是到了后来，生产力有了一定的发展，人群逐渐增多，并且有了相对说来较为稳定的定居生活，阻止血亲婚配的观念才逐渐产生。开始是个别集团的个别人初步排斥了同胞兄弟姊妹婚，然后渐渐扩大了范围，并由起初的同胞扩及从兄弟姊妹、再从兄弟姊妹；随着不许互相通婚的"兄弟"和"姊妹"类别的日益增多，这种婚姻现象遂演变成一种普遍的惯例，并最终成为一种固定的制度，从而将昔日的集团内婚排除了，代之以新规——集团外婚（族外群婚）。它的典型代表是普那路亚群婚。

2. 普那路亚群婚

排除兄弟姊妹（起初是同胞的，后来扩至远房的）之间的婚姻关系，是人类婚姻家庭发展史上的第二个大进步。由于配偶者年龄相近，这一进步比排斥亲子间通婚的那种进步重要得多，也困难得多。

族外群婚的主要特征是一定的家庭范围内相互的共夫和共妻，不过在这里是把丈夫的姊妹和妻子的兄弟排除在外。具体地说就是：男子只能以别一氏族的女子为妻，女子也只能以别一氏族的男子为夫；在可通婚的范围内，男子仍可以把任何女子作为自己的妻子，反之，女子也可以把任何男子作为自己的丈夫。事实上，在共夫共妻的情况下，一个男子在许多妻子中可能有一个主妻，一个女子在许多丈夫中也可能有一个主夫。主夫主妻维持

[①] 参阅贾兰坡：《中国猿人》，第 130 页，上海龙门联合书局 1951 年版。

着较为经常、持久的婚姻关系。这样的婚俗,是摩尔根在夏威夷土著中发现的。在他们中间,丈夫彼此已不再互称为兄弟,而是称作"普那路亚"("亲密的伙伴"或"亲爱的朋友"之意);妻子彼此间同样如此称呼,所以摩尔根称以此婚俗为基础的家庭为普那路亚家庭。普那路亚婚是群婚的最高形式,"亦即可以用来最容易地说明向更高形式过渡的那种形式"①。

实行族外群婚的家庭,丈夫和妻子分别属于自己所在的母方氏族,只是过性生活时,男子才去妻方氏族拜访妻子。至于日常的生产和生活,夫妻都是分别依附于自己的母体——氏族公社。由于孩子归于母亲氏族,因此他们只能继承母亲的财产,而不能继承父亲的财产。"在一切形式的群婚家庭中,谁是某个孩子的父亲是不能确定的,但谁是孩子的母亲却是知道的。即使母亲把共同家庭的一切子女都叫做自己的子女,对于他们都担负母亲的义务,但她仍然能够把她自己亲生的子女同其余一切子女区别开来。由此可知,只要存在着群婚,那么世系就只能从母亲方面来确定,因此,也只承认女系。"② 这种只从母亲方面确认世系的情况和随着时间的推移而由此发展起来的财产继承关系,巴霍芬称之为"母权制"。对于这个名称,恩格斯指出:"它是不大恰当的,因为在社会发展的这一阶段上,还谈不到法律意义上的权利。"③ 只是为了简便起见,恩格斯采用了这一名称。直到今天,它仍普遍为民族学者所沿用。

族外群婚的具体形式并非只有一种,它可以因不同地区、不同民族而有自己的形式,而且不同的具体形式还可能反映了群婚的不同发展阶段。

---

① 《家庭、私有制和国家的起源》,第 40 页。
② 《家庭、私有制和国家的起源》,第 38 页。
③ 《家庭、私有制和国家的起源》,第 39 页。

3. 级别婚

19世纪在澳大利亚土著中发现的级别婚也是一种族外群婚形式。在南澳大利亚芒特甘比尔地区的部落中，有两个婚级，即克洛基和库米德。同时他们又是两个氏族，克洛基为白鹦鹉，库米德为黑鹦鹉。依性别说，每个婚级都包括了男、女两部分（每个婚级的男子们是兄弟，女子们是姊妹，他们均出自同一假定的女祖先，所以这些男女之间互为兄弟姊妹），因而存在两个婚级就有四个性级。他们实行母系制度下的两个级别的婚姻制度，或者叫两个婚级、四个性级的级别婚。如以英文字母大写A、B代表两个婚级的女性，小写a、b代表男性，＝代表婚姻关系，↓代表下传世系，⌐⌐代表同胞兄弟姊妹关系，他们的婚制可列表如下：

氏 族	婚 级	性级 女/男	婚 姻 与 世 系
白鹦鹉	（一）克洛基	(1) A　(1) a	A＝A₁　B＝B₁
黑鹦鹉	（二）库米德	(2) B　(2) b	b　a₁　a　b₁

以克洛基的女性为例，其婚姻与下传世系为：

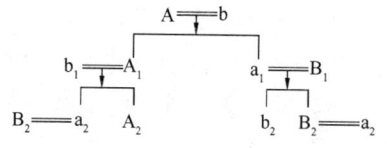

$$A = b$$
$$b_1 = A_1 \quad a_1 = B_1$$
$$B_2 = a_2 \quad A_2 \quad b_2 \quad B_2 = a_2$$

从上表可看出：这里仅仅排除母方兄弟姊妹间、母方兄弟的子女间、母方姊妹的子女间通婚。由于按母亲方面计算世系，这里的三代人都属于白鹦鹉氏族，并同在一个婚姻级克洛基之内，所以男女以兄弟姊妹相称，彼此不能通婚，而母方兄弟的子女与姊妹的子女之间可以通婚，因为这两部分人分属于不同的氏族，亦在不同的婚姻级。这里出现的情况，就是我们通常依父系概念所说的交错姑舅表婚。这无疑是走出血缘群婚的第一步。

这种两个婚级、四个性级的婚制，从理论上说，按母亲计算世系，父亲与女儿因不属于同一个氏族和婚姻级，应允许通婚。这种理论上允许亲子相婚的情况可能在实践上不存在，所以恩格斯指出："据我所知，在澳大利亚，父母和子女间的婚姻关系的例子，还没有人提到过；而比较晚一些的外婚形式，即母权制氏族，通常也默然以禁止这种关系为前提，把这种禁规看做一种在氏族产生时就已存在的事情。"①

为完全排除亲子相婚的可能性，进一步阻止近亲婚配的办法已在澳大利亚土著中产生出来，这就是在新南威尔士达令河流域卡米拉罗依部落中所实行的那种四个婚级、八个性级的级别婚。卡米拉罗依部落是母系社会，有两个胞族、六个氏族；四个婚级、八个性级，我们若仍然采用上述的那些符号，他们的婚制可列表如下：

胞族	氏族	婚级	性 级　女　男	婚姻与世系
库帕廷	鸸鹋、袋狸、黑蛇	（一）	(1) 依帕塔 A　(1) 依排 a	
狄尔比	鬣蜥、袋鼠、负鼠	（二）	(2) 卡波塔 B　(2) 库比 b	
库帕廷	鸸鹋、袋狸、黑蛇	（三）	(3) 布塔 C　(3) 孔博 c	
狄尔比	鬣蜥、袋鼠、负鼠	（四）	(4) 马塔 D　(4) 慕里 d	

以库帕廷胞族的第一婚级女性依帕塔 A 为例，其婚姻与下传世系为：

---

① 《家庭，私有制和国家的起源》，第 41 页。

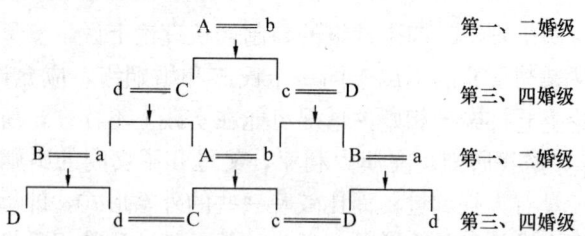

```
                A════b              第一、二婚级
              ┌──┴──┐
           d══C     c══D            第三、四婚级
           ↓         ↓
         ┌─┴─┐     ┌─┴─┐
       B══a A══b B══a                第一、二婚级
        ↓   ↓   ↓
        D   d══C D                   第三、四婚级
```

从该表可看出：这里如同两个婚级、四个性级的制度，排除了母方兄弟姊妹间、母方兄弟的子女间、母方姊妹的子女间的婚姻关系，因为这三组的任何一个世代，都属于同一胞族（"库帕廷"或"狄尔比"），亦同属于一个婚姻级。这里也同样实行我们通常所说的交错姑舅表婚。但是，卡米拉罗依部落的级别婚较之芒特甘比尔地区部落的级别婚有着明显的不同：第一，儿女虽然与母亲同属于一个胞族中，但并不属于母亲所在的那个婚姻级，而列入一个新的婚姻级。第二，每隔一代必定重新恢复到原来的婚姻级（如孙儿女就回到了祖父母的那个婚姻级），即"一代总是属于第一和第二级别，下一代则属于第三和第四级别，第三代又重新属于第一和第二级别"[①]。第三，无论从实践上还是从理论上看，母亲与儿子、父亲与女儿即亲子间均不复有通婚的可能。实际上，婚级越多，相互婚配的血缘关系就越疏远。由此我们看到，阻止近亲婚配的意向，被一而再、再而三地表现出来。

母系制度下的级别婚，是族外群婚的一种低级、原始、粗野的形式。不过，应注意的是，级别婚制度本身十分复杂，发展水平高低不一。比如，它除了上述两个婚级、四个婚级外，还有八个甚至十六个婚级；就是实行四个婚级的部落，在世系计算上，有的按母亲计算，有的已发展到按父亲计算；有的可能仍属于族

[①] 《家庭、私有制和国家的起源》，第41页。

外群婚,而有的却进入到了对偶婚阶段①。

4. 环形婚

环形婚(环状联系婚的简称)是族外群婚的另一种形式。它大概在母系氏族公社时期即已存在。不过,我们今天所能看到的环形婚实例,都是父系制度下的残余。尽管如此,根据母系制向父系制的转变并不改变古代氏族外婚的规则,以及民族学研究的上溯法,我们还是可以恢复出这种族外群婚的特殊形式。

我们所说的环形婚,按父系概念来说,是一种单向舅表婚,即舅家的女儿固定要嫁给姑家的儿子,而舅家的儿子不许倒娶姑家的女儿。它的残余形态,直到 20 世纪中叶,在我国独龙族、景颇族中间都还存在。

以云南贡山县原第三行政村为例。据 1960 年调查,该村尚残留有 4 个氏族、12 个家族,共有 70 多个一夫一妻制的小家庭,列表如下(表中的英文字母大小写代表未婚男女):

氏 族	家 族	户 数
狄 巴	木 切 王 Aa	5
	木 切 图 Bb	分散各村
	孔　　门 Cc	10
	龙　　拉 Dd	5
	力　　担 Ee	1
木 仁	拉　　辟 Ff	
	肯　顶(汪 梅)Gg	12
	肯　顶　孔 干 Hh	4
	布卡王 Ii	6
马必力	学 哇 当 Jj	11
	丙　　当 Kk	5
郭劳龙	孔　当 Ll	15

---

① 详见陈克进:《澳大利亚级别婚试析》,《民族学研究》第 7 辑,民族出版社 1984 年版。

按照他们的通婚规则，狄巴氏族力担家族男女 Ee 的婚嫁情况如下图所示（英文字母大小写分别代表各家族未婚的男子、女子，→表示女子出嫁方向）：

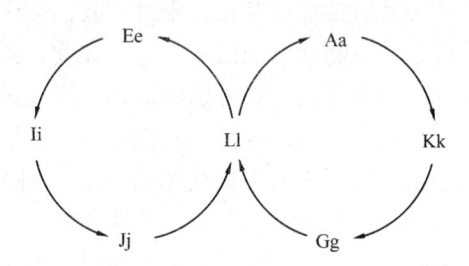

```
       Ee              Aa
      ↗  ↘            ↗  ↘
    Ii     Ll          Kk
      ↖  ↙     ↖    ↙
       Jj              Gg
```

如左半图所示，郭劳龙氏族孔当家族的姑娘 l 嫁给狄巴氏族力担家族的男子 E，力担家族的姑娘 e，嫁给木仁氏族布卡王家族的男子 I，布卡王的姑娘 i 嫁给马必力氏族学哇当家族的男子 J，学哇当的姑娘 j 嫁给郭劳龙氏族孔当家族的男子 L，这里正好完成了一个循环。

然而，只要符合氏族外婚的古规，循环圈就不一定是一个，而可能出现多个（可以是因为有多个姑娘要出嫁，也可以隔代重复出现）。比如，从右半图所示可以看到，郭劳龙氏族孔当家族的姑娘 l，不一定都嫁给力担家族的男子 E，也可以嫁给狄巴氏族中的另一个家族木切王的男子 A，木切王的姑娘 a 则嫁给马必力氏族中另一个家族丙当的男子 K，丙当的姑娘 k 嫁给木仁氏族中另一个家族肯顶的男子 G，肯顶的姑娘 g 嫁给郭劳龙氏族孔当家族的男子 L。这里也正好完成了一个循环圈。

云南德宏傣族景颇族自治州的景颇族，也存在着这种环形婚，他们叫做"丈人种"（姑方）和"姑爷种"（舅方）。它的含义是：姑母的儿子有权而且必须娶舅父的女儿为妻，而舅父的儿子却绝对不容许娶姑表姊妹，意谓"血不倒流"。在实践上，这种婚姻关系远远超出了姑家和舅家的范围，而是扩大到姑家姓氏和舅家姓氏,即姑爷种姓氏的任一男子必娶丈人种姓氏的任一女子,而丈人种姓氏的男子却不准倒娶姑爷种姓氏的女子[①]。

从亲属称谓来看,实行这种开亲关系,必然是:舅父、岳父同称,舅母、岳母同称,婆婆、姑母同称,公公、姑父同称。这种姑表兄弟对舅表姊妹的单向开亲,与氏族外婚的规则完全一致。假定己身是一个男子,我和兄弟们的子女,都称作我的子女,这些子女互称为兄弟姊妹;我的姊妹们的子女,是我的外甥、外甥女,我的子女对姊妹们的子女以姑表兄弟姊妹相称。假定己身是一个女子,我和姊妹们的子女,都称作我的子女,这些子女们也互称为兄弟姊妹;我的兄弟们的子女,则是我的内侄、内侄女,我的子女对我兄弟们的子女以舅表兄弟姊妹相称。由此便可看出,兄弟们的子女与姊妹们的子女这两部分人,都不再属于互为同胞或堂兄弟姊妹的范畴,或者说,他们不复有共同的双亲、共同的父亲或母亲。因此,按照氏族外婚的规则,这两部分不同祖的人,容许缔结婚姻关系。

从上可知,无论是独龙族还是景颇族,一个姓氏实质上就属于古代遗留下来的一个氏族,限制在本姓内通婚,正反映出古代实行过氏族外婚的规则。父权制下的氏族外婚是由母权制下的氏族外婚发展而来的。根据母权制规例,氏族或家族以女性为中心,世系按母亲计算,实行妻方居住,男子"出嫁"到妻方氏族,于是甲、乙、丙三个氏族(这是环形婚起码所需)的婚嫁,在古代应如图所示(图见下页)。这就恢复了一些民族古代族外群婚的面貌。

顺便提一下,在某些民族的现实生活中,除了单向舅表婚,还有单向姑表婚和交错姑舅表婚,这些都是古代族外群婚的一种残留。单向姑表婚与单向舅表婚正好相反,即舅家的儿子理应娶

[①] 详见陈克进:《景颇族的婚姻形态》,载《社会科学战线》1981第1期。

姑家的女儿为妻。对于这种婚制，黔东南侗族称之为"买表"。中华人民共和国成立前，在他们中间，女儿一旦降生，注定要做舅表兄弟的妻子；如果没有合适的配偶，外甥女欲另适他人时，必须征得舅家的同意，并应当把部分以至绝大部分彩礼聘金送去作抵偿，而姑娘的父母倒没有绝对的支配权。类似的婚俗，在清水江苗族中，新中国成立前也存在过。

至于交错姑舅表婚，在云南沧源佤族中曾十分盛行。据1956年调查，在"央冷部落"被调查的40对婚姻中，就有27对属于这种婚例，约占7/10。他们的交错姑舅表婚是相当严格的，比其他民族更具典型性：舅方嫁出一个姑娘到姑方，姑方必须回嫁一个姑娘作抵，如果这一代无法回嫁，也应在下一代把姑娘嫁给舅方；即便舅方这一代没有相当的匹配对象，姑娘出嫁所得的彩礼通常要全部归属舅方。倘若双方都有可匹配的对象，而姑方的姑娘不嫁给舅方却嫁给他人，往往会引起严重的婚姻纠纷，即舅方要对姑方和她的亲家进行报复，甚至允许任意夺取他们的动产。

总之，古代族外群婚并不限于一种，而是有多种具体形式。恩格斯曾预言：在级别制度与普那路亚"这两种婚姻形式之间，我们无疑还会发现某些中间阶段；在这里，目下摆在我们面前的还是一个刚刚敞开而尚未有人进入的研究领域。"① 一个世纪以来的一系列新发现和新的研究成果表明，恩格斯的预言是正确的。这说明，只有遵循历史唯物主义的方法论，我们在学术园地里进行探索才不会迷失方向，并有所建树。

---

① 《家庭、私有制和国家的起源》，第43页。

第三节 对偶制婚姻家庭

一、群婚向对偶婚过渡及其遗俗

摩尔根指出,将各种婚姻家庭形态依发展次序予以恢复,"并不是说:某一种形态完全出现在某一级社会之中;某一种形态普遍而且绝对地盛行于同一级社会的一切人类部落之中;然后,它在下一个更高级的形态中消失。伙婚制(即群婚制——引者注)的个别情形可以在血婚制(即血缘群婚——引者注)中出现,反之亦然;偶婚制(即对偶婚——引者注)的个别情形可以在伙婚制中出现,反之亦然;而专偶制(即一夫一妻制——引者注)的个别情形也可以在偶婚制中出现,反之亦然。专偶制的个别情形甚至可以出现在伙婚制那样的低级状况中,而偶婚制的个别情形甚至可以出现于血婚制那样的低级状况中。不仅止此,某一部落也可以比较它更为进步的部落先进入某一种家族形态。例如,易洛魁人之具有偶婚制家族,是在低级野蛮社会之时,而处于中级野蛮社会的不列登人却仍实行伙婚制。……我想试图说明的只是:家族开始于蒙昧社会的血婚制,然后进步为专偶制,其间经历了两个有着明显标志的过渡形式。对于这种结论,证据似乎是充分的。每一种形态在开始时都只在部分地、然后才是一般地、最后才是普遍地流行于广大地区。普遍流行之后,它又逐渐为继起的形态所吞没,而后者又开始部分地,然后一般地,最后普遍地流行于同上地区。在这种顺序相承的进步过程中,进步的主流是从血婚制走向专偶制。"①

摩尔根的这一席话,是唯物主义的,也是符合辩证法的。在

---

① 摩尔根:《古代社会》,第 466 页。

婚姻家庭的历史发展过程中，对偶婚起着群婚向个体婚制转变的桥梁作用。

这里我们不得不涉及从群婚到对偶婚的过渡形式问题。恩格斯认为，正是妇女通过赎身的办法，实现了群婚到对偶婚的过渡，而男子是从来就不愿意放弃古老的群婚权利的。所谓"赎身"，是指女子必须在一定时期、一定的范围内献身于男子们，以此换取自己的贞操权利，亦即"把自己从旧时的共夫制之下赎出来，而获得只委身于一个男子的权利"①。

这种为赎身而做出的"牺牲"，随着时间的推移而愈来愈轻。对此，恩格斯引证巴霍芬《母权论》的话说："年年提供的这种牺牲，让位于一次的供奉；从前是妇人的淫游婚，现在是姑娘的淫游婚；从前是在结婚后进行，现在是在结婚前进行；从前是不加选择地献身于任何人，现在是只献身于某些人了。"②

妇女的赎身，有的民族披上了宗教的外衣。比如，古代巴比伦的每一个妇女，不问贫富贵贱，在她的一生中都必定要在米莉塔神庙里，献身给不相识的男子。米莉塔是古代巴比伦神话中的爱神（又名伊施塔尔或阿斯塔尔忒）。按照习俗，每年去献身的姑娘们坐在神庙里，并用绳子在他们之间拦出通道，不相识的男子就沿着通道进行选择。他一旦选中，便把银币（多少不论）抛到姑娘膝上，并对她说："我以米莉塔女神的名义来为你祝福。"随后，他们到神殿外去交媾。当这个姑娘交媾完毕，就是说在女神面前完成任务以后，男子便不能随意得到她了。类似的习俗，在其他地方也有，如古代叙利亚（腓尼基）和塞浦路斯岛等地，所有的妇女在结婚以前，都必须在阿斯塔尔忒神庙里为不相识的过路男子献身。这种披上宗教外衣的赎身风俗，"差不多在地中

---

① 《家庭、私有制和国家的起源》，第47页。
② 《家庭、私有制和国家的起源》，第48页。

海和恒河之间的所有亚洲民族中间都是共同的"①。

其他民族，则没有这种宗教外衣。在一些民族中，妇女的赎身表现为在结婚之时应尽初夜权的义务：新郎的亲朋或者应邀前来参加婚礼的客人，在举行婚礼时，都可以提出古代遗留下来的对新娘的权利，而新郎按次序却是最后的一个。

妇女赎身没有宗教色彩的另一种表现，是姑娘出嫁以前享有极大的性自由。被恩格斯视为例证的，古代有色雷斯人、克尔特人等，近代有印度的许多土著居民、马来西亚各民族、太平洋地区的岛民和许多美洲印第安人。姑娘婚前享有性自由的习俗，中华人民共和国成立前在我国的一些少数民族中也不难见到，比较典型的可以黎族、景颇族为例。

这种习俗，黎族有多种叫法. 如"菲杂"（走夜路）、"堂它"（性关系）、"陶汤翁"（跟女人玩）等，汉族一般称之为"放寮"。因放寮而发生性关系，双方都不必承担正式结婚的义务。放寮期间生下的子女，不受人歧视，将来的丈夫也乐于相认。因此，民间形象地说过去的黎族女子是"背着孩子找爱人"。此外，维持放寮关系的时间很短，一般仅有几天，几个月的很少，一两年的更属个别，因而某个男子或女子才十二三岁，竟有了许多个放寮对象。不过，在若干个放寮对象中，往往有一个是最为依恋的情人，他们之间来往的时间也较为长久，有的甚至生了孩子以后还继续来往。这里所谓"背着孩子找爱人"以及若干个放寮对象中有一个相对稳定的情人这一事实，显然在一定程度上反映了古代群婚向对偶婚过渡的情景。

景颇族男青年正式结婚前无不参加"串姑娘"（载瓦话为"干脱总"，景颇话为"恩拉达卜"）。这不只是指他们婚前的恋爱活动，而且还包括享有性生活的自由权利。这就易产生未婚有孕

---

① 《家庭、私有制和国家的起源》，第48页。

和非婚生子女的问题。一旦出现这种情况，未婚女子就实行"指腹认亲"或"抱子认亲"。所谓"指腹认亲"，是指女子怀孕后，不待生育就依据性生活的对象确指某人为胎儿的父亲。所谓"抱子认亲"，是指女子性生活的对象不止一人，只好待生育后，依婴儿的相貌来确认某人为其父亲。进入20世纪以来."指腹认亲"已日益少见，而"抱子认亲"则几乎没有了。不管哪一种"认亲"，男子都是真诚接受的。"认亲"后，男子必须杀一头牛、一只猪、几只鸡为女方"祭鬼"、"洗脸"，以示道歉。要是男子喜欢她，便按礼仪娶为妻子；不愿意的话，女子照样嫁人，子女亦随母亲，并从后夫姓。男子若只要子女而不娶其母，可再送女方一两头牛和其他礼物，尔后，女方则应对子女尽哺育抚养的义务，但不能享有任何权利，如收纳女儿出嫁聘金、养老等。值得注意的是，景颇族的"指腹认亲"较之"抱子认亲"显然进步得多，因为妇女无须生育了子女凭相貌去"认亲"，而是怀了孕即可"认亲"。这说明对婚前性自由的限制是愈来愈严格的。在群婚制下，并无为子女"认亲"的问题，而后来却要在为之献身的某些人中"认亲"，直至最后只委身于一人。可见，景颇族的两种"认亲"遗俗，反映了古代妇女为"赎身"以求贞操而做出"牺牲"，是愈来愈轻的。

二、对偶制婚姻家庭

随着人类的社会经济发展到一定的程度，氏族制度的日趋发达，自然选择原则还继续发生作用，以及不许相互通婚的"兄弟"和"姊妹"类别的日益增多，那种群婚制下主夫主妻的成对配偶必然会日益巩固下来。由于婚姻禁规越来越复杂，即由于次第排斥亲属通婚（起初是血统较近的，后来是血统愈来愈远的亲属，最后甚至扩及姻亲关系的亲属），任何群婚形式便越来越不可能，并终于在实际上完全不可能存在了，结果仅有仍是松散联系的单一对偶，这一对偶分子一经解体，婚姻也就停止了。这样，就由群婚发展到个体婚的初级阶段——对偶婚。在这一阶段上，一个男子和一个女子共同生活于母系家族公社之中。婚姻的缔结，一般都需通过某种手续或仪式，如交换礼物、请人引见等。起初，缔结婚姻往往还是当事人的事情，往后则要受到母亲及其家族公社其他长辈们的某种干预，甚至发展到像美洲印第安人易洛魁部落那样，当事人只是临近婚期才知道。

对偶婚制的特点，主要是一对男女的结合尚不牢固，容易为任何一方撕破，一旦离婚，双方都有重新寻找配偶的自由权利，所生子女归母亲所在的氏族和家族公社。由于这种婚姻形式组成的对偶家庭，"本身还很脆弱，还很不稳定，不能使人需要有或者只是希望有自己的家户经济，因此它根本没有使早期传下来的共产制家户经济解体"[①]。典型的对偶家庭存在时期，正是母权制氏族兴盛时期，亦即母系家族公社取代了母系氏族公社的时期；因而对偶家庭实际上依存于母系家族公社，成为家族公社不可分割的一部分。然而，氏族制度的一些基本特点依然存在，如实行氏族外婚，按照母权制法则，子女的血统仍按母亲计算，财产归母系亲属继承。在居住制方面，则由昔日的临时拜访妻子，改为从妻居，男子在妻方家族公社从事生产活动并参加消费。

关于古代的对偶制婚姻家庭，今天我们只能通过残存着的各种社会化石进行考察。那些活化石，不仅使我们可以看到这种婚姻家庭形式的基本特点，而且可以了解其演变的阶段性。

直到20世纪四五十年代，我国云南宁蒗彝族自治县永宁纳西族（自称"纳"、"纳日"或"摩梭"）还残存着一种"阿注"婚姻。涤除封建领主制所附加的迷蒙色彩，它为我们提供了对偶

---

① 《家庭、私有制和国家的起源》，第45页。

制婚姻家庭的产生及其初始阶段的大致情形[1]。从相对意义上说,结交阿注有短期和长期之分,所谓短期,是指两三天、几个月或一年半载;所谓长期,则指两三年以至二三十年。对于正常的人来说,在一生中结交过几个或十几个阿注,极个别的甚至有上百个。这些阿注都是临时性的。在他们中间,大多数人都有长期阿注,而且只要年龄不大或还有兴致,又往往同时保留着短期阿注。结交任何一种阿注关系,均必须遵守古老的惯例——族外婚,其他诸如年龄差异、辈分高低都不是障碍。结交阿注取决于双方自愿,随时都可进行,相应地,阿注关系的解除也极为容易,如一方不接待或不拜访,就成为结束关系的理由。

长期阿注关系存在着如下几个特点:

第一,长期阿注是主要的配偶,短期阿注是补充性质的次要配偶。虽然主次之分并非绝对,而是可以变动的,但他们到了壮年之后,毕竟有了与某个异性的配偶关系维持相对稳定的愿望和事实。

第二,虽然结交了长期阿注后并不排除自由结交短期阿注的权利,但长期阿注在性生活方面已享有优先权。只要双方有结交长期阿注的愿望,男子必须采取简单而又不可缺少的行动——把被窝搬到女子客房去,这意味着他从此可以光明正大地在这里同宿。长期阿注的双方或某一方与第三者建立短期的阿注关系,通常都要注意回避,而短期阿注也尊重人家的优先权。

第三,结交长期阿注已不再满足于馈赠小礼物,而发展到了

---

[1] 详见严汝娴、宋兆麟:《永宁纳西族的母系制》,云南人民出版社1983年版;詹承绪、王承权、李近春、刘龙初:《永宁纳西族的阿注婚姻和母系家庭》,上海人民出版社1980年版。永宁纳西族有一个古老的词语,即"主若主咪",直译是男男女女在一起,意译就是一群男女的结合。在中华人民共和国成立前的几十年间,他们借用了普米族"阿注"——"朋友"这个词,不过,它对有性关系的男女适用,对一般的朋友也适用。

男子对女家的物质（主要是生活必需品如茶、盐等）帮助，参加女家的捕鱼、种地、砍柴、养猪等经济活动，乃至双方家庭（"依度"）还有生产协作关系（"依底"）。

第四，基于长期阿注关系的存在，父子观念开始出现。如有的男阿注派人为产妇送食品，为婴儿送衣服、饰物，有的女阿注带子女去为生父奔丧等。不过，这种父子关系的确认，尚未形成一种社会规范，所以许多人明知彼此是父子关系亦不相认，在途中偶然相遇也冷若冰霜。

以上各点，可以说大体上反映了对偶制婚姻家庭产生初期的主要特征。

对偶制婚姻家庭的进一步发展，我们从云南永胜县他鲁人的遗俗中可以有所了解[①]。

他鲁河东岸的他鲁人，是彝族的一个支系。据1962年调查，他们的婚姻分为两种情况，一是正式结婚关系，叫做"尼木勒"；二是非正式结婚关系，叫做"尼查马"。

"尼木勒"相当于我们平常所说的结婚。"尼木勒"的成立，全凭双方自愿，只有极少数由父母包办。一般都要经过择偶、订婚、迎娶各道仪式。实行夫方居住。按父亲计算世系。财产传子（不一定是亲生子）不传女。夫妻之间并无严格要求对方忠贞的义务。他们结婚时，没有繁缛的礼节，离婚也很容易。离婚极为普遍，如兰遮村，已婚男子19人，就有17人离过婚，妇女改嫁达三四次的也不乏实例。离婚后，子女随母亲回家并改母亲姓，即便他们已成人甚至娶妻生了子女也如此。当母亲改嫁后，这些子女又跟随着母亲并改继父姓；不随母亲可继续留在母亲娘家，或作舅父的养子女。

---

① 参阅汪宁生：《云南永胜彝族（他鲁人）的原始婚姻形态》，见《西南民族研究》，四川民族出版社1981年版。

他鲁人除"尼木勒"外，一般都有"尼查马"这种非正式婚姻关系，不仅年轻时有"尼查马"，而且正式结婚后仍然可以有"尼查马"。"尼查马"实际上是正式结婚关系"尼木勒"的准备和补充。

"尼查马"关系的缔结很容易。只要属于通婚范围（同氏族不婚），假如看中某个异性，你就可以去追求，而且往往妇女比男子主动。在现实生活中，年轻人更常见的是通过集体活动来缔结"尼查马"：一群小伙子到姑娘的小屋去拜访，最后姑娘示意其中一个留下，即表示她愿和这个小伙子结"尼查马"。不论是个别进行还是集体进行追求，一旦双方愿意，即可发生性关系。"尼查马"关系持续时间不一，有一两天散伙的，也有长达十几年的。已建立"尼木勒"关系的夫妻，在缔结"尼查马"关系时，对正式配偶要注意回避，但不受社会舆论的谴责，更谈不到法律制裁。这种"尼查马"关系所生下的子女和"尼木勒"所生下的子女一样为人尊重。姑娘未嫁在家生孩子，同样有人持礼来祝贺。及至她正式出嫁，一般都带上孩子到夫家，夫家对此不以为忤，反以为荣。

总之，他鲁人的婚姻家庭形式，虽然早已属于父系一夫一妻制，但对偶婚的特点还明显地残存着；不仅婚前性生活自由，而且婚后还享有相当宽容的婚外性自由，与此相应的，则是人们嫉妒感情的缺乏和贞操观念的淡薄。婚姻的缔结和解除，全凭当事人的意愿，尚未形成一种社会规范予以约束。这些表明，他鲁人的婚姻家庭具有极不稳定、经常改组的特点。

此外，像中华人民共和国成立前广东乳源的瑶族、广西金秀和贺县部分村子的瑶疾，有所谓"打伙计"或"点火把"（又称"结相好"、"做同年"）之俗；云南耿马、澜沧等县的拉祜族，实行共产制的母系大家庭、丈夫从妻居的习俗，都在不同程度上反映了古代对偶制婚姻家庭早期的某些特点。

至于美洲印第安人，19世纪中叶还处于对偶制婚姻家庭的发展阶段。据摩尔根介绍，这里的易洛魁人以及许多其他印第安人的婚姻，不是以感情，而是以方便和需要为基础。子女的婚姻由母亲们安排，所以一般情况下，行将结婚的双方并不知道议婚的情况。服从这种婚约是一种很少有人拒绝的义务。在结婚之前，新郎一方应对新娘最亲密的亲属赠送礼物（礼物已含有购买的意思），是这种婚姻手续中的特色之一。但是，婚姻关系只能维持到夫妻双方愿意维持时为止。丈夫可以任意抛弃妻子，另娶他人而不遭非议；妇女也享有同样的权利，可以离开丈夫另嫁他人，而不违背传统习俗。但是，反对离异的舆论情绪逐渐形成，并且日益强烈。在一对夫妇发生意见分歧而离异迫在眉睫的时候，双方氏族中的亲属便试图进行调解，如未获成功，才听凭离异。于是妻子离开她丈夫的家，带走她的子女（这些子女被视为女方所有）和她的个人财产，而她的丈夫对她的财产不能有任何要求；若在共同家室中女方亲属占多数（常常是这种情况），那么就是丈夫离开妻子之家。

印第安人基于这种婚姻，建立起相应的家庭形式——对偶家庭。若干个这样的家庭居住在一幢房子里，并共同组成一个母系共产制家族公社。这一事实说明：这种家庭组织过于薄弱，不足以单纯应付生活的艰苦。虽然如此，这种对偶家庭却是建立在一男一女相匹配的基础之上的，因而具有一夫一妻制家庭的某些特点。妇女不仅是其丈夫的妻子，也是为他安排饮食、操持各种家务的主妇。她所生的子女，现在已较有把握地确认为他的亲生子女了。子女由夫妻共同照料，因此生儿育女有助于巩固这种结合并使之能维持长久。

以易洛魁部落为代表的印第安人，在对偶制婚姻家庭这一阶段上，并没有产生出一种新的亲属制度，即没有改变旧的——类别式的亲属制度。正如摩尔根所说："某些姻亲关系似乎也发生了改变，以适应新家族的亲属关系，但是其基本特点却没有发生改变。事实上，偶婚制家族在不知其长久的一个时期中，一直被一种与实际存在的亲属关系基本不符的亲属制所掩盖，而无力摆脱出来。这一点充分说明了它为什么比专偶制要低级一些，专偶制是继之而起的、能够瓦解这种亲属机构的力量。"①

综合国内外的民族学资料，可以追溯出古代对偶制婚姻家庭形式具有以下的几个特点：

(1) 婚姻建立在一男一女成对配偶的基础之上，因而出现了一夫一妻制的萌芽，成为一种初期的个体婚制，但未完全排除不同表现形式的群婚残余习俗，即缺乏独占的同居。婚姻关系很容易由任何一方撕破，因而对偶家庭很不稳定。

(2) 婚姻家庭的建立和解体，取决于当事人的意愿，因社会上尚未形成一种可以左右当事人的道德规范。

(3) 没有产生出单独的亲属制度，仍沿用群婚时期的类别式亲属制度。

(4) 夫妻居住地，起初为望门居，男子只是晚上才去拜访妻子；随后实行从妻居，即男子离开母亲氏族搬到妻子那里去居住；当母系家族公社向父系家族公社过渡后，逐渐改行从夫居，即妻子离开母亲氏族出嫁到丈夫那里去。其中从妻居是最基本的形式。

(5) 从先前子女只知其母不知其父发展到知母又知父，但父系制确立前，无论对偶家庭、家族公社和氏族，仍以女性为中心，按照母系制度计算血缘亲属关系和确定财产继承权。

(6) 由于其自身的脆弱没有独立的家庭经济，完全依附于实行集体劳动、共同消费的原始共产制家族公社。

---

① 摩尔根：《古代社会》，第 465 页，杨东莼、马雍、马巨译，商务印书馆 1977 年版。

这些特点，都属于古典的形态，而不是近现代的残余形态。就19世纪美洲印第安人易洛魁部落的对偶制婚姻家庭来说，严格按照上述六个基本特点来衡量，应该说它基本上还属于古典形态。

第四节 一夫一妻制婚姻家庭

母权制向父权制的过渡，实质上是共产制的母系家族公社向父系家族公社的过渡。从婚姻家庭方面看，在父系家族公社时期，除初期还保留有对偶婚残余外，一般都是实行一夫一妻制的个体婚；由夫妻及其子女组成的小家庭，在较长的一个时期里，只是一个消费单位，而其他的经济生活和社会、宗教活动等仍从属于父系家族公社，即它尚未从根本上从共产制公社的母体中游离出来，只有在以财产私有制为基础的阶级社会孕育临产之时，作为社会细胞的个体家庭才逐渐形成，而它的最终确立，则是阶级社会开始的标志之一。这就是说，一夫一妻制的个体婚与一夫一妻制的个体家庭，在概念上不能等同看待，相对而言，前者从对偶婚发展而来的速度快一些，后者从对偶家庭发展而来的速度要慢一些，即有待多种条件的成熟方能取得完全的胜利。

一、对偶制向一夫一妻制过渡及其遗俗

"在成对配偶制中，群已经减缩到它的最后单位，仅由两个原子组成的分子，即一男一女。自然选择已经通过日益缩小婚姻共同体的范围而完成了自己的使命；在这一方面，它再也没有事可做了。因此，如果没有新的、社会的动力发生作用，那么，从成对配偶制中就没有任何根据产生新的家庭形式了。但是，这种

动力开始发生作用了。"①

所谓新的、社会的动力发生作用,归根结底,是指社会生产有了质的飞跃。随着锄耕农业的发展和复杂化,从前主要从事狩猎的男子逐渐参加到农业生产中来,以至到后来成为农业部门的主要劳动力;同时,狩猎渐渐地失去了本来就较有限的经济意义。在驯养野生动物的基础上,禽畜的饲养业逐渐发展起来了,有的地区因自然条件适宜甚至出现了原始畜牧业。饲养业和原始畜牧业的出现和初步发展,具有极为重要的意义,即为人们提供了新的生活资料,如肉类、奶制品、皮毛和毛织品等。面对社会生产的多样化,也由于生理条件的不同,两性间出现了新的劳动分工,男子就不只在渔猎业、饲养业或畜牧业,而且在原始种植业中具有决定性的意义;妇女却逐渐减少了在社会生产中的作用,甚至主要从事辅助性的生产和家务性的劳动了。这表明,妇女原先所具有的重要的经济作用基本上被男子所取代,而这又引起了男子和妇女在社会上和各个家族、直至对偶家庭里的地位发生相反的转变。

由于生产力的发展,农畜产品的大量增加和品种的增多,人们有进行较为正常的物物交换的可能。禽畜和农产品等财产,逐渐从家族公社成员的共有制中发展出个别家族首领占有的现象。这一公有向个人占有发展的趋势终于引起男子对财产继承权的关切,以及促使对偶家庭产生某种自营家庭经济的意愿。

然而,"根据母权制,就是说,当世系还是只按女系计算的时候,并根据氏族内最初的继承习惯,氏族成员死亡以后早先是由他的同氏族亲属继承的。财产必须留在氏族以内。最初,由于财物不多,在实践上大概总是转归最亲近的同氏族亲属所有,就是说,转归母方的血缘亲属所有。但是,男性死者的子女并不属

---

① 《家庭、私有制和国家的起源》,第 50 页。

于死者的氏族，而是属于他们的母亲的氏族；最初他们是同母亲的其他血缘亲属共同继承母亲的，后来，可能就首先由他们来继承了；不过，他们不能继承自己的父亲，因为他们不属于父亲的氏族，而父亲的财产应该留在父亲自己的氏族内。"① 就是说，男子创造着社会财富，在他死亡以后，这些财富应当转归他的姊妹们以及她们的子女所有，或者转归他母亲的姊妹的子女所有，而他自己的子女却是不许继承的。随着男子在社会生产和财富积累过程中日益显示出决定性的意义，便使他们在社会和家庭中比妇女占有更重要的地位，并势必产生利用这种增强了的地位来改变旧的继承习惯以利于子女的意图。而要实现这种意图，就必须发展父权，为此首先是要求改变妻方居住为夫方居住，以保证生育出确凿无疑的出自一定的父亲的子女，进而则要求改变传统的世系计算法则。

当经济基础已经具备，母权制向父权制的过渡便是水到渠成的了，所以这一空前的变革或许能够从"一个简单的决定"开始。正像恩格斯所说："只要有一个简单的决定，规定以后氏族男性成员的子女应该留在本氏族内，而女性成员的子女应该离开本氏族，而转到他们父亲的氏族中去就行了。这样就废除了按女系计算世系的办法和母系的继承权，而确立了按男系计算世系的办法和父系的继承权。"② 然而，母权制为父权制所取代，实是女性具有世界历史意义的失败，因此，在实践上，母权制的习惯势力进行了不简单的反抗，特别是当妇女的经济作用仍然存在，以至继续发挥出较大的影响时，她们并不会轻易就实行那个一反传统的决定，而自然要采取各种办法来抗拒或延缓男子发展父权的要求。大量的民族学资料表明，母权制的颠覆、父权制的胜

---

① 《家庭、私有制和国家的起源》，第52页。
② 《家庭、私有制和国家的起源》，第53页。

利,是经过了长期而又复杂的斗争才一步一步得以实现的。

从婚姻家庭形式演变来看,母权制向父权制过渡的一项重要内容,正是对偶制向一夫一妻制过渡。对于这种过渡,我们几乎无从直接考察,但是,就许多富有学术价值的遗俗进行分析,不难看出这种过渡的历史端倪。

1. 父亲对子女的确认

父亲对子女确认的表现,各式各样。首先是子女的名字问题。所有野蛮人都有自己特定的名字。"野蛮人把这个名字看得像最贵重的珍宝似的。……照摩尔根的说法,名字是属于氏族的"[①]。最初,个人的名字与氏族的名字合二为一,往后才发展起母子连名制。中华人民共和国成立前,云南勐海县巴达区的布朗族还有母子、母女连名的现象,如章加寨岩温迪和玉英苏夫妇有8个子女,其中6个女儿的名字为玉诺英、玉光英、玉苏英、玉拙英、玉素英、玉嘎英,两个儿子的名字为岩洛英、岩信英,除"岩"和"玉"为男女性别通用者外,每个名字的末尾都用"英",就是基于母亲名字的第二个音节"英"的绵连[②]。云南贡山县原四区四村的独龙族,据1957年调查时发现,在孩子名字前仍多连母名,特别是在男孩子名字前一般都连母名[③]。这种母子连名制本是母权制的一种习俗。一旦父权的发展已不可避免,男子确认亲生子女的要求便是合乎情理的事情;即使在妻方居住的情况下还不能为自己的子女获得财产继承权,男子也力求首先冲破按母亲计算世系的传统,争取到子女随父姓(在古代即是父方氏族名或家族名),为他们尔后把财产传给自己的子女铺平

---

① 保尔·拉法格:《财产及其起源》,第36页,三联书店1962年版。

② 参阅杨鹤书:《布朗族怒族家长制家庭公社发展类型的比较》,见《民族学研究》第7辑,民族出版社1984年版。

③ 云南省编辑委员会编:《独龙族社会历史调查(一)》,第113页,云南民族出版社1981年版。

道路。

正是在这种社会背景下,出现了双系制以及往后更改家族名、甚至出现父子连名的现象。这种遗俗,直到近现代还能看到。例如,中华人民共和国成立前湘南部分瑶族和广西大瑶山的瑶族(盘瑶),都还有不同程度的从妻居习俗,在一般情况下,所生的子女,总是第一个随母姓,第二个随父姓,第三个随母姓,其余类推。又如西双版纳勐腊和景洪二县的克木人,直至20世纪80年代初尚有女儿随母姓、儿子随父姓的习俗。再如云南思茅、临沧地区的拉祜族,在20世纪50年代初期还有一些母系残余相当浓厚的家族公社,在这里,家族的血统按母亲计算,盛行妻方居住。但是,他们的家族长一般不再是女性而是男性(大多是长女的丈夫),而且以男性的姓氏来命家族名了。其中澜沧县巴卡乃寨的拉祜族,直到民主改革前夕,改女性家名为男性家名的现象仍在继续发生[1]。

进步一些的事例,则如云南孟连县公吉大寨的佤族和屏边县的苗族,在民主改革前,男子外出结婚,无论是有年限的"上门"还是终身"上门",所生子女的姓氏都随父而不随母[2]。

摩尔根在研究印第安人诸部落时已注意到,随着改变世系计算而出现了改变名称的现象。对于摩尔根的研究,马克思作了详细摘录并写有评注。对于他们的意见,恩格斯以肯定的口气予以

---

[1] 参阅云南省编辑组:《拉祜族社会历史调查(二)》,第10、23、31页,云南人民出版社1981年版。

[2] 《民主改革前孟连县公信区公良乡佤族母权制残余调查》称,公吉大寨的习俗,外出结婚的佤族男子"在女家不受尊重";婚后所生子女,一律随父姓,但子女一律归母亲。见云南大学历史研究所民族组编印:《拉祜族佤族崩龙族傣族社会与家庭形态调查》,第90—91页。

《边屏苗族社会历史调查》指出,屏边苗族男子"上门"比较普遍,有两三年的,也有终身的,但姓氏不变,所生子女的姓氏亦随父不随母。见云南大学历史研究所民族组编印:《云南省金平屏边苗族瑶族社会调查》,第53页。

引述:"在肖尼人、迈阿米人和德拉韦人各部落中,已形成一种习俗,即用属于父亲氏族的一个氏族人名来给子女取名字,用这种方法把他们列入父亲的氏族,以便他们能继承自己的父亲。'借更改名称以改变事物,乃是人类天赋的决疑法!于是就寻找一个缝隙,当实际利益提供足够的推动力时在传统的范围以内打破传统!'(马克思语)因此,就发生了一个不可救药的混乱,这种混乱只有通过向父权制的过渡才能消除,而且确实这样部分地被消除了。'这看来是一个十分自然的过渡。'(马克思语)"[1]

父亲确认子女的另一种主要表现,是对生理学开了个玩笑,竟然去仿效妇女生育坐月子,即通常所说的"产翁坐褥"。我国古籍曾就南方一些少数民族盛行产翁习俗作了记载。例如宋代李昉等撰《太平广记》引《南楚新闻》说到的僚人、越人,明代钱古训《百夷传》提到的傣族,清代李宗昉《黔记》提到的贵州威宁苗族,都有丈夫替妻子坐月子的习俗。出自清代猎奇好事者之手的《黔南苗蛮图说》,更是通过图画加文字的形式记载了仡佬族先民产翁坐褥的习俗。其文曰:"其(仡佬)俗甚异,妇生子便起,其夫卧床褥,饮食皆如乳妇,俗称产翁。弥月乃出,稍不卫护,其妻病焉。诞子经三日,便澡身于溪河。出耕作返,具饮食供夫,一日除乳儿外,悉无暇刻。"[2]

产翁习俗不只在我国有,在美洲、欧洲、亚洲的一些土著居民中也有。如亚马孙河和俄利诺科河流域的印第安人,"在大多数部落里,母系氏族和妻方居住婚占着优势,但是,已开始向父系氏族过渡,与此有关的是他们当中存在着产翁坐褥的习俗:在妻子生产的时期,丈夫躺在床上仿效产妇的样子,享受好些日子

---

[1] 《家庭、私有制和国家的起源》,第53页。
[2] 此为手稿,中央民族大学图书馆藏。

的护理和照顾。"① 又如法国和西班牙交界处的巴斯克人好几个世纪以来都还有产翁习俗。沙尔·弗勒克写道:"这个习俗就是当女子生了小孩子,是父亲坐床,是父亲假装作痛,大家也是照顾父亲,几乎是很相信真是父亲生了小孩子了。并且邻舍男女来贺喜的也是贺父亲,也是照应父亲,……并不挂念于母亲,母亲仍然是专心去做她的家务。"②

沙尔·弗勒克引用保尔·拉法格的话说:"'装产'的习惯,是男子用来夺取女子的财产和她的品级之欺骗的手段中之一种。因为女人的生小孩子,就是在家庭中享得特权的原因。男子其所以装产,因为他要使人相信他也是生小孩子的人。"接着,他又补充道:"这种行动的方法,供给了男子做他承认父权之用,为男子表明出来,他对于小孩子之权,也同于母亲对于小孩之权一样,在家族进化的方向中,做了由母权制度过渡到父权制度的阶梯。"③ 这些话是对的。的的确确,"产翁坐褥"绝非某一民族或某一地区的偶发现象,而是古代社会人们在由母权制向父权制过渡期间流行相当广泛的一种习惯,它反映了男子为把占有的财富传给子女而确认子女的强烈要求,以及为实现这个要求所采取的象征性举动。

毫无疑义,父亲还会有其他确认子女的具体表现。在古代,父亲获得对子女的确认权,只是男子在家庭中对女子取得比较有限的初步胜利,因为只有当子女从父亲那里获得了财产的继承权才具有决定性的意义。事实上,从遗俗看,往往有这样的情形:婚后所生子女都已随父姓,但子女由夫妻互相分,而且原则上还

---

① ,С·П·托尔斯托夫等编,周为铮等译:《普通民族学概论》第1册,第179页,科学出版社1960年版。

② 沙尔·弗勒克著,许楚生译:《家族进化论》,第139页,大东书局1930年版。

③ 沙尔·弗勒克著,许楚生译:《家族进化论》,第145—146页。

是妻子多分；特别要紧的是，儿子并无财产继承权，而由女儿来继承。尽管如此，父权的发展毕竟阻遏不住，在社会上逐渐获得了认可。例如，云南孟连县部分村寨的佤族，母系残余较浓厚，分子女并无什么经济意义，但社会上已经有了这样的规定：分给父亲的子女，在病故前必须回到父亲的本家，尸体应埋葬在父亲所属的氏族墓地，即使子女是外出结婚的也必须这样做①。前述永宁纳西族社会有了生父死亡时子女前去吊唁的奔丧习俗，也说明了这一点。

2. 改妻方居住为夫方居住

男子要求打破传统的妻方居住而改行夫方居住，这是母权制向父权制、对偶制向一夫一妻制过渡的另一种重要表现。

在以女性为中心的妻方居住条件下，丈夫们是不大受人尊敬的，为子女们改变财产继承制度更是无法实现的，因为在母系氏族及其属下的家族公社或对偶家庭中，对于财产和子女的支配权都操在妇女手中，即操在最年长的女性老祖宗直到妻子的手中。从血缘关系看，丈夫们不属于妻子的氏族，因为他们是由别的氏族"嫁"到这里来的。丈夫在妻子的氏族、家族公社里创造着财富，但不能最后拥有它；他在真诚地尽义务养育着子女，这些子女却不属于他；甚至当他本人失去宠信时，也必须随时听候命令，收拾行李滚蛋。

然而，当男子的经济地位不断增强并与旧传统产生不可调和的矛盾时，男子就要求不再"嫁"到妻子的氏族去，而是把妻子娶到自己的氏族来，以保证子女确系自己所传。

直至20世纪中叶，我国民族学资料表明，妻方居住向夫方居住的转变，有过妻方居住与夫方居住交错并存的漫长过程，并

---

① 有关分子女诸事，详见云南省编辑委员会编：《佤族社会历史调查（三）》，第86、94页，云南人民出版社1983年版。

由此衍生出各种习俗。

在父权尚不发展的地区,夫方居住往往仅有象征意义,基本上还是实行妻方居住。例如,云南耿马县芒美乡拉祜族只是在婚礼过程中才反映了男子的愿望:在举行婚礼的头一天,一对新人在妻家举行简单的宗教仪式,请双方的歌手对唱;第二天,在友伴的陪同下,新婚夫妻先到妻家的地里从事象征性劳动,并用竹筒分别给妻家的亲友背水,之后,他们一起来到夫家,同样从事象征性的劳动,然后才回妻家居住[1]。孟连县那列拉祜族也有近似的习俗,即婚后的第三天,男女一起来到男家,住一宿后即回女家长住。

西双版纳布朗山的布朗族,婚姻家庭的缔结分为"甘伯"(订婚)、"甘内木"(结婚)和"甘教特"三个阶段。甘伯、甘内木阶段,是男子访问妻子的望门居阶段,即男女各自在自己出生的家庭从事生产和生活,丈夫只是在夜里才到妻家居住;甘教特阶段,是指望门居三年后,男子才有权取得同意,将妻子和子女接来实行夫方居住。不论是否独女,都应照此办理[2]。此例简直是形象地图解了妻方居住向夫方居住转变的必然趋势。

妻方居住与夫方居住并存的习俗,在一些民族中很典型。湖南广大瑶族地区有"两边走"习俗:结婚后,男子先入居女家,双方在女家劳动一月半月后,再到男家劳动一月半月,如此循环不已,一年四季夫妻双双在两个家庭中轮流生产和生活。这种夫妻双方往返居住的习俗,西双版纳景洪等县的傣族称为"三比掰,三比骂"(三年去,三年来),即男子必须先到岳家"上门"

---

[1] 参阅云南大学历史研究所民族组编印:《拉祜族佤族崩龙族傣族社会与家庭形态调查》,第7—8页。

[2] 云南省编辑组:《布朗族社会历史调查(一)》,第58页,云南人民出版社1981年版。

三年方能把妻子接回家来，三年后他们又得返回岳家去，如此往复，直到另立门户或继承了一方的财产为止。

一旦父权有了进一步的发展，妻方居住就往往是非常短暂的，甚至可用经济等手段来获得夫方居住。例如，在中华人民共和国成立前，勐海县巴达区布朗族，男子只需到妻子家里居住七夜（白天回到自己家里劳动而不是为岳家劳动），便可将妻子领回家来。更有甚者，如云南金平县太阳寨瑶族男子的"上门"，除女方无劳力必须终身"上门"外，只要男子不愿继续过"上门"生活而要离开妻子的父母家，就可交纳礼银以补"上门"未满的期限。勐海傣族也出现了男子不愿"上门"而通过交身价钱的办法来实行夫方居住的习俗。以经济手段来改变夫妻居住地的遗俗，反映了古代一夫一妻制婚姻取得了决定性胜利。这正如恩格斯所指出的："当父权制和专偶制随着私有财产的分量超过共同财产以及随着对继承权的关切而占了统治地位的时候，结婚便更加依经济上的考虑为转移了。"①

在对偶制向一夫一妻制转变过程中，女子对于夫妻居住地的变化，因习惯的惰性绝不是那么顺从的，于是有不落夫家的习俗流传下来。

这种习俗相当普遍。一般是这样的：举行婚礼后，新娘即返回娘家居住。在居留娘家期间，只有逢年过节或农忙之时，经召唤，她才到夫家小住几天。究竟不落夫家要多长日子，各例不一，有一两年的，也有三五年的。通常一旦她怀孕临产，就不得再居留娘家而必须到夫家居住。这种习俗，在我国的侗族、苗族、黎族、布依族、壮族、怒族中间都曾不同程度地存在过。

有对比价值的是，柯斯文在苏联沃舍梯南方发现了如下的不落夫家习俗："已婚的女子在迁到夫家一两年后回到自己的母家

---

① 《家庭、私有制和国家的起源》，第76页。

去,留在这里一年或两年,就要看各种情况……这种风俗对于所有结婚的人都绝对有效的。他(指新郎——引者)被叫做'来访者'(xuyndoedzy badyn,'в гостях сидение',而做客的新娘被叫做'居留娘家的女郎'(badoeg cyzg,'сидящая девушка')。由于同时而起的风俗,任何已婚的女子一到怀孕,照例即返到娘家,一定要在这里初产。……'居留'完毕时,新妇带着自己氏族的礼物以及必须的摇篮同婴儿一起回到丈夫那里去。"[1] 这种一定要返娘家初产的遗俗雄辩地说明:在母权制下,世系是以女系来计算的,母亲所生的子女以及女儿所生的子女都是属于母亲氏族的成员;在母系向父系、对偶制向一夫一妻制过渡改行夫方居住的初期,旧的习惯势力的确是在对抗着父权的发展。

3. 通过抢劫妇女缔结婚姻家庭

由于母权制习惯势力的抗拒,男子曾不得不采取过一系列由大到小的妥协。这是受社会发展进程的制约,并与父权发展的程度相一致的。当男子的经济地位以及由此而产生的社会地位提高到占优势的时候,为强制实行夫方居住,彻底完成对偶制向一夫一妻制的转变,就采取抢劫妇女(在允许通婚的氏族范围内)来缔结婚姻关系,并且由起初的偶然行动成为往后较为通行的一种惯例。

抢婚习俗,从亚洲、非洲到欧洲、美洲都不乏其例。近现代残存的习俗,大多是作为一种婚礼仪式出现。我国古代汉族也有抢婚习俗,如古籍《易经》卷三所谓"白马翰如;匪寇婚媾"即是。蒙古、鄂温克、苗、瑶、彝、傣、纳西、德昂、布朗、傈僳、黎等兄弟民族,在古代或直到解放之初,都曾不同程度地保留着抢婚的遗俗。智利中部阿老干人的材料对我们尤有启发。在西班牙殖民者入侵中南美时,阿老干人正处在父权制确立的初

---

[1] М·О·柯斯文:《返娘家风俗》,见《民族问题译丛》1957年第4期。

期，有了父系大家族，开始实行夫方居住，但母权制的习惯势力还相当强大，这突出地表现在社会上并存着父系与母系两套亲属组织：在一个类似村子的"洛夫"内，居住着一个或几个父系大家族，属于同一父系血统的人们组成一个亲属集团"切温"，因同一"洛夫"内的妻子们来自不同的母系图腾集团，于是属于同一图腾的妻子及其所生的子女又另组成一个亲属集团"德夫"；数个"洛夫"联合成为一个"列乌埃"，与此相应，在一个"列乌埃"范围以内，属于同一图腾的人们又另组成一个"卡乌因"；大约九个"列乌埃"联合为一个"埃利亚列乌埃"，在"埃利亚列乌埃"的范围以内，属于同一图腾的人们又另组成一个"居加"。显然，每一个社会成员都被列入父系和母系两套亲属组织中。与这样的社会制度相联系，阿老干人在缔结婚姻关系方面还保留了抢婚的习俗：一是在结婚仪式中作"佯抢亲"，即未婚夫以及他的友伴们应当把未婚妻抢走；二是在女方父母不同意的情况下，就真的进行抢亲了。不过，依照惯例，不论假抢或真抢，都只限于娶第一个妻子时才发生，而且被抢者都是本部落内属于通婚氏族的妇女。[①]

从国内外各种抢婚习俗来看，我们可以得出这样的结论：通过抢劫妇女来缔结婚姻家庭，并作为一种社会惯例盛行起来，只能出现在对偶制向相对严格的一夫一妻制、妻方居住向夫方居住、母权制向父权制过渡的历史时期，而不会更早。这就是说，只有当建立在经济基础之上的父权发展到一定程度，而且不打破母权制的传统势力就难以进一步发展时，抢婚才出现于野蛮人中间。

---

① 参见苏联科学院民族研究所：《美洲各民族》第 2 卷，第 368—371 页，苏联科学出版社 1959 年俄文版。

二、阶级社会的一夫一妻制婚姻家庭

前面说过，在父系家族公社时期，一夫一妻制婚姻虽已存在，但一夫一妻制的个体家庭在经济生活等方面尚未从公社这一母体中游离出来。随着生产力水平的较大提高，金属生产工具的出现，社会分工的发展，个体劳动的日益重要和越来越普遍，首先是家长的儿子们及其配偶和子女组成的小家庭，随之是其他小家庭，所拥有的财富不断增加（相应地，公社共有财富的成分则不断减少），便逐渐从共产制家族公社中分裂出来，并终于演变成为生产和生活的基本单位。一夫一妻制家庭的最终确立是文明时代——阶级社会开始的一个标志。

阶级社会以及国家产生的根源，在经济上是生产资料及其他财产私有制的充分发展，在阶级关系上是剥削阶级与被剥削阶级不可调和的对立。然而，它们产生的具体途径，在古代一般不外有二：一是由父系家族公社经家长奴隶制阶段发展为奴隶社会和奴隶制国家；一是由父系家族公社经农村公社阶段发展为农奴社会和封建制国家[1]。由此我们不难理解马克思的话："现代家庭在萌芽时，不仅包含着 Servitus（奴隶制），而且也包含着农奴制，因为它从一开始就是同田野耕作的劳役有关的。它以缩影的形式包含了一切后来在社会及其国家中广泛发展起来的对抗。"[2]

一夫一妻制家庭是不以自然条件为基础，而以经济条件为基础，即以私有制对原始的自然产生的公有制的胜利为基础的第一个家庭形式。它与对偶家庭相比较，夫妻关系要牢固得多，已不

---

[1] 参阅陈克进：《关于原始社会的分期》，载《中央民族学院学报》1986年第3期。

[2] 马克思：《摩尔根〈古代社会〉一书摘要》，《马克思恩格斯全集》第45卷，第399页。

能任意解除。不过，丈夫在家庭中居于统治地位，通例是丈夫有解除婚姻关系的权利，可以随心所欲地抛弃他的妻子，所以这只是对妇女而不是对男子的一夫一妻制。在夫妻之间的忠诚上也存在这种片面性，特别是男子掌握的财富越多，权力越大，其片面性就更加突出：男子可以恣意寻欢，或暗中姘居，或公开纳妾，妻子无权干预；妻子被严格要求保持贞操和忠诚，若有外遇，就要受到严厉的惩罚。至于子女，因父权的恶性膨胀，他们只能完全听命于父亲——一家之主。由此我们看到，一夫一妻制家庭充满了对抗的基础——经济基础是私有制，社会基础是男性对女性的绝对统治。其片面性、对抗性的表现，就是男子破坏一夫一妻制，娼妓制度成为一夫一妻制的补充，由于女子的反抗，通奸成为必然的副产品。所以一夫一妻制家庭，是"自文明时代开始分裂为阶级的社会在其中运动着、但是既不能解决又不能克服的那些对立和矛盾的一幅缩图"①。

一夫一妻制个体家庭的上述特点，在古希腊、罗马人的家长制家庭中有着突出的表现。"这种家庭的根本之处在于，一是把非自由人包括在内，一是父权"②。家长集夫权、父权、主人于一身，支配着妻子、子女和所占有的奴隶，并且对他们握有生杀之权。由于丈夫在家中掌握了权柄，妻子则被贬低，被奴役，变成生孩子的简单工具。虽然像希腊英雄时代的妇女较之于奴隶社会的妇女更受尊敬，但"她对于男子说来仍不过是他的婚生的嗣子的母亲、他的最高的管家婆和女奴隶的总管而已"③。

我国西藏民主改革前僜人的家长制家庭也是一个典型例子。

---

① 《家庭、私有制和国家的起源》，第 65 页。
② 《家庭、私有制和国家的起源》，第 54 页。
③ 《家庭、私有制和国家的起源》，第 60 页。

如额曲流域和察隅曲①上游的僜人,实行一夫多妻的家长制家庭所占的比例较大。在这里,作为家长的男子,买得一个妻子后,还可以买第二个、第三个甚至更多的妻子,从而组成多妻家庭。每买一个妻子,丈夫就把长屋延伸一两间,跟新妻一起生活,并将一块土地交给新妻去经营,收获物归入新妻的仓库,因而每个妻子都自成一个生产和伙食单位。野放在山里的牛只以及家中的贵重物品,为丈夫所有。诸妻以丈夫为轴心,丈夫有主宰每个妻子的权力,她们的人身、财产都属于丈夫。凡蓄养奴隶的家庭,奴隶及其子女和禽畜、粮食等动产皆属主人所有。总之,在僜人一夫多妻的家庭中,诸妻及其子女和奴隶及其子女,生活在父家长的绝对统治之下。② 在这里,正如恩格斯指出的那样:"正是奴隶制与一夫一妻制的并存,正是完全受男子支配的年轻美貌的女奴隶的存在,使一夫一妻制从一开始就具有了它的特殊的性质,使它成了只是对妇女而不是对男子的一夫一妻制。这种性质它到现在还保存着。"③

奴隶社会和封建社会的一夫一妻制家庭,不过是上述家长制家庭的发展。对于奴隶主、封建主来说,一夫多妻受到法律的保护,妻子是用财物或名为"彩礼"、"聘金"买来的,甚至是公然抢掠、霸占来的。妇女的地位十分低下,完全处于从属的地位,人身自由根本没有保障,她们随时都可能由于失宠而被卖掉或被抛弃,倘若有失丈夫的"尊严"(如外遇之类),就不免被逼死或打死。对于子女,家父掌握着全部权力,如决定他们的婚事和一生的命运,任意剥夺子女尤其是女儿的财产继承权。

至于在被压迫阶级中间,人们都是真正愿意实行一夫一妻制

---

① "曲"是河之意。
② 详见吴从众:《僜人父权制的家庭与婚姻》,载《民族研究》1980年第1期。
③ 《家庭、私有制和国家的起源》,第60页。

的，家庭成员之间的关系和谐一些。不过，奴隶能否成婚，全在于主人的旨意，即便侥幸准予成婚，奴产子也是归主人所有。农民（农奴）的境况虽然比奴隶好得多，但也无法逃脱"父母之命、媒妁之言"、"三纲五常"等等封建绳索的束缚。

资本主义制度下一夫一妻制家庭，与奴隶社会、封建社会相比较，在本质上没有什么不同，即都是建立在财产私有制的基础之上，以经济条件为转移。尽管资产阶级鼓吹虚伪的自由、平等、博爱，给婚姻家庭问题罩上了一层面纱，但恰如恩格斯所揭露的那样："初夜权从封建领主手中转到了资产阶级工厂主的手中。卖淫增加到了前所未闻的程度。婚姻本身和以前一样仍然是法律承认的卖淫的形式，是卖淫的官方的外衣，并且还以不胜枚举的通奸作为补充。"①

在资产阶级中间，婚姻家庭的建立不外乎两种方式。一种是父母为儿女决定婚事，其结果自然是一夫一妻制所固有的矛盾得到了充分的发展：丈夫方面大肆实行淫游婚，妻子方面大肆通奸。另一种是当事人在某种程度上把恋爱作为结婚的基础。在后一种方式下，丈夫实行淫游婚并不那么厉害，而妻子的通奸也比较少些。然而，即使是最好的场合，也只不过是导致极端枯燥无聊的夫妇同居。这两种结婚方式，莫不以保存和继承私有财产作为终极目的，因而他们的婚姻都是由双方的阶级地位来决定的，总是属于权衡利害的婚姻。这种权衡利害的婚姻，"往往变为最粗鄙的卖淫——有时是双方的，而以妻子为最通常。妻子和普通的娼妓不同之处，只在于她不是像雇佣女工计件工作那样出租自己的身体，而是把身体一次永远出卖为奴隶。"②

在资本主义社会中，私有制得到了充分的发展，人与人之间

---

① 恩格斯：《反杜林论》，第 255 页，人民出版社 1970 年版。
② 《家庭、私有制和国家的起源》，第 69 页。

占支配地位的是商品经济关系,因此,对于许多资产者来说,婚姻家庭的建立是利益关系选择的结果,利益关系一旦瓦解,就直接导致婚姻家庭的解体。家庭成员之间,甚至夫妻之间,充满着自私自利关系。夫妻不仅互相缺乏体贴照顾,而且经济上也往往是分家的,比如不少人一人有几处、多种财产(如地产、股票等),夫妻之间并不清楚对方的实际财产数目。

对于劳动者来说,即使以某种程度的性爱为基础建立起了婚姻家庭,也不能不受资本主义生产社会化、现代化和商品经济竞争愈益激烈的制约,以及受资产者腐朽的生活方式和意识形态的影响。就现代西方社会来看,首先,与资本主义初期相比,资本家对于劳动者的要求发生了明显变化,即由主要要求劳动者出卖体力转变为越来越趋向于以要求劳动者出卖智力为主。这意味着,为了能够生存,劳动者只能用更多的精力和时间去换取新技术、新知识。其次,资本主义竞争的非道德性,虽然只是在资本家之间才会得到最充分的表现,但这种竞争的冷酷性和绝对排他性也会不可避免、不同程度地反映到劳动人民中间来。作为一个劳动者,只有在体力上和智力上(这一点更突出)强于他人,才能保证自己的工作权利和生存权利。或者牺牲个人生活,为着生存去挣扎;或者为着"自由"的个人生活走向死亡。第三,随着科学技术的不断进步,资本主义社会生产的节奏日益加快,这种生产节奏,不只要求劳动者的工作行为与它相适应,而且要求他的个人生活也必须与之相适应,因而他的整个个人生活,势必随着生产节奏的逐渐加快,不断被扭曲着、淹没着。总之,伴随不断发展的资本主义生产而来的,是这种生产与劳动者个人生活之间分离和对立程度的加深,劳动者个人生活,被资本家对劳动力更苛刻的要求剥夺了。可以说,劳动者结婚和建立家庭的可能性越来越经常地被现代资本主义的生产排挤掉了,即便他们建立了家庭,也常常是不易稳定的。由此就不难理解,为什么号称文明的西方社会，在婚姻家庭方面会出现"独身者多、离婚者多、私生子多"的畸形现象，而且存在愈演愈烈的趋势，成为一种难以解决的而且十分复杂的社会问题。

至于妇女的权利和地位，尽管西方各国的法律都有"提倡"或"保护"的规定，但是在资本主义制度下，真正实现男女平等是根本不可能的。就美国来说，处处都有歧视妇女的现象。妇女在就业和工资等方面仍处于不平等的地位，绝大多数妇女集中在收入低、专业训练少、提升慢的职业里，如办事员、零售商、装配工等服务行业，她们的经济收入大大低于男子。1982 年，美国 3/5 的职业妇女收入不到 1 万美元，15％的职业妇女收入不到 7000 美元，妇女收入仅为男子的 60％。美国就业妇女不只工资低、晋级机会少，而且失业机会比男子更大，因为削减计划和裁减人员往往是从妇女开始的。妇女受丈夫虐待的现象还很严重。据统计，美国每年有 600 万妇女遭丈夫殴打，其中有 2000 至 4000 人被殴打致死。1979 年美国联邦调查局发表的一份报告说，死于非命的妇女中有 40％是被丈夫所谋害的。1995 年美国卫生部长坦言，"家庭暴力是美国社会未经承认的瘟疫"[1]。

在此，我们不妨重温恩格斯对婚姻家庭的嬗变所作的精辟论述，以提高对阶级社会中一夫一妻制婚姻家庭的科学认识。他说："在包括许多夫妇和他们的子女的古代共产制家户经济中，委托妇女料理的家务，正如由男子获得食物一样，都是一种公共的、为社会所必需的事业。随着家长制家庭，尤其是随着专偶制个体家庭的产生，情况就改变了。家务的料理失去了它的公共的性质。它与社会不再相干了。它变成了一种私人的服务；妻子成为主要的家庭女仆，被排斥在社会生产之外。只有现代的大工业，才又给妇女——只是给无产阶级的妇女——开辟了参加社会

---

[1] 参见《中美两国人权比较》，《光明日报》1996 年 3 月 11 日。

生产的途径。但在这种情况下,如果她们仍然履行自己对家庭中的私人的服务的义务,那么他们就仍然被排除于公共的生产之外,而不能有什么收入了;如果她们愿意参加公共的事业而有独立的收入,那么就不能履行家庭中的义务。不论在工厂里,或是在一切行业直到医务和律师界,妇女的地位都是这样的。现代的个体家庭建立在公开的或隐蔽的妇女的家务奴隶制之上,而现代社会则是纯粹以个体家庭为分子而构成的一个总体。……在现代家庭中丈夫对妻子的统治的独特性质,以及确立双方的真正社会平等的必要性和方法,只有当双方在法律上完全平等的时候,才会充分表现出来。那时就可以看出,妇女解放的第一个先决条件就是一切女性重新回到公共的事业中去;而要达到这一点,又要求消除个体家庭作为社会的经济单位的属性。"[1]

不必讳言,20世纪以来特别是第二次世界大战以来,西方各国的婚姻家庭发生了不同程度的变化。这是越来越多的妇女接受了文化教育,积极争取并参与社会政治与经济以及文教、科研等活动,并由此促进妇女解放运动日益发展的结果。它的具体表现,诸如父母对儿女婚事决定权有所放松,择偶标准不特别重视经济因素,而比较强调情趣一致和智力水平,伴侣之间提倡忠实,女性要求自立、丈夫应分担子女抚育教养和家务劳动,等等。据1987年一个有关美国人对家庭问题所持态度的统计资料,他们对结婚、建立一个稳固的家庭已大为重视,而痛恨很高的离婚率。大多数美国夫妇认为,夫妇二人应共同担负家务和照管孩子的重责。被调查的人当中,63%的成年妇女都说,她们希望结婚,有职业,有孩子,而10年前赞成这种生活方式的仅为52%[2]。在英国,面对"败坏道德标准"的严重状况,强调爱情

---

[1] 《家庭、私有制和国家的起源》,第71—72页。
[2] 参阅《青年参考》1987年10月16日报道。

在婚姻中的地位的呼声强烈起来，以致1986年上院通过了得到政府支持的一项修正案，要求教育部门在从事性教育时，注重"帮助学生正确对待道德观念和家庭生活价值的方式"，使他们懂得自我克制以及确立互敬互爱的关系和保持稳定的家庭生活的重要性[①]。在资本主义国家中，日本妇女受歧视的现象向来十分明显，她们的工资水平一直居西方各国之末。然而，在妇女解放的世界性潮流冲击下，近40年来对妇女的陈腐观念也逐渐发生了变化。1949年日本劳动省妇人少年局《关于封建性的调查》表明，男子对妇女就业持反感的占80%左右。到1966年，男子开始对妇女就业持"抽象肯定，具体否定"的态度，敢于公开站出来反对女子参加工作的男子少了。进入80年代以后，许多人赞同工作、家庭两不误，从过去一结婚即告退职转变为生了孩子也不退职。据日本广播协会1985年的舆论调查，职业妇女的91.6%都想保持现有职业，做丈夫的则有87.2%的人给予支持[②]。诸如此类的可喜变化，固然值得欣慰，但对于妇女的彻底解放、真正实现男女平等来说，那不过是一种希望的闪光而已。

三、社会主义时期的一夫一妻制婚姻家庭

社会主义时期的婚姻家庭，从形式上看，也是一夫一妻制，但不能与往昔的一夫一妻制相提并论，因为它有自己崭新的内容和本质特征。

首先，占主导地位的公有制是婚姻家庭的经济基础。它是对千百年来婚姻家庭以私有制为经济基础的根本否定。这一否定是某一国整个社会经济制度变革的结果；经济制度的变革愈深愈彻底，它对建立新型的婚姻家庭制度和婚姻家庭关系的影响就愈加

---

① 参阅路透社伦敦1986年6月4日电讯。
② 参阅《中国妇女报》1987年12月12日第4版。

强大和深远。社会主义经济的公有程度，从横向看，城乡有别；从纵向看，社会主义的各个发展阶段不尽相同。比如具体到我国目前的社会主义初级阶段，一般说来，在大中城市，公有制的程度较高，即国有经济所占的比例远高于集体经济，而个体经济所占的比例比较有限；在农村，公有制的程度较低，主要是集体经济占举足轻重的地位，个体经济及其影响力则要比城市大一些。尽管有诸如此类的复杂因素，但婚姻家庭的建立和持续，总是受社会主义公有制经济的制约。就是说，公有制为婚姻建立在爱情基础之上，为家庭成员和谐地生活在一起，提供了可靠的经济基础。

第二，在不违背国家政策、法律的前提下，实行婚姻自由，即当事人有权按照自己的意愿决定本人的婚姻问题，而不受他人的强制和干涉。这是社会主义民主在婚姻问题上的具体体现。爱情是婚姻的基础，包括父母在内的任何人都不得侵犯当事人在婚姻问题上享有的合法权利。婚姻自由是社会主义制度下两性关系的必然要求。结婚自由是婚姻自由的主要方面，离婚只是在少数夫妻间出现的现象，但离婚自由也是不可缺少的，它是结婚自由的必要补充。社会主义法制保障本国公民享有婚姻自由的权利，作为公民则应该正确地行使这种权利，不得以婚姻自由为借口而侵害他人和社会的利益。

第三，严格实行一夫一妻制，即不只是对妇女，也对男子，切切实实地实行一夫一妻的制度。一夫一妻制的原则，是指任何人不得同时有两个或两个以上的配偶；有夫之妇或有妇之夫，在配偶死亡或离婚之前不得再行结婚；未婚的男女也不得与两个或两个以上的异性结婚；在我国，除个别少数民族地区由于历史原因造成的以外，一切公开的或隐蔽的一夫多妻或一妻多夫式的两性关系都是违反社会主义国家法律的。

第四，无条件地实行男女平等。男女平等是指妇女和男子在政治、经济、文化、社会和家庭生活各方面均享有完全平等的权利。这一原则深刻地表明了社会主义婚姻家庭制度的本质，它彻底否定了自阶级社会产生以来男尊女卑、夫权和父权统治的旧观念、旧传统、旧习俗，是巩固和发展社会主义婚姻家庭关系的重要保障。男女平等的原则，不仅表现在结婚和离婚问题上，而且集中表现在夫妻关系上：夫妻在家庭中的地位是平等的，在人身关系和财产关系等方面也都是平等的。例如，夫妻双方均有使用自己姓名的权利，有参加生产、工作、学习和社会活动的自由，有处理共同财产的平等权利，有互助扶养的义务和相互继承遗产的权利，等等。在家庭成员之间同样如此，不分性别、长幼一律平等，即不论是兄弟姊妹，还是公公与儿媳，岳母与女婿等，彼此的关系都是平等的。

第五，社会主义的法律保护妇女、儿童和老人的合法权益。从婚姻家庭关系上来保护妇女、儿童和老人的合法权益，体现了社会主义制度的优越性，同时对于促进男女平等，发扬尊老爱幼的风尚，巩固社会主义的家庭关系，有不可估量的积极意义。

从目前来看，社会主义各国在婚姻家庭方面的法律规定和实践不尽相同，但以上五个方面则是共同的，也可以说，基本上反映了社会主义时期一夫一妻制婚姻家庭的基本面貌和实质。

然而，社会主义是从旧社会脱胎而来的，在人类历史上才几十年时间，虽说公有制已普遍占了主导地位，人们的社会主义觉悟空前提高，但从经济基础到上层建筑各领域都不免残存有旧社会的痕迹。社会生产力远未充分发展起来，还没有建立起雄厚的物质基础，社会公共事业还不发达，社会保障体系远未完善，因而建立和维持婚姻家庭关系的经济因素尚未完全消除。就我国目前来看，由于市场经济和货币交换的存在，人们的经济收入和文化生活水平还有较大差别，家庭事务远未融入公共事业中，个体家庭在整个社会生活中仍在起着积极的作用（其中经济消费尤为明显),再加上社会主义的道德水准并不普遍很高,因此,以不同形式具体表现出来的买卖婚姻和陈腐的婚姻家庭观等精神枷锁,往往还严重地束缚着相当数量的人们(这一点农村表现得更加突出)。

社会总是在向前发展的。劳动人民中间早在阶级社会就已经萌发的夫妻之间的互敬互爱,随着社会主义精神文明和物质文明建设的发展,终将普遍而充分地在地球上出现:男子不会用金钱或借助社会特权等手段来获得女性,而女性除了爱情也不会出于经济及其他利益考虑才委身于男子。这是一种真正崇高的性爱。它对于双方来说,爱情炽热到不能结合在一起是极大的不幸,感情破裂到不能使彼此分离也是极大的痛苦。此时对于性关系的评价有了一种新的道德标准:是结婚还是私通?是不是由于爱情,由于割不断的挚爱而发生?同时,我们认为,人类理想的社会制度——共产主义的实现,并不是消灭一夫一妻制本身,而是导致两性权利的完全平等,夫妻之间的互相忠诚、互相敬爱。

* * *

亲属制度

亲属制度是反映人们的亲属关系以及代表这些亲属关系的称谓的一种社会规范,通常又称之为"亲属称谓制度"或"亲属名称制度"。在原始时代,它的重要性正如恩格斯所指出:"由于亲属关系在一切蒙昧民族和野蛮民族的社会制度中起着决定作用,因此,我们不能只用空话来抹杀这一如此广泛流行的制度的意义。""父亲、子女、兄弟、姊妹等称呼,并不是单纯的荣誉称号,而是代表着完全确定的、异常郑重的相互义务,这些义务的总和构成这些民族的社会制度的实质部分。"[①] 对于亲属制度的研究，古今中外的学者都很重视，只是出发点和深入的程度各有不同。

第一节 亲属制度与婚姻家庭的关系

人类出现在地球上至少已有 300 万年以上的历史，我们今天之所以能大致上恢复出婚姻家庭制度演变的轨迹，首先应归功于美国民族学家摩尔根对亲属制度的创造性研究。

由于帮助纽约州附近易洛魁人赢得了地产官司等特殊原因，摩尔根经请求被塞讷卡部落鹰氏族收为养子。在这里他发现，人们对谁应称为父母，对谁应称为自己的子女，在头脑里是很明晰的，但是，与现实生活中人们的相互称呼却不完全一致。比如，作为一个男子，一方面不仅把亲生子女称为自己的子女，而且把兄弟的子女也称为自己的子女，这些子女则都称他为父亲；另一方面，他把自己姊妹的子女称为外甥外甥女，姊妹们的这些子女称他为舅父。作为一个女子，把自己的子女和姊妹们的子女都称为自己的子女，这些子女都称她为母亲；而她把自己兄弟的子女称为内侄儿女，这些内侄儿女都称她为姑母。于是兄弟们的子女间、姊妹们的子女间，一概互称为兄弟姊妹；而兄弟们的子女与姊妹们的子女间，则互称为姑舅表兄弟姊妹。

摩尔根在塞讷卡部落的狼、熊、龟、海狸、鹿、鹬、苍鹭等氏族中，发现他们的相互称呼和实际概念的矛盾状况一如鹰氏族。再扩大调查范围，易洛魁部落联盟其他部落也存在这种情况。即便如奥季布瓦人，虽然在文化、语系方面与易洛魁人不一样，但仍然具有跟易洛魁人大体相同的那种矛盾现象。从有关达

[①] 《家庭、私有制和国家的起源》，第 26 页。

科他人和克里克人的资料中也发现了类似情况。对此，摩尔根本来并未认识到它在学术上的重要价值，而是为探索印第安人是否来源于亚洲，拟了有 200 个涉及婚姻、家庭、亲属称谓问题的调查表格，向美国本土和各大洲散发。结果意外地发现，世界上大多数实行对偶婚的部落，其亲属称谓与实际存在的婚姻、家庭关系，都一如易洛魁人那样存在着矛盾；同时又发现，波利尼西亚群岛中夏威夷土著居民的婚姻家庭关系，正好与易洛魁人那里的亲属称谓相符合。他对夏威夷的亲属称谓进行仔细研究后进一步发现，这里的称谓使用情况与现行的婚姻家庭关系亦不相符，因为按现实存在的婚姻家庭关系，兄弟姊妹之间不能结婚，但从亲属称谓看，兄弟姊妹们的子女都是他们共同的子女，而这些子女则把父母的兄弟姊妹同样称为父母，在平辈间自然又都以兄弟姊妹相称。据此，摩尔根推测，在此之前存在着另一种更原始的婚姻家庭形式，即父母与子女间禁止通婚，而一群姊妹则同时就是一群兄弟"合法"的妻子。他按照逻辑推理，进一步往前追溯时猜想：更早的时期，必定存在着一种原始的杂乱的性交关系，即任何一个男子是任何一个女子的配偶，反之亦然。这样，摩尔根便提出了婚姻家庭制度的进化理论。

这种进化理论的意思是，有什么样的婚姻形式就会有什么样的家庭形式，有什么样的婚姻家庭形式就会有什么样的亲属制度。摩尔根认为："每一种亲属制度表达了该制度建立时所存在的家族（家庭）的实际亲属关系，因此，它也就反映了当时所流行的婚姻形态和家族形态。"[①]

[①] 摩尔根：《古代社会》，第 390 页，商务印书馆 1977 年版。引文中"家族"一词，德文为 Familia，英文为 Family，俄文为 Семья，按中文习惯，这里均应译作"家庭"。在中文里，"家族"与"家庭"的词义有所不同，前者的概念比后者宽泛，但外文都是使用同一个词，因而造成有关著作的中译不一致。对此类用词，请读者注意分辨。

就是说，亲属制度是婚姻家庭形式的反映或记录，但它并非一下子就能形成。实际上，某一种婚姻家庭形式产生的初期，记录它们的亲属制度尚未形成；只有在某一种婚姻家庭形式的成熟阶段，即发展到了较晚的阶段，与之相应的亲属制度才会在社会上流行开来。而婚姻家庭形式是随着社会的发展不断向前发展的，当与之相应的亲属制度巩固下来时，原有的婚姻家庭形式已经向新的一种婚姻家庭形式发展了，在这新的婚姻家庭形式产生之初，却还没有新的亲属制度出现，因此，只得沿用上一发展阶段的亲属制度。正如摩尔根指出，"家族（家庭）表现为一种能动的要素；它从来不是静止不动的，而是随着社会从低级阶段向高级阶段的发展，本身也从低级形态向高级形态进展。最后脱离一种形态而进入另一种较高的形态。反之，亲属制度却是被动的；它把家族每经一段长久时间所产生的进步记录下来，并且只是在家族已经急剧变化了的时候，它才发生急剧的变化。"①

对于摩尔根的论断，马克思在作《古代社会》一书摘要时批注道："同样，政治的、宗教的、法律的以至一般哲学的体系，都是如此。"② 恩格斯在《家庭、私有制和国家的起源》的有关章节中也曾一字不落地引用摩尔根的见解，并明确指出："当家庭继续发展的时候，亲属制度却僵化起来；当后者以习惯的方式继续存在的时候，家庭却已经超过它了。不过，正像居维叶可以根据巴黎附近所发现的有袋动物骨骼的骨片，来确实地断定这种骨骼属于有袋动物，并断定那里曾经生存过这种已经绝迹的有袋动物一样，我们也可以根据历史上所留传下来的亲属制度，同样确实地断定，曾经存在过一种与这个制度相适应的业已绝迹的家

---

① 摩尔根：《古代社会》，第433页。
② 马克思：《摩尔根〈古代社会〉一书摘要》，见《马克思恩格斯全集》第45卷，第354页，人民出版社1985年版。

庭形式。"①

正是基于上述对亲属制度与婚姻家庭形式之间的关系做出彼此有着直接联系而又相互矛盾的科学解释,以及对社会生产力和经济制度等方面的考察,恩格斯才论定:"三种婚姻形式大体上与人类发展的三个主要阶段相适应",即"群婚制是与蒙昧时代相适应的,对偶婚制是与野蛮时代相适应的,以通奸和卖淫为补充的专偶制是与文明时代(按:指阶级社会)相适应的。"② 与这些婚姻形式相适应,则存在着血缘家庭(集团内群婚)、普那路亚家庭(氏族外群婚)、对偶家庭和一夫一妻制家庭这几种家庭形式。至于极其邈远的洪荒时代,属于正在形成中的人,根本无任何的婚姻规则,而实行毫无限制的原始杂乱性交,因此并无家庭形式可言。

第二节 亲属、亲系、亲等

一、亲属

亲属为社会关系的一个重要方面。从法学角度讲,它指因婚姻、血缘和收养而产生的人际关系。例如,因结婚形成夫妻关系,因生育而产生父母子女、兄弟姊妹关系,因收养而发生养父母与养子女关系等。这些夫妻、父母子女、兄弟姊妹、养父母与养子女之间的关系,都是亲属。

亲属与家属是有区别的。家属是家长的对称。按照中国古代家长制以及民国时期民法规定,家有家长与家属两个部分,除家长以外的人,即同居一家的祖父母、父母、夫妻、子女、兄弟姊

---

① 《家庭、私有制和国家的起源》,第27页。
② 《家庭、私有制和国家的起源》,第72页。

妹、孙子女等，均为家属。此外，非亲属以永久共同生活为目的的同居者，如旧社会的妾、童养媳、未婚亡夫媳等，也得视为家属。反之，虽有亲属关系，但异财别居者，并不视为家属。如兄弟业已分家，即便同门居住，也不得谓为一家。新中国成立后废除了家长制，但现实生活中，仍沿用家长、家属的称谓，然而，法律上并无家长、家属间权利、义务的规定。

亲属与家庭成员也是有区别的。家庭成员是指一定范围内的亲属，即他们在一个家庭内共同生活，彼此负有抚养、扶养或赡养等权利义务。我国婚姻法所提到的家庭成员，有夫妻、父母子女、祖父母、外祖父母，孙子女、外孙子女、兄弟姊妹等。可见，亲属不都是家庭成员，而家庭成员一般都是亲属，例外的情况极为罕见。

在法律上，亲属存在有权利、义务与无权利、义务关系的区分。有权利、义务关系的亲属范围及其内容依法律规定为限。在我国，夫妻、父母子女、兄弟姊妹间，祖父母、外祖父母与孙子女、外孙子女间存在权利、义务关系，其他亲属之间除法律另有规定者外，不发生权利、义务关系。

亲属间都有固定的身份与称谓，不得随意变更。如夫妻、父母子女、兄弟姊妹、伯叔姑与侄子女、舅姨与甥子女等。亲属关系的消灭因其发生的依据不同而有所不同。自然血亲不得人为消灭，只有当事人死亡而自然消除。拟制血亲依法而产生，也依法得以解除。配偶和姻亲关系，因结婚而形成，由于离婚而不复存在。

在不同的历史时期和不同国度，亲属种类的划分不尽相同。在我国古代，亲属分为宗亲、外亲和妻亲三种：男系血统的亲属为宗亲，女系血统的亲属为外亲，妻的本亲为妻亲。妻为"来归之妇"，冠以夫姓，列入夫宗，故以夫的宗亲计。我国现行法所承认的亲属亦为三种，即血亲、姻亲、配偶。作此划分，不论男系、女系和父系、母系，均按血缘分其远近，这就消除了古代重宗亲、轻外亲的宗法观念。某些外国（如德、法）的现行法，只承认血亲、姻亲为亲属，而把配偶排除在外。

亲属既有血亲、姻亲之分，又有直系、旁系之别。以下分别略作介绍。

直系血亲：指有直接血缘关系的亲属。它又有自然直系血亲和拟制直系血亲之分。自然直系血亲是指因出生自然形成有直接血缘联系的亲属，即生育己身和自己所生育的上下各代亲属，不分父系、母系与男系、女系，均为直系亲属，如父母与子女，祖父母、外祖父母与孙子女、外孙子女等。直系血亲中的长辈亲（尊亲）有父母、祖父母和外祖父母等，晚辈亲（卑亲）有子女、孙子女、外孙子女等。拟制直系血亲是指通过法定程序，使本无直系血缘关系的人之间发生直系血亲关系，享有与自然血亲同等地位的亲属。如通过收养使收养人与被收养人发生养父母子女关系、养祖孙关系；子女随母或随父再婚，与后父（继父）或后母（继母）之间发生抚养与赡养关系的继父母子女关系，都属于拟制直系血亲。无论是自然形成的还是拟制的直系血亲，相互间均享有权利、义务关系。如我国婚姻法规定，三代以内的直系血亲间，享有一定权利和承担相应的义务，诸如互相扶养、赡养的义务和相互继承遗产的权利。

旁系血亲：指有间接血缘关系的亲属。它可分为自然旁系血亲和拟制旁系血亲。自然旁系血亲是指因出生自然形成的有血缘联系的亲属，即同出一源的血亲，如兄弟姊妹与自己同源于父母，姑表兄弟姊妹与自己同源于祖父母，舅姨表兄弟姊妹同源于外祖父母等。旁系血亲的范围比直系血亲大得多。我国古代以五代内的旁系血亲计入亲属范围，超出五代者即所谓"出五服"不再视为亲属。拟制旁系血亲是指通过法定程序使本无旁系血缘联系的人之间发生血亲关系，在法律上享有与自然旁系血亲相同地位的亲属。如通过收养形成的兄弟姊妹、养伯叔姑与养侄子女、养舅姨与养甥子女，通过父母再婚形成的与继父或继母有抚养关系的继兄弟姊妹、继伯叔姑与继侄子女等。旁系血亲之间关系的密切程度低于直系血亲。在我国只有二代内的旁系血亲，即兄弟姊妹、养兄弟姊妹、有扶养关系的继兄弟姊妹间发生抚养的权利与义务，其他的均无法律上的权利、义务关系。

直系姻亲：因婚姻而发生的亲属。配偶一方的直系血亲即为另一方的直系姻亲，如夫的父母为妻的直系姻亲，妻的父母为夫的直系姻亲。在我国，直系姻亲之间一般无法律上的权利、义务关系。但是，如配偶一方亡故，另一方与公婆或岳父母继续共同生活，并尽有主要赡养义务时，得享有继承权，且为第一顺序继承人。

旁系姻亲：因婚姻而发生的亲属。配偶一方的旁系血亲即为另一方的旁系姻亲，如夫的伯、叔、姑、舅、姨和兄弟姊妹为妻的旁系姻亲，妻的伯、叔、姑、舅、姨和兄弟姊妹为夫的旁系姻亲。血亲与血亲的配偶之间，也为旁系姻亲，如自己与兄弟姊妹的配偶之间，自己与伯、叔、姑、舅、姨的配偶之间，均为旁系姻亲；配偶的血亲的配偶，即己身与配偶的血亲的配偶之间亦为旁系姻亲；如妻的兄弟之妻及姊妹之夫，妻的伯、叔、舅之妻及姑、姨之夫，夫的兄弟之妻及姊妹之夫，夫的伯、叔、舅之妻及姑、姨之夫等。旁系姻亲之间一般无法律上的权利、义务关系。

配偶，在我国历来视为亲属的一种。他们在法律上有权利、义务关系。配偶基于婚姻而形成，因一方亡故，或依法定程序离婚而解除。配偶是产生血亲和姻亲两大亲属系统的基础，在家庭中起着核心的作用。未依法取得夫妻身份的同居男女，不得视为配偶。

二、亲系

亲系是指亲属的系统或亲属间的联系。各种亲系互相交织，形成一个总的亲属网络。从历史的角度看，亲系是沿着从女系到男系、母系到父系、以男性为中心到男女平等的方向发展的。因亲属之间血缘联系的特点不同，可以区分出不同的亲属系统。按中介人的性别，可以分为男系亲和女系亲；按血缘来源，可分为父系亲和母系亲；按血缘关系的亲疏远近，可分为直系亲与旁系亲；按亲属的行辈，可分为长辈亲和晚辈亲等。作这样的划分，往往对确定某些人的社会地位和相互的权利、义务关系是有意义的。在现代，男系亲与女系亲、父系亲与母系亲的划分，已失去现实意义，但直系亲与旁系亲、长辈亲与晚辈亲的划分仍有着现实意义。以下分别略作介绍。

1. 男系亲与女系亲

男系亲是指以男子为中介计算的亲属。它包括父、子、伯、叔、侄的血缘后代，如父母子女、祖父母与孙子女、兄弟姊妹、堂兄弟姊妹、伯叔与侄子女等。在封建宗法制度下，宗亲即为男系亲，从高祖父到玄孙及其配偶（"来归之妇"），在室之姑、姊妹等，都列入男系亲。

女系亲是指以女子为中介计算的亲属。它包括母的亲属与女的亲属，如外祖父母与外孙子女、舅姨与甥子女等。在封建宗法制度下，外亲、妻亲均为女系亲，如外祖父母、姨（在室）舅、表兄弟姊妹（在室）、姑表兄弟姊妹（在室）、岳父母、内兄弟及在室的内姊妹等，都一概列入女系亲。

我国古代的礼法宣扬男尊女卑的观念，重男系亲而轻女系亲。在社会主义制度下，男系亲与女系亲在法律上的权利、义务关系是平等的。

2. 父系亲与母系亲

父系亲是指以父为中介计算的亲属，母系亲则是以母为中介计算的亲属。在封建宗法制度下，它们分别被称为父党、母党，而且加以严格的区分，以利于封建统治。父系亲、母系亲与男系亲、女系亲，既有联系又有区别；有时互相重叠，有时又不尽相同；例如，父之兄弟之子，既是男系亲，也是父系亲；而父之姊妹之子，为父系亲，但不得视为男系亲，因其间有姊妹介入，得计入女系亲。父系亲与母系亲的区别，是旧时男尊女卑的一种表现，而且在礼法上有其功用，如堂兄弟姊妹为父系亲，不得通婚；表兄弟姊妹为母系亲，容许通婚。现代法多采用男女平等原则，因此，男系亲、女系亲与父系亲、母系亲的区分，并无什么意义。例如，按照我国法律规定，在祖孙间的抚养、赡养问题上，祖父母、外祖父母与孙子女、外孙子女的法律责任是完全相同的。

3. 直系亲与旁系亲

直系亲包括直系血亲和直系姻亲。它们的含义前面已说过，这里从略。

4. 长辈亲与晚辈亲

亲属按辈分高低可区分为长辈亲和晚辈亲。辈分是指亲属横向的位置而言，与年龄大小无关。同一世代者为同一辈分，简称同辈，或称平辈。同辈之上为长辈，包括父辈、祖辈等；同辈之下为晚辈，包括子辈、孙辈等。同辈之内又有排行，即分长幼次第。父辈以上的亲属统称为长辈亲（旧称尊亲）。子辈以下的亲属统称为晚辈亲（旧称卑亲）。同辈称同辈亲属或平辈亲属。

长辈亲即辈分高出己身的亲属，包括父母及与父母同辈以上的亲属，如父母、祖父母、外祖父母、伯、叔、姑、舅、姨等。晚辈亲即辈分低于己身的亲属，包括子女及与子女同辈以下的亲属，如子女、孙子女、外孙子女、侄子女、甥子女等。

长辈亲与晚辈亲，均有直系、旁系与血亲、姻亲之分。如父母、祖父母、外祖父母，为直系长辈血亲；伯、叔、姑、舅、姨为旁系长辈血亲；子女、孙子女、外孙子女为直系晚辈血亲；侄子女、甥子女为旁系晚辈血亲；公婆、岳父母为直系长辈姻亲；

夫或妻的侄子女、甥子女为妻或夫的旁系晚辈姻亲。

三、亲等

亲等是衡量亲属关系亲疏远近的尺度。亲等少则关系近,亲等多则关系远。根据世界各国亲属法的规定,亲等制度分为世代亲等制和等级亲等制两类。

世代亲等制,即是以一世代为一亲等的计算制度。外国多采用罗马法的亲等计算法。其计算方法是:在血亲方面,直系血亲从己身上数或下数,每一世代为一亲等,如父母与子女是一世代,为二亲等;祖父母与孙子女、外祖父母与外孙子女是二世代,为二亲等,其余类推。旁系血亲则从己身上数至共同的直系血亲,再由共同的直系血亲下数至要计算亲等的亲属,一世代为一亲等,所数代数之和,即为自己与所指亲属的亲等数。如计算自己与兄弟姊妹的亲等,从己身上数至同源直系血亲——父母,为一世代,再由同源直系血亲——父母数至要计算的亲属——兄弟姊妹,亦为一世代,其世代数相加为二世代,故兄弟姊妹为二亲等。又如计算自己与伯、叔、姑、舅、姨的亲等,从己身上数至同源的祖父母、外祖父母为二世代,再由祖父母、外祖父母下数至要计算的亲属为一世代,其世代数相加为三世代,故自己与伯、叔、姑、舅、姨为三亲等。在姻亲方面,血亲的配偶从其血亲的亲等,如子为直系血亲一亲等,则媳为直系姻亲一亲等。配偶的血亲从其配偶的亲等,如岳父母为妻的直系血亲一亲等,亦即为夫的直系姻亲一亲等。配偶血亲的配偶,也从其配偶的亲等,如姒娌即以夫的兄弟与夫的亲等计算,为旁系姻亲二亲等;又如自己与夫(妻)的舅父是姻亲,因夫(妻)与其舅为三亲等的旁系血亲,所以自己与夫(妻)的舅父就是三亲等的旁系姻亲。

此外,个别国家如英国,采用寺院法的亲等计算法。它对直系亲属亲等的计算，与罗马法计算相同。但它对旁系亲属亲等的计算，并不合算双方的世代数，故与罗马法计算法不同。其方法是：从己身上数到同源直系血亲，再从要计算的亲属也数至同源直系血亲，如两次所数世代数相同，其相同数为亲等数；如两次所数的世代数不同，则按代数多的一方定其亲等。例如，计算自己与兄弟姊妹的亲等，从己身上数至同源直系血亲——父母，为一世代，再从要计算的兄弟姊妹上数至同源直系血亲——父母，也为一世代，二者相同即代数都是一，故自己与兄弟姊妹的亲等为一亲等。又如计算自己与伯、叔、姑的亲等，从己身上数至同源直系血亲——祖父母，为二世代，再从要计算的伯、叔、姑上数至同源直系血亲——祖父母，为一世代，两次所数的代数不一致，故取其多数，即自己与伯、叔、姑之间的亲等为二亲等。堂兄弟姊妹照此计算亦为二亲等。依此类推。

对上述两种计算方法进行比较，显然有很大差异，如兄弟姊妹按罗马法计算法为二亲等，按寺院法计算法为一亲等；伯、叔、姑按罗马法计算法为三亲等，堂兄弟姊妹为四亲等，而按寺院法计算法则这两类均为二亲等。可见，寺院法不能准确地表示旁系血亲间的亲疏远近，故现代各国大多弃而不用，而采用比较科学的罗马法的亲等汁算法。

等级亲等制，是以世代的远近，参酌地位的尊卑、恩情厚薄、男女之别，定其亲等等级的制度。我国古代的丧服制和日本明治三年新律纲领所定的"五亲等"制度，都是等级亲等制。如我国古代以丧服的差等来区分亲属的亲疏远近，凡五等，轻重有差，亲者、近者其服重，疏者、远者其服轻。此类等级亲等制是重男轻女的男系亲等制，明显地反映了男女地位、父子地位等方面的不平等，所以无论我国和日本于今都已废弃不用。

我国现行法尚未明确采用世代亲等计算法，但对血亲关系的亲疏远近却是用世代来表示的。依据我国婚姻法的世代计算法，己身为一代，隔一代就算两代。如 1950 年婚姻法对五代以内的旁系血亲通婚作了"从习惯"的规定，1980 年婚姻法对三代以内的旁系血亲作了禁止通婚的规定；刑事诉讼法对近亲属的范围，规定为夫、妻、父、母、子女、同胞兄弟姊妹。

第三节　亲属制度的分类

　　亲属制度的研究，颇大程度上建立在对其分类的基础之上。因为通过分类，可以用最简单的述语来说明复杂的亲属称谓的性质和关系，所以历来为民族学者所重视。

　　美国民族学家摩尔根是亲属制度研究的创始者。他先后在《人类家庭的血亲和姻亲制度》（1871 年）、《古代社会》（1877 年）名著中，介绍、阐述了人类历史上存在过的三种亲属制度，即马来亚式亲属制、土兰尼亚—加诺万尼亚式亲属制（通常简称土兰亲属制）和雅利安式亲属制。这三种亲属制顺序相承，并以三种婚姻家庭形式为其基础；每一种亲属制都力求尽事实所可能知道的情况来表达与之相应的婚姻家庭形式下人与人之间的实际亲属关系。

　　对这三种亲属制，摩尔根又划分为根本不同的两大类：类别式（马来亚式和土兰尼亚—加诺万尼亚式）和说明式（雅利安式）。类别式的特征是，只计算群体而不计算个人的亲属关系，无论直系或旁系亲属，只要辈分相同，除性别外，都用同一称谓说明。说明式的特征是，对于亲属分辨直系、旁系，或用基本亲属称谓来说明，或将这些基本称谓结合起来加以说明，由此显示每个人与自身的亲属关系都各不相同。

　　在摩尔根看来，波利尼西亚人包括在马来亚家庭的范围之内，故他们的亲属制度称为马来亚式，虽然真正的马来亚人在某些细节上已改变了他们自己的制度。同时，他又在同一意义上使用夏威夷式和洛特马式的术语，并指出这是类别式亲属制度中最简单的，因而也就是其最古老的形式，而且是揭示了后来产生土兰尼亚—加诺万尼亚式的原始形式。

马来亚式亲属制度所承认的血缘关系只有基本的五种，或者说，一切亲属不论远近一律归纳到分为五类的亲属关系之中，每一个人都用相同的亲属称谓称呼与之同一类中的任何其他人。具体情形如下：我自己，我的兄弟姊妹，我的从表、再从再表、三从三表以及更疏远的从表兄弟姊妹，都属于第一类，所以这些人不加区分一律都是我的兄弟姊妹。我的父母以及他们的兄弟姊妹，他们从表、再从表和更疏远的从表兄弟姊妹属于第二类，所有这些人毫无区别一律都是我的父母。我的祖父母、外祖父母以及他们的兄弟姊妹和他们的种种从表兄弟姊妹属于第三类，所有这些人都是我父母的父母。在我之下，我的儿女以及他们的种种从表兄弟姊妹，如同前例，属于第四类，所有这些人毫无区别一律都是我的子女。我的孙男孙女以及他们的种种从表兄弟姊妹属于第五类，所有这些人同样都是我的孙男孙女。

摩尔根认为，土兰尼亚—加诺万尼亚式亲属制是由马来亚式加以改革而形成的类别式亲属制。他以塞讷卡部落易洛魁人的亲属制为美洲加诺万尼亚部落的典型，以印度南部的泰米尔人的亲属制为亚洲土兰尼亚部落的典型。按此制，所有的亲属关系，无论亲疏远近，仍是分成各个类别，但它与马来亚式亲属制相比较，约有一半相同，另一半相异。例如，基于兄弟姊妹通婚的马来亚式亲属制，一个男子或女子称其兄弟姊妹的子女为自己的子女，这些子女都称他们为父母。由于氏族组织的存在并实行族外群婚的原则，即兄弟与姊妹间不复有通婚关系，故在土兰尼亚—加诺万尼亚式亲属制下，一个男子称其兄弟的子女仍为自己的子女，而称其姊妹的子女则为外甥、外甥女（这些子女称他为舅父）；一个女子称其姊妹的子女仍为自己的子女，而称其兄弟的子女则为侄儿、侄女（这些子女称她为姑母），如此等等。

说明式亲属制是人类社会文明时代的亲属制度。摩尔根认为，它与类别式的马来亚式亲属制、土兰尼亚—加诺万尼亚式亲属制相衔接，是随着私有财产制度的出现和一夫一妻制婚姻家庭的产生新形成的，但它并非由类别式亲属制改造而来。自摩尔根以来，人们一般以雅利安式去指代说明式亲属制，其实，因分布的民族不同而称名各异，如流行于闪米特族系的名闪米特式，流行于乌拉尔族系的名乌拉尔式，等等。一夫一妻制下的每一种亲属关系都是专用的。在这种情况下形成的新的亲属制，必然是通过基本称谓或基本称谓的复合词来说明亲属关系，例如，其称谓有兄弟之子、父之兄弟、父之兄弟之子等。在摩尔根看来，作为雅利安式亲属制的典型代表——罗马式亲属制，是一夫一妻制下出现的一种最完善、最科学的亲属制。在这里，将摩尔根的说明略述如下。

在直系中，从己身到六世祖为上行六代，从己身到六世孙为下行六代，在对这些亲属进行说明时只使用几个基本称谓——父、母、兄、弟、姊、妹、子、女。如果想表示第六代祖先以上，就以六世祖为新的说明起点，由此便有，六世祖之父，这样一直上溯到六世祖之六世祖，便是己身的第十二代直系男性祖先。以此类推，六世孙便是己身的第十二代男性后裔。

第一旁系的男支由兄弟开始，其序列为兄弟之子、兄弟之孙、兄弟之曾孙，一直到己身的兄弟之六世孙。若须说明第十二代后裔，就以兄弟之六世孙为第二个起点，由此而有兄弟之六世孙之六世孙，并作为这一序列的终点。以此类推，同一系的女支由姊妹开始，其序列为姊妹之女、姊妹之外孙女、姊妹之外曾孙女，直至姊妹之六世外孙女；再推至姊妹之六世外孙女之六世外孙女，即是姊妹之第十二代后裔。

第二旁系的男支，由父亲的兄弟即"叔伯"开始，包括他本人和他的后裔。由此便有叔伯之子、叔伯之孙、叔伯之曾孙，直至叔伯之六世孙。若须继续往下表达这一系列的第十二代后裔，则越过中间几代以后，到达叔伯之六世孙之六世孙。以此类推，同一系的支女，由父亲的姊妹即"姑"开始，由此便有姑之女、姑之外孙女，直至姑之六世外孙女，以及姑之六世外孙女之六世外孙女。

　　第三旁系的男支，由祖父的兄弟开始，他被称为叔伯祖（叔伯大父）。其序列为叔伯祖之子、叔伯祖之孙，直至叔伯祖之六世孙，然后到叔伯祖之六世孙之六世孙为止。同系的女支由祖父之姊妹即"祖姑"开始，她的后裔也按同样的方式说明之。

　　以此类推，第四旁系和第五旁系的男支，分别由曾祖父的兄弟即"叔伯曾祖"和高祖父的兄弟即"叔伯高祖"开始；女系分别由"曾祖姑"和"高祖姑"开始，他们的后裔都按同样的方式予以说明。

　　以上所述各系都是针对父系说的。在说明母系亲属的时候，以女性直系代替男性直系即可，唯第一旁系保持不变。第二旁系的男支，就母系而言，其序列为舅、舅之子、舅之孙，推至舅之六世孙，而止于舅之六世孙之六世孙。其女支序列为姨、姨之女，余类推。第三旁系的男支和女支分别由"舅祖"和"姨祖"开始；第四旁系分别由"舅曾祖"和"姨曾祖"开始；第五旁系分别由"舅高祖"和"姨高祖"开始。各系各支中的人都按上述的同样方式予以说明。

　　至于姻亲的称谓，则有夫、妻、公公、婆婆、岳父、岳母、媳妇、女婿、嫂、弟媳、姊夫、妹夫、内兄、内弟、大姑、小姑、大姨、小姨等20余种。

　　在摩尔根研究的基础上，后之学者对亲属制度纷纷提出了自己的分类见解。现择其影响较大者略作介绍，供大家参考。

英国人类学家 W·H·R. 里弗斯在《亲属关系与社会组织》(1914年)一书中,首次指出马来亚式亲属制不是最早的形式而是晚期的形式,并将其改称为夏威夷式,同时把土兰尼亚—加诺万尼亚式改称为"氏族制",把说明式改称为"家族制",又另增一种"亲族制"(把父母的兄弟姊妹及兄弟姊妹的子女各别异称),于是提出了一种四分法。

美国民族学家 R·H·罗维,在《外婚制与亲属关系的类分制》(1915年)等论著中,以尊一辈的血亲为基础,辅以直系、旁系之别,也提出了一种"四分法":(1)行辈型,即把旁系的亲属称谓依辈分全部纳入直系的亲属称谓体系中。如夏威夷人,与父同辈的男性概称为"父",女性称为"母"。(2)二分合并型,即把旁系的亲属称谓一分为二:与父母同性的这一半纳入直系的亲属称谓体系中,如易洛魁人,父之兄弟与父同性同称为"父",母之姊妹与母同性同称为"母";与父母异性的这一半纳入旁系的亲属称谓体系中,如中国汉族,父之姊妹与父异性别称为"姑",母之兄弟与母异性别称为"舅"。(3)二分旁系型,即把旁系的亲属称谓一分为二,但都和直系的亲属称谓有别,如中国汉族,父之兄弟与父同辈同性,依年龄长幼分别称为"伯"、"叔",父之姊妹与父同辈异性则别称为"姑"(同二分合并型)。(4)直系型,即把直系的亲属称谓与旁系的亲属称谓各别异称,但旁系的同辈亲属称谓不复区别,如英、美人,父母之称仅用于生己身者,父母之兄弟与父母同辈异系,均别称为"uncle",父母之姊妹与父母也是同辈异系,均别称为"aunt"。可见,从实质上说,罗维在摩尔根分类的基础上只是增加了二分旁系型。

美国文化人类学家 G·P·默多克,通过对 250 个社会群体的婚姻家庭和亲属组织进行量化分析写出了名著《社会结构》(1949年)。他主张,亲属称谓的决定因素是多元的,而且与社会行为的模式有着密切的关系。正如摩尔根和里弗斯等学者相信的一样，一种亲属称谓并不是一个单独的因素运作的结果，而是确实地反映了社会组织。他又指出，当社会及文化状况改变时，亲属称谓也随之改变，这种改变同样是受内在外在的因素交互作用的结果。默多克依平辈亲属为基础的分类法，进一步创建了亲属称谓的如下六种图式：

（1）夏威夷式。即摩尔根所命名的马来亚式，相当于罗维四分法中的行辈型。这是人类社会最原始、最简单、使用称呼最少的称谓制。它以辈分和性别为称谓区分原则，如一个男子，己身对同辈同性人，包括同胞兄弟、堂兄弟和表兄弟都使用同一称呼，对同辈异性人，包括同胞姊妹、堂姊妹和表姊妹使用另一种称呼；己身对长一辈的所有男性使用一个称呼，对长一辈的所有女性使用另一种称呼，依此类推。

（2）爱斯基摩式。相当于罗维四分法中的直系型。按此式，直系和旁系之间有明确界限，父亲有别于父之兄弟和母之兄弟，但父之兄弟和母之兄弟用同一称呼；母亲有别于母之姊妹和父之姊妹，而母之姊妹和父之姊妹的称呼相同。或者说，姑舅表兄弟姊妹与堂姨表兄弟姊妹同称，而与同胞兄弟姊妹异称。

（3）易洛魁式。相当于罗维四分法中的二分合并型。摩尔根命名为土兰尼亚—加诺万尼亚式。依此制，父与父之兄弟同称，对母之兄弟使用别称；母与母之姊妹同称，对父之姊妹使用别称。这种直系、旁系混合的现象，也反映在与己身同辈的称谓里。

（4）克罗式。相当于罗维四分法中的二分合并型。依此式，父之姊妹之女（姑表姊妹）及其女，与父之姊妹（姑）同称，其男性则和父之兄弟同称，而舅表兄弟、姊妹和己之子、女同称。

（5）奥玛哈式。亦相当于罗维四分法中的二分合并型。依此式，母之兄弟之子（舅表兄弟）及其子，与母之兄弟（舅）同称，其女性则和母之姊妹同称，而姑表兄弟、姊妹则与己之姊妹之子、女同称。

(6) 苏丹式。相当于罗维四分法中的二分旁系型。此式对各种亲属关系的区分极为细致，如父、母、叔、伯、姑、舅、姨、兄、弟、姊、妹、堂兄弟、堂姊妹、父亲姊妹的女儿（姑表姊妹）、父亲姊妹的儿子（姑表兄弟），母亲兄弟的儿子（舅表兄弟）、母亲兄弟的女儿（舅表姊妹）、母亲姊妹的儿子（姨表兄弟）、母亲姊妹的女儿（姨表姊妹）等，都有单独的称呼。此式较接近我国汉族的称谓制。

美国民族学家 E·多尔认为，亲属制度的类型与复杂的社会组织和文化发展水平相互联系在一起，没有商品经济的前工业民族，某种程度上类别式亲属制占压倒优势，而有商品经济的工业民族则说明式亲属制占压倒优势，同时提出了由简到繁依次发展起来的四种亲属称谓制，即"二合一式"、"交叉辈分式"、"家族式"和"现代区别式"。其所列举的样例甚多，如二合一式有达科他、多姆白等 20 多个民族，交叉辈分式有巴厘、奥玛哈等 20 多个民族，家族式有阿尔巴尼亚、亚美尼亚等 30 多个民族，现代区别式有讲英语和西班牙语的 20 多个民族。

在过去的苏联，民族学家对亲属制度的分类也是见仁见智，各执一词。例如，М·В·克柳柯夫同某些西方学者一样，反对摩尔根提出的关于类别式亲属制与说明式亲属制的划分，认为类别式亲属名称不仅在一切亲属制度（包括摩尔根所说的说明式亲属制）中存在着，而且这些名称还构成说明式亲属制的大部分称谓；被摩尔根命名的类别式亲属制和说明式亲属制之间，没有任何原则性的差别，就是说，一切亲属制实际上都是类别式的亲属制，只不过程度不同罢了。[①]

苏联的另一些学者，如较具代表性的Ю·И·谢苗诺夫，在

[①] 参阅Ю·И·谢苗诺夫：《婚姻和家庭的起源》，第 47 页正文和注①，蔡俊生译，中国社会科学出版社 1983 年版。

《婚姻和家庭的起源》一书中，一方面肯定摩尔根天才地猜到了类别式亲属制与说明式亲属制的名称之间的质的区别，并且有保留地时而使用它们，另一方面又对这两大类的亲属制名称及其内涵进行修订，并做出自己的解释。他同意英国学者里弗斯关于夏威夷式（即摩尔根命名的马来亚式）的亲属制是从土兰尼亚—加诺万尼亚式亲属制中产生的，是后者简化的结果的观点，并进而提出了两合亲属制的命名，以取代包含马来亚式、土兰尼亚—加诺万尼亚式的类别式亲属制。他认为，氏族出现以后，氏族是两合婚姻组织的组成部分。最初，大概只有两种名称，一种用来标明本氏族的成员，另一种用来标明联盟氏族的成员。分别用来标明本氏族男人集团和女人集团的成员，以及联盟氏族男人集团和女人集团的成员的专有名称，是后来才出现的。随后，亲属制度的演变多数是导致辈分的划分，首先就是相邻辈分的划分。相邻辈分男人和女人的不同名称的出现，往往与限制甚至完全禁止这些辈分之间的性交关系有联系。一般说来，哪里有准确的两合组织，哪里也就有最古老、最简单的两合亲属制。这种古老的两合亲属制是由两合氏族群婚产生的，它反映着两合群婚的关系。两合氏族群婚的特征决定着两合亲属制的一切基本特征。两合亲属制所知道的仅仅是个体集团之间的关系，而并不知道个体作为单个个体之间的关系；因此，两合氏族群婚就只是个体集团之间的社会关系，而不是个体之间的社会关系。

此外，谢苗诺夫对摩尔根关于说明式亲属制的命名和解释亦多有微词，并主张代之以系一级式亲属制。他认为，摩尔根用来标明传统亲属制度的术语（说明式）选得并不成功，仅就它不足以成为"类别式"这个术语的对立物就可以说明这一点。"说明式"这一术语指的是标明亲属关系的方法，而"类别式"这一术语指的是用每一个名称来标明众多的人。况且，亲属制度的说明式性质不过就是这样一种基本事实的外在表现，即用这些名称标明的亲属关系是由若干亲属级构成的亲系的总和，是仅仅存在于个体之间的关系。正是亲属关系的这种系—级性质使得有可能通过叙述、通过起初使用的不多几个名称的组合来标明亲属关系的。因此，把传统的亲属制度（即文明社会产生以来的亲属制度）描述成"说明式"亲属制度，实质上只不过是对这种亲属制度的系—级性质、个体性质的一种不完善的、不太相宜的反映。

谢苗诺夫提出系—级亲属制的命名，是基于对现实亲属关系的理解。他指出：亲属就是由出生联系起来的人们。这种联系有两种形式，一种是纯粹由生育联系起来，一种是由生育的共同性联系起来。通过生育的联系是最简单、最基本的亲属关系形式。为了标明这种最简单的亲属单位，常常使用"亲属级"（стелень родства）这个术语。一个生育另一个的人们是由一个亲属级联系起来的，他们是第一级的亲属。孙女与祖父已经不是由一个，而是由两个亲属级联系起来的，他们是第二级的亲属。曾孙女与曾祖父是由三个亲属级联系起来的，他们是第三级的亲属。任何亲属之间的关系，不论亲属级的数目多少，都构成亲系。亲系可由一个亲属级构成，也可由许多亲属级组成。在后一种场合，亲系乃是各亲属级的一个链条。换句话说，这种亲系是由一个或几个最基本的亲属单位（亲属级）所组成。不过，他认为，对亲属关系作如此解释，还只是从形式方面作了描述。亲属关系不单纯是个人与个人之间的关系，而且总是表现为作为体系中心的一个人（"我"）同作为个人的亲属出现的所有其他人的关系，而这些人则用同他相适合的亲属名称来表示。最基本的亲属名称有"父亲"、"母亲"、"儿子"、"女儿"，以及补充性的"兄弟"和"姊妹"。一切联系"我"和我的基本家庭以外的人的亲系，都用这六个名称相结合的办法来表达。他又指出：系—级式的亲属关系始终具有两个方面的（双向的）性质，它总是把一个人既同父亲又同母亲联系起来；它起初是随着对偶家庭的出现和发展而产生的，尽管尚未立即在亲属名称的体系中得到反映。

从上可知，百余年来，人们就亲属制度的分类原则和使用的名称对摩尔根做出诸多修正或批判。但正如美国研究摩尔根的专家 L·A·怀特所说："这个问题曾进行了多次辩论，辩论的人大概都没有读过摩尔根专门探讨这一点以后所写的著作——他们认为，我们的'说明式'亲属制包括'类别式'亲属制的称谓，如 cousin [从表兄弟姊妹] 或 uncle [伯叔或舅]。但是，这些称谓并不是类别式的，因为它们并没有把直系亲属与旁系亲属合并在一起。""某些人曾倡议用亲属称谓的类别来代替摩尔根的提法。但如 A·R·拉得克利夫-布朗在《亲属制度之研究》一文第 7 页所指出的，'类别式'和'说明式'这两个术语看来并不'合乎理想'，但它们'使用已久，而且也没有人提出过任何更完善的术语，虽然某些人切盼革新。'"①

在这里，我们要强调指出：亲属制度是在历史发展过程中形成和发展起来的，不能离开当时当地的历史实际进行分析。某一个民族的亲属称谓图式所表述的，不过是这一民族亲属称谓的一个断面。在这个断面上，各个具体成员的称谓都是历史的产物，但彼此出现的时间也许早晚不同，其转变又可能与外来文化接触有关。血亲和姻亲的关系如何起作用，它们又如何与行为模式相联系，所有这些，都需要做出具体、细致的分析。对此，中国学者对于汉族、达斡尔族、藏族（四川）、纳西族（云南永宁）、基诺族、高山族等等所作的调查研究以及所取得的成果，就是有力的证明。

例如，云南西双版纳的基诺族，从 20 世纪五六十年代所调查的亲属称谓制资料看，颇为接近类别式的马来亚制，同时又有

---

① L·A·怀特为摩尔根《古代社会》第三编第一章所作的注释。见《古代社会》第 397 页，商务印书馆 1977 年版。

独特的古朴的色彩。其中尤为引人注目的是，除父辈因受外族影响较为进步外，祖、孙、子、己辈都各有一种男女通性称谓。如"里饶"，用于孙子女、外孙子女和一切同辈亲属中的孙子女；"饶古"用于子女、侄子女、儿媳和女婿及其他同辈的子女；"车饶"用于己辈中的兄弟姊妹以及一切远近从表兄弟姊妹和兄弟之妻、姊妹之夫。①

又如，云南宁蒗彝族自治县永宁纳西族（自称"纳"、"纳日"或"摩梭"），直至20世纪中期民主改革前后，尚在流行的亲属称谓制，类别式仍占绝对优势，说明式只是少量的，而且是新出现的。这与那里的婚姻家庭状况大体一致。正如有的学者所指出，由于永宁纳西族婚姻家庭在中心区和边缘区发展不平衡，中心区基本上以母系亲属称谓为主，边缘区则在继续沿用某些母系亲属称谓的同时，产生了一些专门表达一夫一妻制家庭亲属关系的父系亲属称谓，或虽然沿用某些母系亲属称谓，但赋予了它父系亲属的含义。

永宁中心区母系亲属的基本称谓有15种，在实际生活中的使用情况如下：

己身为女子，对自己的和血缘不论远近的姊妹的子女，都以"若"（子）、"木"（女）相称，对一切兄弟的子女则以"则乌"（甥或侄）和"则咪"（甥女或侄女）相称；对这些女儿的子女，即一切孙子辈，均称为"如乌"（孙男）、"如咪。"（孙女）。

己身为男子，对自己的和血缘不论远近的兄弟和姊妹的子女，均称为"则乌"、"则咪"，但其中用于称姊妹们的子女含有甥男、甥女之义；这些女儿的子女，亦即孙子辈，一律称为"如乌"、"如咪"。

---

① 参阅杜玉亭：《血缘家庭史迹新探》，见云南省历史研究所《研究集刊》1982年第2期；《基诺族亲属制比勘摩尔根图式刍论》，见《民族研究》1981年第2期。

无论是女子或男子，对母亲、母亲的姊妹、母亲兄弟的女阿注（舅母）等，均称"阿咪"，只是依长幼而有"阿咪直"（大妈妈）、"阿咪吉"（小妈妈）之分；对母亲的兄弟、母亲及其姊妹的男阿注，皆称为"阿乌"，即"舅父"。

无论男女，对母亲的母亲（外祖母）及其姊妹（姨祖母）、母亲和舅父的阿注的母亲、自己的阿注的祖母，称为"阿移"，都是祖母；祖母的兄弟（舅祖父）、母亲和舅父的阿注的舅父、自己阿注的母亲的舅父，叫"阿普"，即都称为祖父。

母亲的祖母及其兄弟姊妹、母亲和舅父的阿注的祖母及其兄弟姊妹、自己的阿注的母亲的祖母及其兄弟姊妹，不分性别，通统称为"阿斯"，即曾祖。

在同辈之间，不论是否母系血亲，也不论男或女阿注的兄弟姊妹，凡长于己的兄、姊通称"阿木"，而幼于己的，弟称"格日"，妹称"各咪"。

男女之间的阿注关系，当地纳西族叫"阿注"或"主若主咪"，意即朋友或男女伴侣。

值得注意的是，不论中心区还是边缘区，在同辈之间，既有类别式称呼又有说明式称呼，如兄、姊采用通性称谓"阿木"，弟称"格日"，妹称"各咪"，兄嫂和弟媳则分别称"阿木楚咪"和"格日楚咪"，姊夫和妹夫分别称作"阿木哈楚巴"和"各咪哈楚巴"[①]。

以上基诺族、纳西族的亲属制，显然有自己特殊的社会文化背景，如不作具体分析，是不会得出科学的结论的。但无论怎样纷繁复杂，亲属制度的分类终究要归宿于类别式和说明式这两大分类中。

[①] 有关永宁纳西族的称谓，详见詹承绪等：《永宁纳西族的阿注婚姻和母系家庭》，上海人民出版社1980年版。

摩尔根曾在自己的论著中提到中国的汉族"九族"称谓制,并指认它是以马来亚式亲属制为基础。作此论断,似嫌轻率。其实,中国汉族的亲属制也有一个演变过程。据考证,它有过老、壮、幼三等亲属制[1],也发展起了非常丰富的属于说明式的亲属制。对此,林耀华于1935年在牛津大学社会人类学大师拉得克利夫-布朗(A. R. Radcliffe-Brown)的指导下,曾绘制出中国汉族自古以来跨九代的"父系家族亲属称谓表"凡五幅(可惜释文已于抗战离乱期间丢失)[2]。这些图表体现了各种亲属关系的特色,迄今仍有很大的参考价值。

(节选自林耀华主编《民族学通论》修订本,中央民族大学出版社1997年版)

---

[1] 何星亮:《从哈、柯、汉亲属称谓看最古老的亲属制》,《民族研究》1982年第5期。
[2] 见林耀华主编《民族学通论》修订本第四单元文末附表,中央民族大学出版社1997年版。

景颇族婚姻家庭制度

中华人民共和国成立前，由于景颇族进入以地缘联系为基础的农村公社已有长久的历史，单一姓氏、支系或按家族划分的村寨不复存在。通常是几十户人家的村寨有四五个姓氏，如瑞丽县雷弄寨仅33户就有10个姓氏，潞西县弄丙寨65户人家有13个姓氏。社会细胞是父系的一夫一妻制小家庭。

家庭的建立基于婚姻关系的缔结。景颇族直到20世纪50年代初期，青年正式结婚前无不经过"干脱总"（载瓦话），即汉语所称"串姑娘"。作为父母，眼看着儿子成年，便加紧喂养鸡、猪、牛等禽畜，酿造米酒，准备好各种礼品。对此，儿子莫不心领神会，于是在"干脱总"时积极物色理想的终身伴侣。所谓"干脱总"，从广义来说，是指男女青年的交游活动，即在山野唱山歌、玩耍和聚餐。

依照传统习惯，每年春节是"干脱总"的大好时光。除初一初二依例为与老人团聚的日子外，初二以后的几天，本寨或外寨的男女青年彼此相邀，带上鱼肉酒饭，到山野纵情欢娱，或歌或舞，暗寄情思。

每当夜幕降临，一群群青年男女向村旁竹丛林间走去，轻歌漫语，试探对方。他们或者来到"公房"，一起吹箫唱歌，听讲传说故事，有的青年便趁此窃窃私语，吐露衷情。夜深了，不分男女就在这里卧睡，不过，任何人都严守传统的规矩，绝对禁止发生越轨行为。此类活动多了，彼此有了深入的了解，情感已非一般，便互赠礼物：姑娘多送巧手编织的花带和绣有绒花的手绢，小伙子则赠以精雕细刻的小竹筒（内装有纸扇或口弦等物，也有不装实物的)、织布梭以及耳环上用的"乾通"。某对男女恋爱成熟,便各告负责社交活动的男女青年头,并请老人和友伴们到"公房"喝喜酒。经此仪式,表示他们的恋爱关系得到了社会公众的认可,就是说,从今以后,他们便可到"公房"外自由活动。

由于"干脱总"这类活动不只是男女青年婚前恋爱的一种良好机会,而且享有一定的性自由,这就不免产生未婚有孕和非婚生子女的问题。一旦出现这类情况,未婚女子都应实行"指腹认亲"或"抱子认亲"。进入20世纪以来,前一种情况日益少见,后一种情况几乎绝迹。依照传统习惯,拒绝被指认的事是没有的。"认亲"后,男子必须杀一头牛、一头猪、几只鸡为女家"祭鬼",为女子恢复名誉——当地称之为"洗脸"。要是未婚男子真正喜欢她便按礼仪娶为妻子;不愿意的话,女子照样嫁人,子女亦随母,若女子出嫁了,则从后父姓;男子若只要子女而不愿娶她为妻,可再送给女家一两头牛和其他礼物,尔后,女方应对子女尽哺育抚养的义务,但不能享有相应的权利,如收纳聘金、受到赡养等。非婚生子女不为社会舆论轻视,如有办事能力又得人心的,照样可以当寨头。

景颇族男女求偶成婚,必须恪守姨表不婚,同姓不婚,虽为异姓但以为源出于同一氏族者也不婚;只限于建立有丈人种和姑爷种婚姻关系(景颇语分别称之为"木育"、"达玛")的异姓之间通婚。若有违反,人们斥之为猪狗,并根据习惯法予以严厉制裁。只要符合通婚原则,别无限制,如不分支系、不拘年龄等。

所谓丈人种和姑爷种,是依父系亲属观念来表述的一种姻亲关系,它的特定含义是:姑母的儿子有权而且必须娶舅父的女儿为妻,或者说,侄女一旦堕地就注定要做姑母的儿媳,而舅父的儿子却绝不容许娶姑母的女儿为妻,意思是"血不倒流"。显然,这是一种单向的舅表婚。把这种固定的婚姻关系加以扩展,就是姑爷种姓氏的男子必须娶丈人种姓氏的女子为妻，而丈人种姓氏的男子却不准倒娶姑爷种姓氏的任何女子。例如，在属于载瓦支的景颇族人中间，姓增通的是姓梅普的丈人种，姓木土的是增通的丈人种，而梅普则是木土的丈人种，依照这种开亲习惯，增通的女子必嫁梅普的男子，梅普的女子必嫁木土的男子，木土的女子必嫁增通的男子。很明显，要维持这种通婚规则，至少要在三个姓氏之间开亲才有可能。就每一个姓氏来说，总是既属丈人种也属姑爷种。不过，在实际生活中，某姓某家有几个女儿就可能有几个姑爷种，有几个儿子也可能有几个丈人种，所以民间流传着这样的谚语："讨媳妇不限于一家，嫁姑娘不限于一户。"

单向舅表婚的观念在景颇族中是根深蒂固的。如果舅家有女儿，外甥在求偶时违背惯例而向别姓氏的丈人种开亲，必须事先向舅家送礼（如较高级的丝织品、水酒等），表示向舅家要"命令"，也表示为表姐妹"洗脸"，即致以歉意，为之保持荣誉。即便舅家无女儿或年龄太小之故，外甥不得已另找丈人种，同样要征得舅家的同意。不如此行事，就被视作破坏亲戚关系。丈人种与姑爷种的姻亲关系因故中断，想恢复关系时，姑爷种一方可向丈人种一方送礼认亲。若对方以酒食相待，并回赠一些礼物，双方的姻亲关系即告恢复。

景颇族对于嫁娶是很重视长幼行次的。例如，在舅表中找配偶，若有多个姐妹，必先长后幼，倘若娶的是表妹，表兄弟必须给其未婚的表姐妹送一头牛作为越过行次的赔礼，妹妹也送一种特殊项链（有的价值约当两三头牛）给姐姐，表示不得已先出嫁的歉意。兄弟间谁先娶亲也要按照传统习惯先大后小，若无特殊原因，弟弟是绝不能先于哥哥结婚的。他们认为，这样做，是对长者尊敬的表现。

景颇族还有妻姐妹婚的现象，不过一般只发生在男子丧偶之后。年岁不大的妻子亡故，男子再婚时可优先娶亡妻未婚的妹妹，而她们也自认为这是一种应尽的义务。在这种情况下，如果亡妻未曾生育，男子讨娶无须付出任何代价；若生育有子女，男子应向岳家再付若干聘礼。倘若亡妻无未婚姐妹，堂姐妹也可以顶替，再不然岳家就应给女婿一份珍贵的礼物如铓锣等，表示允许他另讨其他丈人种姓氏的女子为妻。

直到19世纪，在实行山官制度的地区，除严守族外婚原则外，还有等级内婚制习惯，即官家和百姓互不通婚，而是官家对官家、百姓对百姓通婚。这主要是官家为了维护自己的经济实力和政治地位，就是说，如果官家讨娶百姓的女儿为妻，百姓便成为山官的丈人种，而丈人种对姑爷种却享有一定的权利；对于百姓来说，由于经济贫困、地位低下，仅彩礼一项也无法支付，所以并不可能去娶官家的女儿。近百年来，景颇族的社会经济有了明显的发展，中小山官中经济地位下降者不乏其人，百姓中也出现了一些经济富裕户，于是以往严格的等级内婚制已被打破，出现了山官女"下嫁"、百姓男"攀高亲"的现象。

景颇族的结婚方式各种各样，加以归纳，有以下三类：

第一类是明媒正娶。它是按一定的礼仪，经双方商定彩礼和婚期而实现的。例如在载瓦人中间，其大致过程如下：经巫师（"董萨"）打卦认为某女子可娶后，父母即请"勒脚"（男方寨子的媒人）与"强通"（女方寨子的媒人）联系，向女方父母提亲，并送去铓锣、丝织品、鸡蛋、酒等礼物；如收下礼物，便是表示同意。第二步，再送些礼物，共商婚期。第三步择定吉日迎娶。届时，女方请"强通"、舅父和本寨亲朋代为陪送姑娘前往成亲。幼年订婚之意的"奴庇"（景颇语）或"迷董"（载瓦语），实际上就是这一方式的第一步，只是离嫁娶之日更长久罢了。对于纳过彩礼、订了婚的幼女来说，是不许另嫁别人的。实行此种方式，由于彩礼多、花费大，所以它多为经济富裕之家采用。显然，这一类亲事完全由父母做主，当事人毫无自主权，彩礼能否讲妥是决定亲事成败的主要依据。

第二类属于自由恋爱婚。在"串姑娘"过程中，自由恋爱，乃至怀孕，又经"指腹认亲"，最终缔结了夫妻关系。实行此种方式，男子只需为岳家备办有限的彩礼（甚至不予备办），也可不置酒请客待友，所以20世纪四五十年代以来仍颇为流行。也有这种情况：男女感情很深，而双方父母不同意儿女们的亲事，便会发生一对情侣偷跑他方，另建新家的情况。

第三类属于"抢婚"。细分起来又有三种：第一种为"拉亲"。当小伙子属意于某个姑娘，便想方设法从她身上暗取一物（哪怕是一根丝线或头发），请巫师打卦，看看是否可娶。卜吉（一般如此）即托媒议亲，或放出欲娶某某的空气，自定拉亲日期。此后通过"勒脚"和"强通"熟知姑娘的行踪。到了预定的日子，不论姑娘心愿如何，小伙子都照样邀约几个同伴，乘她离家活动的机会，将其抢回寨子，并于第二天举行婚礼。若事前未曾议定彩礼，"强通"就告其父母，姑娘被某人拉走了，并代表男方与之商议彩礼数额。对此，女方父母往往是同意的，因为一则它是祖祖辈辈传下来的婚俗之一，二则"生米已煮成熟饭"，只好面对既成事实。个别父母实在不同意，必须及时赶去把女儿要回来。第二种为"偷亲"。当欲娶某个姑娘的消息故意泄露后，姑娘和父母又一致反对，于是她有意藏匿起来；而小伙子也不甘罢休，便在媒人的密切配合下，出其不意地将姑娘抢去成婚。第三种是带有"挖墙脚"色彩的抢婚。这种抢婚，往往由于女子才貌出众，同为几个男子属意或发生了爱情，他们相互猜疑又顾虑别人娶她，因而"先下手为强"，把女子公然强抢而去。因有多方争夺的问题，所以女方父母总是要索取高昂的礼金。这种抢亲方式，被抢的对象并不限于姑娘，故有如俗话说的，那是去"挖人家的墙脚"。这说明社会舆论不大赞成。倘若此女子是幼年订过婚的，或被人拉去做了妻子，当事人应向原夫赔偿所付彩礼的一倍以上。如果原夫对赔偿不满意，就可能引起"拉事"（即任意抢走当事人的牛等动产，乃至发生流血事件）。一般地说，经赔偿和"讲事"就彼此相安了，因为事实上，已婚女子（包括订了婚的）被抢，往往属于事发前已经与行抢者暗中相爱甚至有过性行为，所以原夫多以索赔了事。

抢婚，不论是真抢还是假抢，都要付出一定的彩礼，这说明在私有制和一夫一妻制有了相当发展的历史条件下，婚姻的缔结已被打上深深的经济烙印。但是，"抢婚"这一类结婚方式能在景颇族群众中如此长久、普遍地流行，一般不为社会舆论非难，显然与社会上原始遗风尚存有关，所以我们只能把它看作是对古老婚俗某种程度上的沿用。从民族学的角度去溯源，它不过是母权制向父权制过渡时期的产物。

景颇族的结婚典礼，大多在一天之内完成，但戏剧性的场面给人留下的印象却是难以淡忘的。到了婚礼之日，新郎带上彩礼，由富有娶亲经验又最能忍住发笑的已婚男女青年各一名陪同迎亲。他们还应带上用熟糯饭揉成筒形的饭筒十多支（每支够十人吃），用芭蕉叶包好的菜包若干个（数字与事先告知的女方客人相等），内包熟肉、菜蔬和传统必备的"冲冲菜"。到了新娘家里，交过彩礼，切开饭筒，按人头每人分送一团饭和一个菜包。饭罢，女方由亲属将预备好的两套真假礼物抬出。先是把用芭蕉树做成的"刀"、"枪"等生产工具一件件交给受礼人——新郎的两位陪同者。受礼人小心翼翼地接过来，应完好无损地把"刀"、"枪"等挂在自己的肩上。要接好这些假礼物很不容易，因为主人是把芭蕉树切断后用一根竹签连接起来后做成的，万一不能完好无损地接过来背挂在身，就将受罚——赔出一件真的来。所以在这种受礼场合，大家总是起哄、发笑不止；人们越是惹逗你发笑，受礼人越是克制不发笑。受过礼，受礼人尽力保持身体平衡，一步步地挪出家门，去到转弯处大家看不见时才将佩挂在身的假礼物丢下。此时，他们如释重负地说一声"谢天谢地"，并随着迎亲队伍返回新郎家去。

有的地方，迎亲队伍快要回到村寨时，还得越过三道"路障"。事先，村子里的孩子们拾来树枝、竹条、旧篱笆等，设置三处路障，并分工把守。热闹的迎亲队伍来到第一道路障时，受到守候在这里的一群女孩子的阻拦。队伍中走出一位中年妇女，郑重其事地倒出竹筒里的水酒给小姑娘喝，并送上一些小礼物。她们没有接酒和要礼物，只顾一个劲地喊："不准新娘过！"就在纠缠不休时，伴娘们却簇拥着新娘从另一头越过了路障。第二道路障由一群男孩子把守。同样是敬酒送礼无效，这时"勒脚"，和"强通"装着东倒西歪的样子上前说话，孩子们眼看这两个"醉鬼"要倒下，不禁退了两步。说时迟那时快，"哗啦"一声，人们就势拥过了路障。第三道路障的守卫者是几个三四岁的娃娃。当他们拥上去抱住新娘腿脚之际，新娘和伴娘们都满怀喜悦地顺手抱起他们跨过了路障。民间传说认为，设这种"路障"是出于对新娘婚后得子的一种祝愿。

新娘来到新郎家之时，还要举行一种仪式。在从院子前往竹楼新房的途中，依尺余间隔挖一小坑，各埋上一小把向两边交叉的三人多高的茅草，并在草丛中间置一根长约两米的木头（一般是用牛栏拴闸，也有的放一新做的梯子）。有的还在茅草丛的两端各栽上一对芭蕉树、两支甘蔗。他们说，芭蕉树象征吉祥，甘蔗象征甜蜜，茅草象征人丁兴旺。新娘一到，即请巫师念咒祭"家鬼"，大意是："请家堂鬼好好帮看新娘，她是我们家的人了，保佑她不会伤风咳嗽，身体健康……"为祭鬼要杀鸡和猪、牛、羊，并将其血淋洒到茅草上。之后，新娘沿着木头（梯子）走过，上楼进新房。这一套仪式叫"跨草蓬"。它是景颇族结婚典礼中不可少的、也是最重要的一个仪式。

按照惯例，举行婚礼后，新妇即回娘家去，直到有孕或生了子女才到夫家长住。不落夫家的时间无一定例，或两三年，或十年八载，这取决于双方劳力多寡和感情好坏，但时间再短也不会少于一年半载。回娘家居住期间，遇到年节或红白喜事，男方父母或兄弟姐妹方能把她接来住上几天。若婚后不久便返夫家长住，将受到别人的耻笑，说什么"她早就想跟丈夫在一起了"。在不落夫家期间，女子应守贞操，如有不轨行为，将受到严厉的制裁。

景颇族的个体家庭，一般都由夫妻及其子女组成，三代同堂的不多，四代同堂的几乎没有。在家庭里，父亲是一家之长，子女从父姓，按父亲计算世系。表面上看，这样的家庭很普通，其实仔细分析，我们不难发现，它有不少独特的地方。

首先，在景颇族的勒期、浪速这两个支系中还存在着父子连名制。所谓父子连名，就是父亲名字的末尾，总是作为儿子名字的起首，代代相续，从不中断。比如，在20世纪50年代调查时，发现盈江县硔汤寨（景颇族所称，即宝石岭岗）的荣家仍能完整地追溯出33代人的父子连名：

1. 毛母伦
2. 母伦拱
3. 拱马布
4. 布阿昌
5. 昌作彪
6. 彪作得
7. 得木容
8. 木容飘
9. 飘必央
10. 央伦勒
11. 勒等泽
12. 泽港佑
13. 港佑久
14. 久冲车
15. 冲车约
16. 约奥等
17. 等罗窝
18. 窝罗章
19. 章崩
20. 崩鲁
21. 鲁用
22. 用登
23. 登六
24. 六格

25. 格 成　　26. 成 六
27. 六 宗　　28. 宗 崩
29. 崩 昌　　30. 昌 科
31. 科 江　　32. 江英　江中
33. 中 少

　　为什么会实行父子连名制呢？原来在古代先有一个母系氏族社会。那时候，妇女的各项生产、生活活动，对于人们的生存和社会发展具有决定性意义，加上实行群婚，子女只知其母不知其父，因而妇女享有至高无上的威信，子女归属于母系氏族和家族，甚至发展了母子连名制。当生产力有了一定的发展，男子的经济活动日益重要起来，以致终于超过了妇女时，男子就要去改变传统的世系计算和财产继承法则，以父权制取代母权制。男子推翻母权制的手段多种多样，其中就包括通过父子连名的办法来确认自己的亲生子女，以便他们能在新的世系计算制度下去继承父亲的财产。可见，父子连名制是母权制向父权制社会过渡时期的一种遗风。

　　其次，有着外人难辨真假的亲属称谓。在通常的一夫一妻制的父系家庭中，人们相互之间的称呼是严格而又明确的，即谁是父母，谁是儿女，谁是兄弟姐妹，等等，分得一清二楚。但是，这在景颇族社会里却不尽然。例如：假定昌是一个男子，昌的子女以及亲兄弟、一切从兄弟和姨表兄弟的子女，都称作昌的子女，这些子女们一律互称为兄弟姐妹；昌的姐妹们的子女，是昌的外甥、外甥女，同时对外甥又以女婿相称。假定崩是一个女子，崩的子女以及亲姐妹、一切从姐妹和姨表姐妹的子女，都称作崩的子女，这些子女们互称为兄弟姐妹；崩的兄弟们的子女，是崩的内侄儿、内侄女，同时对内侄女又以儿媳相称。把这些称呼（包括血亲和姻亲方面的）扩展开来便是：祖父母（外祖父母）及其同辈同称，孙子女（外孙子女）及其同辈同称，岳父母与舅父母同称，公公、婆婆与姑父母同称。在实际生活中，甚至更为复杂，而且绝不允许任意套用称呼。这在姻亲称谓中表现得特别突出。比如，依照古老的婚姻习惯，舅家的男子不许娶姑家的女子为妻，加上存在着舅家位尊、姑家位卑的传统原则，结果同辈的男女间出现了特殊的称呼：舅家的男子呼姑家的同辈女子时，与外甥女同称；舅家的女子呼姑家的同辈男子（非配偶者），与公公、姑父同称。姑家的男子呼舅家的同辈女子（非配偶者），与内侄女、儿媳同称，呼舅家同辈男子的妻子，则与岳母、舅母同称；姑家的女子呼舅家的同辈男子，与岳父、舅父同称。

以上反映家庭内外人际关系的称谓，对于景颇族人来说，哪些是历史的陈迹，哪些与现实生活相符，是不难分辨的；而对于其他民族的人来说，是很难搞清楚的。因此，当其他民族的人与他们交往时，究竟应当使用哪一种称谓，一定要慎重。比方说，"木囊占"、"木囊娃"这两种叫法，在男子和女子这两部分人内部以及相互之间都适用，但其含义却随性别的不同而发生变化，就是说，同一个"木囊占"或"木囊娃"，在同性间相称为"伙伴、朋友"之意，而在异性间相称则为"对象、男（女）朋友"之意。倘若一个其他民族的男子（或女子），竟称呼一个景颇族的女子（或男子）为"木囊占"（或"木囊娃"），那就会遭到耻笑，也会使对方十分难堪。

再次，比较流行转房习俗。民国初年李学诗曾到滇缅边界调查风土人情，关于景颇族的转房习俗，他写道："父死，所遗妻妾，除生身母外，均须纳之；子死孙幼，子之妻妾，翁亦须纳之，不尔，女家必兴师问罪，以为破坏亲戚，不欲相好矣。"[①]这表明景颇族的转房风俗由来久远，影响颇深。此俗在20世纪50年代时还未彻底消失。

---

① 《滇边野人风土记》，见《永昌府文征·记载》卷21。

按景颇族的转房习俗,弟可继兄嫂,兄可娶弟媳。不只是平辈,就是在上下辈之间也容许转房,如叔伯可娶侄媳妇,侄儿可纳叔伯母,以至有子承父妾者。在转房的情况下,称谓上有何变化呢?属于同辈转房,一如已往并无变化,若属长辈与晚辈间的转房就比较复杂。如果是子承父妾,过去为母子关系,现在变成了夫妻关系,他们与亲生的子女自然是父母与子女的关系;她过去所生的子女,对于他照旧以兄弟姐妹相称,对于她则仍称为母亲。其他如叔伯讨侄媳和侄儿纳叔伯母,照此类推。

这并不是说,死了丈夫的年轻寡妇,非转房不可。比如,只要征得亡夫家族的同意,并退还娶她时所支付的全部彩礼,她就获得了改嫁的权利;她也可以在家族内招夫或招收养子直到老死。由此我们不难看出:由于转房造成的一夫多妻,不论富人穷人都符合习惯,显然这种制度还保留有某种群婚的影子;转房习俗长期存在于阶级社会中,其关键是基于私有制和买卖婚姻的存在。

景颇族比较重视幼子对家庭财产的继承。在多兄弟的家庭中,只要弟弟已成年,长子一旦娶亲,就意味着不久将与父母分居,另立门户。分居时,长子可以分得某些生活用具,但重要的生产资料(如水田、耕牛等)和生活资料,一般都留给幼子,作为父母养老送终之用。像这种多兄弟的家庭,父母给长子娶了亲,就算尽了自己的义务,这同时又意味着长子从此要替父母挑起家庭的重担。待到二儿子娶了亲,长子即分居他处,而料理家庭的担子又落到了二儿子肩上。当三儿子成了亲,二儿子亦照样离开老家另立门庭。依此类推,直到最后一个儿子结婚,并与老人永远生活在一起。由此可知,财产实行幼子继承制,除有古老遗风的因素外,还与幼子必须最后承担赡养老人的职责有关。当然,也有个别人家,长子婚后并不分家,仍与老人生活在一起。

至于有女无子者，一般都招婿上门，但女婿不改姓氏，所生子女也从父姓。倘若无子又无女，可收纳养子，养子与亲生子一样看待，他既有赡养父母的义务，也有继承财产的权利。

（节选自龚庆进《景颇族》，民族出版社1988年版）

《古兰经》的婚姻家庭观

《古兰经》一译《可兰经》,我国旧时亦称为《天经》、《宝命真经》等。它是伊斯兰教的根本经典,在穆斯林世界中影响深远,同时,对于我们研究古代阿拉伯半岛的社会历史以及各国穆斯林的宗教与日常生活规范,具有极为重要的参考价值。《古兰经》的内容十分丰富,包括伊斯兰教的各种典章制度,对社会问题的一系列主张,人们应遵奉的伦理道德,等等。这里仅就其婚姻家庭观作如下概述,希冀有助于民族学、家庭社会学、历史学工作者研究参考。

一、缔结婚姻的原则

《古兰经》认为,穆斯林缔结婚姻时应严格遵从有关规定,绝不允许凭个人好恶而我行我素。

首先,它反对与异教徒(如多神教徒等)通婚。经文多次指出,尽管异教徒令人称羡爱慕不已,但是只要他(她)尚未皈依伊斯兰教,就不能与之结婚。例如经文明确写道:你们不要聘娶信多神教的妇女,——直到她们皈依,皈依的奴婢,肯定比女多神教徒适宜,——即便她使你们爱慕不已。你们不要嫁给多神教徒,——直至他们皈依,皈依的奴隶,肯定比多神教徒适宜,——即便他使你们称美不已。这些人会诱人入火狱,……

（二：221）①

其次，强调缔结、维系婚姻关系应以遵守教规为准绳。对于前来投奔的妇女，人们不可鲁莽行事，即未弄明白她们是否属于忠实的信女之前，应该细心予以考察再做出决定。比如，她是否由于私利而离开本土外迁，是否受到丈夫虐待或感情不睦而悄然出走？就是说，其动机究竟何在，必须明辨。只有确断她们是忠实的信女，或确断她们由于原夫悖逆了教规而不得已出走，才允许依礼娶为妻子（参见六十：10）。倘若是妇女违背了教规，那就不能与之"保持婚姻关系"，即便付过聘礼，也应该依例退还（参见六十：10）。

第三，《古兰经》坚决反对血亲、姻亲（均含拟制者）间通婚，认为他们之间实行通婚，乃是"可耻而又可憎"的恶劣败坏之风！它指出：严禁聘娶的女性是你们的母辈、女儿、姐妹、姑母、姨母、侄女、外甥女、乳母、同乳的姐妹、岳母，和你们所扶养的继女，——即曾跟你们发生过性关系的妇女所生之女性，……（四：23）

为革除古代阿拉伯人的旧风陋习，《古兰经》还在不同场合一再强调反对"转房"、"妻姐妹婚"，即严禁"强行占有并继承女性"、聘娶"父亲娶过的女性"、"亲生子的妻室"，以及"同时聘娶两姐妹"（参见四：19、22—24）。

第四，《古兰经》认为实行一夫一妻制"更接近于公平合理"，而不是如某些人所理解的主张"多妻制"。经文是这样说的：如果你们担心对孤女不能公平合理，那么，你们可以聘娶所爱慕的妇女；娶两妻、三妻、四妻，如果你们担心不能公平待

---

① 引文末尾圆括弧中的汉字是《古兰经》的章次，阿拉伯数字为节次。下同。考虑到回族学者林松先生所译《古兰经韵译》（中央民族学院出版社1988年版），在思想内容和文体艺术风格均译得比较理想，所以本文的直接援引或大意转述都据此。

遇，那就只各娶一妻，或纳娶权力所属的奴婢，这更接近于公平合理。（四：3）据此可以看出，针对当初战乱兵燹频仍，男子伤亡甚多，孤女、孀妇成为重大社会问题之一，《古兰经》才不得已提出在能够公平待遇、彼此相安的条件下容许男子多妻。容许多妻，绝不等于提倡多妻，更非强行规定必须多妻，何况那不过是迫于特定历史条件和社会问题而采取的权宜之计或应变措施罢了。

第五，为维护正常的婚姻关系，促进良好的社会风气的建设，《古兰经》坚决反对淫乱行为，申明对于淫乱者应加以惩罚，即对淫妇、奸夫"各打一百鞭"（二十四：2），而且明文规定：奸夫只许把淫妇聘娶，或娶多神教信女；淫妇只能嫁奸夫或多神教徒，禁止信士们去聘娶。（二十四：3，又参见二十四：26）

此外，《古兰经》亦允许自由民与女奴通婚（四：25）。允许奴隶之间"相嫁娶"（二十四：32）。这表明，它不主张独身主义，也不主张在婚姻关系方面搞森严的等级制度，具有某种朴素的民主主义色彩。

二、婚姻关系的解除

对于婚约和婚姻关系的解除，《古兰经》合乎情理的规定随处可见，尤其可贵的是，有的规定还体现了女性生理变化的科学依据和注意保护妇女、儿童利益的原则。

在穆斯林中间，亦有订婚之俗，有的在订婚时还商定了彩礼。订婚是婚姻关系正式成立的前奏，他们对此是很严肃、认真的。不过，当男子一旦以为不宜与某女教徒结成终身伴侣，废弃婚约的事也就不可避免。《古兰经》认为，如果双方尚无肉体的"贴近"，解除婚约是允许的，但是，应分别两种情况而采取措施以为"手续"：1. 如事前未商定彩礼，男子提出毁约，"应该馈赠她们一点离别之礼"，至于礼物多寡厚薄，则无硬性规定，而是"各自酌情量力"（参见二；236）。2. 如事前已议定彩礼，男子提出毁约，应该付给女方"已经规定的二分之一"彩礼。不过，倘若女方或者"有权主持婚约的人"表示愿意"宽免舍弃"，男子不予支付也是允许的（参见二；237）。

对于举行过正式婚礼的男子，只要属于"在跟她们接触之前将她们休弃"，其处理原则与废弃订婚之约相同，但无论如何都"应该给她们赠礼，让她们体面地离去"（参见三十三；49）。

对于举行过婚礼又同过房的夫妻，男子若发誓非"休妻弃妇"不可，《古兰经》认为应遵守有关的规矩。首先，要讲"限期"，即男子必须注意到妻子经期正常，即确证妻子尚未怀孕（妻子是否有孕亦应如实相告），才能正式提出离婚问题。"对于那些到期不来月经的妇女"，"以三个月为限度"（即应等待三个月的经期，尚无月经的少妇也如此）；至于怀胎的孕妇，"以分娩为限度"，这就是《古兰经》在另一处所言"应该计算限期"，"在她们的限期之内办理离婚事务"的意思。因此，只要妻子并未发生奸情（四：15规定，"发生奸情"必须有"四个人作证"），尽管男子一再发誓要离婚，也不允许在"限期"内"轻易把她们从住室驱逐"，而"她们也不得自行外出"（以上参见六十五：1、4）。这样规定，也为一时的误会引起争吵，尔后夫妻相互谅解、重归于好提供了机会。就是说，到了"限期"，男子如对离婚感到后悔，"可按常情挽留她们"（二 231），即收回"休妻"成命。不过，发生这种情况，应依常规举办一定的善事：在复婚之前，应该释放一个奴仆，……谁无奴可释，在复婚前，应该连续斋戒两个月；谁要无能办到，应把六十个贫民一天的口粮供足，这样，以便对安拉和使者归服。（五十八：3、4）

《古兰经》主张夫妻应该好合好散。一旦离婚不可避免，就应"找出两个公正的族人作证"(六十五：2)，即"从他和她的家族中，各找出一个公正人〔商议〕"(四：35)。但他们应先做一番调解工作，只有调解失败，离婚才算数。夫妻不能因为离婚就反目成仇，他们应该"善意地分离"，男子"不该索回给过她们的丝毫聘礼"(二：229)，并且要合情合理地解决一系列问题。例如，经文指出：当她们到达限期时，你们挽留她们——要凭和善的态度，或者离开她们——也凭和善的态度。(六十五：2)你们应该尽可能在你们的寓所安排她们居住，你们切不可妨碍她们，致使她们痛苦，如果她们怀孕，你们应对她们给养充足，直到她们分娩结束；如果她们为你们哺乳；你们应给予报酬，并合理地相商支付；如果你们之间意见冲突，就让他另找别的乳母。让富裕的人富裕地支付，让窘迫的人从安拉所赐财物中量力付出，安拉不苛责任何人超付他所赐的限度。(六十五：6、7)

对于离婚的产妇，《古兰经》在别处另有说教：〔离婚后〕生母对婴儿哺乳，整两年为期，——为愿意者完成哺乳之义，生父，应当供给母子衣食，遵从惯例，任何人不被苛求，除非是按照他的能力，不能为婴儿刁难生母，也不能为婴儿对生父挑剔。(二：233)

三、关于复婚和寡妇再嫁

《古兰经》允许夫妻复婚和寡妇再嫁，但都有一定的限制。它明文规定，男子"休妻只限两次"(二：229)，而且既已离婚，"她此后就不能做他的妻，——直至她被另外一个丈夫聘娶"(二：230)，"对她们再嫁丈夫不可进行干预，——如果她们和后夫之间按常理两相愿意"(二：232)。所谓"休妻只限两次"，不是说一个男子一生只有两次"休妻弃妇"的权利，而是指同一对夫妻离婚后可以复婚,再离婚后又可复婚,但禁止第三次离婚后又复婚。如果属于第三次复婚,就必须限定一个条件,即妻子在第二次离婚后改嫁他人又离了婚,才允许他们复婚(参见二:230)。

对于寡妇再嫁,《古兰经》持赞许的态度,但同样要讲"限期":你们中有人遗下妻子而死去,她们应该自守,等待四个月零十天之期,当她们达到预定限期之际,她们自身的合乎常理之举,对于你们没有过错……(二:234)这里所谓应"自守","等待四个月零十天",是指丈夫死去时,未怀孕的孀妇应等待的时间。孀妇倘若身怀六甲,则应延续到分娩之后方可改嫁。对于符合"限期"的孀妇改嫁,不应受到任何人的干预。某个男子如有意聘娶孀妇,不受非难,但不得暗自与之苟合,亦不得违背"限期"及其他聘娶惯例。这即经文所说:你们向续婚的妇女含蓄地示意,或把聘娶的意图隐藏在心底,对你们都不算罪过,安拉知道你们即将对她们正式提起,但你们不得跟她们私约密契,只能说光明磊落的话语,你们不可(提早)将婚约订立,直到届满规定的限期……(二:235)

四、家庭伦理道德

《古兰经》强调家庭成员之间要注意伦理道德的修养,使每个家庭生活得和谐、有序。

首先,它反复教导人们要孝敬父母,特别是从养育等方面形象地图解了为什么要这样做的理由:我已嘱咐人们孝敬父母,他母亲辛苦地怀他,辛苦地生育,从妊娠到断乳,共达三十个月,直到他成长健壮,到四十岁的年纪。(四十六;15)而作为父母者,不管家境富裕与否,都应对自己的儿女尽养育之义务,不许虐待他们，如果残杀他们则更属罪大恶极。比如，针对当时阿拉伯存在为减轻生活负担而弄死亲生子女的恶习，经文表示应坚决制止：你们切不可害怕穷困而残杀子女，我赐他们的给养跟赐你们的一般，残杀他们确实罪大难担。（十七：31）

其次，《古兰经》主张夫妻之间应该相亲相爱地共同生活。它认为，夫妻两者的关系是互为表里的，即"她们是你们的外衣，你们是她们的外衣"（二：187）。丈夫对于妻子虽然享有各种合法权益，但都"应该争先为善"，像农夫对待庄稼一般的爱护备至（二：223）。作为一个多妻的丈夫，对于诸妻应注意公平合理，切忌爱溺于一方，冷遇于另一方：即使你们想在各妻室之间讲公平合理，你们要兑现也不容易，但你们不可完全地偏袒爱溺，而使被冷遇者孤寂空虚……（四：129）为人之妻，应该洁身自好，做一个"忠贞不渝"、"温顺的贤妻"（四：34）。如果一个妇女担心遭到丈夫的虐待或遗弃，那就不妨相互改善关系，和解更为适宜。（四：128）

对于夫妻的性生活，《古兰经》提醒男子应讲生理卫生，即要避开妻子的经期："你们对月经期的妻子要回避，你们切不可贴近她们，直至她们洁净经息，当她们洁净之际，你们才能遵安拉命令任意跟她们亲昵。"（二：222）

第三，如前所说，《古兰经》为了使社会有一个良好的秩序和家庭风尚，坚决反对任何人淫乱通奸，因为"它确实丢人现眼，这行径丑恶不堪"（十七，32）。至于那些"一定要在妇女之外以男色满足性欲"者流，则斥之为"为非作歹的党羽"（七：81）。同时，它还就一些生活细节作出规定，谆谆告诫妇女要稳重，不可轻佻，以杜绝邪恶观念和不良行为的滋生：你告诉女信士们——她们应该低首俯视，应该把自己的下身遮蔽，不要让她们的装饰毕露，——除非是自然外露。应该用罩纱把胸脯遮蔽，并使装饰不露痕迹，——除非是对她们自己的丈夫，或对于自己之父、丈夫之父，或对于自己之子、丈夫之子，或对于自己的弟兄、弟兄之子、姐妹之子，或对于一般妇女，她们所控制的奴婢，或对于无性欲的男仆役，或对于妇女之谜情窦未开的男童。叫她们不要故意举脚投足，以炫耀她们暗自装饰的神秘。（二十四：31）

此外，《古兰经》对于穆斯林的人生观教育也很重视，其中特别告诫人们不宜热衷于追逐今世的物质享受和虚荣，而忽略了精神生活方面的修养、冶炼。为此，它运用庄稼的茁壮成长到凋零枯死的比喻，让人们在领悟兴衰的道理中懂得今世的生活原则不忘着眼于未来：须知今世生活不过是娱乐、游戏，是装饰，是相互间夸耀自诩，是以财产和子孙争逐高低，情况就譬如下雨：它使庄稼滋润，种田人便欣喜；而后又让禾苗干枯，你见它呈现焦黄色，终至凋零死去。在后世，有严刑的惩击，也有发自安拉的饶恕与欢愉，今世生活不过是骗人的享受安逸。（五十七：20）

作为人生观的一个组成部分，《古兰经》又很重视人际关系的妥当处理。对此，它有一系列的劝谕。比如，指出无论男女信士，都各有自己的长处，因而，彼此不该互相诽谤、猜疑，而应互相学习，以他人之长补己之短：诚信的人们啊！你们中的男子不要相互嘲弄谑戏，也许他们这方比那方更优异；你们中的妇女也不要彼此讽刺贬讥，也许她们这些比那些更可取。你们不要互相诽谤攻击，不要以绰号彼此相称，在信仰以后，恶名多么毁声誉！谁要不悔过自新，就属不义。（四十九：11）诚信的人们啊！你们应该多多避免猜疑，有些猜疑，确实是罪过，你们不要互相侦察秘密，也不可背后彼此私议。难道你们中有人爱吃已死的弟兄之尸体？你们对这事会厌弃……（四十九：12）又如《古兰经》反复劝诫穆斯林：对于双亲应该孝敬，对亲戚、孤儿、贫民应该同情，你们跟人交谈要和蔼从容，你们要谨守拜功，要赈困济穷。（二：83）你们要孝敬父母，善待亲戚、孤儿、贫民、近邻、远坊、伴侣、漂流者及你们手下的奴隶,安拉对傲慢、自夸的人确实不欢喜。(四:36)所有这些,都体现了对"和为贵"以及互敬、互爱、互助理想的追求。

五、关于财产继承的律例

在财产继承问题上,《古兰经》有明确的指导思想和继承中的分配原则。这里首先要肯定的是,它破天荒地打破了古代阿拉伯半岛父权制确立以来女子无财产继承权的惯例,主张无论男女均可"得到父母、至亲遗留的部分权益",只是多寡厚薄方面,应"按规定依法继承"(四:7)。至于继承者,除了子女继承父母之外,也包括父母继承子女,兄弟继承姐妹,姐妹继承兄弟,丈夫继承妻子,妻子继承丈夫,即所有的"至亲近戚",均有财产继承权(二:180)。任何人都不得妨害继承者的权利,谁要是"擅自改变"财产"遗嘱",违逆"安拉的法律","他将被投入火狱,并在狱中永居"(参见二:180;四:13、14)。在继承遗产时,总的原则,一是"一男可享二女的权利"(四:176),即男子应比女子多一倍,或者说女子为男子的二分之一;二是如有债务,应当在按亡人遗嘱支付或代为清偿之后,才能就遗产情况依律例分别继承。

针对亡人的亲属状况各不相同,《古兰经》集中而又具体地一一作出了说明:安拉嘱咐你们关于子女的〔继承〕条例,一男所获数额有如二女,如果她们是两个以上的妇女,那么,她们可将遗产的三分之二获取;如果她是独生女,可分配二分之一。他〔亡人〕的父母各有遗产的六分之一——如果他有子嗣承继。如果他没有子女,只由父母承继,那么,他的母亲可获三分之一。如果他有几个兄弟姐妹,那么,他的母亲可得六分之一。这是在按遗嘱支付或还清（死者）债务后〔的处理〕。……你们可以获得妻室遗产的二分之一——如果她们没有子女。要是她们有子女，那么，你们可获取她们所遗的四分之一——在按遗嘱支付或还清债务之后。她们可以分享你们遗留的四分之一——如果你们没有子女。要是你们有子女，那么，她们可获你们遗留的八分之一——在按遗嘱支付或清偿债务之后。如果被继承的男或女上无父母，下无子女，只有一个弟兄或姐妹，那么，他俩可以各得六分之一。如果他们（弟兄姐妹的人数）比这个更多，他们便共享均分遗产的三分之一——在按遗嘱支付或还清债务之后。（四：11—12）

对于孤儿，《古兰经》的规定体现了关心、保护的主旨，于是当涉及他们所继承的遗产问题时，告诫人们应为之代管，但不得侵吞；除了贫寒者为抚养孤儿不得已"循例适当地食取"外，如恣意挥霍、侵吞孤儿的财产，那是罪大恶极之举，因而"将遭遇烈火之狱"；当托管人将孤儿抚养长大成人后，应将代管财物还给他们，同时为了避免纠纷，在归还财物时要请见证人予以证明（以上详见四：2、6、10）。

《古兰经》的内容丰富、精深，以上就其婚姻家庭方面的看法所作的概述，不免有遗漏，更不免有不大准确之虞，恳切希望有识之士予以批评、指正。

（与邱立合作，原载《北方民族》1993年第2期）

对藏区"多夫多妻"现象的浅见

《西藏研究》杂志自1999年第4期起,接连刊登了有关藏族中尚存一妻多夫、一夫多妻婚姻家庭旧习俗的文章,笔者对此深有所感。

从人类婚姻家庭发展史的角度看,多夫制与多妻制原本一样古老,即都是源自原始社会早期实行的集团(氏族)外婚——群婚制。然而,自原始公有制社会被以财产私有制为基础的阶级社会取代以来,一夫一妻制就成为人类普遍的婚姻形态,广大的劳动者都顺从了这一社会历史发展规律,只是少数有钱有权的男子才予以拒绝,力图维系实实在在的一夫多妻制。因此,这种少数人的多妻制是阶级社会的一种霉菌,与古代社会的多妻制(同时实行多夫制)便风马牛不相及了。

就藏族来说,我们无须去探讨历史上如何从群婚经对偶制向一夫一妻制演变的过程。但值得注意的是,自17世纪以来,我国汉文文献和西方学人的著述都特别地提到藏族一妻多夫的习俗,或以为是有伤人伦的淫乱,或以为是一种独特的奇异婚俗。例如,芬兰学者爱·韦斯特马克(Edward Westemaarck,1862～1939年)于1891年在伦敦用英文出版的成名之作《人类婚姻史》,以及1926年根据该书第5版改写而成的《人类婚姻简史》,都以一定的篇幅介绍了藏族的一妻多夫制。他说:"与一夫多妻制相比,一妻多夫制则是一种较为罕见的婚姻形式。""一般而言,就我们所掌握的直接证据来看,一妻多夫制只在少数几个地区盛行,而在很多民族中,它仅仅是一种例外。""西藏自古以来即盛行一妻多夫制,至今仍很普遍。诸夫一般皆为兄弟。……在西藏很多地方,诸夫并不以兄弟为限,有时亦可为其他亲属,偶尔甚至可为非亲属。所有丈夫都与他们的共同妻子住在一起,成为一家人。兄弟共妻的现象,在从阿萨姆到克什米尔的广大喜马拉雅地区,都有不同程度的存在,而主要存在于藏系民族之中。"① 这里说明两点:第一,这些材料不是韦斯特马克亲自调查来的,而是从到印度、我国西藏活动的英国人口中得来的二手货。第二,他把一妻多夫制看作是一种"例外"的婚姻形式,目的是否认恩格斯的《家庭、私有制和国家的起源》中有关婚姻家庭理论的科学性。

20 世纪 70 年代末、80 年代初,中央民族大学(原中央民族学院)图书馆吴丰培先生尤其钟情于藏区史料收集,终于辑成了《川藏游踪汇编》(共 8 册,誊写版),其中从清代康熙末年至光绪末年的多篇史料中,都有关于康区藏族一妻多夫习俗的记载。其一妻多夫的情状,与爱·韦斯特马克所说的基本相同。

为了讲授经典著作选读——《家庭、私有制和国家的起源》,80 年代初,我曾两次专访了来自西藏的女干部,一位是来自拉萨的,一位来自山南地区的。专访的目的很明确,探讨西藏一妻多夫制习俗的真实性。来自拉萨的我校干训部学员(时为西藏自治区体育部门的干部)对我说:一妻多夫的习俗在拉萨附近的农村还存在。"我已经结婚。按照传统规矩,我丈夫的弟弟应该也是我的丈夫,只是我当了国家干部,所以我才不按传统办。"来自山南朗县县政府的女干部(时年 42 岁,家在日喀则)说:一妻多夫习俗,在后藏农区、牧区都较普遍,只是城镇比较少。普遍的是一夫一妻,也有一夫多妻的,但较少。一妻多夫者往往是"差巴"户(民主改革前)。对于妻子来说,丈夫的兄弟自然是自

---

① 〔芬兰〕韦斯特马克著,刘小幸等译:《人类婚姻简史》,商务印书馆 1992 年版,第 171~175 页。

己的丈夫，也要尽妻子的义务，否则，社会舆论会说她的心不好。贵族一般不搞一妻多夫，但暗地里很多贵族实行多妻制。山南边缘地区有一夫多妻的，实行招赘婚，一般是两姐妹共夫；同时，也有一妻多夫的。在西藏和平解放前，大家都认为这两种婚姻形式都好，说明家庭关系好呗！为了印证历史资料和个人专访事实，在90年代中期，我向一位知己的藏族朋友探询了一妻多夫、一夫多妻现象的可靠性。答复是肯定的。为了印证多夫多妻制习俗的普遍性，最近我特地拜访了一位同事。他是云南省迪庆藏族自治州人，无论是一妻多夫制还是一夫多妻制，他都肯定地说，这在迪庆藏族现实生活中的确是存在的。从以上材料可以看出，多夫多妻制，在藏族各地区都比较普遍地存在。

恩格斯在《家庭、私有制和国家的起源》一书中两处提到西藏的一妻多夫制，一处是第4版序言，一处是第二章"3.对偶制家庭"的末一段。在后一处，他说："关于它（印度—西藏的多夫制）起源于群婚这个肯定并非无关紧要的问题，还需要作进一步的研究。"[1] 恩格斯在这里说的话，表明了他严肃的科学性。要不是恩格斯只看到了麦克伦南和韦斯特马克的二手材料，而能看到像我们今天所看到的资料，他也许会作出藏族一妻多夫制实为古代族外群婚制残余的结论。

我有一些文献资料，例如，《定藏纪程》称："其夫见其（妇）与人苟合，亦不以为怪。"[2] 《理塘志略》称："淫心忽动，随人即合，其夫亦置（之）不问。夫妻悦则相守，反目即自择所欲而适焉。"[3] 在《炉藏道里最新考》中联豫"补记"：（前藏

---

[1] 《马克思恩格斯选集》第4卷，人民出版社1995年第2版，第58页。
[2] 吴廷伟：《定藏纪程》，中央民族学院图书馆誊印版，第8页。
[3] 陈登龙：《理塘志略》卷上，中央民族学院图书馆誊印版，第13页。

——拉萨者）"女子年及笄，则父母不问，听其自适。"[1] 把这些资料与一妻多夫、一夫多妻（尽管近代以来人们已不赞许）联系起来进行分析，很明显，藏族中尚存的多夫制与多妻制与古代社会的族外群婚制有关，而极端低下的生产力水平、残酷的农奴制度（如沉重的赋税、差役）和闭塞的地理条件以及滞后的传统文化观念，都是旧婚俗生存的土壤。

风俗习惯的改革，取决于生产力的发展与社会的进步。不能说一妻多夫制家庭目前是"致富的模范"，就说它并不落后；毕竟一夫一妻制才是人类婚姻家庭的最佳归宿。

（原载《西藏研究》2001年第1期）

---

[1] 张其勤：《炉藏道里最新考》，中央民族学院图书馆誊印版，第15页。

第三编
原始社会形态研究

原始社会形态

原始社会是原始共产主义社会的简称，为人类历史上第一种社会形态。我们认为，它包括原始群、前氏族公社和先后以母系制、父系制为特点的原始公社诸阶段，而农村公社和家长制家庭则是原始社会向阶级社会过渡的中间阶段。

一、原始群

原始群指从猿到人过渡时期正在形成中的人的群体，是刚刚脱离动物界的原始人共同生产和生活的集团[1]。在马克思、恩格斯早期著作中，使用德文 rudel[2]，俄文译作 стадо，意为群或群居。1877年摩尔根《古代社会》出版后，马克思、恩格斯采用摩尔根使用的英文术语 horde，俄文仍译为 стадо。汉译最初为"原群"，后又有"群"、"群团"、"群居"、"原始群团"、"原始游群"等译法。现在英、德、法文一般写作 horde，俄文作 стадо。列宁在1913年给高尔基的信中曾使用 первобытное стадо 这一复合词[3]，意即"原始群"。

原始群时期，相当于摩尔根所说的"既谈不上任何技术，也

---

[1] 学术界还有一种见解，认为原始群是包括直立人在内的真正人类社会的群体。

[2] 参见恩格斯致波·拉甫罗夫的信（1875年11月12日—17日），《马克思恩格斯全集》第34卷，第164页。

[3] 见《列宁全集》第35卷，第111页。中译本误译为"原始人群"。

谈不上任何制度"的"原始人"时代；马克思所说的过着群团生活、无婚姻可言的"原始的蒙昧人"；恩格斯所说的"以果实、坚果、根作为食物"，由于"没有武器"而以"群的联合力量和集体行动来弥补个体自卫能力的不足"的"正在形成中的人"，亦即"同从动物状态向人类状态的过渡相适应的杂乱的性关系的时期"①。从古人类学来说，约400万年前的南方古猿（阿法种）和800万—1400万年前的腊玛古猿，都属于原始群阶段。

　　人从猿而来，其演变过程无比漫长，肇始则是手和脚的运用出现了某种分工。一方面，由于生长相关律的作用，手的发展引起身体其他部分的相应变化。另一方面，劳动的发展促使"形成中的人"更紧密地结合在一起，因为他们都能在实践中逐渐意识到可以从彼此的联合、协作中得到好处。而联合、协作现象的不断增多又意味着，"这些正在形成中的人，已经到了彼此间有些什么非说不可的地步了"②。这一时期的主要成就，大概是手足的初步分工、尚不平稳的直立行走，以及产生了初步的语言。

　　正在形成中的人，还不会制造工具，只是使用木棒、石块这些天然工具去觅食和防卫；没有婚姻家庭形式可言，只是过着杂乱的性生活；那种纯粹的思想意识尚未产生，至多有了一些萌芽；谈不到社会组织形式，只有游荡性的群居生活。

二、前氏族公社

　　前氏族公社是原始社会的第二阶段。这是随着"完全形成的

---

　　① 恩格斯：《家庭、私有制和国家的起源》，第19页，第31—32页。
　　② 恩格斯：《劳动在从猿到人转变过程中的作用》，见《马克思恩格斯选集》第3卷，第511页，人民出版社1978年版。

人"的出现而产生的原始共产制公社的头一个阶段。它属于人类学上的直立人（包括能人即早期直立人）阶段，为考古学上的旧石器时代早期，或相当于恩格斯所说的蒙昧时代低级阶段和中级阶段的前期，距今已有二三十万年到三四百万年的历史。

恩格斯指出："由于随着完全形成的人的出现而产生了新的因素——社会"，"人类社会区别于猿群的特征"，"是劳动"，而"劳动是从制造工具开始的"[1]。正是通过劳动，使猿类演变为人类；有了人类，人类社会就随之出现。人类在地球上的历史有多长，目前尚无定论，但根据古人类学和考古学的成果可以断定，至少已达300万年以上。

直立人会制造工具，并且已知用火，这已为一系列的考古资料所证明。这意味着他们既吃植物也吃肉食，开始学会了在任何气候下生活。直立人的体质特征已与猿类相去甚远，而与现代人相当接近。这里以北京猿人为例。学者们确认，他们能够自由运用两手进行劳动，完全可以直立行走了，而且有了分音节的语言，已发展起人类所固有的思维能力。至于他们所达到的生产力水平，从极其丰富的文化遗物可以看出，他们会制造不同功用的石器，主要的有砍斫器、刮削器、尖状器等，而且形制比较固定，加工也较精细。在北京人居洞，成堆的灰烬多有发现，有的还厚达6米，这表明他们对火的使用和管理已有相当的经验。再结合那里的烧骨、烧石和100多种哺乳动物化石，以及当时的自然地理条件，我们不难猜测，北京人过的是采集、狩猎生活。合群协力去攫取自然界提供的食物是最经常的谋生手段，同时也可能产生了初步的性别上的劳动分工。

与直立人极端原始的生产力水平相适应，那些粗糙、简单的

---

[1] 恩格斯：《劳动在从猿到人转变过程中的作用》，见《马克思恩格斯选集》第3卷，第512—513页，人民出版社1978年版。

生产工具归集体所有，每一种生活资料的取得都是共同努力的结果，因而由大家共同消费，至于无劳力的老人小孩，也同样获得一份。这就形成了最初的原始共产制公社——前氏族公社，亦即人类第一个有组织的社会形式。如果说，原始群时期"只有母权能够起某种作用"①，那么，在前氏族公社时期，"母权"的作用当是有了一些发展，整个公社的生产和生活由妇女们来管理；不过，大家都是平等的，每一个人的权利和义务紧密地结合在一起。

当时的婚姻状况是怎样的呢？通过长期的物质生活资料生产的实践，特别是人类自身生产的实践，直立人不知不觉地服从自然选择原则的作用，从原始杂乱的性交状态中脱离出来，即逐渐排除了亲子间的性关系，只允许同一辈的男女间过性生活。按照辈分来划分的这种婚姻制度，就叫集团内婚（族内群婚），又叫血缘婚。这是人类的第一种婚姻形态，与其相应的家庭形式叫血缘家庭（血缘家族），它是人类家庭发展史上的第一种家庭形态。

马克思曾指出，"生活上的共产制"，乃是当时人们"存在的必要条件"而通行于血缘家庭中。随后又说："一旦原始群为了生存必须分成较小的集团，它就从杂交转变为血缘家庭，血缘家庭是第一个'有组织的社会形式'。"②恩格斯在《家庭、私有制和国家的起源》一书中写道："家庭组织上的第一个进步在于排除了父母和子女之间相互的性关系"，"每个原始家庭，至迟经过几代以后是一定要分裂的。原始共产制的共同的家户经济（它毫无例外地一直盛行到野蛮时代中级阶段的后期），决定着家庭公

---

① 马克思：《摩尔根〈古代社会〉一书摘要》，见《马克思恩格斯全集》第45卷，第338页，人民出版社1985年版。

② 马克思：《摩尔根〈古代社会〉一书摘要》，见《马克思恩格斯全集》第45卷，第347—348页。

社的最大限度的规模,这种规模虽然依条件而变化,但是在每个地方都是相当确定的。不过,认为同母所生的子女之间的性关系不妥的观念一旦发生,这种观念就一定要影响到旧家庭公社的分裂和新家庭公社的建立(这种新的家庭公社这时并不必然同家庭群体相一致)。"[1] 这里应作解释的是,所谓"旧家庭公社"应是指前氏族公社[2];至于"新家庭公社",联系恩格斯把排除同母所生的子女间的性交作为前提,又考虑到原始共产制公社的发展序列,它当是指母系氏族公社。

三、氏族制度下的原始公社

继前氏族公社之后,人类社会形成了以氏族制度为基本格局的原始共产制公社。与氏族制度的形成、发展、繁荣和衰落大体同步,原始公社先后经历了母系氏族公社、母系家族公社和父系家族公社,亦即由母系到父系、由大型到小型的演化过程。这一阶段,相当于恩格斯所说的蒙昧时代中级阶段后期至野蛮时代高级阶段前期,或相当于考古学上的旧石器时代中、晚期至新石器时代晚期。

人类的祖先在长期的社会劳动实践中,既不断地改变着人类自身(即由直立人发展到早期智人和晚期智人——现代人),也同时促进着原始公社的发展,终于由前氏族公社过渡到母系氏族公社时代。

---

[1] 《家庭、私有制和国家的起源》,第35—36页。
[2] 本书(指《民族学通论》)1990年第1版称"旧家庭公社"为"血缘家族公社",有关作者经比较研究认为,还是采纳"前氏族公社"说为宜。作者就"废弃血缘家族公社称名的缘由"有充分说明。详见陈克进:《〈关于原始社会的分期〉余论》,载《中央民族大学学报》1996年第3期,第37页。

氏族的产生是由于生产力的进步和开始实行群体外婚制的结果。先是母系氏族，然后它又转变为父系氏族。一般说来，既已有氏族存在，就会出现胞族、部落，乃至形成部落联盟（这是父系氏族社会才可能有的社会现象）。生产力的发展水平由低到高；氏族制度下的原始公社亦显现出不同的发展阶段。

在首先存在的母系氏族公社阶段里，生产力水平仍极其低下，以石器为主的劳动工具在功用上毕竟非常低劣，生产技术和经验亦很贫乏，人们只有依靠集体的力量方能获得起码的生活资料，并在严酷的自然环境里得以生存和繁衍。与集体劳动相适应，人们活动范围内的地域及其附着物和劳动产品，都归同一氏族的人所共有。这些出自同一假定女始祖的一群人，在最有权威的女长者组织领导下，按性别和年龄这种自然分工进行采集、渔猎、加工食物等等。就是说，以女性为中心的、以血缘联系为基础的这种群体，集体占有生产资料，共同劳动，共同消费，人人平等、民主地生活着。在婚姻上，严格实行族外婚，夫妻分别在自己的母方氏族参加经济活动，性生活是采取丈夫拜访妻子的方式，但他们还停留在一定范围内的共夫共妻这种群婚阶段，因而子女只知其母不知其父，世系只能依女系计算。既然夫妻分别属于各自的氏族，他们创造的劳动财富也就归各自的氏族所有；他们亡故后，遗留下来的生产工具等财产依女系原则由各自的氏族集体继承，尸体也埋入各自氏族的公共墓地。这种母系氏族公社既是当时社会组织的细胞，也是生产和消费产品的基本单位。

随着劳动技能的进步，石质工具类型增多了，骨角工具和经过加工的木质工具出现了，简单的制陶和纺织、缝纫等手工业，原始的种植业和家畜饲养也相继发展起来，采集和渔猎提供的产品比过去有了较多的增加，人们过上了定居生活。此时的母系氏族公社已到了繁荣阶段。在这个阶段上，家族公社或叫共产制的母系大家庭出现了，并逐渐由它取代母系氏族公社成为人们经济生活的基本单位。

母系家族公社产生后,一般说来,原先的氏族组织和社会生活的基本原则仍然存在,所不同的大概主要是:经过多少个世代人口大大增加了,一个个的母亲氏族分裂出了若干个女儿氏族,于是自然形成了胞族以至部落。由于生产工具的进步和生活资料生产部门增多,以氏族为集体劳动单位的组织形式逐渐失去了意义,而代之以母系家族为集体劳动单位,而且这种劳动组织形式的变化终于导致以家族为消费产品的基本单位。在婚姻家庭形态上,由群婚发展到对偶婚,夫妻居住制也渐渐发生了变化,即到了后来,丈夫不在母方氏族居住,而实行从妻居,并参加妻方氏族的一切经济生活。由于一对配偶的婚姻关系比较确定了,父子关系的观念自然也渐渐产生出来。若干个对偶家庭共同生活在一个规模相当的母系家族中。不过,原始共产制家庭经济仍然是当时妇女在社会上和家庭中享有崇高地位的物质基础,所以未曾出现氏族制度的本质变化,"母权制"还处于充分发展的巅峰状态。

母系氏族公社以及进一步小型化了的母系家族公社的原有面貌,近代以来的民族学家都曾力求予以详尽的描述,其中成绩最突出且开创了新局面的当推摩尔根。他以北美印第安人塞讷卡部落的一整套氏族组织及他们的社会经济制度为古典形态。恩格斯认为,摩尔根发现的氏族制度具有普遍性,并说"只要与美洲社会制度作一比较,也有助于我们解决最困难的疑难和哑谜"[①]。50年代以来,我国民族学者对少数民族中残存的原始氏族、家族公社结构,进行了相当充分的调查研究,并取得了丰硕成果。

云南宁蒗彝族自治县北部永宁地区的纳西族,由于经济、政治、历史和地理等诸种原因,直至民主改革前,大多数人仍然保存着初期对偶婚和母系家庭的基本特征,氏族组织的痕迹亦较明

[①]《家庭、私有制和国家的起源》,第94页。

显。简单地说，其社会组织形式有三级，即"尔"（氏族）、"斯日"（母系大家庭，亦可视为女儿氏族）、"依度"（母系家庭）。据传说，这里的纳西族祖先，早期迁来时分属于西、胡、牙、峨、布、搓六个尔，其中布、搓两个尔早已消失。他们把尔叫做"一根骨头"或"一个根根"。这意味着，尔是由同一母系血缘的后裔组成的集团。虽然纳西族的氏族制遗迹已不完全，但那些"社会的化石"毕竟十分珍贵，具有很大的研究价值。这里侧重从氏族制度的痕迹作些介绍。

（1）在母系氏族社会中，氏族的名称一般都使用动植物的名称，即存在图腾崇拜。尽管纳西族早已不存在图腾崇拜，但直至20世纪40年代，从以虎、豹、狮等动物作为斯日或依度的名称，以及禁止猎虎等习俗来看，显然它们就是纳西族最早的氏族图腾之一。

（2）氏族实行外婚制，内部成员不得通婚。这是氏族存在的根本原则。纳西族无论结交临时的还是长期的阿注[①]（包括正式结婚），都恪守一定的范围或界限：凡属不同母系血统的成员皆可建立阿注关系；同一母系血统的后裔则禁止通婚。据说，很早以前，同一个尔或斯日的成员，都不允许结交阿注。这种外婚制的特点，只是20世纪50年代民主改革前夕才发生了明显变化。

（3）氏族制度在本质上是民主的。过去永宁土司的基层政权，实行的是伙头制度。据称，这是古代的社会组织形式。每个伙头（纳西语"拉梅"）管辖一村至数村，负责调解纠纷，代土司征收钱粮杂派。它最早可能就是氏族或部落酋长的称号。伙头历来由责卡（中华人民共和国成立前为农奴等级）中的头人担任，实行世袭制，一般为舅传甥或兄传弟，亦可由该家子女担

[①] "阿注"系永宁纳西族从普米族中借来的词，意为朋友，无论有无性关系均适用。

任。责卡等级虽然在中华人民共和国成立前属于封建农奴，但仍保留着行使"散羊毛疙瘩"（"苦札尼克"）[①]这种原始民主的权利：一旦土司和土司政权的总管、头人"做事不合古规"，责卡们就可以约集成百上千群众，奔赴被反对者的家里，抄没财产，宰杀猪、羊。被反对者不但不许反抗，而且要用酒饭招待，自责道歉："我违反了我们民族的古规，做了错事，请你们原谅，以后我不敢再那样做了。"

（4）氏族共同占有、利用土地，人们集体生产、共同消费，即实行原始共产制原则。永宁纳西族除斯日还保留有少量公有地外，在各个母系家庭里，包括生产资料和主要生活资料均属集体所有。一切财产均按照母系制原则继承：母死由其子女或其姊妹的子女继承，舅死由其甥子女继承；男子在家庭中的财产和他经营副业的收入，乃至日常生活用品，自己的亲生子女都不能继承。

（5）同一氏族的人必须相互保护、帮助复仇。这在纳西族斯日一级母系大家庭活动中保留着残迹，主要表现在同一斯日的各个母系家庭，举凡丧葬、盖房、迁居、或丧失了劳动力的人，大家都从人力、物力、财力上予以帮助，倘若本斯日的成员与别的斯日的人发生重大纠纷，同斯日各家有共同商议、协理的义务，一旦出现了人命案，肇事者的斯日各家都有义务承担一部分偿命金或罚款。

（6）同一氏族的人有共同的宗教信仰活动。纳西族不同"尔"的人死后，都有自己固定的送魂路线。所谓送魂，实际上就是请巫师"达巴"举行一种宗教仪式。此外，绝大多数的斯

[①] "羊毛疙瘩"是以传递方式取得联络的一种信物，即在一小长条的木板上，缠有羊毛搓成的小绳，绑上辣椒、木炭，羊毛绳上打有小结，结数代表集合日期数。它一旦散出，接此信物的村落便如期派人前往指定的地点集合待命。

日，农历每年十月都要举行祭祖活动，届时由各家单独祭祖，并邀请同斯日的各家参加；少数斯日则选择一个固定的日子（八月或十月的某一天），同一斯日的全体成员一起祭祀。

（7）氏族有公共墓地。从前，纳西族的公共墓地是以"尔"为单位放置骨灰袋，如胡尔在尼错瓦山，峨尔在狮子山，牙尔在格各启比山，西尔在木西锡比山。到了20世纪30年代，公共墓地已由尔缩小到以斯日为单位，后来又在斯日公共墓地内单独选择一个地点作为依度的固定墓地。

古典意义上的母系家族公社，至少近代以来已不复存在。这是文明浪潮席卷全球的必然结果。然而，民族学家们据以研究的残余形态，则屡见不鲜。在中国，除永宁地区的纳西族具有此种研究的价值外，部分拉祜族（"拉祜西"）中存在的母系大家庭，亦是一个难得的例证。云南澜沧县糯福区和勐海县巴卡因寨等地的拉祜族，直至20世纪中叶，被称为"底页"的大家庭，规模包括以女家长为中心、按女性传递世系和财产的三四代成员（这些成员同时又往往被称为"底谷"的若干个小家庭联系在一起）。母系大家庭——底页是一个生产和消费单位，共同占有土地，集体劳动，共同分配。每个大家庭都有自己干栏式的长屋（上层住人，下层放杂物、关禽畜）。一般房高7—8米，宽10余米，长度则与人口多寡有关，过去有的长达30—40米。上层屋内设有几个或十几个火塘。火塘两侧用木板分隔成若干个格，供夫妇及其子女们住宿。据老人们回忆，南段老寨在20世纪初还有隔成70格的长屋。在这种大家庭里，普遍实行从妻居（一般占80%以上），世系以母系为主，财产多为女子继承，女子的地位在家庭和社会上都较高，男女家长的地位平等，家长负责指挥、安排全家的生产生活、收支和教育事宜。这种集体占有财产（尤其是耕地）、共同劳动和消费的母系大家庭，过去曾是普遍的形式，只是到了40—50年代才开始走向解体。

继母系家族公社之后为父系家族公社时期。它相当于恩格斯所说的野蛮时代中级阶段晚期和高级阶段前期，或相当于考古学上的新石器时代晚期。

自人类出现以来，性别上的劳动分工并不意味着男女们各自独占某一生产领域。在出现原始农业和家畜饲养之初，可能主要是妇女负责经营，随后，男子也参加进来，并逐渐成为全社会生产活动中的基本力量，而妇女们则更多地从事辅助性劳动，包括加工生活资料，负责炊爨等。男子的经济地位日益加强。当他们在社会上和家庭中的经济作用占有决定性意义时，母权制氏族的衰落和父权制氏族的兴起就必然到来。母权制向父权制的过渡，实质上是共产制经济的母系家族公社向父系家族公社的过渡。正如前面所述，氏族制度充分发展起来后，母系家族公社在氏族组织之下已经成为共同生产和平均消费的单位。这时，氏族在经济生活方面的职能已近乎于零，它更多的是肩负宗教活动，保卫本氏族、部落的安全，维护社会公共秩序，调节婚姻关系等职责。因此，父系氏族社会取代母系氏族社会的初期，顺乎自然，是由父系家族公社承接了母系家族公社原有的生产和消费这一基本职能。这时，父系氏族还是存在的，但并不形成一个新的父系氏族公社，因为基于同样的原因，父系氏族只是从母系氏族那里继承了残缺不全的氏族功能。

19世纪以来的民族学研究成果表明，父系家族公社的存在具有普遍性，对此，恩格斯通过引述俄国、德国、爱尔兰、法国、阿尔及利亚、墨西哥、秘鲁和印度等国的有关文献资料加以论证，特别是全面概述了南方斯拉夫"扎德鲁加"从组织形式到经济生活的一套制度。他说："它包括一个父亲所生的数代子孙和他们的妻子，他们住在一起，共同耕种自己的田地，衣食都出自共同的储存，共同占有剩余产品。公社处于一个家长的最高管理之下，家长对外代表公社，有权出让小物品，掌管财务，并对财务和对整个家务的正常经营负责。他是选举产生的，完全不一定是最年长者。妇女和她们的工作受主妇领导，主妇通常是家长的妻子。……最高权力集中在家庭会议，即全体成年男女的会议。家长向这个会议作报告；会议通过各项重大决议，对公社成员进行审判，对比较重要的买卖特别是地产的买卖等作出决定。"①

20世纪40—50年代我国少数民族中，如东北鄂温克、鄂伦春族的"乌力楞"，海南岛黎族的"纹茂"（海南汉语方言叫"合亩"），云南独龙族的"吉柯罗"等等，都比较明显地残存着这种父系家族公社。限于篇幅，这里不逐一介绍，仅就独龙族的残存形态略作说明。独龙族的家族公社——吉柯罗，由父系三四代成员构成，大家同住在一座长屋中。每个公社有一个家族长，由年长辈高、能说会道、办事公正的男子担任，不管是自然形成的还是大家推选的，不中途撤换，也不允许父子相袭。家族长没有特殊的权利，只以社会公仆的面目出现，但有很高的威信。他的主要职责包括选择耕地、领导和组织生产、排解内部纠纷、维持社会秩序、主持婚丧事宜和宗教活动，以及对外交换物品、协商解决公社间的争端等。凡属重大事务，均由公社会议民主讨论后才做出决定。每个公社都有公共的房屋、粮仓、耕地等。这里虽然形成了耕地"公有共耕"、"伙有共耕"和"私有共耕"或"私有私耕"的局面，乃至除公共的大仓房"邦千"外，也出现了各个小家庭自建的小仓房"邦秋"，但是，在消费方面继续实行原始共产主义的原则：公社的每顿饭，由各个小家庭的主妇轮流制作，所用的粮食取自"邦千"，待其用完则取自"邦秋"，都没有存粮了，大家就靠打猎、采集充饥。

虽然我们据以研究的家族公社资料，都已掺杂了私有化现

---

① 《家庭、私有制和国家的起源》，第56页。

象,如扎德鲁加、吉柯罗都绝不是古代父系家族公社的原生形态,但是,这并不妨碍我们追溯出父系家族公社固有的如下几个特征:(1)以血缘关系为其天然的组织基础,世系计算和财产继承法则依父系确定。(2)生产资料公有(包括长期占有的残存的氏族公有的土地、森林、水面),以家族为单位共同劳动、共同消费。(3)实行原始民主制,家族长是一个社会公仆,对全家族的内部事务进行民主管理,对外则代表家族公社,与其他公社进行交换等相互往来,或与氏族、部落保持着密切的社会联系。(4)在婚姻家庭方面,除初期可能还保留着对偶婚外,已实行一夫一妻制的个体婚,由夫妻及其子女组成的小家庭,到了后期可能成为一个消费单位,但其他经济生活和宗教活动等等仍然从属于家族公社,即它们尚未从根本上从公社母体中游离出来。

四、原始社会向阶级社会的过渡

继父系家族公社之后,人类社会进入农村公社或家长制家庭时期。它相当于恩格斯所说的野蛮时代高级阶段的晚期,或相当于考古学上的金石并用时代到初期金属时代。这个时期从各个方面所表现出来的二重性,说明它是从原始共产主义社会向以私有制为基础的阶级社会过渡的最后一个阶梯,或者说,是原始公社制度彻底崩溃、以私有制为基础的阶级社会最后形成的前夕。

农村公社,又称"农业公社"、"农户公社"、"毗邻公社"、"地域公社"等,简称"村社"。广义上,它包括农业公社、游牧公社和游猎公社等不同类型;狭义上,则专指农业公社。本书是从广义上使用这个词的。

农村公社是从父系家族公社中发展起来的。关于它的主要特征,马克思主义创始人有过阐述。马克思在给俄国学者查苏利奇的著名复信草稿中指出:"它摆脱了牢固然而狭窄的血统亲属关系的束缚,并以土地公社所有制以及由此而产生的各种社会关系为自己的坚实基础;同时,各个家庭单独占有房屋和园地、小土地经济和私人占有产品,促进了个人的发展,而这种发展同较古的公社(按:指氏族公社)机体是不相容的。"他还就农村公社的历史地位问题做出精辟的结论:"农业公社既然是原生的社会形态的最后阶段,所以它同时也是向次生的形态过渡的阶段,即以公有制为基础的社会向以私有制为基础的社会的过渡。不言而喻,次生的形态包括建立在奴隶制上和农奴制上的一系列社会。"① 对于国家权力的萌芽,他在其他场合虽有涉及,但并无明确的论述。不过,恩格斯在《反杜林论》一书中曾明确地写道:生活状况和社会地位的某种平等,"在开化得比较晚的民族的原始农业公社中还继续存在着。在每个这样的公社中,一开始就存在着一定的共同利益,维护这种利益的工作,虽然是在全社会的监督之下,却不能不由个别成员来担当:如解决争端;制止个别人越权;监督用水,特别是在炎热的地方;最后,在非常原始的状态下执行宗教职能。这样的职位,在任何时候的原始公社中,例如在最古的德意志的马尔克公社中,甚至在今天的印度,还可以看到。这些职位被赋予了某种全权,这是国家权力的萌芽。"②

对于农村公社古老的典型面貌,马克思和恩格斯都曾根据各种记述予以描画。到了19世纪80年代,恩格斯指出:在德国摩塞尔河畔和霍赫瓦尔特山脉的马尔克(农户公社——Gehöferschaften)中,公有地虽然不再一年分配一次,但是每隔3年、6年、9年或12年,总要把全部开垦的土地(耕地和草

---

① 《马克思恩格斯全集》第19卷,第450页,人民出版社1963年版。
② 《马克思恩格斯全集》第19卷,第45页。

地）合在一起，按照位置和土质，分成若干"大块"（Gewanne）。每一大块，再划分成若干大小相等的狭长带状地块，块数多少，根据公社中有权分地者的人数而定；这些地块，采用抽签的办法，分配给有权分地的人。没有开垦的土地、森林和牧场，仍然共同占有，共同利用。后来，它的耕地变成了各个社员的私有财产。农户公社也越来越感觉到，停止周期分配，变交替的占有为私有，对它们是有利的。变成个人私有财产的第一块土地是住宅地，随之是宅房旁地，然后是长期占有使用的耕地。其他一切土地，即除去家宅和园地或已经分配的村有地以外的一切土地，和古代一样，仍然是公共所有、共同利用。这里有森林、牧场、荒地、沼泽、河流、池塘、湖泊、道路、猎场和渔场。马尔克社员除了拥有平等的土地份额和平等的使用权以外，当初他们在马尔克内部在参加立法、管理和裁判方面，都拥有同等的机会。他们定期地或经常地（如有必要）举行露天集会，商定马尔克的事务，审判马尔克中的不法行为和纷争。也制定法律（虽然只是在少有的十分必要的情况下），也推举公职人员，也检查公职人员执行职务的情形，但主要还是宣判。主席只能提出问题，判决由到会的全体社员决定。①

马克思指出：俄国长期存在的"米尔"这种农村公社（农业公社）是没有血统关系的自由人的社会联合。房屋及其附属物——园地，是农民私有的。耕地是不准转卖的公共财产，定期在社员之间进行分配，因此，每一社员用自己的力量来耕种分给他的地，并把产品留为己有。② 对于印度的农村公社，他也曾写

---

① 参阅恩格斯：《马尔克》，《马克思恩格斯全集》第 19 卷，第 355—360 页，人民出版社 1963 年版。

② 参阅马克思：《给维·伊·查苏利奇的复信草稿（三稿）》，《马克思恩格斯全集》第 19 卷，第 449 页，人民出版社 1963 年版。

道：目前还部分地保存着的原始的规模小的印度公社，建立在土地公有、农业和手工业直接结合以及固定分工之上。这种公社都是一个自给自足的生产整体，它们的生产面积从一百英亩到几千英亩不等。除了从事劳动的群众外，还可以看到一个"首领"，他兼任法官、警官和税吏；一个记账员，登记农业账目，登记和记录与此有关的一切事项；一个官吏，捕缉罪犯，保护外来旅客并把他们从一个村庄护送到另一个村庄；一个边防人员，守卫公社边界防止邻近公社入侵；一个管水员，从公共蓄水池中分配灌溉用水；一个婆罗门，司理宗教仪式；一个教员，在沙土上教公社儿童写字读书；一个专管历法的婆罗门，以占星家的资格确定播种、收割的时间以及对各种农活有利和不利的时间；一个铁匠和一个木匠，制造和修理全部农具；一个陶工，为全村制造器皿；一个理发师，一个洗衣匠，一个银匠，有时还可以看到一个诗人，他在有些公社里代替银匠，在另外一些公社里代替教员。这十几个人的生活由全公社负担。如果人口增长了，就在未开垦的土地上按照旧公社的样子建立一个新的公社。[①]

实质相同、残存程度有别的农村公社，从欧洲、美洲到亚洲的许多民族都可以看到。直至20世纪中叶民主改革前，我国云南的佤族、怒族、景颇族、布朗族、傣族的部分地区，仍然残留着农村公社的一些内容和组织形式，其中尤以西双版纳傣族为最。西双版纳农村进入封建领主制社会已有几个世纪，但它在经济上、政治上等诸方面却一直与农村公社固有的原始形式结合在一起，或者说，封建领主的政治统治、经济剥削利用了农村公社的躯壳。尽管如此，这里还是为我们追溯古老的农村公社提供了难得的线索。西双版纳的经济形态，特别是在土地所有制问题

[①] 参阅马克思：《资本论》第1卷，《马克思恩格斯全集》第23卷，第395—396页，人民出版社1972年版。

上，存在着二元现象：在公有制方面，主要是土地的"集体所有"（"寨公田"），即除牧场、森林等仍然共同使用外，耕地实行定期分配，各个体家庭所分得的耕地由自己耕种，他们仅有占有使用权，没有所有权，亦即不能私自转让、买卖。在私有制方面，每个家庭都有自己的私有财产，这主要是房屋、牲畜、农具、农产品、日用品等。不过，西双版纳的最高统治者"召片领"（意为"广大土地之主"），是整个西双版纳土地的所有者，所以社员必须履行"种田出负担"的规定。就村社内部的组织系统而言，也酷似前述的印度等农村公社。这里有村社社员称为"寨父"、"寨母"，又被领主封为"叭"、"鲊"、"先"的头人，他们有管理居民迁徙、代表村社接受新成员、管理村社土地、代领主征收各种贡赋、管理宗教和婚姻以及调解争端等职权。在他们之下又有：管武装的"昆悍"，向下传达、向上反映类似"乡老"的"陶格"，通讯联络的"波板"，执掌文书的"昆欠"，专管水利灌溉的"板闷"，管社神的"波摩"，管佛事的"波占"。有的村社还设有银工、金工、铁工、木工、猎手、屠宰师、酒师、商人、医生、马医、理发师等等。许多村社均有"赞哈"，即诗人兼音乐家。所有这些人，都不脱离农业生产。同时，除有若干头人组成的村社议事会负责处理日常事务外，凡有关分配"负担"、调整土地、水利纠纷、社员外迁或吸收新成员等重大问题，都要召开村社民众会议讨论，对这种残存的原始民主，即便头人也往往不得不在形式上遵从。[1]

国内外的实例表明，农村公社以其所固有的二重性而体现出它的过渡性。其二重性至少表现在以下四个方面：（1）居民的社会联合主要以地域为基础，但一般都还在不同程度上保留有以家

---

[1] 参阅"民族问题五种丛书"云南省编委会编：《傣族社会历史调查（西双版纳之二）》，第2—8页、32—34页，云南民族出版社1983年版。

族为单位的血缘联系,具体到某一个村社的血缘谱系,可能是一支也可能是多支。(2)荒山、森林、草地、水面和耕地,一律归村社集体所有,村社成员对它们仅仅存在着使用权,而房屋及小块园地已成为个体家庭所有,劳动产品等动产则完全是私有财产。(3)在劳动组织形式上,以小家庭为单位的个体劳动是最经常、最普遍的形式,但还有一定的集体劳动予以补充,这包括全村社范围内的公益劳动(如兴修水利、架桥铺路等),在农忙季节若干农户(同一家族或跨家族)的互助协作。(4)为了维护村社的共同利益,一些人分别担任了被赋予某种全权的职位,于是产生了国家公共权力的萌芽,但原始民主、平等的习惯依然存在,由村民大会来讨论决定一切大事,有职位的人无权擅自评断各种争端,只是随着时间的推移,他们才由社会公仆逐渐向社会的主人转化。总之,居民联合、生产资料所有制、劳动组织形式和社会管理这四个方面,都有着鲜明的二重性,反映了新旧社会两种因素的对立和消长情况,其中最有决定意义的、最具破坏力的(相对而言又是进步的)是小土地劳动。小土地劳动是"私人占有泉源","是牲畜、货币、有时甚至奴隶或农奴等动产积累的基础",是"对公有土地进攻的堡垒"[1],是贫富分化、阶级对立、国家产生的根源。

家长制家庭是在生产力发展到一定的水平后由父系家族公社分裂出来的,与农村公社具有同等的历史地位。恩格斯指出,"家长制家庭这一中间形式"的主要特点是:"若干数目的自由人和非自由人在家长的父权之下组成一个家庭。在闪米特类型的家庭中,这个家长过着多妻的生活,非自由人也有妻子和子女,而整个组织的目的在于在一定的地域范围以内照管畜群"。接着他又强调:"这种家庭的根本之处在于,一是把非自由人包括在家

---

[1] 《马克思恩格斯全集》第19卷,第450页,人民出版社1963年版。

庭以内，一是父权。……Familia 这个词，起初并不表示现代庸人的那种脉脉温情同家庭龃龉组合的理想；在罗马人那里，它起初甚至不是指夫妻及其子女，而只是指奴隶。Famulus 的意思是一个家庭奴隶，而 Familia 则是指属于一个人的全体奴隶。……这一用语是罗马人所发明，用以表示一种新的社会机体，这种机体的首长，以罗马的父权支配着妻子、子女和一定数量的奴隶，并且对他们握有生杀之权。"① 既然家长制家庭是一种"新的社会机体"，而且是一种"中间形式"，即"表示着从对偶婚向专偶婚的过渡"②，那么，它就还不是以私有制为基础的社会细胞。

家长制家庭在发生、发展的过程中同样具有"二重性"，这在我国西南少数民族中不乏实例可资证明。云南原碧江县（今已分属福贡、泸水两县）某些地区的勒墨人（白族的一个支系），从中华人民共和国成立前的情况看，家族公社的一些特点还很明显：以父系血缘为纽带的家族成员基本上仍聚居于一寨；各公社都有数量不等的公有地和私有地；除个体劳动及其产品归小家庭外，普遍存在伙种共耕（包括公有地共耕和私有地共耕），在平摊出种子的前提下，实行产品按户均分；同一家族成员有互相帮助的权利与义务；有共同的祭祀活动和公共墓地。然而，勒墨人的基本生产生活单位是一夫一妻制的个体家庭，私有制有了长足发展，有的还开始蓄养奴隶。绝大多数奴隶以养子女身份生活在主人的家庭中，与主人同吃、同住、同劳动。女奴可嫁人，男奴可娶妻，甚至还可继承主人的财产，经主人同意亦可参加家族公社的活动。据民主改革时的不完全统计，在洛本卓地区 1000 户左右的勒墨人中，有十来户蓄奴，数量一般为一两人。蓄奴最多

---

① 《家庭、私有制和国家的起源》，第 54 页。
② 《家庭、私有制和国家的起源》，第 55 页。

的只有两户,分别为14人、30余人。由此可见,勒墨人蓄奴并不普遍,奴隶的地位并不太低。①

　　西藏察隅县自称"达让"或"格曼"的僜人,民主改革前也有类似勒墨人的情况,只是家长制家庭的特点更加明显。(1)实行一夫多妻。据1976年调查,曾属或仍属多妻的男子占10%左右。多妻家庭都有一幢长屋,屋内分隔成若干小间,每新买一个妻子,丈夫就给长屋加盖一两间。各个妻子自成一个生产生活单位。家中的贵重财物和野放的牛只属于丈夫。诸妻以丈夫为中心,负责经营丈夫分别交给的土地,她们的人身听由丈夫主宰。(2)蓄养奴隶。在10000多僜人中,蓄奴户和奴隶的数目均分别约占总户数和人口数的1%。多妻的家庭往往蓄奴,奴隶们被分配到诸妻那里,与主人妻子一起劳动和吃住。有些主人还允许奴隶自营小块土地,自养少量禽畜,甚至为能干的奴隶购买妻子,允许他们自设灶塘和仓库。但是,奴隶本身及其子女、土地、产品等,归根结底为主人所有。(3)在土地(包括山林、荒地和猎区)所有制方面,保留着"同姓公有"的形式。各户对开垦的土地拥有占有、使用权以至继承权,但按惯例不得买卖。生产工具、房屋和园圃是各家庭的私有财产。(4)出现了各姓杂居一个村寨的现象,但尚未完全消除按姓聚居的传统。(5)出现了地区性的首领"嘎背亚梅",原意为中间人或调解人,后逐渐由办事公平合理的社会公仆转化为向群众敲诈勒索、脱离群众的一股力量。②

　　与勒墨人、僜人相似或进一步发展了的家长制家庭,在云南

---

　　① 参阅詹承绪:《略论勒墨人社会的发展》,见《民族学研究》第5辑,民族出版社1983年版。

　　② 参阅《僜人社会历史调查报告》,中国社会科学院民族研究所1978年铅印本。

福贡怒族、西盟佤族和西藏米林珞巴族中也可看到。①

家长制家庭与农村公社比较,两者的过渡性虽有相似之处,但更重要的却是表明阶级关系和统治关系的产生存在着两条道路。正如恩格斯在说明阶级和统治关系的产生时所说:"这些关系是经过两条道路产生的。"他详细分析了农村公社兴衰过程中阶级形成的客观规律后曾指出:"除了这样的阶级形成的过程之外,还有另一种阶级形成的过程。农业家族内的自然形成的分工,达到一定的富裕程度时,就有可能吸收一个或几个外面的劳动力到家族里来。在旧的土地公有制已经崩溃或者至少是旧的土地共同耕作制已经让位给各个家族的小块土地耕作制的那些地方,上述情形尤为常见。生产已经发展到这样一种程度:人的劳动力所能生产的东西超过了单纯维持劳动力所需要的数量,维持更多的劳动力的资料已经具备了;使用这些劳动力的资料也已经具备了;劳动力获得了价值。……奴隶制被发现了。"② 这里说得很清楚,只要生产力发展了,劳动生产率有了较大提高,劳动产品有了一定的剩余时,个体家庭就自然而然地会从家族公社中分裂出来,形成独立的私有制经济。随着贫富分化的发展,比较富裕的个体家庭便会逐渐吸收一个个外来的劳动力——奴隶。这就意味着产生了由自由人和奴隶组成的家长制家庭,亦即产生出家长奴隶制。不过,家长制家庭还保留着原始共产主义很长的一截尾巴,奴隶的劳动远未成为社会经济的基础。

发展程度不尽相同的家长制家庭的种种情况表明,它同农村公社一样,都是原始社会向阶级社会发展的一个过渡形式。如果

---

① 参阅《怒族社会历史调查》,第47—73页,云南人民出版社1981年版;《佤族社会历史调查(二)》,第42—60页,云南人民出版社1983年版;《西藏米林县珞巴族社会历史调查报告——珞巴族调查材料之一》,中国社会科学院民族研究所1978年铅印本。

② 恩格斯:《反杜林论》,第176—178页,人民出版社1970年版。

说，家长制家庭与农村公社有什么不同，那就是发展的趋势不同，即排除特定的因素干扰，家长制家庭这一中间形式将因家长奴隶制的充分发展而进入奴隶制社会；农村公社这一中间形式则由于水利灌溉工程等特殊的公益劳动的需要而以封建农奴制社会为归宿。前者如凉山彝族，后者如西双版纳傣族，都为我们展示了活生生的典型例证。

顺便提一下，走上家长制家庭这条发展道路的民族，由于私有财富的进一步增多，由于家长奴隶制的存在及其发展，以及原始民主形式的明显残存，不同的地缘部落和部落联盟之间，频繁地发生了旨在抢掠土地、人口、牲畜等财富的战争，于是便产生了军事民主制。"其所以称为'军事'，是因为战争以及进行战争的组织现在已经成为民族生活的正常功能。"[①] 荷马时期的希腊社会、古罗马历史上的所谓王政时期正是军事民主制的古典范例；像中华人民共和国成立前的西盟佤族等，也有着类似的情形，而凉山彝族的奴隶制则仍能比较明显地看到它的一些痕迹。

（节选自林耀华主编《民族学通论》修订本，中央民族大学出版社1997年版）

[①] 《家庭、私有制和国家的起源》，第161页。

《关于原始社会的分期》余论

10年前，作为恩格斯名著《家庭、私有制和国家的起源》（以下简称《起源》）的学习札记，我曾发表小稿《关于原始社会的分期》[①]。当时版面有限，刊出的只是原稿的后半部分。作为一篇相对完整的学习札记，我觉得原稿的前半部分难以割爱，尤以其中对某些问题的探讨和所提供的若干学术信息，似乎迄今仍有参考价值；再者，随着资料的增多、思考的深入，对原先的分期意见也有作些补充或订正的必要。因此，在纪念恩格斯（1820—1895）逝世100周年之际，写下了这篇《余论》。

一、恩格斯对摩尔根分期法的扬弃

19世纪70年代中期，美国民族学家摩尔根，以"生存技术"上的"发明和发现"为标尺，亦即恩格斯在《起源》第一章所说的"根据生活资料生产的进步"，把原始社会分为蒙昧时代和野蛮时代，并将每个时代再分为低级、中级、高级三个阶段。诚如杨堃先生指出，将原始社会划作蒙昧和野蛮两个时代，早在18世纪下半叶就已出现在英国人弗格森和亚当·斯密的著作中；至19世纪60—70年代，它也还为英国进化论学派的学者泰勒所使用[②]。但是，把蒙昧和野蛮两个时代又各分出低、中、高三个

[①] 见《中央民族学院学报》1986年第3期。
[②] 参阅杨堃：《民族与民族学》，第297页注，四川民族出版社1983年版。

阶段，特别是把某一两项生存技术上的"发明和发现"作为分期的依据和界标，这的确是摩尔根的首创，也是与历史唯物主义的观点相吻合的。

摩尔根分期法中，每个时代各个阶段所包含的那些特征，"都是不可争辩的，因为它们是直接从生产中得来的"①。由此我们不禁想到马克思在19世纪60年代所作的论断："各种经济时代的区别，不在于生产什么，而在于怎样生产，用什么劳动资料生产。劳动资料不仅是人类劳动力发展的测量器，而且是劳动借以进行的社会关系的指示器。"② 可见，摩尔根通过独立的研究，以生产工具、生产技能的发展程度来进行原始社会分期，显然与马克思划分"各种经济时代"的基本原则大体一致，这正是他高于前人之处。

从19世纪下半叶有关学科所达到的学术成就出发，恩格斯情不自禁地称赞："摩尔根是第一个具有专门知识而尝试给人类的史前史建立一个确定的系统的人"。不过，恩格斯毕竟是极富远见的，所以紧接着又辩证地、有条件地指出："他所提出的分期法，在没有大量增加的资料认为需要改变以前，无疑依旧是有效的。"③

读过《起源》的人都知道，尽管恩格斯在第一章《史前各文化阶段》中同意并采用了摩尔根的社会分期法，但在该章结尾时却也写下了内涵并不完全相同的意见："蒙昧时代是以获取现成的天然产物为主的时期；人工产品主要是用作获取天然产物的辅助工具。野蛮时代是学会经营畜牧和农耕的时期，是学会靠人的

---

① 恩格斯：《家庭、私有制和国家的起源》（以下简称《起源》），见《马克思恩格斯选集》第4卷，第23页（以下只注页码），人民出版社1972年版。

② 马克思：《资本论》第1卷，见《马克思恩格斯全集》第23卷，第204页，人民出版社1972年版。

③ 《起源》，第17页。

活动来增加天然产物生产的方法的时期。文明时代是学会对天然产物进一步加工的时期,是真正的工业和艺术的时期。"① 恩格斯谦称这是对摩尔根分期法的"概括",其实这是一种改造和升华,亦即扬弃,因为它既凝练又科学地反映了主体(人类)与客体(自然界)之间的本质关系,即凸现了人类改造自然的伟大力量。

不过,恩格斯的上述概括似乎并非无懈可击,因为它只是强调生产力的作用,而忽略了作为主体的人类在支配、改造自然过程中所存在着的相互关系即生产关系。历史唯物论告诉我们,在辨识某一社会形态时,必须着重考察其生产方式(经济基础),而在生产方式中,除了劳动者和生产工具、生产技术等生产力的因素外,还有通过劳动组织形式、产品分配办法等方面体现出来的生产关系——社会关系中最根本的关系。即便是考察原始共产主义社会,同样要对生产方式的两个方面进行分析,如果只从生产力方面着手,便无法反映出该社会有着不同发展阶段的客观实际(如原始公社制度并非始终如一,至少在组织结构的规模和生产资料公有的程度上等方面存在着阶段性的差异)。

其实,从今天我们所具有的古人类学、考古学、民族学等学科的知识来说,以生活资料的生产方式作为标准去划分原始社会的不同发展阶段,也不可能完全令人满意。就是说,只有综合各相关学科的新成就,才有可能求得比较理想的分期法。我曾说过,探索原始社会分期这个课题的难度颇大:"它既有理论和方法方面的问题,也有资料缺乏的特殊原因。百余年来,不同学科

---

① 《起源》,第23页。请读者注意:摩尔根进行社会分期时也提到了文明时代起始的特征,即"始于标音字母的发明和文字的使用"。由于我们讨论的是原始社会分期问题,所以正文未加涉及。这里将恩格斯的三句话照录,旨在体现他的完整思想。

和同一学科不同学派的学者,都提出了自己的分期意见,并希冀为大家所接受。然而,没有一种分期意见享此殊荣,所以迄今仍是众说纷纭、各持一端的状况。"从总体上看,一方面应看到不同学科、不同学派的学者都为探讨原始社会的分期作出了贡献,另一方面则应看到许多分期意见有一定的局限性或缺陷。比如,体质人类学的研究,将从猿到人的进化过程分为正在形成中的人、早期直立人(能人)、晚期直立人、智人(包括早期智人即古人和晚期智人即新人亦即现代人),反映不了人类社会的进步过程,因而仅可作为分期的参考。又如,考古学上的分期,只说明了工具制作材料和技术上的进步,虽有助于分析生产力的发展水平,但反映不出人们的社会关系(尤其是生产关系)。再如,民族学者对于氏族制度、婚姻家庭等方面的研究,虽能追溯出不同时期人们之间的关系,但如不与人类学、考古学等学科的成就联系起来,也很难把人们的相互关系说清楚。[①] 因此,今后各学科、各学派尽可继续发挥自己的优长,通过百家争鸣,互相取长补短,为将来分期意见的基本统一打下基础。

二、《起源》分期标志失误之列举

恩格斯在批判杜林的谬论时曾指出:"我们绝不需要担心我们现在所处的认识阶段和先前的一切阶段一样地都不是最后的……认识就其本性而言,或者对漫长的世代系列来说是相对的而且必然是逐步趋于完善的,或者就像在天体演化学、地质学和人类历史中一样,由于历史材料不足,甚至永远是有缺陷的、不完

[①] 拙文《关于原始社会的分期》,见《中央民族学院学报》1986 年第 3 期第 33 页。

善的，而谁要以真正的、不变的、最后的、终极的真理的标准来衡量它，那么，他只是证明他自己的无知和荒谬，即使真正的动机并不像在这里那样是要求承认个人的没有错误。"① 这一席话再次表明，恩格斯与马克思一样，不仅是一个彻底的革命者，而且是一个严肃的伟大学者。正是基于这种辩证唯物主义的认识论，我们才有勇气去探讨《起源》中有关原始社会分期标志中的失误问题。

囿于19世纪80—90年代的学术水平，恩格斯在《起源》第一章谈到蒙昧时代和野蛮时代诸阶段的具体标志时，不得不沿用了摩尔根70年代的资料。然而，百余年来考古等学科的新成就表明，它们确有不少是应该加以修正的。比如，《起源》说，在东大陆，"野蛮时代的中级阶段是从驯养供乳和肉的动物开始的，而植物的种植，在这里似乎直到这一时期的晚期还不为人所知"。② 对此，考古新成就是予以否定的。

第二次世界大战以来，西亚的考古工作取得了新的重大进展，仅属于旧石器时代晚期、新石器时代初期的重要遗址已达30处以上。出土遗物表明，西亚在动物驯养和植物种植方面是世界上最早的地区之一。如属公元前8000—9000年的北扎格罗斯山萨威·克米遗址B层，除找到了人工饲养绵羊的证据，还发现了石磨、石臼；属公元前7000年的南扎格罗斯山阿里·柯什遗址，发现了人工饲养的山羊化石，也发现了种植作物小麦、大麦种子。在距西亚不远的埃及，谷物种植的起始年代更居于前列。据报道，70年代后期至80年代初，在埃及南部库姆温布地区的库巴尼亚，先是发现一处旧石器遗址，曾掘得600余粒炭化的大麦粒和一些扁豆、枣核，随后又在其附近发掘出年代晚些的

---

① 恩格斯：《反杜林论》，第88页，人民出版社1970年版。
② 《起源》，第20页。

石臼和数粒大麦种。经碳十四测定，该遗址距今竟有18000年。①

此外，考古资料也表明，东大陆的人们很早就已学会栽培一些菜蔬，如泰国北部在公元前7000年左右已种植了菜豆、豌豆、葫芦和荸荠。②

至于我国在这方面的考古资料，更是无比丰富。如距今近8000年的河南裴李岗遗址，不仅发现有家畜遗骸（猪、狗、羊），而且有猪、羊的陶塑艺术品；同时发现舌形石铲、带齿石镰、石磨盘、石磨棒，这些工具均磨制精细，且功用明确，从翻土种植到收割加工配套成龙。③ 这说明遗址文化的主人，在原始农业和家畜饲养业的生产上已发展到一定的水平。又如，据碳十四测定年代为距今7000多年的河北磁山遗址，发现了用于农业生产的石斧、石铲、石刀、石镰、骨刀、蚌刀等工具，以及大量的粮食加工工具石磨盘、石磨棒，出土了数量惊人的农作物粟。据粗略统计，在发现储有粟的88个粮食窖穴中，堆积厚度0.5—0.6米的有40余个，1米以上的约有20个，2米以上的有10余个，依照比较合理的方法进行换算，这些窖穴中腐朽的粟总共折合重量达13.8万多斤。

伴随原始农业的兴起，家畜饲养业也发展起来。在磁山遗址

---

① 参阅孔令平：《西亚动物家养的起源》，见《考古》1980年第6期；程培英：《世界谷物种植起源问题探索》，见《南开学报》1981年第5期；孔令平：《埃及的农业起源问题》，见《东北师大学报》1981年第1期，《北京日报》1981年12月6日《考古简讯》。

② 参阅方原：《从农业的发展中学到的》，见《农业考古》1983年第1期。

③ 参阅开封地区文管会、新郑县文管会：《河南新郑裴李岗新石器时代遗址》，见《考古》1978年第2期；开封地区文管会、新郑县文管会、郑州大学历史系考古专业：《裴李岗遗址一九七八年发掘简报》，见《考古》1979年第3期；中国社科院考古研究所河南一队：《1979年裴李岗遗址发掘报告》，见《考古学报》1984年第1期。

出土的家畜骨骸有猪、狗，其中猪骨最多，分属于11个个体。值得注意的是，一些粮食窖穴的底部，竟有整具的猪、狗骨骸，这说明了粮食种植业与家畜饲养业之间的密切联系。[①] 再如距今约6000年的陕西半坡遗址，不但出土有石铲、骨耜等农用工具，而且发现了200多个窖穴，里面有储存粮食用的大型瓮、罐等陶器，其中一个窖穴竟堆放着数斗的谷壳，并在陶罐中发现有炭化粟和白菜、芥菜一类的种子。在半坡还发现了2座饲养家畜用的栏圈，发现的家畜骨骸有猪、狗。[②]

与黄河流域类似的发现，在长江流域也存在。如广西桂林甑皮岩遗址，其早期文化层距今约9000年，出土了属67个个体的家猪遗骨，同时发现有磨制的石斧、石锛和打制的石杵以及带孔蚌铲等农业工具。[③] 这表明，文化主人不但会家畜饲养，还会农业种植。又如距今7000年左右的浙江余姚河姆渡遗址，在第四文化层发现有猪、狗、牛等家畜遗骸，生产工具中有石斧62件、骨耜76件，又在10余个探方共400平方米的范围内，普遍发现了栽培水稻遗物（谷、壳、秆）堆积。其厚度从10—20厘米到30—40厘米不等，最厚处达70—80厘米，据专家换算，稻谷的

---

① 参阅邯郸市文管所、邯郸考古培训班：《河北磁山新石器遗址试掘》，见《考古》1977年第6期；河北省文物管理处等：《河北武字磁山遗址》，见《考古学报》1981年第3期；佟伟华：《磁山遗址的原始农业遗存及其相关的问题》，见《农业考古》1984年第1期。

② 参阅考古研究所编：《西安半坡》，文物出版社1963年版，《新中国的考古收获》，第7页。

③ 参阅《广西桂林甑皮岩洞穴遗址的试掘》，《考古》1976年第3期；阳吉昌：《桂林新石器时代洞穴遗址及有关问题》，见《中日古人类与史前文化渊源关系国际学术研讨会论文集》，第98—99页，中国国际广播出版社1994年版。

总量在 120 吨以上。① 比河姆渡遗址要早 1000 年的湖南彭头山遗址，所发现的稻谷壳颗粒较大，形状也很接近现代栽培稻。② 这些栽培稻遗物表明，早在新石器时代初期，我国长江流域可能就已成了世界稻作文化的发源地。

总之，本世纪以来，特别是二战以来考古学的新成就一再表明，相当于旧石器时代晚期、新石器时代初期的蒙昧时代中、高级阶段，散布于东大陆的人们，不但已经能够饲养多种家畜，而且已经学会种植多种粮食作物和一些蔬菜，绝不是所谓直到野蛮时代中级阶段"还不知道"植物的种植，而动物的驯养也不是进入野蛮时代中级阶段以后才开始出现。

至于西大陆，《起源》利用摩尔根的材料断言，"被欧洲人征服以前，不论什么地方，都还没有越过这个阶段（按：指野蛮时代中级阶段）"，像"墨西哥人、中美洲人和秘鲁人"，当他们被征服时只是"处于野蛮时代中级阶段"。③

对于恩格斯的这种说法，早有学者认为不符合实际。在这里，我要补充一些论据。据目前的研究成果看，墨西哥人（阿兹特克人）、中美洲人（玛雅人和托尔特克人）、秘鲁人（指南美安第斯山中部地区的印第安人），实际上在西班牙人入侵之前，都已进入到奴隶制社会发展阶段。如当时的墨西哥居民建立的就是奴隶制的阿兹特克王国（首都在特洛提兰，即今墨西哥城），秘鲁人建立了奴隶制的印加王国（首都在库斯科，今秘鲁境内）。

---

① 参阅浙江省文管会、浙江省博物馆：《河姆渡遗址第一期发掘报告》，见《考古学报》1987 年第 1 期；浙江省博物馆自然组：《河姆渡遗址动植物遗存的鉴定研究》，见《考古学报》1978 年第 3 期；严文明：《中国稻作农业的起源》，见《农业考古》1982 年第 1 期；李永飞：《七千年前的瑰宝》，见《光明日报》1993 年 5 月 9 日。

② 参阅严文明：《中国史前稻作农业遗存的新发现》，见《江汉考古》1990 年第 3 期。

③ 《起源》，第 20 页。

像作为阿兹特克文化发展基础的玛雅文化,据种种遗迹来判断,当已达到相当高的社会发展水平。

在玛雅人的故乡——墨西哥尤卡坦半岛,人们进入密林便可看到他们的城市遗迹。这里有雕刻精美的神像,有用蜂蜜、蛋清和石灰调浆粉刷的纪念碑,石头上镌刻着古老的象形文字(据考证,玛雅象形文字有800多个书写符号,其中基本符号有400多个),以及依稀可辨的往日祭坛、住宅和其他场所。最令人赞叹的是那巧夺天工的"金字塔",这是一种四方形台状高大建筑,本身就像一本玛雅历书。玛雅人一年分为18个月,每月20天,另有5天禁忌日,加起来正是地球绕太阳一周的时间。"金字塔"可从四面拾级而上,每面91个台阶,然后通过一个小台阶达到最高处——一座小神龛,这些台阶的总数正好是365级。根据玛雅历书,每年5月1日和9月1日(相当于我国农历的春分和秋分),太阳直射赤道,昼夜等长,这两天由于阳光和阴影的"巧合",便在墙壁上映现出一条蛇的形象来。① 从"金字塔"建筑,我们就可看到玛雅人具有多么丰富的天文知识、造诣非凡的数学和建筑才能,以至人们总把玛雅文化同古埃及、印度等文化相提并论。可见,把"墨西哥人、中美洲人和秘鲁人"看作被16世纪西班牙殖民者侵入时,尚"处于野蛮时代中级阶段",这显然与客观的史实大相径庭。

再如《起源》说,野蛮时代高级阶段是"从铁矿石的冶炼开始"的。② 这种看法,对于古希腊、罗马来说或许是正确的,但至少无普遍意义。古代东方绝大多数文明之国的野蛮时代高级阶

---

① 关于玛雅人的城市遗迹,《人民日报》1981年5月28日第7版有所介绍。还可参阅韩水军:《古代美洲的玛雅文化》,见《历史教学》1983年第5期;《历史教学》1984年第7期封三《世界历史参考图片·古代美洲玛雅文化》。

② 《起源》,第21页。

段的起始标志，并不是铁器，而是青铜器，上述的玛雅人、阿兹特克人、印加人也是如此；而且，它们在较发达的青铜时代就跨进了文明时代——阶级社会的门槛。这里不说古埃及、巴比伦和古印度，只举我国的实例就足够了。

根据考古发掘材料来看，龙山文化时期的铜器比仰韶文化时期显著增多，其发现的遗址遍布整个黄河流域，其中尤以属齐家文化和龙山文化者为多，只是铜器制作技术仍较原始，红铜器亦占多数。继龙山文化之后，中原二里头文化遗址的铜器出土表明，我国历史已在青铜文化的基础上开始进入以奴隶制的夏王朝为标志的文明时代。据有关发掘报告看，在河南偃师二里头文化遗址发现的铜器，数量上比龙山文化多达五六倍，种类也繁多起来，有礼器（斝、爵）、乐器（铃）、武器（戈、戚、镞）、农业和手工业工具（锛、凿、刀、锥）以及渔具（鱼钩），其中青铜器几乎占 80%。特别是铜镞和镞范、矛范、斧范、刀范的发现，表明铜器已能小批量生产，有的产品甚至是可用于消耗性的远射武器了。有的学者从地望上、时代上和文化发展的连续性判断，二里头遗址及其遗物很可能属于夏文化。① 作出如此判断，是很有见地的，已为新的考古发现和史籍记载所证实。

80 年代初，考古工作者对豫西登封县告成镇王城岗城堡遗址的发现和发掘，就为探索夏文化作出了新的贡献。据碳素测定，王城岗城堡距今约 4000 年，这正相当于文献记载的夏代早期。特别值得人们思考的是，城堡内房基夯土坑里埋有多具结构完整而姿态很不自然的人骨架，这无疑反映了奴隶社会的那种阶

---

① 参阅中国科学院考古所洛阳发掘队：《河南偃师二里头遗址发掘简报》，见《考古》1965 年第 5 期；中国科学院考古所二里头工作队：《偃师二里头遗址新发现的铜器和玉器》，见《考古》1976 年第 4 期；李民：《简论夏代国家的形成》，见《历史教学》1979 年第 11 期；严文明：《论中国的铜石并用时代》，见《史前研究》1984 年第 1 期。

级压迫关系。① 再结合各种历史文献来看，说夏代是奴隶制王朝诚属可信。夏王朝把居民划分为九个地区进行统治；② 国家政权的最高统治者为天子，下设分掌军政大权的"六卿"③、"三宅"④，又制定刑法"五刑"⑤，置监狱"夏台"⑥，依例向居民征派赋税力役⑦，等等。

仅此数端，足以说明属于青铜文化的夏代确系一个奴隶制国家。至于说殷商尚未进入铁器时代而有鼎盛的青铜文化，却是一个典型的奴隶制国家，更是凿凿有据，早为世人所公认。因此，以冶铁作为野蛮时代高级阶段的起始标志，只是适用于局部地区的真理，而无普遍意义。

三、废弃"血缘家族公社"名称的因由

我在《关于原始社会的分期》一文中，主张将原始社会依次

---

① 参阅安金槐：《近年来河南夏商文化考古的新收获》，见《文物》1983年第3期，王可可：《河南登封发掘出夏代重要城址》，见《北京日报》1983年4月12日。
② 《左传》襄公四年："芒芒禹迹，画为九州，经启九道。"宣公三年："昔夏之方有德也，远方图物，贡金九牧，铸鼎象物，百物而为之备。"
③ 裴骃《史记集解》引孔安国语："天子六军，其将皆命卿也。"
④ 《尚书·立政》谓夏代官吏"三宅"："宅乃事，宅乃牧，宅乃准"。
⑤ 《尚书·舜典》："象以典刑，流宥五刑，鞭作官刑，扑作教刑，金作赎刑，……钦哉钦哉，惟刑之恤哉。"《史记·夏本纪》："天讨有罪，五刑五用哉。"《隋书》"经籍"二："夏后氏正刑有五，科条三千。"
⑥ 《史记·夏本纪》："夏桀不务德，而武伤百姓。百姓弗堪，乃召汤而囚之夏台。"司马贞《史记索隐》：夏台，"狱名，夏曰钧台。"《风俗通义》释《周礼》"三王始作狱"："夏曰夏台"，"殷曰羑里"，"周曰囹圄"。
⑦ 《孟子》卷五："夏后氏五十而贡"。赵岐注："民耕五十亩，贡上五亩"。司马迁在《史记·夏本纪》文末曰："自虞夏之时，贡赋备矣。"《盐铁论·未通》云："禹平水土，定九州，四方以土地所生贡献，足以充宫室，供人主之欲"。

划分为如下五个阶段，即原始群、血缘家族公社、母系氏族公社（含后期的家族公社）、父系家族公社（家庭公社）、农村公社或家长制家庭。这里除第一阶段原始群外，主要着眼于原始公社的嬗变过程。此种分期意见以及对各阶段基本特征的阐述，后来我又简要地写进了林耀华教授主编的《民族学通论》第九章第二节《原始社会形态》。① 总的说，我的基本观点照旧，但对第二阶段冠名为"血缘家族公社"，以及何以冠此名的个别阐释，今天看来有必要加以修正。

70年代末80年代初，有关原始社会分期的讨论，在我国再次出现高潮，不同场合发表的论文就有数十篇。针对多年来国内外学者主张继原始群之后为氏族公社阶段这一占主导地位的说法，林耀华教授曾多次著文质疑，并提出了将血缘家族公社划作最原始的公社的观点，随后又写进了他主编的《原始社会史》一书。他在第一章第三节的"（三）血缘家族公社"中写道："我们认为，原始群和氏族公社之间，距离相当大。……二者之间的绝对年代距离，不是几十万年，而是百万年以至二三百万年，这期间怎能一下子超越过渡呢？""原始群是转变到血缘家族，而不是直接转变到氏族的。""最原始的共产制公社，就是血缘家族公社。"②

对耀华师的学术见解，我是钦佩、加以采用的。然而，我在撰写上述有关文稿时，也曾感到用"血缘家族公社"一词作为第二阶段的名称不大理想。这主要是考虑到，原始公社的历史过程有不同的阶段性，特别是随之而起的母系氏族公社进入繁荣期后，可以分裂成若干个母系家族公社，往后更演变为父系家族公社，这两种家族公社都存在浓厚的"血缘"关系，故而把第二阶

---

① 见中央民族学院出版社1990年第1版。
② 《原始社会史》，第72—73页，中华书局1984年第1版。

段称为血缘家族公社,很容易与发展程度不同、内涵相异的母系、父系家族公社混淆。

那么,究竟把原始群之后的公社称作什么好呢?在苦思求索中,我曾想用"前氏族公社"一称,因为它毕竟出现在母系氏族公社之前。为了慎重,我重新审视了手头掌握的近10种分期意见,特别是反复钻研了耀华师在《原始社会史》"导论"中的一段论述:"学术界有的同志主张原始社会史的三段分期法,但将第二段称为'前氏族公社'。这个名称马克思和恩格斯都没有提到过。我们觉得这个概念不够明确,所谓'前氏族公社'可以包括氏族公社之前的几个社会发展阶段,即可以包括血缘家族公社及原始群,正像前资本主义社会可以包括原始社会、奴隶社会、封建社会一样。因此,为了与马克思、恩格斯的提法相符合,使概念更科学、更明确,还是把原始社会发展的第二阶段称为血缘家族公社时期好。"①

对各种有代表性的分期意见比较之后,我放弃了自己的想法,只好改遵"师命"。但是,心中疑惑一直似解非解。前几年偶逛特价书摊,曾购得人民出版社1979年出版的《世界上古史纲》(上、下两册)。该书第一章第二节有以"血缘家族与原始公社制前期——前氏族公社之开始"命题的段落。作者非常明确地指出:"最早的原始公社不是原始群,也不是氏族。原始群阶段在这时已经结束,而氏族则是旧石器时代晚期的社会形式。"接着,又引经据典、合乎逻辑地做了一番分析后得出结论:"我们可以把这种氏族制出现以前的原始公社看作原始公社制的前期,而称之为前氏族公社。"②

这使我顿开茅塞。一是愧怍自己的学术视野不够宽阔,因为

---

① 《原始社会史》,第30页。
② 《世界上古史纲》编写组:《世界上古史纲》上册,第79页。

原先的那点感悟其实早已被历史学家们正确地论断过了；二是《原始社会史》的作者，当时可能未得到《世界上古史纲》一书而没有注意到同行的意见，抑或针对某个学者提出"前氏族公社"概念时错误地延伸了时空观①，因而有一番质疑。秉持百家争鸣、互相取长补短的精神，是我国学术界的优良传统。在这里，我郑重表示：对拙著《关于原始社会的分期》和《民族学通论》中《原始社会形态》有关第二阶段的名称应予更改，即把"血缘家族公社"更名为"前氏族公社"。有冲突的文字亦必须作相应的修改（如"血缘家庭形式与血缘家族公社的重叠"，不妨改为"血缘家庭形式为前氏族公社的一个基本特征"等），我想，如此自我修正，不必赧颜，因为这是符合学术研究原则的。

（原载《中央民族大学学报》1996年第3期）

---

① 就本人目及的资料看，国内除《世界上古史纲》作者外，未见有谁提出"前氏族公社"说。

从原始婚姻家庭遗俗看母权制向父权制的过渡

恩格斯在《家庭、私有制和国家的起源》一书中指出：废止母权制，乃是"人类所经历过的最深刻的革命之一"。"这一革命在文化民族中是怎样和在何时发生的，我们毫无所知。它是完全属于史前时代的事。不过这一革命确实发生过……"① 看来，为当时条件所限，恩格斯便将母权制如何向父权制过渡这一重大课题留待后人加以研究。笔者拟就原始婚姻家庭遗俗方面的民族学资料，提出一些不成熟的意见，权作有关母权制向父权制过渡的初步探讨。谬误在所难免，谨请专家和读者批评指正。

人类相继渡过漫长的原始群生活和血缘家族公社之后，便进入到氏族公社时期，这包括母系氏族社会和父系氏族社会，在习惯上，人们又把前者叫做母权制，后者叫做父权制。

母权制发生于蒙昧时代的中级阶段，繁荣于蒙昧时代的高级阶段和野蛮时代的低级阶段；一般说来，它到了野蛮时代的中级阶段开始衰落，而完全为父权制所取代则在野蛮时代的高级阶段。母权制时期，妇女从事具有决定性意义的劳动，包括组织生产、采集各种植物、养老抚幼、卫护住所、加工皮毛、缝制衣服和烹煮炊爨等等。这些正是当时的社会得以发展、人们得以生存的基础。正是这种经济作用，使妇女在社会上取得了受人尊敬的崇高地位，并自然而然地使她们成为人们各个集团的中心。

随着锄耕农业的发展和复杂化，从前主要从事狩猎的男子逐

---

① 《马克思恩格斯选集》第四卷，第51页，人民出版社1972年版。

渐参加到农业生产中来。在驯养野生动物的基础上，畜牧业发展起来了，于是引起了人类历史上的第一次社会大分工——游牧部落从其他的野蛮人中分离出来。这具有极为重要的意义：游牧部落生产的产品不但比其余的野蛮人多得多，而且为人们提供了新的生活资料，如肉类、奶制品、皮毛和纺织物等。当锄耕农业向犁耕农业过渡，或者与规模较大的水利灌溉工程结合起来时（有的民族则由于受到外界先进民族的影响），男子就不只在畜牧业而且在农业生产中具有决定性的意义。反之，妇女却逐渐在社会生产中退居次要地位，而主要从事家务劳动。男子在生产活动和财富积累过程中日益显示出决定性的意义，便使他们在社会和家庭中比妻子占有更重要的地位，并产生了利用这种增强了的地位来改变旧的继承制度以利于子女的意图。"但是，当世系还是按母权制来确定的时候，这是不可能的。因此，必须废除母权制，而它也就被废除了。"[1]

母权制向父权制的过渡，诚如恩格斯所说，能够从"一个简单的决定"开始。然而，母权制为父权制所取代，实是女性具有世界历史意义的失败。因此，在实践上，母权制的习惯势力进行了不简单的反抗。大量的民族学资料表明，这一空前的变革，是经过了长期而又复杂的斗争，才一步一步得以实现的。现结合原始婚姻家庭遗俗来探索这一变革的大致过程。

（一）

母权制向父权制的过渡，首先反映在生身父亲对子女的确认上。所有野蛮人都有自己特定的名称，这些名称给予他们所属氏

---

[1] 《马克思恩格斯选集》第四卷，第51页，人民出版社1972年版。

族的权利代表者,所以个人的名称就决定了他属于某一氏族。拉法格在《财产及其起源》一书中指出:"野蛮人把这个名字看得像最贵重的珍宝似的。……照摩尔根的说法,名字是属于氏族的。"摩尔根在研究印第安人诸部落时注意到,随着改变世系计算而出现了改变名称的现象:"有一种共同习惯,即在某种限制之下,将子女命以属于父亲氏族的、或母亲氏族的、或属于其他氏族的名字。"他认为:"世系从女系转变为男系,也或者是开始于这种习惯之中;首先,使儿子能够承继他的父亲,其次,使子女能够承继他们父亲的财产。"[①] 对于摩尔根的研究,马克思曾作了详细的摘录,并进一步指出:"人们天生的诡辩——是以变更事物的名称来改变事物,并且钻空子在传统的范围内打破传统,当直接利益充分推动去做时!"[②] 民族学资料表明,在仍然实行妻方居住的情况下,为发展父权,男子就开始以自己的姓氏来命家族名,继而用来命子女名,从而打破了以女子的姓氏来命家族名和子女名这条传统的母权制原则。这种做法,直到近代和现代的许多民族中都还可以找到它的痕迹。中华人民共和国成立前,分布在云南省思茅、临沧地区的拉祜族,仍有原始、落后的经济因素,保留着相当完整的家族公社。家族的血统按母系计算,盛行妻方居住。但是,这里的家族长不再是女性而是男性(一般都是长女的丈夫),而且以男性的姓氏来命家族名了。其中澜沧县巴卡乃寨的拉祜族,直到民主改革前,还保留着妻方居住的习俗,改女性家名为男性家名的情况仍在继续出现。生身父亲对子女的确认是母权制被推翻的一个征兆。在初期,为了发展父权,男子即使在妻方居住的情况下还不能为自己的子女获得财产

[①] 摩尔根:《古代社会》第188页,杨东莼、张栗原、冯汉骥译本,三联书店1957年版。

[②] 马克思:《摩尔根〈古代社会〉一书摘要》,第138页。

继承权，他们也要争取到子女随父姓的权利，以便为尔后把财产传给自己的子女铺平道路。例如，在民主改革前，云南孟连公吉大寨的佤族和屏边的苗族，男子外出结婚，无论是有年限的"上门"还是终身的"上门"（即妻方居住），所生子女的姓氏就随父不随母了。勐海曼散寨布朗族则在保持母亲同子女连名的同时出现了父亲同子女连名的现象。这样，以父亲氏族的名字来为自己的子女命名的习惯，便造成了世系计算上的混乱。马克思认为："这似乎是亲属关系由按女系计算到按男系计算的自然的过渡阶段；只有这种过渡方能结束这一混乱情形。"①

父亲为确认子女而广为采用的另一种主要手段是"产翁制"。我国古籍曾就南方一些少数民族盛行产翁习俗作了记载。例如《太平广记》卷483引《南楚新闻》有关仡佬族、壮族的习俗说："南方有獠（僚），妇生子便起。其夫卧床褥，饮食皆如乳妇。稍不卫护，其孕妇疾皆生焉。其妻亦无所苦，炊爨樵苏自若。……越俗，其妻或诞子，经三日便澡身于溪河。返具糜以饷婿。婿拥衾抱雏，坐于寝榻，称为产翁。"关于傣族也有这方面的记载，如《马可波罗行记》（冯承钧译，商务印书馆1937年版）在"金齿州"一章中写道："妇女产子，洗后裹以襁褓。产妇立起工作，产妇之夫则抱子卧床40日。卧床期间，受诸亲友贺。"（明）钱古训的《百夷传》记载傣族的古代风俗时也提到："凡生子，……逾数日，授予夫，仍服劳无倦。"清代的《黔南苗蛮图说》（中央民族学院图书馆藏），通过图画加文字的形式记载了仡佬族产翁坐褥的习俗。直至中华人民共和国成立前，仡佬族（主要分布在黔、桂）仍有男子"坐月"的习俗。

反映古代父亲确认子女的产翁坐褥遗俗，不只在我国有，在国外的许多民族中也有。美洲亚马孙河和俄利诺科河流域的印第

---

① 《摩尔根〈古代社会〉一书摘要》第139页。

安人,"在大多数部落里,母系氏族和妻方居住婚占着优势,但是,已开始向父系氏族过渡。与此有关的是他们当中存在着产翁坐褥的习俗:在妻子生产的时期,丈夫躺在床上并仿效产妇的样子,享受好些日子的护理和照顾。"① 法国人沙尔·费勒克对于在法国与西班牙交界处的土著居民巴斯克人的产翁习俗也作了生动的描述。他说:"这个习俗就是当女子生了小孩子,是父亲坐床,是父亲假装作痛,大家也是照应父亲,几乎是很相信真是父亲生了小孩子了。并且邻舍男女来贺喜的也是贺父亲,也是照应父亲……并不挂念于母亲,母亲仍然是专心去做她的家务。"② 他引用保尔·拉法格的话说:"'装产'的习惯,是男子用来夺取女子的财产和她的品级之欺骗的手段中之一种。因为女人的生小孩子,就是在家庭中享得特权的原因。男子其所以装产,因为他要使人相信他也是生小孩子的人。"接着,费勒克补充道:"这种行动的方法,供给了男子做他承认父权之用,为男子表明出来,他对于小孩子之权,也同于母亲对于小孩之权一样,在家族进化的方向中,做了由母权制度过渡到父权制度的阶梯。"③ 我认为,这些话是对的。的的确确,"产翁制"绝非某一民族或某一地区的偶发现象,而是古代社会人们在由母权制向父权制过渡期间广泛通行的一种习惯,它反映了男子为把占有的财富传给子女而确认子女的强烈要求,以及为实现这个要求所采取的象征性举动。

父亲还有其他确认子女的手段,例如云南永宁纳西族直到中华人民共和国成立时,仍然保留着比较完整的对偶婚姻家庭形态,虽

---

① С·П·托尔斯托夫等编:《普通民族学概论》第一册,第179页,周为铮等译本,科学出版社1960年版。
② 沙尔·费勒克:《家族进化论》第139页,许楚生译本,大东书局1930年版。
③ 沙尔·费勒克,《家族进化论》第145—146页,许楚生译本,大东书局1930年版。

说偶居所生的子女属于母亲，但生身父亲的观念毕竟开始出现，从而产生了父亲确认子女的行动：在长期"阿注"（朋友）关系下，女阿注生育前，男阿注向女阿注送去鸡、酒等食物以示慰问；生育时，男阿注（或他的姊妹们代表）带着婴儿衣服到女家去祝贺，照顾产妇；尔后有的男子要供给女阿注及其子女部分衣着等生活资料，有的甚至还带牙牙学语的子女回来参加"祭祖"活动。

父亲获得对子女的确认权，只是变母系为父系的一个比较有限的初步胜利，因为只有当子女从父亲那里获得了财产的继承权才具有决定性的意义。往往有这样的情形：婚后所生子女虽然都已随父姓，但子女却由夫妻互相分，原则上是妻子多分，父亲可能只分到一个；特别要紧的是，儿子并无财产继承权，而由女儿来继承。尽管如此，父权的发展毕竟在社会上获得了认可。例如，云南孟连县部分村寨的佤族，分子女并无直接的经济意义，但社会上已有这样的规定：分给父亲的子女，在病故前必须回到父亲的本家，埋葬在父亲所属的氏族墓地，即使子女是外出结婚的也必须这样做。永宁纳西族社会上已有了父亲死亡时子女前去吊唁的奔丧习俗，也说明这一点。

（二）

母权制向父权制过渡的另一重要表现是改变夫妻的居住地，即男子要打破传统的妻方居住而改行夫方居住。

在以女性为中心的妻方居住的条件下，丈夫们是不大受人尊敬的，为子女们改变传统的财产继承制度更是无法实现的，因为在母系氏族及其属下的大家族或对偶家庭中，对于财产和子女的支配权都操在女性手中，即操在最年长的女性老祖宗直到妻子的手中。从血缘关系来看，丈夫们不属于妻子的氏族，恰恰相反，他们是由别的氏族"嫁"到这里来的。丈夫在妻子的氏族里创造着财富,但不能最后拥有它;他在真诚地尽义务养育着子女,这些孩子却不属于他。甚至当他在失去妻子及其氏族对他的宠信时,不管他曾经创造了多少财富或对子女尽了多少义务,悲哀依然降临他的头上——必须随时听候命令,收拾行李滚蛋。关于这一点,摩尔根在《古代社会》一书中,曾援引了在易洛魁人的塞奈卡部落中间传教多年的来特牧师的精彩报告。[①] 在这种情况下,丈夫不仅对自己创造的有限财富没有最终的支配权,而且对的确属于他个人所有的生产工具也没有最终的支配权,即他不能把它传给与他不同氏族的子女们,因为依照母权制原则,子女们绝对没有继承父亲遗产的权利。

所以,在整个社会生产力和男女之间新的劳动分工得到进一步发展的基础上,男子由不断增强着的经济地位而产生的把财富直接传给子女的意图,便与母权制的传统法则产生了不可调和的矛盾,并且随着财富以及各个家庭对财富占有程度的愈益增加,这个矛盾只有通过向父权制的过渡才能解决。在夫妻居住地问题上,男子就要求不再"嫁"到妻子的氏族,而是把妻子娶到自己的氏族中来。这样一来,按照父系血统计算世系和确认子女的财产继承权,以及以男性为中心来建立家庭等父权,终因妻方居住被夫方居住所否定而日益确立起来。对传统的妻方居住的否定,是父权制对母权制又一个具有决定性意义的胜利。从继承制度来说,过去,男子死后,他的财产主要由他的兄弟姊妹及姊妹们的子女,或他的母亲的姊妹们的子女继承;现在,开始由他的兄弟首先继承,往后父亲与子女被视为是最血亲的观念形成了,于是子女特别是儿子对财产的继承权也终于确立起来。

民族学资料表明,妻方居住向夫方居住的转变,有过妻方居

---

① 摩尔根:《古代社会》第530页注。

住与夫方居住交错并存的漫长过程。诸如带有普遍性的"上门"（赘婿）、抢婚、不落夫家和姑舅表优先婚等遗俗，只要加以认真的考察，我们就不能简单地归之为母系氏族社会的残余，而应当透过它们看到原始时代女子反抗父权的真实。诚然，就趋势说，这种反抗随着社会的向前发展，是越来越弱的。

我国西南的一些少数民族，直至中华人民共和国成立前乃至民主改革前，尽管一夫一妻制的父系家庭有了比较长久的历史，但仍然盛行男子"上门"的习俗。所谓"上门"，实质上就是妻方居住。由于内外因素的影响，各民族、各地区的"上门"，从仪式、时间到内容演变都不尽相同。剔除阶级社会掺杂进来的各种污秽之物，正确地分析那些"上门"遗俗的不同点，我们可以看到父权如何曲折地发展的端倪。这里举几例说明。云南耿马县芒美拉祜族举行婚礼的头一天，新婚夫妻在妻家举行简单的宗教仪式和对歌等活动；第二天，在友伴的陪同下，新婚夫妻先到妻家的地里从事象征性的劳动，并用竹筒背水分别送给妻家的亲友，之后，他（她）们一起来到夫家，从事类似的象征性劳动，然后新婚夫妻返回妻家居住，至此，婚礼即告全部结束。孟连县那列拉祜族的妻方居住也有某些相同的习俗，即新婚后的第三天，男女一起来到男家，住一宿后才回到女家去长住。云南景洪等地的傣族男子必须先在岳家"上门"服务三年才能把妻子接回家来，三年后他们又得返回岳家去，如此往复，直到另立门户或继承了一方的财产为止。勐海的傣族也有轮流妻方居住和夫方居住的习俗。我们是否可以这样认为，拉祜族的例子说明，在夫妻居住地问题上反映出来的父权只具有象征性的意义，而景洪、勐海傣族的例子则说明父权的发展已经大大地进了一步。云南金平太阳寨瑶族男子的"上门"，与上述拉祜族、傣族相比却有了更深刻的变化：除了女方无劳力，男子必须终身"上门"外，只要男子不愿继续过"上门"生活而要离开妻的父母家，就可以交纳礼银以补"上门"未满的期限,即便女方有劳力而男方无力负担礼银,也需要终身或长期"上门"。如果生了子女,可以留下一个子女顶替礼银。勐海傣族也出现了男子不愿"上门"而通过向女家交身价钱的办法来实行夫方居住的习俗。金平瑶族和勐海傣族的例子说明,以经济手段来改变夫妻居住地,意味着父权制对母权制最后胜利的到来。这正如恩格斯所指出的:"当父权制和专偶制随着私有财产的分量超过共同财产以及随着对继承权的关切而占了统治地位的时候,结婚便更加依经济上的考虑为转移了。"① 东北的鄂温克族在中华人民共和国成立前有这样世代相传的规矩:不论地区相隔远近,新郎在正式结婚的前一天,必须赶到新娘家里去住宿,然后才同新娘一起回到家里来。勐海县巴达布朗族男子则必须到妻子家里居住七夜(白天回到自己家里劳动而不是为岳家劳动),始可将妻子领回自己的家来。对于这类极为短暂的妻方居住遗俗,我们是否可以看作古代男子在发展父权过程中所采取的一种象征性妥协呢?

以上说明,传统的习惯在原始时代并不是一下子就能够打破的,所以在由妻方居住向夫方居住过渡的时期,一开始男子只得作出较大的让步,如允许妻方居住和夫方居住并存,实行期限较长的妻方居住等。往后,随着各个家庭对财富占有程度的增加,以及以它为基础的父权的发展,男子的让步就越来越小,如只实行短暂的妻方居住,以至连象征性的妻方居住也是不大愿意维持的。

(三)

前面主要从男子方面来说。从女子方面来说,她们在居住地

---

① 《马克思恩格斯选集》第四卷,第75页。

问题上，对父权的反抗也在发生变化，即由强到弱，往后就不大讲实质内容而只图形式了，于是社会上出现了不落夫家一类习俗。

黔东南施洞地区的苗族中，曾流行这样的传说：

在很古的时候，男人是嫁给女人的。后来，男人学会了犁田。父亲说："男人会犁田了，应当让他留在家里，把女人嫁出去。"女的就哭哭啼啼地要求父亲仍是把男人嫁出去，但父亲拒绝了。于是，女人就暗地里把水田埂挖了好些小洞，让水漏掉。随后她就对父亲说："男人留在家里不吉利，水田里的水都突然干枯了，还是把女人留在家里，让男人嫁出去吧。"父亲还是不同意，并对女儿说："你出嫁后，在那里没有财产，你佩带上这个项圈拿去当财产吧。"这样，女儿才终于出嫁了。女儿出嫁后，经常跑回家来。有一天晚上，她在回家路上，突然狂风呼啸，她以为是老虎来了，被吓得跑回丈夫家去。从此以后，她就在那里长住了。

这一关于项圈的民间传说，反映了在遥远的古代存在着两个基本事实：其一，原来是女儿留在家里而把儿子嫁出去。可是到了后来，犁耕农业取代了锄耕农业，男子的经济作用占了优势，父权制便应时确立了，并从此打破传统，把儿子留在家里，反把女儿嫁出去。其二，在这新制度面前，女性并未轻易接受一反老例的做法，而是用尽各种手段进行抵制。当然，最后还是无可奈何地听命顺从了，而这种听命顺从也有一个过程。由此我们可以想见，在一夫一妻制的个体家庭确立后仍然流行于世的不落夫家习俗，实是原始时代人们在确立夫方居住过程中遗留下来的。

据中华人民共和国成立后少数民族社会历史调查材料，可以看到不落夫家的遗俗是相当普遍的，形式也多种多样。贵州清水江流域的苗族，把不落夫家叫做"娘孟巴崀"，意即"坐在父母家"，在习惯上简译为"坐家"。其"坐家"的情形大致如下：新娘在婚后相当长的一段时间内，至少一两年，要住在娘家。只有逢年过节或农忙时，经召唤，她才到夫家短住。一般到怀孕临产，就结束"坐家"生活。黔东南榕江、从江一带侗族的"坐家"习俗更为典型：当夫妻举行名义上的结婚仪式后，新娘就要马上回娘家去长住。只在节庆之日，新郎才请人去把她"抢"回家来。被"抢"回后，她也只住一宿就又逃回娘家去。经过多次"抢"后，她的抵抗才渐渐减弱。如果她怀孕了，就得回夫家去分娩，不再"坐家"了。与此相类似，贵州镇宁扁担山一带的布依族有戴"假壳"的习俗：新娘婚后在夫家只住几天（不与新郎同房）就回娘家。仅在农忙时，新郎的母亲或姊妹才把她接回来住上几天。当丈夫需要她来家里长住时，就给戴"假壳"，[①] 一旦被戴上了"假壳"，就意味着她距离到夫家居住的时间不远了。此外，怒族、壮族、黎族和古代金川藏族等，都有不落夫家的风俗。[②] 这些不落夫家的习俗有如下的共同之处：新娘返娘家后，一般都仍然可以参加属于男女春事的自由社交活动（如苗族的"游方"、侗族的"乌"或"堂乌"、黎族的"放寮"、布依族的

---

① 成年女子一般是婚后两三年才开始戴"假壳"（一种形似畚箕的女帽，以竹壳为架，用青布包扎制成，使用时外加一块花帕）。未戴"假壳"就生孩子于是违反习惯的。戴"假壳"只能在每年八、九月至第二年的四月这一段时间进行。男家对此的一切准备是秘密进行的。到时，男家的母亲、嫂子（或请亲戚中的两位女子）携带一只鸡和"假壳"，悄悄地溜到女家躲藏起来，利用适当机会，突然把新娘抱住，硬是解开她的辫子，戴上"假壳"。如果辫子未解开，她挣扎跑掉了，这一次就不算数。所以，戴"假壳"往往经几次方能成功。

② 这些少数民族不落夫家的习俗，略述如下：
云南贡山怒族女子出嫁后，依例返回娘家居住，待生育子女后才回夫家居住。
直至近代，今云南文山的壮族，在远离交通线和城镇的地区，女儿出嫁三天即回娘家，在节日或农忙时，丈夫才接她回去住几天。直至她在自己的母亲家里生了孩子才永久移居夫家。广西的壮族也有过这种习俗。
据1953年调查材料和笔者个别访问得知：海南岛乐东黎族结婚三四天，新娘便回家居住，直到有孕才回夫家。昌江黎族，婚礼完毕的当晚，新娘即回娘家长住，直到怀孕生育子女为止。
据（清）李心衡所著《金川琐记》云，新婚吉日，藏民相率跳"锅庄"，醉饮毕，"新妇亦飘然逝矣"。"迨生有子女，然后依栖夫家。"

"赶表"和壮族的"歌墟"等),一旦她怀了孕就不得再"坐家"而必须回夫家居住。

中华人民共和国成立前,汉族的个别地区也保留有不落夫家的遗俗,其最典型的例子莫过于福建惠安县。据该县前内乡新中国成立初期的调查材料,757个已婚妇女都住过娘家,其中长住娘家达20年以上的有5人,10年以上的41人,6年以上的216人,5年以上的351人。①

M·O·柯斯文在苏联沃舍梯南方进行调查时,也发现了当地不落夫家的习俗:"……已婚的女子在迁到夫家一两年后回到自己的母家去,留在这里一年或两年,就要看各种情况,……这种风俗对于所有结婚的人都绝对有效的。他(指新郎——引者)被叫做'来访者'(xuyndoedzy badyn,'в гостях сидение'),而作客的新娘被叫做'居留娘家的女郎'(badoeg čyzg,'сидящая девушка')。由于同时而起的风俗,任何已婚的女子一到怀孕,照例即返到娘家,一定要在这里初产。……'居留'完毕时,新妇带着自己氏族的礼物以及必须的摇篮同婴儿一起回到丈夫那里去。"②

这种一定要返娘家初产的遗俗,雄辩地说明:在母权制下,世系是以女系来计算的,母亲所生的子女以及女儿所生的子女都是属于母亲的氏族成员;在母系向父系过渡实行夫方居住的初期,世系的传统计算法仍然未被彻底废除(例如下文将提到的智利阿老干人,西班牙殖民者入侵时,他们的夫方居住刚实行不久,所生子女都不只依父而且依母计算世系)。福建惠安县汉族和其他一些少数民族不落夫家的例子,却恰恰相反,即妇女怀孕

---

① 转引自林惠详:《论长住娘家风俗的起源及母系制到父系制的过渡》,见《厦门大学学报》1962年第4期。

② M·O·柯斯文:《返娘家风俗》,《民族问题译丛》1957年第4期。

后就得改变居住地而回夫家去生育儿女,以至有因连夜赶回夫家而把儿女生于途中的。这说明,现在生下的子女已经属于父亲的而不复属于母亲的氏族了。

综合以上不落夫家遗俗的种种表现,我们就可以大致看出夫方居住的习惯逐渐被固定、新一代的儿女们与传统的母系氏族的联系逐渐被削弱、父权制逐渐被确立起来的过程。

这里谈谈姑舅表婚的问题。

笔者在接触材料的过程中发现:凡盛行不落夫家的民族和地区,姑舅表婚或者不存在,或者实行的程度很有限(如舅权较弱);反之,凡盛行姑舅表婚的民族和地区,不落夫家或者不存在,或者表现得比较不强烈。对于此种现象,我们是否可以这样来理解:在原始时代人们由妻方居住向夫方居住、母系向父系、母权制向父权制过渡期间,不落夫家和姑舅表婚是并行不悖的,所起的作用基本相同,即用以维持女儿与母亲氏族的一定联系和给予母亲氏族的劳动力以补偿。

所谓姑舅表婚,是按父系概念来使用的一种术语,它的含义是姑舅表兄弟姊妹之间有优先婚配的权利。这一婚制,根源于早期氏族制度的两合组织族外婚——两个固定氏族的男女相互结成婚姻关系。就是说,它是古代氏族外群婚被保留到对偶婚制时期的一种遗俗。在母权制向父权制过渡时期,由于母权制旧习惯对父权制新规矩的反抗,它又被利用、沿袭下来,甚至在一些民族中,由于父权的发展比较缓慢或不够充分等原因,竟一直延续到近代和现代。

姑舅表婚既有单线的又有交错的,单线的又可分为舅表婚和姑表婚两种形式。据1956年调查,云南沧源县的佤族青年男女在缔结婚姻关系时盛行交错的姑舅表婚。在"央冷部落"被调查的40对婚姻中,就有27对属于这种婚例,约占十分之七。依照他们的亲属称谓,姑父、舅父和岳父统称为"保",而没有各自的专称。即是说，姑父、舅父同时就是岳父。在这种婚制下，舅方嫁出一个姑娘到姑方，姑方也必须嫁出一个姑娘到舅方作为抵偿，彼此都无须支付彩礼。姑方娶了舅方的姑娘就成为"欠人"的一方，如果在这一代无法，也得在下一代把姑娘嫁到舅方去。如果舅方这一代没有匹配对象，姑家的姑娘可以转嫁他人，但所得彩礼通常要全部归属舅方。倘若双方都有可匹配的对象，而姑家的姑娘不嫁给舅方却嫁给别人，则往往引起严重的婚姻纠纷，舅方就要对姑方和她的新亲家进行报复，可以任意夺去他们的动产。可见，佤族的交错从表婚是相当严格的，比其他少数民族的这种婚例更为典型。

单线的舅表婚，是指依惯例姑家的儿子理应娶舅家的女儿为妻。对于这种婚制，独龙族叫做"安克安拉"，就是说，外甥（"安拉"）注定要当舅父（"安克"）的女婿。永宁纳西族则称之为"木周尼周"，意思是姊妹们的儿子与兄弟的女阿注所生的女儿缔结婚姻关系。景颇族的亲属称谓中，公公、姑父同称，婆婆、姑母同称，舅父、岳父同称，舅母、岳母同称，这说明这里同样通行单线的舅表婚。随着买卖婚姻的日益流行，出现了"姑权"可以赎买的现象。例如在德昂族那里，当舅家的女儿由于种种原因（包括姑家的儿子不愿娶她）欲外嫁他人时，允许交纳所得姑娘身价钱的三分之一作为补偿。

单线的姑表婚与上述舅表婚正好相反，即舅家的儿子理应娶姑家的女儿为妻。对于这种婚制，黔东南侗族把它叫做"买表"，意即娶姑表姊妹为妻。在这里，女儿一旦坠地，就注定要当舅表兄弟的妻子。如果没有合适的配偶，外甥女欲另适他人时，必须征得舅家的同意，并应当把部分以至绝大部分彩礼聘金送去以作抵偿，而她的父母倒没有绝对的支配权。这种习俗在苗族中也曾通行过。《湘西调查报告》称："贵州清江黑苗，婚姻习俗，以姑之女定为舅媳,倘舅无子,必重献银钱于舅,无则终身不得嫁。"① 凯里县舟溪苗族把这种姑母之女嫁舅父之子的规约叫做"还娘头",而把姑家对舅权的赎金叫"你当",即"外甥钱"。"外甥钱"实际上是由娶方代姑家交纳。

国内的鄂伦春、鄂温克、达斡尔、壮、彝、白、傈僳、布依、瑶、土家等少数民族,都保留有姑舅表婚遗俗,只是有的突出些,有的已逐渐成为故事。在世界上,诸如美洲、澳洲、大洋洲和亚洲的一些土著居民,都曾不同程度上保留了姑舅表婚的习俗。像美洲印第安人的穆里亚部落,在被调查的 2000 件婚姻中就有 1799 件属于姑舅表婚,② 几乎占百分之九十。

以上的例证说明,姑舅表婚这一遗俗,流行广泛,沿袭久远。从民族学的角度来研究,我们可以理解,在母权制向父权制过渡的时期,保留姑舅表婚这一早期氏族外婚的遗俗是自然而然的事情。这是因为:姑姑和舅舅毕竟是属于同一个母亲血统的,他(她)们的子女间进行婚配有利于维系原有的亲属关系,对于女儿来说,只是到同一血统的另一个亲属集团生活罢了;对于母亲及其所在氏族来说,每当嫁出一个女儿,便意味着将娶回自己的外甥女作孙媳,失去了这一代女劳动力却可以从下一代换回来;对于父亲及其所在氏族来说,女儿是作为自己母亲的替身嫁回母亲原来所在的亲属集团那里去的,这并没有乱氏族外婚之伦,而且于实行夫方居住、按男性计算世系,即发展父权制也不会有原则的伤害。显然,这种婚俗对于正在向父权制过渡的所有人来说,是一种比较理想的折中办法,无论男女都能乐意接受。不过,当父权制日益确立并得到充分发展以后,它同样将被历史

---

① 凌纯声:《湘西调查报告》第 94 页。
② M·O·柯斯文:《原始文化史纲》第 132 页,张锡彤译本,人民出版社 1955 年第 1 版。

发展的进程所淘汰。这里顺便提一下，姑母之子必娶舅父之女为妻的单线舅表婚，存在一个"姑权"问题，它是否更强烈地反映了以女性为中心的母权制对父权制的抗拒呢？而舅父之子必娶姑母之女的单线姑表婚，存在一个"舅权"问题，它是否说明以男性为中心的父权制对母权制取得了进一步的胜利？我想有深入研究的必要。

（四）

抢婚，是本文最后要探讨的一种遗俗。所谓抢婚，是指通过抢劫妇女来缔结婚姻关系。

前面已经说明，母权制的旧习惯势力迫使男子采取了一系列由大到小的妥协。这一系列的妥协为社会发展的进程所制约，就是说，是与父权发展的程度相一致的。男子主要通过不断地发挥出自己的经济作用——它体现在所创造的财富的增加和各个家庭对财富的占有——来发展父权。当男子的经济地位以及由此而产生的社会地位提高到占优势的时候，为强制实行夫方居住，就采取抢劫妇女来缔结婚姻关系，并且由起初的偶然行动成为往后到处通行的一种惯例。为便于说明问题，先介绍一些民族中残存的抢婚遗俗。

据我国古籍记载，汉族曾有过抢婚习俗。[1] 蒙古、鄂温克、苗、瑶、彝、纳西、德昂、布朗、傈僳、黎等少数民族，在古代，甚至到新中国成立之时，也都不同程度地保留着抢婚的遗俗。有的人还用绘画描绘了一些少数民族"抢婚"的情景。例如描绘近代黎族抢婚的一幅画是这样的：一个男子背着抢来的姑

---

[1] 如《易经》卷3所云"白马翰如，匪寇婚媾"即是。

娘，同行的男伴一个手持棍子，背负一只姑娘的衣箱，一个面带笑容又装出畏惧挨打的模样。在他们之后，姑娘的一个家人则怒容满面地高举木槌，作奋力追击状。该画的背面有文字说明："黎俗，青年与黎女歌唱和合之后，乃由黎女集合其家人，均手持棍棒，将该青年痛打。该青年虽痛苦也得承受，……青年被打后，可将黎女强抢而归，女家故为追打，以为相送。"① 清代桂馥的《黔南苗蛮图说》也通过绘画和简短的文字说明，反映了贵阳和都匀一带少数民族的抢婚习俗。

中华人民共和国成立前，云南德宏的景颇族仍盛行抢婚习俗，其中以景颇语叫"迷却"（拉亲之意）、"迷鲁"（抢亲之意）和"迷冬"（幼年订婚之意）三种情况最为突出。第一种"迷却"：当青年男子看中了某一少女，便请"统沙"（占卜师）卜卦。卜辞预示吉利，便托媒议亲，或放出欲娶某某之女的空气，女方父母亦放出表示同意的空气。此后不久，不论姑娘本人同意与否，男子照例约好一群青年伙伴（通常是四五个），乘姑娘夜晚到"公房"活动或清晨起来舂米时，便出其不意地将她抢走。然后与其父母议定彩礼和举行结婚仪式。第二种"迷鲁"：如果某一个小伙子看中了某一姑娘，他无须通过她本人及其父母的同意，即告诉自己的父母，并邀集伙伴利用上述同样的机会将姑娘抢走。事毕始告其父母，议定彩礼。女方父母往往是同意的，因为一则这是祖祖辈辈传下来的习惯，二则是既成事实。只是在这种情况下，礼金稍高一些。第三种"迷冬"：这是双方父母在儿女们还幼小的时候就给定下了终身，待女儿长成婚年龄又往往不愿意接受这门婚事时，类似上述的强行举动照样发生了。必须指出，这三种情况下的抢婚，只限于不同姓氏之间发生，并且只能在结有固定婚姻关系的姓氏之间发生，才被认为是合乎习惯法

---

① 见《中国边区少数民族图》，民族文化宫图书馆藏。

的。显然，这种抢婚，是远古遗留下来的习俗，并非阶级社会的产物。

德宏的傣族早已处在封建社会制度下，其婚姻家庭也具有十分鲜明的封建色彩，但依然留下了古代的抢婚遗俗，不过它往往被人们赋予强烈的反封建内容，即当索取的彩礼过高、令人难以支付时，男子"抢姑娘"的事情便发生了：

这一天，小伙子带着他的伙伴，手上拿着长刀，袋里装着铜钱，来到与姑娘约好的地点，悄悄地隐蔽起来。时间到了，姑娘借故挑水、洗菜一类的事来到相约的地方。于是，一声暗号，"伏兵"四起，拥着姑娘就跑。姑娘以佯装呼救来通知家人。家人闻声追赶，邻里帮着起哄，但他们都忙于抢夺男子撒在地上的铜钱，使抢婚者得以逸去。几天以后，男方托媒到女方家请求承认既成事实。双方邀集头人、老人和亲友会商。无可奈何的女家搬出一块大石头说："聘礼银子要这么重！"男方表示无力负担，于是参加会商的人依次执锤敲石，直到只剩下一小块，双方表示同意时，聘礼就算定了。然后姑娘又"逃回"娘家，由男方依照迎娶手续，过门成亲。①

诚然，傣族抢婚的遗俗，只是对古老的婚礼的运用，它随着一夫一妻制和封建社会的长久发展而具有深刻的经济内容，其性质发生了根本的变化。这里有两层意思：第一点，婚姻家庭的缔结完全服从经济上的考虑，穷苦的劳动青年便往往把它作为反对买卖婚姻、向封建制度挑战的一种有力手段。第二点，封建地主和富商为了淫乐，也常常把它作为公开抢占民女的"合法"借口。但是，我们绝不能因此而忘记了以下的事实：第一，此种抢婚的习俗根源于非常遥远的古代。第二，在"抢劫"过程中，追赶者并非真正地追赶，而是有意识地将抢婚者和姑娘一起放走

---

① 《傣族简史简志合编》（初稿）第159页。

（还没有发现过真正把抢婚者追捕来加以惩罚的情况）。第三，这种强行举动一概不为社会舆论所非难。

由母权制向父权制过渡时期遗留下来的抢婚习俗，从亚洲、非洲直到欧美同样不乏其例。如匈牙利曾存在这样的婚俗："结婚时新娘在家和亲友跳舞，新郎穿着新的骑装，骑着高头大马，手里拿着一面绣旗，跑到跳舞的地方，把新娘抢到马上，往回路上跑。亲友们跟着鼓噪高呼，婚礼就完成了。"① 前面提到的沙尔·费勒克，对于抢婚的习俗也很注意研究，其观点姑且勿论，所征引的材料却是丰富而又有参考价值的，证明了抢婚习俗所具有的普遍性。② 智利中部阿老干人的材料更是引人注目。在西班牙殖民者入侵中南美时，阿老干人正处在父权制确立的初期，有了父系大家族，开始实行夫方居住，但母权制的习惯势力还相当强大，这突出地表现在社会上并存着父系与母系两套亲属组织。在一个类似村子的"洛夫"内，居住着一个或几个父系大家族，属于同一父系血统的人们组成一个亲属集团"切温"，因同一"洛夫"内的妻子们多是来自不同的母系图腾集团，于是属于同一图腾的妻子及其所生的子女又另组成一个亲属集团"德夫"；

---

① 转引自林惠祥：《论长住娘家风俗的起源及母系制到父系制的过渡》，见《厦门大学学报》1962 年第 4 期。

② 沙尔·费勒克在《家族进化论》一书的第十一章中，所征引的材料有上十条，并涉及各大洲的土著居民。例如他曾写道：

甘培尔（Campbell）少校曾经在孔多里洒（Khonds d'orissa）生活过的，他曾经遇见过激战的婚姻之一个悲剧，他所述的几句话，我们现在有引证之必要。甘培尔听见了在邻村的一种声音。他说，"我听见了一种声音以后，我就即刻往邻村去，看见一个男子，他背上负着一个大的红色布包；围绕着这个男子的大概还有二三十个青年男子，他们替这个男子保镖，因为还有一大群青年女子猛烈来打他。这个悲剧之于我算是很新奇的，我要他们解释给我听，他们回答说，那个男子是要结婚的人，他肩上所负的那个珍贵的担儿，是他所要担到他的村庄里去结婚的女子。这位新娘的女朋友们，还想截留他（这好像是这个地方的风俗），所以用枪头刺杀，用乱石头、乱竹来打那位不幸的新郎，一直要打到新郎走进了他的村庄为止。"

数个"洛夫"联合成为一个"列乌埃",与此相应,在一个"列乌埃"范围以内,属于同一图腾的人们又另组成一个"卡乌因";大约九个"列乌埃"联合为一个"埃利亚列乌埃",在"埃利亚列乌埃"的范围以内,属于同一图腾的人们又另组成一个"居加"。显然,每一个社会成员都列入父系和母系两套亲属组织中。与这样的社会制度相联系,阿老干人在缔结婚姻关系方面还保留了抢婚的习俗。一是在结婚仪式中作"佯抢亲",即未婚夫以及他的友伴们应当把未婚妻抢走;二是在父母不同意的情况下,就真的进行抢亲了。不过,依照他们的习惯,不论假抢或真抢,都只限于娶第一个妻子时才发生。①

从以上原始婚姻与家庭的"化石残片",我们可以复原出这样一个基本事实:通过抢劫妇女来缔结婚姻家庭都曾经在各个毫不相干的民族、各个地区流行过,它的发生和作为一种社会惯例盛行起来,只能出现在对偶婚向相对严格的一夫一妻制、妻方居住向夫方居住、母权制向父权制过渡的历史时期,而不会更早。也就是说,只有当建立在经济基础之上的父权发展到一定程度,而不打破母权制的旧传统它就难以进一步发展时,抢婚才被带进了野蛮人中间。

苏联学者 M·O·柯斯文在其《原始文化史纲》一书中,当述及母权制向父权制过渡时曾确认:"婚姻缔结的另一种形式是掠夺妇女。"但就在同一段里,他又提出了两个与此相反的看法。其一,他认为:"在极其遥远的古代,掠夺妇女、特别是掠夺其他部落的妇女的事情,确曾偶然发生过。但在部落内部实行掠夺,这就是不合理的行动,要引起相应的反抗,因此绝对不可能成为一种社会惯例。"这就是说,掠夺妇女为妻只能在部落外进

---

① 参见苏联科学院民族研究所:《美洲各民族》第二卷,第368—371页,苏联科学出版社1959年俄文版。

行。其二，他认为这"只是一种例外的婚姻缔结形式，它绝不像一般人所想象的那样普遍"。①

对这种观点，笔者是绝不同意的。

首先，根据马克思、恩格斯以及摩尔根的论断，在氏族制度存在的整个原始社会里，实行严格的氏族外婚和同样严格的部落内婚，是人们必须恪守的婚配原则。在母权制向父权制过渡时，氏族制度的组织形式未予触动，因而早先传下来的氏族外婚和部落内婚的社会习惯照样被沿袭下来。况且男女的数目，"不管社会制度如何，迄今又差不多是相等的"。②因此，男子无须为缔结婚姻关系而到部落以外去抢劫妇女。相反地，抢劫妇女为妻的习俗，随着母权制向父权制过渡而在部落内的联姻氏族之间发生并盛行起来，这才是合理的。自然，这种对妇女的抢劫会遭到反对，但不是一个氏族反对另一个氏族，而是母权制的传统习惯反对新出现的父权制。至于部落间偶尔发生的掠夺妇女，的确有过，但必须了解，不论是部落间的血族复仇对妇女的劫夺，还是进入家长奴隶制以后对妇女的劫夺，都与人们的婚媾没有必然的联系，因而绝不可以把这些劫夺同一开始就是为了缔结婚姻家庭而发动对妇女的劫夺混为一谈。国内景颇族、德昂族和（屏边）彝族的抢婚，仅仅限于联姻姓氏之间，并且只有在娶第一个妻子时发生，才被认为合乎习惯法。智利阿老干人的抢婚，也只在娶第一个妻子时才允许进行，而且被抢者都是本部落内属于通婚氏族的妇女。这些都是很好的例证。把从别的部落抢劫来的女俘虏做妻子的事是有的，但是，在野蛮人看来，她们与第一个妻子是有不同含义的。比如，阿老干人在与毗邻部落发生冲突时，也有把女俘虏娶做妻子的，

---

① M·O·柯斯文：《原始文化史纲》第142页。
② 《马克思恩格斯选集》第四卷，第56页。

但她们从不被看做真正的妻子,在家庭中处于从属地位(即使所生的儿子比第一个妻子的长子年龄大,当父亲亡故时,也没有财产继承权)。所以,阿老干人用极其明确的语言"加庇尼"(意为偷来的妻子)把她们同第一个妻子区别开来。① 可见,从部落外劫夺妇女为妻,与在部落内不同氏族间抢劫妇女为妻,从本质上说是两码事,前者是偶然性的,后者则以缔结婚姻家庭为动因。

其次,通过抢劫妇女来缔结婚姻家庭,绝不是什么偶然的例外。许许多多的民族学资料已经充分证明,这种婚俗在世界上、在人类历史上的确有过毋庸置疑的普遍性。诚然,由于社会经济结构和所处的具体历史条件(包括外因的影响等)不同,在母权制向父权制过渡时期出现的抢婚,后来仅仅成为一种遗俗,成为结婚仪式中的象征性举动,乃至被深深地打上了阶级烙印,所以,它就有可能在一些民族和地区流行得比较广泛、久远,而在另一些民族和地区则不大流行,甚至早就找不到它的痕迹了。尽管如此,我们仍没有理由去否认它所曾具有的普遍性。

这里需要说明一下,为什么说抢婚只是在母权制向父权制过渡时才出现和作为一种社会惯例盛行起来,而不可能更早呢?简单的回答是:在以前的母权制下,男女实行妻方居住,男子根本就不需要为嫁给妻子而去抢劫妇女。如果发生抢劫,难道把妻子先抢到自己的氏族来,然后再随同妻子回去吗?就算这是偶然行动吧,它与母权制的习惯岂不格格不入?更不可忘记的是,尽管对偶婚发生时就有了父权的萌芽,但是,在整个母权制的兴盛时期,男子的经济作用以及由此产生的社会地位和家庭中的地位,都还有限得很,这时为人们钦敬的是"母权"而不是"父权"。

---

① 参见苏联科学院民族研究所:《美洲各民族》第二卷,第371页。

对于男子在母权制下的地位，保尔·拉法格曾举例说明："就我们所知有关埃及和其他民族的生活来判断，男子在母系氏族家庭中是居于从属的地位。在巴斯格人中，虽然那里已有了基督教和文明，却仍旧保存着原始的家庭风俗，长女继承着其母亡故后的家庭财产，同时就取得对年幼的弟妹的管理权。男人在自己的家庭中处于托养的地位；一个男人终其一生，当儿子、当兄弟或当丈夫都必须从属于妇女的管辖。他的全部财产仅仅限于当他结婚时从他的姊妹那里取得的东西。巴斯格人有句俗语说：'丈夫是自己的妻子的第一个仆人。'"[①] 试问，在这种情况下，怎么容许男子把妇女抢劫到自己的氏族来做妻子呢？

中华人民共和国成立以来，对于少数民族中所曾保留着的原始社会多种遗俗，例如一些原始婚姻家庭的遗俗，有的同志往往一言以蔽之曰："这是母权制残余。""这是群婚残余。"从一定意义上讲，对有的遗俗这么认识并没有错。问题在于，某些遗俗，如进一步追究其所以然，上述看法就不能令人满意了，甚至有不科学之嫌。比如说，在母系大家族中出现了长女婿当家族长并以他来命家族名的现象，这究竟算是哪一种残余呢？再者，种种遗俗为什么在一些民族和地区延续了很长的时间，甚至有的还延续到近代或现代？它的内因和外因如何起作用？诸如此类的问题，由于研究得很不够，我们往往至今不能解答或还不能完满解答。这种状况，我们应该尽快改变，由此把我国民族学的研究水平提高一步。挂一漏万地提出问题，就当作本文的结束语吧！

(原载《民族研究》1980年第1期)

[①] 保尔·拉法格：《财产及其起源》第60—61页。

黎族合亩制性质试析

——兼谈私有制的产生

关于中华人民共和国成立前海南岛五指山区称为"杞（岐）"这一部分黎族"合亩"制性质问题，学者们在五六十年代有过激烈的争论，最近几年又有针锋相对的意见相继发表。论争的焦点是"合亩"制的性质及至关重要的私有制等问题上。去年十一月下旬，我应邀参加了在海南黎族苗族自治州通什召开的《黎族合亩制性质和合亩制地区现代化学术讨论会》，随后又到保亭、琼中、乐东三县黎族"合亩"制村寨对五六十年代的各种实地调查材料所存在的问题做了一番专题性的调查访问。今天继续对中华人民共和国成立前黎族的合亩制性质进行讨论，其重要意义显而易见：从历史学、民族学角度看，可以丰富我们对原始公有制和私有制两者此消彼长这一辩证发展过程的认识；从现实角度看，有助于吸取历史教训，进一步肃清"左"的流毒，从实际出发去开展当地的社会主义现代化建设。基于此，本文对黎族"合亩"制的性质及私有制的产生和发展发表一些己见。

一

所谓合亩，按照当地黎族的概念，用简括而又较准确的话来回答，是指同祖人共耕祖公田。不过，这并不能把合亩制度的整个面貌和基本特点都反映出来，所以要想分析它的性质，必须就其多方面的内容做一番介绍。五指山地区于1947年获得解放。

据 1954 年调查统计，中华人民共和国成立前这里保留合亩制度的共有 26 个乡，971 个合亩，3591 户，13411 人。就普遍性来说，中华人民共和国成立前合亩的一般情况[①]如下：

（一）人员组成和规模。一个合亩包括若干个有血缘亲属关系（多是两三代近亲）的父系小家庭（一般由夫妻及其年幼的子女和已婚但尚未另立门户的子女组成）。合亩规模的大小各地不一，最小的才两三户，中等的十户左右，大的可至二三十户，总的看以五户左右组成的居多。一部分合亩也吸收外来户参加。这些外来户，有的本是远房的叔伯兄弟，有的则有着姻亲关系，也有不存在任何亲戚朋友关系的。他们前来参加合亩的原因，大多属于经济方面的，如生活贫困无法在原地生活下去，双亲亡故成了无依无靠的孤儿，遭到豪强恶霸的欺压而又交不起被罚的牛只等。完全是非血缘关系的外来户只是个别的（有的外来户已改换姓氏入了族，因而取得了同一血缘关系的资格，故不宜再称为非血缘的外来户）。

（二）生产资料的占有形态。合亩地区最基本的生产部门是以种植水稻和山栏稻为主的农业，所以这里提到的生产资料，主要是指耕地、耕牛和最起码的农业生产工具。耕地包括水田（一年两造水稻）、旱田（一年一造水稻）和山栏地（种"山栏稻"）等。作为常耕地的水、旱田最重要，总的说可分为合亩共有、几户伙有、不完全的一户所有[②]三种占有形态。以保亭县毛道乡的合亩为例，抗战后至 1947 年，毛道 7 个村、雅衷 6 个村的耕地（水、旱田），据笔者对 1957 年编印的材料统计，合亩共有部分

---

① 本文探讨合亩性质是针对绝大多数的合亩来说的。至于像王老本、王老轮等为数极少的合亩，由于受到特殊的外因影响而脱出了历史发展的常轨，故不能相提并论，只能算作例外。对此下文还会论及。

② 五六十年代的调查材料以及引用这些材料的论文所说的"一户所有"，我认为并不确切，所以冠上"不完全"这一限制词以示区别。

平均占总数的50%以上，几户伙有占37%强，所谓的一户所有占8.7—12.6%。三种占有形态的比例在各地合亩中不尽相同，如毛道乡毛枝大村8个合亩的耕地全属合亩共有；而在通什乡，合亩共有的耕地仅占总耕地面积的10.2%，几户伙有的达到52.4%，所谓一户所有的则占37.4%。关于耕牛（水牛）占有情况，总的说来，合亩共有的比例大大下降，而一户所有的比例则大大上升，如仍以毛道乡毛道7个村、雅袞6个村的合亩为例，合亩共有占耕牛总数的15.5%。一户所有已达45.2%，几户伙有则为28.3%。以上耕地和耕牛不论属何种占有形态，一律交给合亩统一使用。至于山栏地属村峒公有，只要不越出峒界，谁都可以去砍种，获得暂时的占有使用权（经两三年种植即丢荒，临时的占有使用权便随之丧失）。农业生产工具，包括犁、耙、锄头、铁铲、钩刀、手捻刀（割稻穗用）等，均为一户所有。

（三）劳动组织形式。这里主要指水、旱田的劳作。合亩是进行生产的单位。男女性别分工严格，妇女负责插秧、除草、收割等农活，男子则负责犁耙田、浸种、播种、灌溉、挑稻等。在这种性别分工的前提下，不分劳动量的需要，也不问劳动场所的大小，大家都在同一时间集中在同一地点做同样的一种农活。

（四）产品分配。对于收获的粮食，以户为单位进行平均分配，但在分配前应先扣除以下的各种留粮：1.种子。2."稻公稻母"（黎语称"麦雄"，意谓"谷魂"）。这是留给亩头吃的，以祈来年丰收。亩头若当年吃不完可以继续保存，也可以拿来救济本合亩的困难户。究竟应留多少"稻公稻母"，由习惯上认为多少片地来决定（一片地是指一次开垦或以牛只等财物一次换得的耕地，不计实际面积的多少），一般说一片地留1—3把稻谷（1把净谷重约2市斤）。3."留新禾"。收割时，应先留10—12把稻谷交亩头煮饭酿酒，亩头吃了新谷亩众才能开吃新粮，它也有祈丰年之意。4."聚餐粮"。留谷几十斤，交亩头酿酒，待来年插完秧合亩成员共饮，有米剩余则煮饭吃。5."公家粮"、"青年粮"。留公家粮的数量由大家商定，需要动用也由大家商定。亩头可以用它来待客，因结婚、盖房或人口多有困难的合亩成员也可动用此粮。有的合亩还设有"青年粮"，一般是劳动力强的给24把，劳力弱小些的给12把，供他们积攒做衣服；当年要办婚事的青年（一年只限一人），应留糯谷72把以备酿酒。总之，扣除以上留粮后，只要取得一户的资格①，无论亩头、亩众，产品都按户均分。人口多的家庭把粮食吃完了，可以得到合亩集体存粮的救济，也能得到其他家庭力所能及的、无偿的帮助。

（五）亩头及其与亩众的关系。每个合亩都有一个亩头，他是集体生产的组织者和领导者，黎语称之为"俄布笼"（家族长之意），或称"畏亚"（意谓"犁第一道犁路的老人"）。依照惯例，亩头通常由年长辈高的男子担任，但他必须具备下列条件：1. 已婚，且妻子已落夫家长住；如已婚但妻子尚住娘家，或亡妻后尚未续娶者，不能当亩头。2. 有较丰富的生产经验和传统知识，懂得指挥生产，能够执行生产前后一系列的宗教仪式。亩头的妻子在管理妇女的生产活动方面是丈夫的得力助手，她也依例与丈夫一起执行生产方面的各种宗教仪式。除领导生产、主持产品分配外，对于合亩内部以及与其他合亩之间的一切大事，亩头都要出面协商、调解和处置。亩头的意见没有强制性质，但在一般情况下亩众都会表示同意的。亩头同亩众一样参加集体劳动，分配产品时也是平等的。以上表明，亩头与亩众之间不存在

---

① 黎族对于在分配上取得一户的资格有明确规定：结婚后，有了房子并单独开伙，参加亩内的主要劳动（丈夫年幼，但妻子回家参加主要劳动也算），可列为一户参加分配。婚后不久妻子死去，男子仍保存一户的资格。如婚后丈夫年幼未能参加主要劳动，而妻子尚住娘家，他随父母开伙，这只能以半户资格参加分配。夫妻双方皆去世，遗下年幼的子女转由近亲抚养，分配方面的一户资格就被取消。

统治与被统治、剥削与被剥削的关系。

上述情况已包括了合亩的实质性内容，完全可以对合亩的性质作出判断了。但是，比较研究一下南方斯拉夫的"扎德鲁加"或许会增强说服力。恩格斯在1891年修改《家庭、私有制和国家的起源》时，对扎德鲁加这种家庭公社作了简括的叙述：

"它包括一个父亲所生的数代子孙和他们的妻子，他们住在一起，共同耕种自己的田地，衣食都出自共同的储存，共同占有剩余产品。公社处于一个家长的最高管理之下，家长对外代表公社，有权出让小物品，掌管财务，并对财务和对整个家务的正常经营负责。他是选举产生的，完全不一定是最年长者。妇女和她们的工作受主妇领导，主妇通常是家长的妻子。在为姑娘择婿时，主妇也起着重要的，而且往往是决定性的作用。但是，最高权力集中在家庭会议，即全体成年男女社员的会议。家长向这个会议作报告；会议通过各项重大决议，对公社成员进行审判，对比较重要的买卖特别是地产的买卖等作出决定。"①

两相比较，不能说合亩与扎德鲁加一模一样，但在关键性的内容上，它们却是一致的或基本相似：1.以父系的血缘关系为其天然基础。2.生产资料方面存在公有制，并进行集体劳动，共同消费产品。3.实行原始民主制，家长只是一个公仆。既然扎德鲁加可以称为父系家族公社②"现存的最好的例子"③，那么，把合亩看做是父系家族公社的"活化石"也未尝不可。

请读者注意，无论是扎德鲁加还是合亩，"地产的买卖"等

---

① 《马克思恩格斯选集》，第4卷，人民出版社，1972年版。
② 恩格斯称扎德鲁加为"家长制家庭公社"或"大家庭公社"。笔者曾著文指出，对它"应以父系家族公社（家庭公社）或父系大家庭相称才是名副其实"，也才能把它同后起的罗马型的"家长制家庭"相区别。详见陈兑进：《〈家庭、私有制和国家的起源〉论略》，《云南社会科学》1984年第4期。
③ 《马克思恩格斯选集》，第4卷。

新事物都已出现,所以它们绝不是古代父系家族公社的原生形态,而仅仅是保留着较多的古朴特征的一种残余形态,惟其如此,它们方才成为我们追溯古代原始公社兴亡史的典型例证,并由此得出它们"乃是一个由群婚中产生的母权制家庭和现代世界的个体家庭之间的过渡阶段"①的结论。

二

笔者把合亩看作早期父系家族公社残余形态的典型,从根本上说,是着眼于生产关系方面的公有性质仍占主导地位。

有的文章认为:"就合亩制的耕地和牛只的所有制来说,不论是一户所有或合亩共有、几户伙有,在本质上都是属于私有的,而同时又在不同程度上包含着公有因素。"②这是一个既不符合绝大多数合亩的实际,又自相矛盾的结论。

马克思、恩格斯曾经指出:"无论在古代或现代民族中,真正的私有制只是随着动产的出现才出现的"③。而"动产的私有制以及后来不动产的私有制","是从自然形成的共同体形式的解体过程中"发展起来的④。中华人民共和国成立前黎族合亩地区私有制产生和发展的情况,生动地图解了革命导师的科学结论。

财产的私有化过程,首先是针对动产的。一切民族莫不如此。黎族合亩地区的动产私有化,应该说已实现。例如,所有的生产工具包括犁、耙、锄、铲、钩刀、小捻刀、斧头和简易的纺

---

① 《马克思恩格斯选集》,第4卷。
② 王穗琼:《黎族合亩制生产资料所有制性质的研究》,《学术研究》1964年第2期。
③ 《马克思恩格斯选集》,第1卷。
④ 《马克思恩格斯选集》,第1卷。

织、渔猎工具，家养的鸡、鸭、鹅、狗、猪等禽畜以及藤编、纺织品等，已完全为个体家庭所有。

至于牛只、粮食的私有则不甚彻底。像牛只，各户野放时都给安上了特定的牛铃（木梆之类）或做有记号，他人不得随意使用（水牛）或宰杀（黄牛），如有需要者，必征得主人同意，或予赠送，或有偿借取。无论用于婚嫁或杀吃，还是进行交换，主人对它有权自由决定，不受任何人干涉。但是，它还留有一截公有的尾巴，即只要合亩需要，无论谁的耕牛（水牛），都应不计报酬地听凭使用。再者，牛只虽然私有的比例占了一半以上，但合亩共有部分尚占总数的15%左右，几户伙有也达28%。合亩共有、几户伙有牛只两项相加占40%多这一事实，不能说没什么意义。

又如粮食这一最基本的生活资料。个人或跟他人一起伙种的"山栏稻"，归个人或伙种户所得。这部分粮食，只有补充的意义。最大的也是最可靠的粮食来源，是依赖于合亩的分配。前面已提到，合亩收获的粮食在按户均分以前，必须扣除各种名目的公用粮。虽然公用粮各有特定的含义，但为大家消费或有较大困难者能得到某些救济，这是粮食私有不彻底的一种表现。再者，各户分得的粮食仍存在由"私"转"公"的特殊表现形式，就是说，为生产力发展水平所限，各户分得的粮食本来就不多，但因实行按户均分，人口多的家庭往往比人口少的家庭先将粮食吃完，这样人多的家庭自然会求助于人少的家庭。发生这种情况时，人少的家庭总是乐意尽其所能予以支援，其名义是借，其实一般不还的，在他们看来，合亩内义务相帮是传统的美德（合亩之间借粮要还）。曾有调查材料说，毛道乡抗板村王老翁合亩属于存在严重剥削的合亩类型，受剥削者有所谓"工仔"王老校、王老米、王老文、王老显、王老烟这 5 户①。对此，笔者在 1984 年底进行专访时特地询问了王老校。他不但断然否认自己和其他 4 户是什么"工仔"（"工奴"）的说法，而且详细说明了他们在当时与亩头王老翁及其兄弟、侄儿一起劳动、按户均分粮食的情况。其中他说道："人多的家庭可能会先缺粮。没有粮食了可以向有粮户提出来要一些，要来粮食不用还。""实际上，与亩头更亲的人也可能是个缺粮户。像我只有夫妻两口子，粮食多一点，不缺粮，就给王老翁的堂兄王老王送过粮食。再如王老文、王老显都是有粮可吃的，即便缺十天八天的粮，合亩的其他人也会帮助给粮的"②。以上种种情况说明，作为每天都离不开的动产——粮食，尽管实行了分户消费，但从合亩的整体来说，它并未彻头彻尾地私有化。毫无疑义，分户消费意味着个体家庭必将成为新的社会细胞，因而比昔日的同锅消费毕竟是一个进步，然而，水未到渠未成，它尚离不开合亩公有制的脐带，或者说尚无力完全从父系家族公社公有制的藩篱中冲出来。

私有制确立的过程，必定是由动产的私有发展到不动产（主要是土地）的私有，而不动产的私有则是由宅基地、园地逐渐发展到耕地，最后始扩及荒野、山林、水面等。合亩地区不动产的私有化情况如何呢？在这个问题上能否弄清楚，是探讨合亩制性质的关键。

先说宅基地和园地。中华人民共和国成立前合亩地区的黎族仍相当完整地保存着血缘村落，至于极少数的人口流动虽已发生，但它根本影响不了这种村落的血缘性质。据笔者 1984 年的

---

① 《海南黎族社会历史情况调查资料》，第 4 册。对王老翁合亩的看法，该（资料）第 1 册与第 4 册正好相反。

② 见笔者 1984 年 12 月 18 日调查记录。王老校自称 90 岁。他耳聪目明，问到合亩问题时往往不假思索即可回答笔者。

调查，在一个自然村里，只要有空地，大家认为地势、光照等条件不错，需要者就可以去盖房。房子盖成后，普遍要对屋旁的小小空地用篱笆围成一块园地，种些瓜豆等（过去一般不种蔬菜，而是上山采集野生植物和小动物作副食品）。当主人因故搬迁他村，同村的任何人——不论是直系旁系亲属，也不管是否同一个合亩，只要是第一个向原主人打过招呼，就可以住进去，也可利用该宅基地和原材料重新修建；同时，他也自然地把宅旁园地接收过来。这种占有使用权的转让，不付丝毫代价。当村里人口增加、缺少宅基地时，如新立户（包括外来户）打算在不敷使用的空隙地方盖房，可以向邻近一家提出，让出一部分园地来。通常主人是高兴相助的，也无索取园地代价的要求。至于园地的瓜果，平日邻居提出要一些，主人也会给予满足的。可见，宅基地和园地只存在占有使用权，并没有转化为"一户私有"①。

再说耕地。其占有形态的确比较复杂，但所有制的实质是不难揭露出来的。学术界对于合亩共有、几户伙有这种土地占有形态没有争论，问题在于对"一户所有"怎么看。不可否认，除了合亩共有、几户伙有的耕地外，对于上代传已的、独家垦辟的或用牛只等财物换来的耕地（水、旱田），主人很清楚，其他合亩成员也予以承认。这种"一户所有"的耕地，遇到天灾人祸需要用来换牛只等财物时，主人有自由让渡的权利（合亩成员义务为其凑出所需财物是帮助性质，故耕地仍属原主人；若某一成员代出财物，此耕地则改归他所有）；如主人退出合亩到其他合亩去，为其所有的这部分耕地就随之带去；若田主故去，嫡亲依例予以继承。但是，不能忘记最经常、最普遍的这一事实：只要主人参加了合亩，这种"一户所有"的耕地就应不计报酬地交合亩共同

---

① 《黎族简史》编写组编：《黎族简史》，广东人民出版社，1982年。该书称园地已归"一户私有"，这是不恰当的。

耕种，要想把它抽出来自行耕种是不合习惯的，也是没有出现过的。它转化出来的产品——粮食，归各户均分，田主并不能多得。如果耕地太远，不便于本合亩经营，主人可以把它租给别的合亩，但租谷收来后不归己而归入本合亩的公用粮。例如，据笔者调查，保亭县毛道乡王老翁合亩，亩头王老翁曾用牛只分别从邻近的乐东县和本乡毛枝小村换得的两块田[①]，向原田主出租，一年共得租谷约 380 斤。这些租谷收来后要单放于一个谷仓作为公用粮，哪一户缺粮经大家同意就可从这里得到一些救济。到了年底，这种公用粮还有剩余的话，可视机会去换牛或田，换得的牛和田归王老翁及其兄弟们共有。王老鞋合亩也曾有用牛只换得外村一些田又向原田主出租的情况，对租谷的处理也同王老翁合亩一样。由此可看出，称为"一户所有"的耕地，实际上存在着私有和公有这一对相互矛盾的因素。这种私有名实不大相符，就是说，这里对土地的私有并没有实现对土地产品的私有。何况，当时的黎胞的商品交换意识有限。到了 20 世纪 80 年代中期，这种意识都没有太大变化。例如，笔者在 1984 年调查时，询问当地一个黎胞粮食吃不完，为什么不去 2 里外的通什镇卖多余的粮食呢？回答我的是："那我多不好意思啊！"另一被调查者很会捞鱼虾，为了招待笔者，出门不到 1 小时便捞回半脸盆的河鱼。笔者说，一时吃不完，还不把多余的拿去卖？他说，我的兄弟，我村里的人都还没吃上呢！在这种意识下，如果对产品不能私有，那么，对土地的私有究竟有何实际的、决定性的意义呢？

恩格斯在分析日耳曼人的"马尔克"土地制度时曾指出："变成个人私有财产的第一块土地是住宅地。""住所的不可侵犯性——一切个人自由的基础"，后来"逐渐变为一种对于家宅和

[①] 《海南黎族社会历史情况调查资料》第 4 册称共有水旱田各 6 亩。

园地的完全所有权"①。马克思在分析农村公社的特征时也说过："房屋及其附属物——园地，是农民私有的。""土地私有制已经通过房屋及农作园地的私有渗入公社内部，这就可能变为从那里准备对公有土地进攻的堡垒"②。他还说过："私有制作为公共的、集体的所有制的对立物，只是在劳动资料和劳动的外部条件属于私人的地方才存在"③。马克思主义创始人的意见正确地反映了不动产——土地私有制产生和发展的客观规律。与之相对照，中华人民共和国成立前在黎族合亩地区，连宅基地及其附属的园地也还没有彻头彻尾地私有化，至于特定条件下产生的耕地私有也名实不一，带有"胎儿不足月"的缺陷，况且其面积一般尚不及总耕地面积的 1/10。再说，合亩成员并未沦为奴隶或农奴、佃户，而亩头也未蜕变为奴隶主或封建主，他们相互间保存着原始的民主平等、共同劳动、平分产品的社会经济关系。试想，由此怎么能说这里的"生产资料所有制的私有性质是显而易见的"？又怎能进而说"私有制导致了阶级对立"，"实现"了"封建化"④？

在这里，笔者无意否定另一类型的或者叫畸形的少数合亩，私有制已占绝对优势，存在着严重的经济剥削、政治压迫。像王老本、王老关、王老轮等合亩就属于这一类。在这里，合亩徒有形式，甚至演变成为掩盖阶级剥削、政治统治这一实质的工具。如王老轮合亩，亩头王老轮受国民党委派当了雅袁村的"甲长"后，对于合亩内生产、生活中的一切重大问题，无不独断专行。自己不参加劳动，分配产品时又要多得一份。他凭借政治上的靠

---

① 《马克思恩格斯全集》，第 19 卷。
② 《马克思恩格斯全集》，第 19 卷。
③ 《马克思恩格斯全集》，第 19 卷。
④ 王穗琼：《黎族合亩制生产资料所有制性质的研究》，《学术研究》1964 年第 2 期。

山，聚敛财富。比如，王老轮制造借口，声称亩众的祖先都借过他祖先的牛做鬼，擅自把合亩共有的13亩耕地卖掉。他也曾强迫亩众低价出卖私地给自己，然后以4倍的价钱转手出卖，从中赚取暴利。他以监工的面目出现，如发现亩众未出工或迟出工，他都不问情由，轻则骂，重则打。他的胡作非为，已发展到穷凶极恶的地步。为了霸占王老曰的妻子为妾，他竟与附近的恶霸勾结，雇请凶手把王老曰残忍地杀害了。面对诸如此类的罪行，亩众敢怒不敢言。在王老轮合亩中出现的这些事实，符合合亩内在的发展趋势吗？回答是否定的。当地群众说，过去的头家是好人，只是到了王老轮才坏了[①]。所谓"才坏"，正是当了国民党的鹰犬才坏，就是说王老轮合亩的急剧质变，是突如其来的外因所致。又如王老本合亩，也是这种情况。一些论文强调王老本进行剥削、压迫的严酷事实，这无可非议。问题在于，论文作者往往不去上溯这个合亩的发展历史，也不查考亩头王老本的政治背景。据调查，分别由王老本的祖父、父亲和他的哥哥当亩头时，这个合亩一直实行传统的制度——土地共同耕作、产品按户平均分配。只是到王老本当了亩头后，才破坏了按户平分产品的原则，即大大增收"稻公稻母"和其他留粮归己外，只把剩下的少而劣的稻谷分给各户。王老本多占粮，然后又放债，买牛买地出租，甚至强占亩众的牛只、耕地，拆卖别人的房子，于是富甲一方。为什么王老本会成为"暴发户"、横行于一隅？根本原因是，国民党军队来到毛道乡后，他的两个儿子做过中队长[②]，自己还当了广东省伪参议员。总之，王老轮、王老本等为数极少的合亩，脱出了合亩正常发展的历史轨道，带有很大的偶然性、跳跃

[①] 关于王老轮的罪行，见《海南黎族社会历史情况调查资料》，第1册。

[②] 关于王老本合亩的情况，可参阅《海南黎族社会历史情况调查资料》，第1册。

性，是反动统治阶级"以夷制夷"的产物，因而不能作为我们探讨一般合亩性质的例证。就一般合亩来说，仍然属于保留着浓厚残余的父系家族公社。

上述中华人民共和国成立前的一般合亩之所以还是一个有浓厚残余的父系家族公社，是与当时当地的生产力发展水平相一致的。有关生产力的发展状况，公开出版的《黎族简史》附录作了客观而又详细的介绍[①]，这里不再赘述。我想强调的是，合亩作为残余形态的父系家族公社的典型例证，与"扎德鲁加"相比，虽然一些基本特征十分雷同，但它的地方的、民族的特色也非常鲜明，如分户消费共同劳动所得的产品，在一个共同体内还存在私种或伙种村峒公有的山栏地，以及各户拥有一定数量的动产以至"不完全"私有的耕地等。综合起来看，存在个体小家庭游离出原始共同体的趋势，但因动力不足，它在生产、生活上如同蜜蜂与蜂巢的关系一样，始终不能割断与合亩这种共同体的密切联系；合亩仍保持着组织生产、协调生活等社会经济职能，并非一个空壳。

(原载《思想战线》1985年第3期)

[①] 《黎族简史》编写组编：《黎族简史》，广东人民出版社，1982年。

瑶族原始社会残余试析

中华人民共和国成立前，大部分瑶族地区已进入封建社会，然而，各地都还或多或少地残留着原始社会的痕迹。本文试图利用这些活的"社会化石"，从社会组织、婚姻家庭、道德观念和宗教信仰诸方面做一些粗浅的分析，或许对原始社会史的研究有所裨益。

（一）古老的社会组织形式

中华人民共和国成立前的瑶族，一方面长期受到周围汉族封建经济文化的影响，另一方面则由于历代反动统治者推行"以夷制夷"的民族压迫政策以及地理环境的阻隔，又使这种影响受到一定的限制，因而作为上层建筑的社会组织具有双重的性质：一是外因促成的封建的政治制度；一是本民族世代因袭下来的原始公社制度的某些特征。

拿社会生产方式中起重要作用的所有制来说，直到中华人民共和国成立前，许多瑶族地区的土地（包括森林、山场、水源）所有制，个体家庭的私有都占主导地位，同时残存着氏族公社的同姓公有或村社公有。这种残存往往表现为允许自由"号地"，丢耕后不复享有使用权，在近族亲房的各家庭中仍有"让田照顾"的习惯，公有地的收益，实行按户平均分配，或以聚餐形式共同消费。可见，在瑶族中残存着原始公社这种古老的社会组织形式，是有其内在根源的。本文仅介绍和分析以血缘关系为主的油锅组织和以地缘关系为主的石牌制度。

广西南丹大瑶寨的油锅组织[1],比较明显地残存着以血缘为纽带的父系家族公社的特点。油锅,当地瑶族称为破扑,含有"同宗同祖"之义,按他们的解释,就是大家同锅吃饭,有事互相帮助。凡瑶族人户莫不参加油锅。同居一村的各姓氏,分别组成一至数个油锅。如里湖乡董平寨的蓝、白、岑三姓有3个油锅,瑶里乡大寨的黎、何、王、韦四姓组成了12个油锅。每个油锅的户数不等,少则2家,最多不逾15家。当人口繁衍超过15家时,就需另立一个新的油锅。外宗别姓的人户,经请求允许其加入,但有如古代希腊的氏族那样,必须履行入族的公开手续[2],即由申请者备办酒席请油锅成员会餐,始被确认为兄弟。

油锅的名称,由负责人锅头的名字来确定。锅头一般由善于生产、热心公益、办事公道、德高望重、为群众所公认的长者担任。他们不世袭,无任何特权,是义务性质的公仆。油锅每年开春及十二月举行定期集会,此外还有一些临时会议。各户主都得出席。会上主要由锅头鼓励大家不误农时搞好生产之类,有时则调处社会上出现的纠纷。油锅有全体成员共同占有的部分水田、畲地和山场,不容买卖或私人侵占。它无论租佃给内部成员或锅外人,都需经一致同意;收益(一般交租谷,也可以猪肉折交,租率为收成的三分之一)多就按户均分,收益少则同吃一顿。油锅成员倘有变卖私产,必先征询本锅人,内部不买才可卖给别人。某户若无后嗣,其家产由叔伯兄弟均分,无叔伯兄弟则由锅内均分。无嗣之家可以收养继子,但应事先征得全锅同意。不论谁参加姑家的丧礼,分回的牛肉都必须平分给各户,或置酒请大家同吃。倘若某家有了婚丧、建房一类的大事,各户都依例支援

---

[1] 参阅《广西壮族自治区南丹县大瑶寨瑶族社会概况》第5部分。
[2] 《马克思恩格斯选集》第4卷,第97页,人民出版社1972年版。

钱粮，因病因事耽误了农活，大家应无条件地帮忙。油锅有共同的禁忌，如某人因病请"魔公"祈祷祭祀，在规定的日子里，所有成员都要停止砍柴、舂米，乃至房事等活动。油锅没有成文法，大家只靠以上所说的习惯法来约束行止。要是有人违反，经劝告无效就将受到逐出油锅的惩处。

随着生产方式的进步，社会组织形式也一定会发生变化。中华人民共和国成立前瑶族的油锅组织已出现了进步的趋向，最明显的是血缘纽带在松弛，地缘关系得到了发展。其表现至少有如下几点：(1) 几十户人家的村寨不再是单一姓氏的人居住，而是由两个姓氏以上的人共居。(2) 兄弟分家产，虽然必须由油锅成员商议分配方案，但当不被接受时，就得请村寨四角落的长者来代表全寨公议，会商出新的分配方案。(3) 所有多姓氏的村寨，都存在村民共有的山场土地，大家可以在那里砍柴放牧、开荒种地，但不许买卖。若租佃给外村，收益归村内各户均分。(4) 每个村寨都有公共墓地，死了的村民在此造坟埋葬。(5) 若干村寨有了共同的社庙（盘古郎庙）。每逢祭日（如六月三十的"半年节"），共社庙的居民无论远近，都要前往设在大村寨的庙址参加祭庙活动。庙有庙老，起初由群众公推的长者担任，后来变成了世袭。庙老有崇高的威望：祭神祈雨等宗教仪式，必须由他们主持；犁田、割青或播种、插秧，要由他们先做，并由他们"喊寨"之后，群众才能开始干活。凡此种种都足以说明，建立在血缘关系基础上的油锅组织，正在滋长着新的地缘关系。它确实是我们探讨古代父系家族公社向农村公社过渡的一个例证。

广西金秀大瑶山的石牌制度[①]，从现象看似乎比较复杂，但全面地考察其内涵不外有两个方面：作为一种社会组织形式，它是向国家过渡的农村公社；从法律发展史的角度看，它又可以说

---

① 参阅《广西大瑶山瑶族社会历史情况调查（政治部分）》。

是从原始习惯法向阶级社会成文法发展的一种模式。对于后者，本文不作介绍。

为什么说石牌制度是向国家过渡的农村公社呢？首先，它具有明显的地缘关系，同时还残存有维系父系家族公社的血缘关系。石牌有大小之分，这主要取决于参加村落的多寡和地域的宽窄。它可由一个或毗邻的数个村落组成，也可由十至几十个村落组成；可以包括瑶族不同支系的村民，也可以吸收散居在当地的汉族参加。如六段、仙家漕、老矮河三处于1924年组成的石牌，就包括了茶山瑶、盘瑶、过山瑶和汉民。各石牌之间，互不干涉，自行其是；遇有特殊情况，它们才依实际需要联合为更大的石牌，直到组成全瑶山"七十二村"都包括的总石牌。这说明地缘关系已成为联结村民的纽带。另一方面，从石牌基层组织甲以及甲头的职能看，石牌制度还保留有以血缘为纽带的父系家族公社的一小节尾巴。甲由近族亲房的十来户人家自由结合而成。甲有甲头，一经推举就可世袭下去。他的主要职责是指挥日常的生产活动，如规定浸种、播种日子，插秧时先插"四株禾"，尔后大家才可下田。此外，两户居民因山场地界发生争执，请石牌头人调处申诉理由时，双方都能得到有血亲或姻亲关系的亲友们的主动帮助；倘若调解无效走上打斗之途时，血族复仇的观念仍发生作用，即允许捕捉当事人的家属，只是因地缘关系有了长足的发展，要把妇女、儿童和老人排除在外，更不准累及旁系亲属。

其次，石牌制度的原始民主很明显。这典型地反映在它有酷似古代希腊人国家产生前夕的人民大会[①]——石牌会议。由有关户主出席的这种会议，先由石牌头人述说从古及今的历史，并公布根据当前需要拟好的"公约"草案，然后与会者以欢呼或全场默认的形式表示通过。此种"公约"非常神圣，无论谁都不得违

---

① 《马克思恩格斯选集》第4卷，第101页。

犯，所以当地有"石牌大过天"的说法。头人若违犯属于"知法犯法"，应受到比普通人更大的处罚，大头人则比小头人多罚一倍，严重者群众还有权击杀之。石牌制度的原始民主的另一种表现是：石牌头人不由选举产生，而是自然形成的，谁失去了村民的信赖就不再当头人；各级石牌头人都属于社会公仆，不享有任何特权，他们的职能除主持石牌会议外，平时主要是受请为村民排解纠纷，在这种场合，他们总是处在调解的中立地位，没有权利强迫当事人接受自己的判决。

随着私有制的进一步发展，阶级分化日益明显，石牌制度的原始民主色彩就越来越少，而不可避免地蜕变为在人口上占少数的石牌头人借以聚敛财富、欺压群众的工具。比如说，石牌"公约"初始主要是作为习惯法去维护生产和社会秩序，后来却突出了维护私有制和等级差别，甚至它仅仅在于确认一部分人与另一部分人之间保护与被保护的关系。又如石牌头人已逐渐不经群众公认而自行培养"徒弟"来接班，想方设法地敲群众的竹杠或贪污、吃黑钱。在这种情况下，群众只好反其道而行之，也利用传统的石牌制度去惩治深恶痛绝的头人们。比如距今200多年前，群众就用计击杀了17个头人。这说明，古老的原始公社制度终究要被社会之分裂为阶级所炸毁，使人们跨入新的社会发展阶段。

（二）演变中的婚姻家庭制度

中华人民共和国成立前，瑶族地区虽然普遍实行一夫一妻制的婚姻家庭，但是，与社会经济状况方面不同程度地存在落后性相联系，自然也会保留有古代社会的婚姻家庭遗俗。

在母系氏族社会初期，人们实行群婚，进入繁荣发展阶段后盛行对偶婚,尔后才逐渐向父系氏族社会一夫一妻的个体婚过渡。反映在居住制问题上,就是先后实行望门居、从妻居和从夫居。关于这些,瑶族也为我们提供了十分丰富的民族学资料。

依照辈数来划分婚姻集团的血缘婚,由于自然选择发生作用,逐渐为排斥兄弟姊妹(起初是母方同胞的,后来甚至是禁止旁系的)间开亲的群婚所取代。瑶族的群婚残余明显地表现在传统的节日活动中。如广西金秀和粤北部分地区,每年春节前后的一段时间里,男女无论婚否,或白昼或黑夜,都可以到户外去,互相寻找爱侣唱歌、吃糍粑,幽会合欢[①]。任何人都不能拒绝对方的要求,否则要负作物歉收或天灾人祸之责。恩格斯曾征引班克罗夫特、韦斯特马尔克等人著作中的节日婚俗资料,证明了这种在一个短时期内重新恢复昔日性自由的习俗具有普遍性,并分析了它的实质:"……在节日里几个'部落'聚集在一起,不加区别地发生性关系。这显然是指一些氏族,它们在这些节日里,对于从前一个氏族的妇女以另一氏族的所有男子为她们的共同丈夫,而男子则以另一氏族的所有妇女为他们的共同妻子的时代,还保存着一点朦胧的记忆"[②]。涤除后来才附加上去的禳灾条件,我们同样可以看出,瑶族中的那种节日活动,也是对旧时所过群婚生活"还保存着一点朦胧的记忆"而已。

随着古代近亲婚配禁规的日益严格和复杂,群婚就越来越行不通,而被对偶婚所取代。在对偶婚制下,一对男女的结合和共居并不牢固,尤其在初期,多夫多妻的群婚旧习难以一下根绝;男女双方随时都有解除婚姻关系的可能。此种婚制在部分瑶族地区保留得较为完整,即作为遗俗存在的"情人制度"。其情形如

---

① 参阅《广西大瑶山瑶族社会历史情况调查(生活习俗文化宗教部分)》;《广东省连南瑶族自治县南岗排、内田、大掌瑶族社会调查》。

② 《马克思恩格斯选集》第4卷,第45页。

下：男女结婚偶居后，只是保留着名义上的夫妻关系，每一方都有自己的情夫情妇，于是出现了正夫有副妻、正妻有副夫的现象。当地俗谚"同锅不同房"，正形象地反映了这种婚俗。广西金秀和贺县的部分瑶族中，夜幕降临，妻子的情夫通过"点火把"来家后，丈夫应热情款待；随后丈夫也到别的寨子去会自己的情妇，而义务般地把自己的妻子让给情夫。当家门上放有某种标记，外出归来的丈夫一看就知道妻子正在与情人幽会，便主动离开。情人若是白天来帮工，他们就留下同宿，而正式夫妻却依例避让。结为情夫情妇，完全出于自愿，如果一方不乐意了，就可另寻新欢。情夫情妇所生的子女，归属于名义丈夫。但这些子女对实际上的父亲有一定的社会关系：有的呼他为父，有的呼他为伯父；父或伯父故去，他们应前往祭奠，到清明节时，还应带上祭品，同父或伯父家的人一道去扫墓[①]。

对偶婚残余的存在，使夫妻关系的解除比较简易。如金秀的一些瑶族，他们采用破竹筒、剪新布、砍圆糍粑等形式来了结离婚手续：只要双方将上述的一种东西拿到野外劈为两半，各执一半，离婚便生效。云南金平的一些瑶族，夫妻任何一方提出离婚，只要请村寨头人们吃一顿饭就算离了婚。粤北的一些瑶族，夫妻各提一斤烧酒，互相兑换喝完便算离了婚，男子入赘后外出，半年至一年不寄钱或不回家，妻子即可退婚，另行招赘。总而言之，这些带有原始色彩的离婚手续，正是瑶族存在过对偶婚的有力佐证。

从妻居，是体现母权制氏族社会繁荣发展的标志之一。部分瑶族中还存在从妻居的入赘遗俗，即上门（或叫"招郎入舍"）。有的地区男子上门后，要完全脱离自己父母亲的家庭，并要改名换姓，新生的子女也随母姓。中华人民共和国成立前朱祥在江华

[①] 见《广西大瑶山瑶族社会历史情况调查（生活习俗文化宗教部分）》。

搞乡土调查时，也记下了当地瑶族的同类习俗："多赘婿，权在女家，继承女家之财产及宗祧"[①]。如此典型的上门遗俗，当是反映了从妻居的最古老的形式吧！

当古代的男子在社会财富的创造方面开始显得比女子重要些以后，他们就试图否定传统的从妻居。金平瑶族的婚礼仪式为这种意图提供了很好的例证：新郎在入赘的第二天拂晓，即"逃"回本家。这时，被"遗弃"的新娘便请兄弟与两个女伴陪同自己到男家去。然后新娘在女伴的陪同下将"逃跑"的新郎领回家来，新娘的兄弟则将新郎的衣物背到家里，婚礼至此才宣告结束。然而，一下子就要打破从妻居的传统是不可能的，于是有像湘南广大瑶族地区"两边走"的习俗出现。"两边走"的意思是：双方家庭的生产、生活都要参加，男子先入居女家，但不改姓氏，所生的子女，第一个随母姓，第二个随父姓，第三个随母姓……双方在女家劳动一月半月后，再到男家劳动一月半月，如此循环，一年四季夫妻双双在两个家庭中轮流生活和生产。如湖南鄜县龙渣大队的瑶族至今还盛行此风。由此不难想到，在邈远的古代，从妻居的习惯势力该是多么强大、坚固！

当私有财富进一步增加，丈夫在家庭生活中占据比妻子更为重要的地位以后，又出现了利用这种地位来改变旧时的继承制度，使之有利于子女的意图。要实现这种意图，丈夫就力求改变从妻居为从夫居，以保证子女确系自己所传。而这在母权制下是不可能的，于是母权制向父权制的过渡终于出现在野蛮人中间。"抢婚"就是这种过渡的产物，或者说，是男子为了改变从妻居、确立父权制而采取的一种激烈手段。瑶族中存在的抢婚遗俗，不上溯至此是无法解释清楚的。当然，由于私有制和阶级社会的出现已经很久了，它的性质、内容绝不会是原来的样子，特别是在

---

① 朱祥：《江华县乡土调查笔记》第12章。

大多数场合，已仅仅成为一种婚仪了。不过，直到近代初期，至少还有部分瑶族的抢婚仍是一种较为古朴的求偶方式，这可以桂馥所著《黔南苗蛮图说》为证。该书在第五十一种"黑瑶"（按：原著族名诬写为反犬旁，下同）条下载称："十月朔日，各以聚落祭都贝大王。男女各成列，联袂相携而舞，谓之踏。瑶意相得，则男呷鸣跃之女群，负所爱者，遂为夫妇，不由父母。"中华人民共和国成立前，金平瑶族还存在这种婚俗，只是男子把姑娘抢到家中后，即派人向女方父母求婚，并非"不由父母"，若父母应允，姑娘也同意留下，便达到了缔结婚姻的目的。诚然，中华人民共和国成立前，更多的瑶族人家不再利用这种婚俗来求偶了，而是把它作为象征性举动保留在结婚仪式的程序上，其典型者如江华、蓝山的瑶族：新郎到女家迎亲时，新娘故意让新郎看见她向外"逃跑"，以便让新郎去追她回来，新娘被拉回家后，又一次向外"逃跑"。这样一逃一拉重复三次之后，新娘才与新郎一起步行至男家。在快到男方家时，新郎先进屋里躲藏起来让新娘前去寻找，新娘"寻"着新郎之后，又故意做出要逃跑回娘家的样子。这样又做了一逃一拉三次之后，双方才交拜成亲。

男子在发展社会经济、创造和积累私有财富（尽管它仍然比较有限）方面的支配作用，终于为实现从夫居、按男性为中心计算世系、改变传统的财产继承法则，即确立父权制，迎来了不可逆转的局面。但来自妇女的传统势力还是千方百计地反抗新规矩，于是渊源于早期两合组织的姑舅表优先婚和允许新娘婚后有一定时间的"不落夫家"之类的习俗便流行起来。姑舅表优先婚，在南丹县大瑶寨表现得很突出：舅父的儿子享有娶其姑母的女儿为妻的优先权，即便姑表姐妹由于种种原因取得舅父同意后嫁了他人，其身价钱的三分之二也要送归舅父作"补偿"。"不落夫家"，如粤北的"八排瑶"和湖南溆浦县的瑶族，女子新婚后都回娘家居住，甚至到生育后始居夫家。对于新娘结婚后即回娘家居住的举动，新郎的心情是十分矛盾的,其情状有如江华瑶族世代传唱的民歌:"那舍得,几时舍得和娘离;娘离回家有双对,郎离落泪过山头。"这首民歌除反映妇女回娘家后仍"有双对"即社交自由外,主要的却是描写新郎不得已送新娘回娘家长住的依恋心情。

从上述瑶族的各种遗俗中,我们不仅可以看到原始时代婚姻家庭形态的发展序列,而且还可从这一重要方面看到母权制向父权制过渡的漫长进程中,男子和女子演出了一幕又一幕此消彼长的斗争活剧。

(三) 平等、友爱的道德观念

道德观念,是人类在社会实践中形成的,是调整人们之间、个人与社会之间的关系和行为规范之总和。作为一种意识形态,它属于上层建筑,为整个社会的生产方式所制约。正如恩格斯批判杜林时所指出:"一切已往的道德论归根到底都是当时的社会经济状况的产物。"① 中华人民共和国成立前,瑶族普遍进入了封建社会。但是,由于社会和历史的原因,他们被迫世代散居于深山老林、穷乡僻壤,社会生产力低下,一直不同程度地保留着原始公社残余。这就是原始时代的道德观念仍然残存在许多瑶族地区的基本原因。

在那生产力极端落后的石器时代,人们只有凭借集体的力量才能生存下去;一个人倘若离开了集体,就意味着生存能力的丧失。协作与互助的精神,随着人类社会的出现而渐渐产生,到了氏族公社时期又得到进一步发展。进入阶级社会以后,它并不泯灭殆尽,而往往在特定的条件下成为劳动人民的一种美德。众所周知,在历代封建王朝和国民党反动派的统治下,瑶族是受压迫

---

① 恩格斯:《反杜林论》,第91页。

最深、受剥削最重、生活最苦的民族之一。他们被迫迁进深山老林，靠刀耕火种和辅以狩猎为生，过着吃糠咽菜、披棕挂叶、围火过冬的悲惨生活。正是在这种生产条件和生活条件下，瑶族人民一直保持着互助协作、团结友爱的美德，也只有这样，他们才能生存下来。瑶族人民建造房屋，不少地区是全靠互助协作的。尤其是过山瑶，他们为了适应刀耕火种而频繁的搬迁和建房，必须依靠集体的力量。因此，往往出现一人建房，全寨出动，各家各户自动带来木材、茅草，既帮工又捐助。随着社会的发展，一些地区的互助带有债务的色彩，但大都仍然保留不立契约、不计利息、不定归还年限的原始的互助协作精神。桂北部分地区的瑶族，谁家的儿女结婚有困难，各家各户给予全力资助，等到资助者的儿子或孙子结婚时才归还；若没有儿孙结婚的话，则永远不用归还；若借户遇到什么意外事件或灾难而无力偿还时，借主亦无丝毫遗憾之意。鄢县龙渣大队的瑶族，对过往逃难的瑶族，只要他符合"会讲瑶话，会讲出瑶人十二姓，会讲出本姓的排辈"这三个条件的，除了给予吃宿的方便之外，还由各家各户凑足路费给他回家。别地瑶族打官司时，只要寄信来要求资助，他们也乐意凑钱寄去，而绝对不准谢绝。

原始社会人人平等的道德观念，在瑶族地区还突出地表现在平均分配产品上面。在金秀瑶山和南丹大瑶寨，直到中华人民共和国成立前，在村寨公有的山场上集体开荒生产出来的产品，都是按人头平均分配，即使是不能参加生产劳动的老弱病残者，乃至襁褓中的婴儿，也获得一份产品。广西防城、上思等县的瑶族，山场是集体所有的（也有一部分是集体向壮族地主租来的）。他们集体开荒耕种，当年的收入完全按人口一箩一斗地平均分配。第二年将种过的山场按人口分给各家各户自己耕种，收入归自己所有。若干年后便丢荒他迁，又开始新的集体开荒……在粤北的八排瑶中，原始平均主义思想也十分浓厚，直到中华人民共和国成立后的 60 年代初期，不管是谁进城，买回一把葱苗也要平均分配给各户，即使只分得一二根，也不能漏掉任何一户。

居住在深山密林里的瑶族人民，狩猎经济仍然有一定的意义。他们的狩猎，不仅体现了团结互助精神，而且在分配猎物时，完全按照原始的平均分配原则进行。每次出猎，无论是头人还是一般猎手，或不出猎的老小，甚至路过的外乡人，都可以获得一份猎物。这便是所谓"见者有份"。若捕获的猎物太小而难以分配时，他们就将猎物剁成肉末，熬成肉汤或肉稀饭，每人都分吃一点。当然，随着社会的发展，这种绝对均分猎物的原始方法也随之发生了变化。如有的头人利用职权，不参加围猎也可以获得一份或双份猎物。宁远、江华、蓝山和贵州等地的瑶族，打中第一枪的猎手，不管打死与否，可获得猎物的头或四分之一的肉，其余才平均分给参加围猎的人。宁远县打中第一枪的猎手，虽然得四分之一的猎物，但是，往往在获得几斤、十几斤或几十斤猎物之后，却要付出大量的米来煮饭招待围猎的人和全寨男女老幼，家里没有米的话，向别人借也要给大家吃饱。打中第一枪的人，即使是"得不偿失"，也是毫无怨言的。

瑶族社会中很少出现偷盗，路不拾遗的美德随处可见。瑶族的谷仓往往建在离住宅较远的地方，有的甚至把粮食存放在耕地或工棚之中，需要吃多少才去取多少。外出劳动时，瑶家的门一般是不挂锁的，最多是用一根小木棍插在门扣上。人们进山劳动时，喜欢把衣物、饭包等东西放在进山的半路上，待劳动结束返回时才取，绝不会有人乱取乱拿的。人们砍伐的竹木柴火、捕获的猎物，只要"打标为记"，即在这些东西的上面放上一个用茅草打的活结，就表示这些东西已有了主人，他人就不会拿走。在荒地的四周打上几个活结标记，就表示已有了主人，他人也绝不会在此开荒耕种。这种"打标为记"的做法虽然原始，却比阶级社会里的契约、法律条文更有效力。

瑶族有热情好客重义气的习俗。中华人民共和国成立前,瑶族人民对进山的壮、汉各族的小商小贩,感情非常真挚,并在金秀的石牌上刻写有保护这些小商贩的条文。他们长年累月在瑶山走村串寨行商,也不用支付分毫的住宿费。"天下老庚第一亲",是广西瑶区流传的一句格言。只要你与瑶族结上了"老庚"或"同年"关系,你又能做到以诚相见,那么,他们就会待你比至亲还亲,而且这种关系可以超越亲属血统关系,世代保持下去。但是,他们一旦发现自己受骗上当,你就会遭到驱赶,甚至有时还会出现以刃相见、格杀勿论的现象。

这里必须指出,上述瑶族的道德观念,仅仅作为原始社会的遗风保留下来,实际上,随着社会的发展,封建的道德观念中华人民共和国成立前已在瑶族地区占据了主导地位。

(四) 原始宗教信仰活动

人类的初期是没有宗教的。只是生产力发展到一定水平,而它又还极端低下,即人类进入到氏族社会时期,原始宗教才产生。中华人民共和国成立前在瑶族中残存的原始宗教信仰很多,这里只择其可反映出发展阶段性的几项略加介绍。

最古老的宗教形式之一是图腾崇拜。图腾崇拜就是相信人与某种动植物或其他物体之间存在着特殊关系。图腾崇拜与氏族社会紧紧联系在一起,氏族成员以为某一图腾与本氏族有亲族关系。瑶族传说:龙犬槃瓠帮助平王作战咬死高王,遂受赏与平王女成婚,从此子孙繁衍,逐渐成为今天的瑶族。这一民间传说,反映了瑶族先民已从原始群进入氏族社会的历史事实。中华人民共和国成立前,自称优棉、优门的瑶族都有敬奉槃瓠的原始宗教活动。如在湘南和桂北,按照"见者有份"的习惯,狩猎后的会餐，出猎的狗也有一份，于是应待狗吃完才能开始；除夕晚饭，也必须让狗先吃。又如通道、鄞县等地习俗，凡欢度春节，先盛一碗饭菜置桌下，由家中年纪最长者趴到桌下象征性吃几口，然后端上桌面，待大家一起将它吃完方才开怀畅饮。每年的尝新节，也是先让狗吃一碗"新米饭"，大家才能开吃。这些活动莫不带有原始宗教的浓厚色彩。众所周知，祖先崇拜是晚于图腾崇拜的宗教信仰，即母权制向父权制过渡之后才出现的。而瑶族敬奉龙犬槃瓠却把图腾崇拜与祖先崇拜紧紧结合在一起，这反映出瑶族古代先民随着社会的发展，对信仰的图腾赋予了鼻祖和庇护者的意义。对此，我们应予以科学的区别和分析，否则就会混淆原始宗教的发展序列。瑶族与祖先崇拜有关的盛大宗教活动是还"盘王愿"，即每逢阴历十月十六日，"开醮祭祖"敬盘王，有的活动时间竟长达七天七夜。届时，男女青年载歌载舞，各寨老少喜笑颜开。长此以往，历代不衰，于是这一传统的宗教活动又渐渐形成群众性的娱乐节庆。

在作为氏族制度的附属物——图腾崇拜出现之际，巫教和自然崇拜也逐渐盛行起来。起初，自然崇拜的对象是那些被人们认为最具有影响的一些自然因素和自然力，往后则把所有有形或无形的自然力和自然现象都作为膜拜的对象，这样就产生了对"万物有灵"的崇拜。流传于邵阳、新宁、安化、隆回等地的"梅山教"，据说是北宋章惇开发梅山之前就流传于该地区的一种巫教。直到中华人民共和国成立前，广西、湖南等地的瑶族狩猎前，都有先敬梅山神的宗教活动。他们认为，敬了梅山神，才可能获得更多的猎物。从梅山教内容上的演变来看，这种原始的巫教，往后显然又与图腾崇拜、自然崇拜、祖先崇拜结合在一起流行。根据地方志记载，梅山教敬奉的"曹神"，有"捐山赶日，摘草量天，拈弓打弹，把火烧天"的盘古大帝；有"梅山蛮王"，即"梅山启教圣主上洞梅山砀王天子胡大王，中洞梅山柳大王天子李大王,下洞梅山阔王天子赵大王";有"修路架桥郎君,犁田耙田郎君,种谷扯秧郎君,行山打望郎君,弹琴歌舞郎君,看牛牧马郎君,挑柴担水郎君,呼鸡唤鸭娘子,喂猪赶狗娘子,送男送女娘子,看蚕收丝娘子,敲锣打鼓娘子";还有"金花一郎,银花二郎,铜花三郎,铁花四郎,锡花五郎,铝花六郎,锑花七郎"①。总之,这些被敬奉信仰的"曹神",有图腾神,有部落长,有男女劳动能手,还有各种金属之神。这些古风犹存的宗教信仰,恰恰反映了瑶族先民由于对大自然和自然力的崇拜,也曾经发展起了多神教,举凡巨石、老树、山包、铜铁,或一位祖先、勇士、生产能手,都成了膜拜的偶像;世间一切大小事情,都取决于"冥冥虚渺的主宰"。

  在父权制充分发展的基础上,与氏族和家族公有共存的是个体家庭对财产的私有。进入农村公社以后,这种个体私有的财产日益增加,此时人们的私有观念也逐渐发展起来。然而,产生于社会、凌驾于社会之上并日益同社会脱离的力量——国家,此时又尚未出现。在这种历史条件下,宗教得到了进一步发展,为解决古代居民诸如山场土地纠纷、偷盗事件发生,神判便应运而生。如中华人民共和国成立前金秀瑶族因争山界相持不下,而石牌头人又判决不了时,除让双方对峙开打以外,还取决于神的判决。神判的方式多种多样。如买三只鸡带到所争执的山界上,烧化香纸后,即对天盟誓:"上有天,下有地,天有眼,地有眼,哪人吞谋山场,砍你的男孩,砍你的女孩。"念完咒语,用刀砍断鸡头。谁敢砍了鸡头,谁就得到所争执的山场。或者双方把所争执的山界上的泥土,各执一块,拿到社庙里去发誓,谁敢拜社,地界就归谁。有的则双方约定日期和日数,每天晚上由社老陪着双方一起到社庙睡觉,在这期间内谁生病谁输;若双方都不

---

① 光绪《隆回瑶族巫教梅山教派经典》(手抄本)。

生病，则平分所争执的地界。南丹县大瑶寨的神判程序是：原告自备狗、鸡各一只作为祭品，先由魔公（师公）将狗挂在庙门前的树上，并对庙门喃神念咒语，继由被告为偷盗的人将挂在树上的狗砍一刀，并照着魔公念过的咒语重念一遍，然后又将鸡头砍断，把血洒在庙前等等。神判后三天三夜内，若被告安然无恙，就认为他为人清白，与本案无关而了事；假若恰巧在这期间生病或故去，则认为神判准确，头人庙老便代表原告向被告或其家属追赃。这种神判固然带有原始的纯朴、虔诚，但在阶级社会中，由于有钱有权者往往兼司宗教职能，所以他们总是在原始色彩的迷纱下，以己意代表神意。这就是神判残存于阶级社会的真谛。

此外，瑶族社会中还普遍存在度戒的宗教活动。例如屏边瑶族，度戒属于成年男子必经之宗教手续[①]。一般说，男子16岁时便可度戒，晚则到22岁。不经度戒的男子，为社会舆论所耻笑，乃至娶妻也几乎不可能。度戒之时，被度者随度师到事先搭好的巫台上，待度师念经求神毕，他便随度师对天发誓，然后由巫台上滚下已准备好的藤网上。倘若全身倦曲、头置双膝中滚下，就算"度过来"了；不能如此，则引为一生憾事。度戒往往历时数天，其中重要内容是随度师学习各种宗教知识。从以上的内容可以看出，所谓度戒当源于原始时代的成年礼，即考核一个青年男子是否具有必备的知识，是否造就了经得住各种严酷考验的勇气和本领。只是在阶级社会里，这种成年礼被涂上了神秘的迷信色彩，而使之渐渐演变为一种神圣的宗教活动。

（与韩肇明合作，原载《民族学研究》第2辑，民族出版社1981年版）

[①] 见云南大学历史研究所民族组：《屏边瑶山瑶族自治区社会历史调查》第5部分。

景颇族的原始宗教信仰

过去由于生产力水平比较低下，科学技术和医药知识缺乏，因此，原始宗教信仰对景颇族的社会生产和生活有很大的影响。中华人民共和国成立后，作为上层建筑的一种意识形态，原始宗教信仰并未根绝，以至到七八十年代，在某些偏僻山区的部分群众中还可以偶尔看到。

景颇族过去最重鬼魂观念和鬼魂祭祀，他们认为，人是有灵魂的。当灵魂附于人的躯体时人就清醒，离开躯体外出游荡时人就入睡；入睡后如果做了千奇百怪的梦，那是因为灵魂在外游荡时碰到了某种事物。一旦人做了噩梦，认为是被"天鬼"、"山鬼"等噩鬼捉去，就意味着人要生病了。梦兆如此受人重视，以至他们择地垦种也要同做梦联系在一起。过去，每当冬末春初，选好某一地块后，必须抓一把泥土回家并置于枕下，当晚睡觉若不做梦或做了好梦，预示着这块荒地可以垦种；若是做了怪梦、噩梦、表示不吉，必须放弃原选荒地另觅一块，直至梦兆吉利为止。

由于不能科学地解释做梦这种常见的生理现象，便把梦中的一切事物都归因于鬼魂在起作用。对于自然界的万物，如日、月、山、川、石、树、鸟、兽、虫、鱼等等，他们都认为有鬼魂存在，而且还认为鬼也有好坏之分，即有的可为人们造福，有的则专门招灾致祸。因此，他们对鬼魂十分崇敬。

鬼魂观念固然令人可笑，但民间流传的有关传说故事，却在某种程度上反映了他们朴素的世界观，以此去解释自然界的形成和人类的起源。

在景颇族的民间传说中,最早的世界漆黑一团。后来,渐渐出现了一种与萤火虫一样发光的东西,但世界仍旧模糊不清,不过,这时出现了两个造物主——"格莱"和"格散"。他们很有本事,想有什么,就会出现什么。他们想:在模糊的世界里,应当有一个太阳,好让天空明亮起来,于是就出现了太阳。只是那时的太阳只发光而不发热,"格莱"、"格散"便用药水去浸泡,这才使太阳发了热。他们又想:夜间应当有一个月亮。月亮果然出现了,但它浑浊不清,"格莱"、"格散"用清水把它洗白了。他们又想:月亮太孤独了,应当有星星去陪伴,于是星星出现了,银河也显现了。以后又出现了大地,但开始的地是软的、稀的,经过太阳照晒才硬起来。"格莱"、"格散"又想:地上应当有动物,于是出现了大蟒、乌鸦、老鹰、老虎、大象、野牛等等,它们被吩咐去守山。有了白天、黑夜,也有了大地和动物,还应当有管理者,于是"格莱"、"格散"叫"窝那林推腊"这位男性做白日之魂;叫"林醒木锐木占"这位女性做夜晚之魂,并让蛤蟆、猫头鹰、蝙蝠和她做伴。

自然界出现了,又有了鬼的世界。这个时代是从两个巨匠开始的,男的叫"彭甘寄伦",女的叫"木占威纯"。他们创造了世界上的金银财宝与人类,也是一切鬼魂的始祖。他们先生出了天鬼、雷鬼、太阳鬼、木代电、水鬼等,后来又生了一个没有五官四肢的圆球。"格莱"、"格散"把圆球剖成两半,一半是男性,另一半是女性。开始,这个圆球不会动弹,于是"格莱"、"格散"将它们雕刻成人的样子,并给它吹了气,擦了药,于是雕刻出来的人会呼吸了,并一天天成长起来,这样就成了人类的祖先。有了人类,同时又出现了人间的魂,即人魂。人的鬼魂分为两大类,一是家堂鬼,一是野鬼。家堂鬼中受人供奉的是"昆榜"和"背楞"。原来他俩本是兄妹,因相爱发生了性关系,后来被父母用刀杀死了。在处死之时,他们说:"我们做的事情,祖先都做过的，为什么要杀死我们？我们死了以后要来咬你们的。"因此，这一对兄妹死后，人们就把他们的鬼魂供起来。

上述故事的确显得荒诞，但曲折地反映了先有自然界然后才会有人类的真理，同时说明了人类发展的史迹：原始人曾经历过兄妹婚即血缘辈分婚，只是随着人类自身生产的实践，逐渐认识到近亲婚配的弊害，才终于打破了惯例，以至违反新规矩者竟招致杀身之祸。

景颇族除普遍供奉"昆榜"和"背楞"这一对家堂鬼外，也供上一代亡人的魂，但通常只供最近一代死亡者的魂；若祖辈死亡，即将曾祖一辈的鬼魂象征物抛弃；若父辈故去，又将祖辈的鬼魂象征物抛弃，换上新亡故者鬼魂的象征物。此外，家中倘若出现意外事件，如生病或发生其他天灾，请巫师打卦后，认为是某个祖先的魂并未送走（人死后都举行过送魂仪式），需再次举行送魂仪式，这次如仍然以为未把它送走，人们只好将这个祖先（祖、曾祖、高祖或远祖）的鬼魂供于家堂。

景颇族认为供奉的祖先鬼好的话，可以为后代子孙看家。而野鬼，总是被人们认为属于专搞阴谋暗算、夺人生命财产的恶鬼。这类野鬼的名称很多，有致人浑身肿胀、肚痛的鬼和妇女分娩时死去的月子鬼，有致人死于非命（刀砍、枪打、跌死）的"杀瓦鬼"，还有所谓哑巴鬼、眼痛鬼、"拉事"鬼、离婚鬼、巨石鬼、大树鬼，等等。

中华人民共和国成立前，在景颇族人的心目中，家鬼和野鬼无时不在、无处不有，可以数得出来的竟有上百种。不过，广大群众并非永远愚昧无知，所以有"景颇人的鬼，董萨（巫师）的嘴"的谚语，道出了"人造鬼"的真谛。

既然巫师能通鬼界，甚至收成的丰歉、身体健康与否都与鬼魂有关，他的形象也就很神秘。这个神秘色彩，与巫师本人的宣传密切相关。比如潞西县西山有个巫师就说：有一次做梦，梦见同妻子一道看见天狗吃太阳，太阳向我跑来，我捉住了太阳，所以太阳鬼附在我身上，于是后来就当了祭司。又说：有一次梦见了天鬼，天鬼给了一支枪，返回时在路上遇见三只豺狼扑过来，便开了枪，三只豺狼都跑了，于是才能安然返回家来。

巫师有等级之分。"斋瓦"是地位最高的巫师，他对本民族的历史、故事、诗歌、神话传说等文化知识懂得多，社会阅历比较丰富。能当上"斋瓦"的并不多，如解放初潞西县遮放区仅有一个，其他地区不过仅有一两个。这一等级才有资格去念官家所供的"木代"鬼。他们的收入相当可观，念一次鬼，往往可得一两头牛、若干匹绸缎和毯子等酬劳。其次为大巫师（大董萨），是专门祭天鬼、地鬼的，即有资格祭以猪、牛为牺牲的鬼。他们可以被"斋瓦"选为助手，当"斋瓦"念鬼念累了时，可代念一部分，所以在人们眼里他们是类似"斋瓦"的接班人。被称为"西早"、"迷堆"的巫师都属于这个等级。第三等级为小巫师，他们只能念以鸡、干鱼、干老鼠为祭品的小鬼。这三个等级的巫师虽属于百姓，但在社会生活中却是神权的代表，因而社会地位较广大百姓高。不论哪一个等级的巫师，每次念鬼都要先请类似"智慧之神"的"琐"：

琐啊！你样样都会，你使人聪明。
我要向你请教，现在要念××鬼，唱××歌，
我们是小娃娃，还不会念，
请你到我头顶上站着，
到我手拐上来站着，来做指导。
小牛不会走路，走到岩边要赶回来，
小娃娃认不得路，走错了你要把它叫回来，
我念错了的请你纠正过来。

过去景颇人祭的鬼可分三类，一是与生产有关的鬼，二是与疾病有关的鬼，三是能造福于人、消灾弭难降吉祥的鬼和死去的

英雄人物的鬼。所用牺牲依祭不同的鬼而定：祭大鬼必须用牛、猪；祭小鬼用鸡或鸡蛋，有的则仅给干鱼、干老鼠之类；倘若祭"木代"这一类大鬼，那是非杀牛不可的，特别是进行集中祭献（名为"木脑总戈"），杀牛达数十头、上百头。

杀牲祭鬼是经常性的，因而牲畜、家禽的宰杀数量相当大，严重地破坏了景颇族的生产和生活。如中华人民共和国成立前盈江县邦瓦寨，阿阳莫娃举行一次送魂仪式，杀牛4头，加上其他开支，耗费数额如按现今市价计算，其价值达2000元以上。如是经济条件较好的头人（山官），举行"木脑总戈"时耗费更大。据"斋瓦"沙万福说，过去干甲寨翁麻早堵家祭"木代"鬼，一次杀牛120头。盈江普戛丹说，他一生中，家里举行过四次"木脑总戈"，最后一次是在1953年，这次用牛29头、猪100头、大米1500多公斤，还有烟、酒等开支。从这些实例不难看出耗费是多么惊人。因此，它对生产力的发展和人民生活水平的提高，无疑是一个巨大障碍。

中华人民共和国成立后，由于群众逐渐接受了历史唯物论和无神论的教育，鬼神观念也就逐渐淡薄。像从不怀疑有鬼魂存在的老年人，也认为鬼魂是"不可不信，不可全信，信就有，不信就没有"，这表明传统的看法有了改变。过去景颇人家里视为禁区的"鬼门"，客人也可以出入了。巫师们的鬼魂迷信宣传在群众中已不起作用，景颇族人民群众的迷信思想正在逐步消除。

过去除迷信鬼魂外，20世纪初以来，景颇族地区有的人接受外国传教士的宣传，也曾信仰基督教，不过其影响非常有限。

（节选自龚庆进《景颇族》，民族出版社1988年版）

第四编
民族理论与民族关系研究

为消除各民族事实上的不平等而努力

——学习周恩来在青岛民族工作座谈会上的讲话

伟大的无产阶级革命家周恩来同志与世长辞已5周年了。作为民族工作者，重新学习和认真实践他于1957年在青岛民族工作座谈会上的讲话《关于我国民族政策的几个问题》的精神，就是对革命英烈的最好缅怀。

周恩来同志的这个讲话，闪烁着马列主义、毛泽东思想的光辉，是我们党和国家在社会主义时期开展民族工作、进一步解决民族问题的重要文献之一。当论及各民族事实上不平等的问题时，周恩来同志强调指出："我们对各民族既要平等，又要使大家繁荣。各民族繁荣是我们社会主义在民族政策上的根本立场。"他号召各族人民在建设现代化的社会主义祖国这一新的基础上团结起来。"把我国各民族经济、文化事实上的不平等的现状逐步加以改变"，"使所有民族得到发展，得到繁荣"。在全国各族人民为实现四化而并肩奋战的今天，我们重温这些指示，更加感到对于今后的民族工作具有特别重要的指导意义。

坚持民族平等，是马列主义、毛泽东思想对待民族问题的根本原则。中国共产党一向主张，民族不分大小一律平等，就是要彻底废除民族压迫制度，无条件地实行和保护各项民族平等权利，积极帮助各少数民族在政治上、经济和文化上都得到发展和进步，使他们尽快赶上先进民族的发展水平，消除历史上遗留下来的事实上的不平等，跨入各民族共同发展、繁荣的历史新时期。

由于历史的、社会的和经济的等诸方面原因，中华人民共和国成立前我国各民族是不平等的，特别是近代以来，各族人民不仅遭到残酷的压迫、剥削，而且彼此存在着严重的隔阂和不信任。正是由于中国共产党实行民族平等的政策，各族人民紧密地团结在一起，在党的路线指引下，共同奋斗，才终于推翻了三座大山的反动统治，创建了新中国，开辟了各民族平等友爱和共同发展繁荣的社会主义新时代。中华人民共和国成立后，党和国家为保障少数民族的平等权利和自治权利，通过宪法和一系列的政策、法令，明确规定各民族一律平等，严禁民族歧视和压迫；广泛推行民族区域自治，使少数民族人民在管理本民族内部事务上享有当家做主的自治权利。一切散居、杂居的少数民族的平等权利也有了保障。随着革命和建设事业的发展，少数民族干部迅速成长起来，其中许多优秀分子还担负了党政各级领导职务。从地方到中央的各级人民代表大会中，各少数民族都有自己的代表。而且他们的代表名额一般都超过了这些民族在当地和全国人口中的比例。所有这些都表明，我国各民族无论人口多少，也无论过去的社会发展水平高低，都以平等的地位参加了国家事务的管理和决定，都是国家的主人翁。这就是说，各民族在政治上都是平等的。

实践证明，这种政治上的平等，尽管有待进一步完善，但对于民族平等来说毕竟是首要的。这是一方面，另一方面，它并不是民族平等的全部内容，还不能解决整个民族问题。这是国为，历史上长期形成的各民族在经济、文化方面的落后状态，以及由此产生的事实上的不平等，不可能在短期内得到解决。

建国 31 年来，在党和政府的大力帮助下，各少数民族地区的政治生活和社会面貌发生了深刻的变化，相继完成了各项社会改革跨入了社会主义社会。而且在国家的大力帮助和少数民族人民的艰苦奋斗下，取得了经济文化建设的伟大成就，人民的生活水平也有所提高。例如，从新中国成立到 1978 年，国家对少数民族地区的基本建设投资达 580 亿元以上，使那里历年来基本建设投资的增长以及各项建设事业发展的平均速度都高于全国的平均水平。工业总产值增长近 40 倍，粮食总产量和牲畜头数都分别增长了 1.7 倍以上。目前少数民族地区的大学生比解放初期增长 16 倍，中学生增长 50 倍，小学生增长 7 倍多；卫生技术人员增长 78 倍。但是，这些成就，对于少数民族从根本上改变落后面貌、赶上较先进的汉族发展水平来说，只是一个良好的开端。由于多年来"左"倾思潮的影响，特别是由于林彪、"四人帮"的干扰破坏，目前我们整个国家还是穷的，如果按人口平均收入和劳动生产率来计算，仍属于世界上最贫穷落后的国家之一。至于原来就基础差、底子薄的少数民族地区，那就显得更贫穷落后。人民的生产、生活仍然存在许多困难，甚至还有不少人家连较低的生活水平都难以维持。拿广西壮族自治区来说，无论是工农业生产、科学文化教育事业，还是群众的生活水平，目前仍比全国大多数省区落后。1977 年全区的工业总产值，按人口平均只排在全国的第 24 位，而 23 个山区少数民族县，每人平均则不及全区平均水平的 1/4。农村社员的口粮也比较低，在拥有 400 多万壮、瑶等各族人民的百色和河池两地区，1978 年的人均口粮比全区平均水平还低 40 多斤。整个广西至今还有上百万人的饮水问题未解决好。再如教育事业落后，特别是少数民族居住的农村，校舍、师资等方面都缺乏（如民办教师的比例在柳州地区占 60% 以上），文盲、半文盲的比例远远高出全国水平。基础教育差，大学生也就少，近几年来高考招生，全区被录取的少数民族学生，仅占全国重点大学在广西招生总额的 10% 左右。

以上的种种客观实际说明，历史上遗留下来的各民族在经济、文化方面事实上的不平等，既不是政治上的平等所能代替，也不是短期的努力就能消除，而必须经历一个相当长的历史时期，通过国家的大力帮助以及各民族人民共同艰苦奋斗，才能逐步得到解决。俄国十月革命胜利初期，斯大林曾经指出："十月革命所获得的各民族在法律上的平等是各民族的伟大胜利，但是这种平等本身不能解决整个民族问题。许多共和国和民族没有经过或者几乎没有经过资本主义，没有或者几乎没有自己的无产阶级，因而在经济上和文化上都很落后，不能充分享用民族权利平等给他们的权利和可能，它们得不到外来的真正而长期的帮助，就不能提高到高级发展阶段，因而也不能赶上走在前面的民族。"（《斯大林全集》第5卷第153—154页）他还尖锐地指出：各民族"事实上不平等仍然是一切不满和摩擦的根源"。（同上引书，第201页）。这就是说，各民族只有政治上的平等，而未实现经济、文化方面事实上的平等，这种民族平等是不完全、不彻底的；而且，没有事实上的平等作新的基础，已经获得的政治上平等难以持久，民族团结的生命也将受到威胁。可见，积极帮助少数民族发展经济、文化，坚持为消除各民族事实上的不平等而斗争，实是保障各民族充分享受宪法和各项法律所赋予的平等权利的原则问题，是巩固和发展各族人民大团结、维护祖国统一的长久大计。既然如此重要，它就成为党和国家必须立即着手并坚持为之实现的一项战略任务。这就意味着，无论少数民族的人口多少、以往的发展程度如何，也无论他们在今后发展中面临的客观条件（如大自然的）是否优劣，我们都要坚定地去完成这个任务。这样做正反映了中国共产党的无产阶级性质，体现出我国社会主义制度的优越性。

周恩来同志在讲话中指出："建设社会主义工业化的国家，是任何民族都不能例外的。""工业化、现代化了，经济生活才能富裕，民族才能繁荣，各族人民才能幸福。"又说："在现在这个世界上，我们若不强大起来，不建成社会主义的现代化国家，就要受到帝国主义的欺侮。"在这里，周恩来同志言简意赅地讲清了进行祖国的现代化建设与帮助少数民族摆脱落后状态，消除历史上遗留下来的不平等，实现各民族共同发展、繁荣的密切关系。在工作着重点转移到搞四化的今天，我们重温这些指示倍感新鲜、亲切。

党的十一届三中全会以来，中央明确地提出了我国今后的总任务：团结各族人民，调动一切积极因素，同心同德，鼓足干劲，多快好省地发展社会主义经济，把我国建设成为高度民主、高度文明的社会主义现代化强国。这反映了各族人民的根本利益和共同愿望，受到各族人民的热烈拥护。我们这个社会主义祖国，是由50多个兄弟民族长期以来共同用血汗缔造起来的，因此，实现四化是整个中华民族的宏伟事业，是每一个公民应尽的义务。在少数民族方面，进行四化建设对于他们显得愈益迫切和需要。从国家四化建设的全局来看，为充分发挥一切积极因素，包括人的因素和物的因素，许许多多重大建设项目都需要安排在广大民族地区，例如各种工业基地、农业基地、牧业基地以及一系列科学文化研究机构和设施等。再者，少数民族大多分布在边疆，扼守国防要冲。搞好那里的建设，直接关系到边防的巩固，国家的统一，全国四化建设的顺利进行。总之，正如周恩来同志所说："我们社会主义国家，是要所有的兄弟民族地方、区域自治的地方，都现代化。全中国的现代化一定要全面发展起来。我们有这样一个气概，这是我们这个民族大家庭真正平等友爱的气概。我们不能使落后的地方永远落后下去，如果让落后的地方永远落后下去，这就是不平等，就是错误。"

在实现四化这一决定我们国家兴亡的全局问题上，既没有地域的划分，也没有民族的界限，"各个民族必须互相帮助，互相支持"。众所周知，我国人口众多，地大物博。这两个特点，汉族和少数民族各占一个。汉族劳力充足，经济文化和科学技术水平较高，但是，居住地方只占全国总面积的40～50%，耕地面积小，平均每人只有一亩多，可供开垦的土地已经有限，自然资源在许多方面都不如少数民族雄厚。少数民族地大物博，发展工农业生产的潜力巨大。我国肥沃待垦的荒原，广袤待采的原始森林，水草丰美的天然牧场，储量大、品位高的各种矿藏等等，相当大的一部分就分布在少数民族地区。例如：全国可利用的草原面积33亿亩，90％就分布在蒙、藏、维、哈等民族地区；全国的森林面积约有一半属于少数民族地区；可垦的生荒地，仅在新疆塔里木盆地就达3000多万亩。这些物质因素，对于四化建设，造福于全国人民，都是不可或缺的。但是，在少数民族方面，工业基础差，资金不足，技术水平较低，如果没有国家和汉族人民全面的、持久的大力帮助，想要单独发展，摆脱落后状态，是很困难的。同样明显的是，如果没有少数民族人民的积极参加和合作，单靠汉族的力量去搞四化，也是不可想象的。因此，为了加速四化建设的进行，为了使消除历史上遗留下来的各民族事实上的不平等的步伐迈得更大、更快些，汉族和少数民族不能分彼此，而必须团结起来，互相帮助，使各自的长处在更大的规模和更紧密的程度上结合在一起。

这里必须强调指出，汉族帮助少数民族发展和进步，摆脱贫穷落后状态，是责无旁贷的。然而，有些同志由于形而上学或受大汉族主义思想的影响，往往一提到帮助少数民族，总是把它看作主动与被动的关系，却不懂得帮助从来就是相互的这个道理。事实是，少数民族极大地帮助了汉族。无论是在几千年的历史上，还是在民主革命时期和建国31年来，从开发边疆、保卫国防到丰富各族人民的物质文化生活，所有的少数民族都作出了自己的重大贡献。我们应该记住毛泽东同志的话："现在，我们帮助少数民族很少，有些地方还没有帮助，而少数民族倒帮助了汉称。有些少数民族，需要我们先去帮助他们，然后他们才能帮助我们。少数民族在政治上很大地帮助了汉族，他们加入了中华民族这个大家庭,就是在政治上帮助了汉族。少数民族和汉族团结在一起,全国人民都高兴。所以,少数民族在政治上、经济上、国防上,都对整个国家、整个中华民族有很大的帮助。那种以为只有汉族帮助了少数民族,少数民族没有帮助汉族,以及那种帮助了一点少数民族,就自以为了不起的观点,是错误的。"(《毛泽东选集》第5卷第154页)这些道理弄明白了,在帮助少数民族发展经济、文化的过程中,汉族同志就应该始终有一个正确的态度。即是说,对少数民族的帮助,要积极努力,不许消极怠慢、敷衍了事;要诚心诚意,不可假心假意或半心半意;要有主动性,不能有求才应或求之不应;要长期坚持下去,不可时断时续、半途而废。

31年来的实践证明,党帮助少数民族发展政治、经济、文化,为逐步消除事实上的不平等而努力的政策是正确的、国家所采取的许多相应措施都有很大成效,因而受到少数民族的拥护。同时我们也应该正视、并认真解决客观存在的问题。比如,在工作中搞主观、片面,忽视不同民族、不同地区的特点,一刀切、一个样,不够尊重少数民族的平等、自治权利,有的部门和企业单位甚至与少数民族争水源、争农田、争草场、争林地,不注意环境保护,嫌人家落后不予招工等等,直接影响了当地群众的生产和生活。由于缺乏经验,或没有统筹兼顾、精打细算,对于国家的大批经费、物资、设备,有的造成了很大的浪费。诸如此类的问题,我们应该引为鉴戒。

党中央对民族地区的四化建设十分关心。去年四月,中央批发了关于转发《西藏工作座谈会纪要》的通知,明确了建设西藏的任务和方针,接着,又派胡耀邦、万里同志到西藏考察,同当地同志共商尽快提高西藏人民物质文化生活的大计,并提出了为建设一个团结、富裕、文明的新西藏而奋斗的总目标,以及为实现这一目标应该做好的六件大事。我认为,中央的指示精神,是要全面地实行民族区域自治，即不但要求在自治机关中民族干部必须占绝大多数，使其在政治上代表少数民族人民行使当家做主的平等权利，而且要在经济等方面体现少数民族的自主权，充分照顾和扩大少数民族的经济权益，不断提高少数民族人民的物质文化生活水平。我们一定要在党中央的统一领导下，本着解放思想，放宽政策，把经济搞活的指导原则，进行经济制度的改革和经济政策的调整，充分发挥各民族地区的优势，大力发展生产，使少数民族尽快地富裕起来。

能不能从实际出发，扬长避短，充分发挥自己的优势，以取得最好的经济效果，这是各地四化能否顺利发展的关键问题之一。我国各少数民族地区，都有自己的长处，同样也都有不如别一地区的短处。例如占全国总面积 1/8 的内蒙古，仅有耕地不到 1 亿亩，论搞粮食生产，自然比不过其他省区，但它有 13 亿亩草原，一向是我国畜牧业生产和畜产品供应的重要基地之一，在这里植树种草，狠抓畜牧业和畜产品加工业，就是发挥了自己的优势，为祖国的四化作出更大的贡献，也是最终解决吃粮问题迅速提高人民生活水平的正确途径。广西壮族自治区也是如此。这里气候温和多雨，属于亚热带气候，对农业、林业、牧业的发展极为有利。除了山区和平原，这里濒临北部湾，是我国著名的渔场之一，鱼类达 700 种以上，是发展渔业生产的有利条件。全区除汉族以外，还有 11 个少数民族。各个少数民族地区也都有自己发展生产的优势。例如，桂北、桂西森林资源丰富，盛产松、杉、枧木等，是我国南方著名的木材产地之一，还有桂皮、八角、茶油、桐油、楠竹、药材等名贵土特产。广西八角茴香油的产量占世界总量的 90% 左右，是我国传统出口商品，国际市场上售价每公斤计人民币 40 多元。又如特产蛤蚧，是广西传统的出口商品，销价也很高。此外如京族"三岛"等地所产的珍珠，毛南族地区出产的菜牛和油竹，三江、龙胜侗族地区出产的茶油等,都远近著称,有进一步发展的潜力。这些列举属挂一漏万,极不全面,但也足以说明,各地区都要依自然条件的特点来发展生产,宜农则农,宜牧则牧,宜副则副,宜渔则渔,才有可能在治穷致富的奋斗中取得显著成效。对此永福县上维大队有深切体会。著名特产罗汉果,被人们称为"摇钱树"。上维大队有种植罗汉果的有利条件,便以己之长克己之短,大力发展罗汉果的生产。1979年该队种果收入达10多万元,占全年农业收入的80%,除分配给每个社员近百元外,大队用这笔收入办起了小水电,添购了不少农业加工机械,为扩大再生产、进一步改善社员生活创造了条件。

随着全国四化建设的展开,今后帮助少数民族发展经济、文化的规模将日益扩大,从而涉及民族政策和民族关系,涉及国家、集体、个人三者利益如何结合等等的新情况、新问题也将不断出现。因此,我们一方面要随时总结前进中的经验教训,发扬成绩,纠正错误;另一方面要加强调查研究,根据实际情况,及时地调整政策,妥善解决新问题,以便加快四化建设的步伐,使少数民族人民在物质文化生活水平上不断有新的提高。这样做,我们就一定能早日消除各民族之间事实上不平等的现象,迎来各民族共向繁荣发展的历史新阶段,使我们整个中华民族以崭新的面貌立于世界民族之林。

(原载《南宁师院学报》1981年第1期)

"部族"质疑

好多年来，我多次打算凑热闹，对"部族"说写个小文辨疑，只因公务繁忙和更感兴趣的学术课题分了心，于是一而再、再而三地把提起的笔又放下了。然而，哽在喉咙的话不吐不快，特别是最近出于关心海湾和非洲地区一些国家局势的风云变幻，发现某些报刊的时事评论竞相使用"部族"一词，以至"部族"与"民族"以及相关的名词术语颇为混乱，深感就"部族"名词等问题谈点想法，或许在今天还不算多余。

众所周知，在列宁、斯大林的著作中不乏见到俄文词"народность"。这个词，其他西文本不存在，比如英文，只是按音译的办法直接写作"narodnost"。在我国，汉语也无与之相应的词汇，只因50年代初汉译者未加深究该词的确切含义，便信手掂来古代史籍中不可同日而语的"部族"（或是揣摩所得），去翻译斯大林《马克思主义与语言学问题》著作中的"народность"一词（特指自阶级社会产生到资本主义社会形成这个历史时期的人们共同体），于是"部族"说见之于图书和报刊文章，故此"部族"与"民族"在使用上相当混乱，并由此对民族形成的时间、要素（或称条件）等问题，引发了旷日持久的学术争鸣。首肯者，连篇累牍地从理论上阐发论证，力图使读者诚信民族曾有过一个"部族"发展阶段；而摇头者则引经据典，并结合各种具体情况予以反驳，希冀纠讹改错。从目前情势看，"部族"与"民族"的笔墨官司，一时难以解决。

比较诸家见解，又思考再三，对于俄文词народность，我是反对汉译"部族"说的，与之相关，自然也反对"氏族—部落—

部族—民族"这种民族形成的"四段"说。

别说联系历史实际，仅就今天国际社会而言，"部族"说往往令人费解。比如，《索马里西亚德政权为何垮台》一文（见《参考消息》1991年1月31日）称，"来自小部族—马列汉族"的西亚德"实行部族统治，使国内部族矛盾日趋严重"，又说"索马里民族运动，由伊萨克部族组成"。《动荡中的索马里政权》一文（见《北京日报》1991年2月6日）也说，索马里这个穆斯林国家，"主要有达鲁德、哈威伊和伊萨克等三大部族"，"属于达鲁德部族中马列汉族的西亚德上台20多年，初期奉行反帝、反殖、维护民族独立的政策……后来由于偏袒达鲁德以及马列汉部族，遂同北方伊萨克大部族发生矛盾"。目前国际社会希望这个东非国家"各部族能够通过谈判寻求政治解决的办法，以免卷入新一轮的部族冲突之中"。从这些引文中，我们看到的相关名词真是五花八门，什么"部族"、"大部族"、"小部族"、"部族统治"、"部族矛盾"、"部族冲突"等等，同时又看到有别于"部族"的"民族独立"、"民族运动"诸名词。别说一般读者，就是民族学、人类学家们面对这些名词，也难免被弄得稀里糊涂。当今的国际社会无不认为，索马里人是东北非的主要民族之一，是索马里这个国家的主体民族（占全国人口的98%，另有50万人分布在埃塞俄比亚，32万人分布在肯尼亚，12万人分布在吉布提）。然而，在索马里人中，细分有伊萨人、格里人、伊夏克人、米杰廷人、哈维人、萨布人、迪尔人等，其中格里人又可分为巴尔蒂雷人、布尔苏克人、雅布雷人；哈维人又分为阿布加尔人、阿朱兰人、哈瓦德拉人；萨布人亦可分为迪格尔人、比马尔人、拉汉温人，如此等等。显然，索马里政府并未在本国搞过民族识别工作，所以被称为"人"的种类甚多。但是，索马里人作为一个概称，已经用以专指索马里民族，这与把"中国人"同"中华民族"联系在一起，有何实质上的不同？而从上引文章来看，尽管索马里早已处在近现代社会的国际大潮中，却仍被视为一个部族国家，因为它由若干个大部族组成，而各大部族又由许许多多的小部族组成。若据此推理，索马里人民在1960年摆脱英国和意大利殖民统治之前的民族解放运动，自然只能叫做"部族解放运动"了。这样的说法，谁能接受呢？!

再如，《英国种下海湾战争的祸根》一文（香港《明报》署名文章，见《参考消息》1991年2月1～2日）称，"（第一次世界）大战爆发后不久，英国驻埃及专员麦克马洪……表示英国愿以强大的军力协助阿拉伯各部族驱除奥斯曼帝国主义者，并保证一旦成功，土耳其人所占的阿拉伯部族各地区，都可以一一独立。"当其探索战后中东局势长期纷乱的原因时又提到，"阿拉伯人认定英国在战前早已承诺各部族独立……但巴勒斯坦与阿拉伯人……过分强调的民族主义"云云。一会儿称"阿拉伯各部族"，一会儿称"阿拉伯部族各地区"，这无疑是说，讲阿拉伯语的人，不管是一个"部族"还是"各部族"的集合体，都还没有资格称为"民族"。既然"巴勒斯坦和阿拉伯人"（按：这里将两者并提，似乎前者不是后者的一部分）属于"部族"，哪里还谈得上他们"过分强调民族主义"呢？要说"主义"，自然只能称为"部族主义"了！而且照此推理，无论是今天巴勒斯坦人反犹太复国主义、重建家园的斗争，还是以往阿拉伯各国反殖民统治的斗争，都不配称为"争取民族独立"而应称为"争取部族独立"的解放斗争了。这真是够滑稽的！

依照惯例，讲阿拉伯语的人，都泛称为阿拉伯人，但是，严格地说，阿拉伯人不都是一个民族（更不是什么"部族"），而是分属于多个民族，因而我赞同《中国大百科全书·民族》卷作者对"阿拉伯人"词条所写的概括语："泛指讲阿拉伯语的各民族。"这些民族由于历史的原因，在文化生活、宗教信仰等等方面有相同或相似的东西，但历经上千年的沧桑变化，大小不一的人们共同体不免分化、融合、重组,特别是近代以来主权国家与民族独立、民族生存不可分割的意识日益强烈,所以不同国度的阿拉伯人自然而然地会形成独具的心理素质等民族特征。对于阿拉伯人,我们通常都要加上其国别以示区分,如称叙利亚的、伊拉克的、科威特的、阿尔及利亚的、沙特阿拉伯的,等等。再者,当今国际社会,往往以某一国人指称为某一民族,把某个国家的独立即称之为民族独立(这里不区分该国内的不同民族成分)。比如沙特阿拉伯王国,我们说"沙特阿拉伯人"时,就可能有两种含义,或是指沙特阿拉伯的阿拉伯人,或是指沙特阿拉伯的全体居民,即除了阿拉伯人(占居民的90%),还包括讲阿拉伯语、信仰伊斯兰教的非洲黑人(后裔),以及尚属部落联合体的桑马尔人、阿奈扎人等。这种现象说明,"民族"一词的概念不是僵化的,从学术角度说,可以认为是有狭义和广义之分吧!但是,不管它是狭义还是广义,毕竟与所谓"部族"无干!

*　　*　　*

如前所述,"部族"问题之争,主要根源于斯大林著作《马克思主义和语言学问题》中"народность"一词的汉译。仔细琢磨原著的上下文,народность 所指的人们共同体,非常明确地界定为奴隶制和封建制社会的人们共同体,即用以区别"随着资本主义的出现、封建割据的消灭和民族市场的形成"后出现的人们共同体,它的俄文词为 нация。这是首先要说明的。其次。斯大林在该著作有关段落中,旨在说明语言产生后的发展过程,而不是论述民族形成的诸阶段(只是有些关系而已),何况他所说的民族(нация),实质上是与近现代国家(特别是资本主义国家)相联系在一起的。其实,在多少个近现代国家里,语言并非只有一种如斯大林所指的那种"民族(нация)语言",这在苏联、中国以及诸多欧美国家,都可以找到例证。且别说斯大林有关语言发展过程的见解能否视为权威,至少硬把他所说的语言发展诸阶段，看成是民族形成、发展的诸阶段，显然不科学。

自古及今，世界上有数不胜数的人们共同体。从民族学这门学科的研究对象来说，它们就是民族共同体。前不久，为了对《民族学通论》一书（中央民族学院出版社已于 1990 年 2 月出版）中《民族的概念》一节的审改，业师林耀华教授谦和地同我讨论了"部族"和"民族"之争的问题，由于基本观点相符，所以有关提法和建议就取得了共识，不妨照录如下以供同行参考："在我国通用的'民族'一词，指的是任何历史时期的民族共同体。这个民族或民族共同体就是民族学的研究对象。外国也有类似的名词，诸如希腊文'εθγoc，德文 volk（völker）、俄文 народ（народы）、英文 people（peoples）、法文 peuple（peuples）等。至于马克思主义创始人使用不同名词用以代表不同社会发展时代的民族，我们建议使用'原始民族'（如 volk、复数 völker，专指原始社会时代时）表示处于原始时代的民族共同体，'古代民族'表示处于奴隶制与封建制时代的民族共同体（德文 völkerschaft、俄文 народность），'现代民族'表示处于资本主义与社会主义时代的民族共同体（德文 nation、俄文 нация）。这种分类法已经为国内许多民族学家赞同，因为它可以避免翻译界对这些不同名词的不同译法的纷扰。"（见该书第 108 页）

顺便说一下，在现实的社会、政治生活中，在"民族"之前往往冠以种种限制词。适宜与否，不可一概而论，但至少不该让它们影响到对有关学术问题的探讨。比如我就有个想法，在一般情况下，民族一词不必冠以"资产阶级"或"社会主义"的字眼，因为称"资产阶级民族"并不确切，这如同称"奴隶主阶级民族"、"地主阶级民族"使人不可理解一样。事实上，在有阶级的社会里，民族焉能没有阶级分野？民族毕竟不是某个阶级的人们共同体。同样，以"社会主义民族"去区分"资产阶级民族"也不科学，如果只用以称进入了社会主义的民族，那又是另一回事了。此外，就社会、经济、文化等方面发展程度而言，有"先进民族"与"后进（落后）民族"的说法，这反映了客观存在，而且仅仅是一种比较而已，一般无褒贬之意。然而，有的人忌讳"落后"、"后进"的字眼，这无异自寻烦恼，大可不必。

关于民族形成及其发展阶段等问题，需占用许多篇幅，恕笔者日后另文表达自己的看法。

（原载《民族理论研究》1991年第2期）

关于"民族"定义的新思考

如何理解"民族"的内涵，或者说，它的定义是什么，直至今天，似乎不仅在学术理论方面，而且在国内外各种现实生活中，都仍有做进一步探讨的积极意义。对此，以下一些事实显然是有说服力的。

（1）民族作为一个稳定的人们共同体（即民族共同体），形成于何时？它究竟有无一个"部族"发展阶段？自形成以后直至将来消亡这一漫长时期，其基本特征有无变化，又有何演变规律？在这些问题上，客观地说，学术界远未取得共识，甚至有的几乎尚未作认真的研究。

（2）在民族识别的理论与实践方面，我国在世界上处于领先地位，为国际社会瞩目，并受到很高的赞赏，而我国政府有关部门也曾声言，具体的识别工作早已"基本结束"（笔者揣测是在六七十年代）。然而，在理论上可称为科学性的经验总结，即从实践上升到理论，国内学人或政府职能部门能说出多少？况且，我国还有一些民族集团（包括大陆的和台湾地区的），迄今尚未进行具体的识别工作，即使以往识别了的或有了倾向性结论的若干民族集团，最近还有反复。此外，一些公民的民族成分有待改正或确定。这些遗留问题，不是受时机等客观条件的限制，就是难度甚大，比如，要考虑某个民族集团内部各阶层人民并不一致的意见，以及对族际关系的影响，有的因与外国边界尚未划定而难以进行相关的全面考察，有的则因历史的源与流错综复杂，且一直延宕至今，因而眼下要做出结论非常棘手。但是，民族识别工作关乎一个民族的平等、发展权利问题，无论迟早总要全部

（不是"基本"）逐一了结。而进行民族识别并做出科学的结论，这又不能不有赖于有关人员——某个民族集团的绝大多数人、专家们和有关政府部门负责人，对古今"民族"的内涵取得共同的理解。

（3）目前，国际风云变幻，特别是前苏联的大部分地区，亦即今"独联体"各国，以及习称的"东欧"（实为中、南欧）和亚非一些国家，民族问题——包括严重的民族主义情绪、流血冲突，有如地震波接连发生，而强震区的民族关系（有的今已属于国际关系）尤为紧张，甚至引起了国际社会的极大不安，联合国或邻近国家被迫采取各种形式进行干预。所以如此，原因种种，从根本上说，则是有关国家的社会政治制度以及法律、政策上存在弊病，但是，当局不能科学地理解"民族"内涵，并制订和实施正确的民族政策，以不断改善民族关系，显然是不可忽视的因素。再者，国内外新闻媒体对于上述国家民族问题的报道文章，在名词的使用上相当混乱，比如，把民族称为种族、部族，或在同一篇文章里把民族、种族、部族交叉使用，往往令读者莫名其妙。

可见，"民族"为何物，不弄清楚能行吗？！

近代以来，中外学者乃至一些政要，对民族下过形形色色的定义。然而，那些定义，不是缺乏严格的科学性，就是存在着很大的片面性，未能准确地概括出民族一词固有的内涵。唯有革命导师、伟大的学者马克思、恩格斯、列宁，才以历史唯物论的观点和方法，对民族这个特殊的社会历史产物做过不同程度的考察，从而为尔后斯大林完整地表述民族的定义奠定了基础。其定义是："民族是人们在历史上形成的一个有共同语言、共同地域、共同经济生活以及表现在共同文化上的共同心理素质的稳定的共同体。"（见《斯大林选集》上卷，第64页，人民出版社1979年版）这个定义颇有权威性。众所周知，斯大林的定义是针对欧美资本主义上升时期形成的民族而提出来的。其实，民族的要素或特征，自原始公社制度瓦解以后即由微而著地逐渐发展、完备起来。与其说他的定义适用于现代民族，还不如说确切地概括了原初民族（或泛称古代民族）的本来面貌。

斯大林提出上述的民族定义时，曾反复强调："只有一切特征都具备时才算是一个民族。""这些特征只要缺少一个，民族就不成为其民族。"（见《斯大林选集》上卷，第64页，人民出版社1979年版）此种说法，颇有形而上学的味道，因为只看到民族是历史上形成的稳定的人们共同体，而没有充分顾及民族在社会历史进程始终处于动态，即自其雏形之时起至近现代，总是离不开分化、融合，甚至更高一级的熔铸。至于遥远的将来，民族的特征势必会逐渐淡化，直至最后消失。因此，世上没有古今面貌如一的民族，当代的民族也不可能都具备斯大林所指出的四个基本特征。我以为，这应归之于历史发展的辩证法。具体结合我国的民族状况，足以说明此言不妄。

——关于共同语言。以现代语言为例（不包括兼通某种语言），我国既有一个民族使用自己固有的或一直借用他族的某种语言，也有同一个民族的不同支系（或不同地域）的人分别使用不同语支、语族乃至语系的语言。比如，海南三亚市的回族（人口约4000）操回辉话（属南岛语系的一种民族语），而全国几百万回族说的却是汉语；云南通海的蒙古族（人口不足1万）使用的语言接近当地彝语，而全国470多万的蒙古族却操蒙古语；散布于湘、粤、桂、滇、黔、赣六省区的瑶族，使用的语言更形繁杂，有的说苗瑶语族瑶语支的勉语（人口约80万），有的说苗语支的布努语（人口约40万），有的说汉语（人口20多万），有的说壮侗语族侗水语支的拉珈语（人口1万余），有的则说侗语（人口约4000）。于是，全国瑶胞代表们一起开会商讨问题，因语言不通而不得已以汉语（普通话）为交际工具。如此等等。同一个民族存在那么复杂的语言现象，是由于种种社会历史原因造成的，也是千百年来各民族形成了大分散、小聚居的特点所决定的。

——关于共同地域。共同地域是民族形成不可或缺的空间条件，有了它，共同语言才能出现，共同的经济生活才能形成、发展，表现在共同文化特点上的共同心理素质才能得以熔铸、升华。但是，某个民族共同体一旦形成以后，为了适应世事沧桑（尤其是商品经济的发展），共同地域的积极意义就可能越来越有限。比如蒙古族，虽然一直以今天的内蒙古为最大的聚居区，但在新疆、青海、辽宁、吉林、黑龙江乃至云南都有规模不一的聚居点。又如苗族，除以黔东南、湘西为主要聚居区外，还散布于南方七个省、区的200多个县市。再如回族，除了1/3聚居在宁夏，其余则星散于全国各地。这些例子说明，在我国这样一个长期处于统一的国家里，某个民族地域上的分散并不意味着该民族的分解。就是说，某个民族共同体在形成之初，必须有一个行政上基本统一、地理上连成一片的生息繁衍空间。但它既已形成，共同心理素质这种强大的民族凝聚力却可以避开地域上的分散而使人们认同为一体。

——关于共同经济生活。斯大林主张把"共同经济生活、经济上的联系"称为民族的一个基本特征。这对于随着资本主义兴起而逐渐形成的欧美一些民族，包括他所属的格鲁吉亚民族来说，或许是真理。但是，对于我们这个长期处于统一的多民族国家来说，其立论就不免捉襟见肘。我国自秦汉以降的2000年间，行政上的统一是主流，而且不管是统一时期还是短暂的或局部的分裂割据时期，各民族的经济联系，始终以官方贡赐和民间贸易（包括物物交换）的形式维系着。其原因，一是汉族在政治、经济、文化等方面的发展水平一直居于前列，在祖国的历史长河中起着主导作用，且为周边各民族所"仰慕"；二是由于千百年来，汉族或为避战乱而从中原南下，过黄河，渡长江，逾南岭，或为生计而"闯关东"、"走西口"，或为边境安宁而受命出征，遂致汉族几乎无处不有（有的少数民族亦如此），而插花式的民族分布，自然会有独创的经济联系方式；三是由于生态环境各异，在政治行政上统一的局面下，各民族在经济生活上要求互补的必然趋势就更加强烈。总之，自古以来各少数民族与汉族的经济联系割不断，各地汉族与周边少数民族的经济联系紧密不可分。因此，历史上有传为佳话的茶马互市，今天仍有传统的多民族集市贸易，如新疆的"巴札"，西南的"圩场"，以及内蒙古包含有经济活动内容的"那达慕"，等等。总之，特殊的国情，使我国各民族一直没有形成自己单一的民族市场或经济中心。

——关于共同心理素质。表现在共同文化特点上的共同心理素质，与各民族的社会经济生活、历史发展过程、自然地理条件等因素有着密切的关系。其表现多种多样、五光十色，可以表现为生产生活方式不同，气质不同，性格特征不同，行为规范不同，审美观念不同，文学艺术形式不同，等等。共同心理素质这个名词尽管抽象，但只要留心体察，就会看得见、摸得着。比如，在文娱活动场所等地，看到一群少男少女身着典雅的"赤高里"（即上衣，男上衣斜领、左衽、宽袖、前襟两侧各钉一飘带，女上衣短小、襟斜、无扣而以布带系结）、"巴几"（即男裤，裤腰肥、裤裆大、裤管宽）或"契玛"（即女长裙，长至能盖脚，腰间有皱褶，上窄下宽，随凤飘起而有律动美）翩翩起舞——男子多有诙谐的舞蹈语汇，女子则多属柳手鹤足一类的舞姿，使你一眼便知他们是朝鲜族（这里排除其他民族的演员）；当你看到马头琴、热瓦普、冬布拉、巴乌、独弦琴、铜鼓、腰鼓等乐器，自然就会联想到它们分别属于蒙古族、维吾尔族（或乌孜别克族）、哈萨克族、哈尼族、京族、壮族（或布依族等）、汉族；当你在欣赏铿锵有力的踢踏舞、热烈欢快的阿细跳月、灵性十足的孔雀舞时，不难想到创造它们的主人分别属于藏族、彝族、傣族，如此等等。如果你作为一个不谙其故的外族人，可能无法准确地据以判断族属，但作为自小就受到这种文化熏陶的本族人却是"知音"，看到了这些娱乐活动（实质性的东西远远超出外在形式），不免油然产生一种族属亲近感和认同心理。所以说，"心有灵犀一点通"，可以视为民族心理素质的一种浅显注释。

斯大林关于民族的"四个特征"说，固然不可忽视，尤其对于原初民族来说，具有理论上的指导意义。但是，四个特征莫不跟随社会历史的变迁而发生程度不一的演化。从目前的研究成果看，似乎唯有表现在共同文化特点上的共同心理素质最具"惰性"（或可称"顽固性"）。这又说明，我国以往在进行民族识别时，始终特别注意到民族心理素质（也是群众表达民族意愿的主要根据），不无科学道理。可以说这是我们开展民族识别工作的一条重要经验。

显然，斯大林对民族内涵的界说，只能绳之于一定的历史时代和一定的国度。

学术界和传播媒体每每出现"部族"一词，似乎人世间确有一个特殊的人们共同体——部族。"部族"说在我国得以流行，实在是由于翻译界对俄文词 народность 作了误译的结果。由于误译，在民族学、民族理论研究阵地，几十年来关于"民族"与"部族"的笔墨官司一直未了。更有甚者，某些学者一而再、再而三地发表文章，声称有一个"氏族——部落——部族——民族"这种民族形成的四段模式。氏族与部落本属原始社会的血缘组织，怎能与具有地缘特征的民族相提并论呢？

"部族"问题的学术争鸣，主要根源于对斯大林著作《马克思主义和语言学问题》中 народность 一词的理解和汉译。仔细琢磨原著的上下文，народность 所指的人们共同体，非常明确地界定为处于奴隶制和封建制社会形态的人们共同体，亦即用以区别"随着资本主义的出现、封建割据的消灭和民族市场的形成"之后出现的人们共同体（它的俄文词为 нация，汉译即现代民族）。这是首先要说明的。其次，斯大林使用 народность 一词，旨在说明语言产生后有一个发展过程，而不是专门论述民族形成的诸阶段。

对于 народность 汉译问题，应该说通过 50—60 年代专家们的探讨已在理论上解决了。就是说，不主张汉译为"部族"，但为了忠实于斯大林原著，在对相关俄文词翻译时可以用括号附加说明词或注上原文来解决。而且，70 年代人民出版社在出版斯大林的《马克思主义和语言学问题》单行本以及收有该文的《斯大林选集》，都先后避开"部族"的译法而做了这样那样的技术处理，即 народность 都译作"民族"。然而，有的学者或出于对前苏联民族学的盲目崇拜，或出于"标新立异"以图"独树一帜"，总是在那里宣传"部族"说，甚至煞有介事地著文论证"部族"是民族的一个发展阶段，或称"广义的民族"应含"氏族、部落、部族、民族（指狭义的或'现代'的）"。于是乎，围绕"部族"形成了恶性循环，即问题由翻译界产生，造成民族学、民族理论界一再论争，而论争使翻译界"依然故我"，同时波及传播媒体，传播媒体的用语又冲击着学术界。俄文 народность 没有相应的汉文名词，西方如英文也只有音译 narodnoct。在我国古文献中，如《辽史》"部族上"对"部族"说得很清楚："部落曰部，氏族曰族。"就是说，"部族"不过是氏族与部落的省称。借用"部族"一词来翻译 народность，怎能阐述民族形成的"氏族——部落——部族——民族"四段说？

把民族与种族相混淆的情况，在报刊上仍偶尔可见。比如最近一篇新闻资料《前南斯拉夫民族矛盾》，竟把同属欧罗巴人种迪纳拉类型、同操塞尔维亚—克罗地亚语的塞尔维亚人和克罗地亚人，称作前南斯拉夫联邦的"两个最大的种族"（《参考消息》

1992年8月15日第4版）。标题用"民族"，内文用"种族"，这是撰稿人缺乏人类学、民族学常识所致。对此，读者留意一下就可以了。但是，把民族当作部族同义词使用或混同一起使用，却不能不引起我们的思辨。也是最近，在颇有影响的一家晚报"百家言"专栏上，刊发了题为《历史上的山戎族》一文，意在提醒人们要"肯定与研究""山戎对北京的影响与贡献"。很遗憾，与民族学有亲缘关系的史学工作者，竟然一开始引文就说"我国历史上曾有山戎这样一支少数部族"。我国的习惯用语，少数民族是指人口少于汉族的其他兄弟民族。作者把"少数"这个概念套用在"部族"上，于是创造出了"少数部族"这个古怪名词。若此，今后研究、讲授中国民族关系史或中国古代史，如何统称古代的（包括消失了的或迄今仍然可追寻到后裔的）民族呢？

说到这里，又联想到1991年有关非洲索马里与海湾战争的新闻报道。比如，《索马里西亚德政权为何垮台》一文（见《参考消息》1991年1月31日）称，"来自小部族——马列汉族"的西亚德"实行部族统治，使国内部族矛盾日趋严重"，又说"索马里民族运动，由伊萨克部族组成"。《动荡中的索马里政权》一文（见《北京日报》1991年2月6日）也说，索马里这个穆斯林国家，"主要有达鲁德、哈威伊和伊萨克等三大部族"，"属于达鲁德部族中马列汉族的西亚德上台20多年，初期奉行反帝、反殖、维护民族独立的政策……后来由于偏袒达鲁德以及马列汉部族，遂同北方伊萨克部族发生矛盾"。目前国际社会希望这个东非国家"各部族能够通过谈判寻求政治解决的办法，以免卷入新一轮的部族冲突之中"。从这些引文中，我们看到的相关名词真是五花八门，什么"部族"、"大部族""小部族"、"部族统治"、"部族矛盾"、"部族冲突"等，同时又看到了有别于"部族"的"民族独立"、"民族运动"诸名词。别说一般读者，就是民族学、人类学家们面对这些名词，也难免弄得稀里糊涂。当今的国际社会无不认为，索马里人是东北非的主要民族之一，是索马里这个国家的主体民族（占全国人口的98％，另有50万人分布在埃塞俄比亚，32万人分布在肯尼亚，12万人分布在吉布提）。然而，在索马里人中，实际上加以细分有伊萨人、格里人、伊夏克人、米杰廷人、哈维人、萨布人、迪尔人等，其中格里人又可分为巴尔蒂雷人、布尔苏克人、雅布雷人；哈维人又可分为阿布加尔人、阿朱兰人、哈瓦德拉人；萨布人亦可分为迪格尔人、比马尔人、拉汉温人等。显然，索马里政府并未在本国搞过民族识别工作，所以被称为"人"的种类甚多。但是，索马里人作为一个概称，已经用以专指索马里民族，这与把"中国人"同"中华民族"联系在一起，有何实质上的不同？而从上引文章来看，尽管索马里早已处在近现代国际社会的大潮中，却仍被视为一个"部族"国家，因为它由若干个大部族组成，而各大部族又由许许多多的小部族组成。若据此推论，索马里人民在1960年摆脱英国和意大利殖民统治之前的民族解放运动，自然只能称为"部族解放运动"了。这样的说法，包括索马里在内的许多非洲国家能接受吗？

这种现象说明，撇开学术问题，仅就当今国际社会而言，"部族"说的确令人费解，何不早点把它扔进垃圾箱？

那么，以今天的眼光，如何使用某个名词去表述不同社会历史发展阶段的民族共同体呢？笔者认为，鉴于人类文明已出现了数千年，资本主义利用各种手段早已把不同发展程度的人们共同体卷进了现代民族的漩涡，因而不妨笼而统之，把现存的民族共同体一律称作民族，只是根据不同的历史时期或时代，主张将迄今出现的人们共同体，大体划分为原始民族、古代民族、现代民族。这或许有利于解除无端的人为干扰。

（原载《云南社会科学》1992年第6期）

社会主义民族关系的形成与发展

第一节 历史上民族关系的回顾

我国是一个有5000年文明历史、民族众多的国家。在古代，既有长久的、不同程度的统一局面，又有为期短暂的分裂割据或若干个民族政权（国家）的分立对峙。各民族始终以不同方式保持着政治、经济、文化等方面的密切联系，同时因受剥削阶级的蒙骗和民族观的影响，也不时彼此摩擦闹矛盾，乃至发展到兵戎相见、相互征战的地步。

1840年鸦片战争后的百余年间，汉族和所有的少数民族人民莫不备受帝国主义、封建主义、官僚资本主义的压迫、剥削，一方面各族人民奋起浴血奋战，另一方面由于反动统治者用心险恶的挑拨离间，使民族关系更加错综复杂。今天的中国是历史上中国的发展，按照历史唯物主义的观点，我们不应该割断历史。因此，在谈到我国社会主义民族关系的形成与发展问题时，我们有必要对历史上的民族关系作一番简略的回顾。

一、古代民族关系述略

（一）怎样理解历史上的中国

这是一个带有根本性的原则问题，把它搞清楚了，由它所衍生的诸多问题就迎刃而解了。对此，主要说明以下两点：

首先，"中国"一词的概念，有一个历史演变的过程。上古之时，它只是一个地域的、文化的含义，而且随着历史的发展变化而发展变化。以周大夫规劝其暴君厉王勿听信奸佞小人，施行暴虐以劳民祸国为主题的《诗经·大雅·民劳》提到："民亦劳止，汔可小康。惠此中国，以绥四方。……惠此京师，以绥四国。"在这里，"中国"指的就是周天子所居之城，即京师，而与周边的诸侯之地即"四方"、"四国"相对举。周平王迁都雒邑后，王室日益衰微，各地诸侯先后坐大，出现了大国相继争霸的局面。此时"中国"之称，由周天子的直接统治区扩大到各个华夏诸侯国。其时夷夏混杂，"中国"与"夷狄"的区别主要是一种文化概念，即是否遵行周礼，行周礼者，即使本是"夷狄"均可称"中国"，否则哪怕是周王室的同姓诸侯也被视为"夷狄"。到了战国时期，"定于一"的大一统思想深入人心，逐鹿中原的七雄，包括秦、楚等"蛮夷"，一律并称"诸夏"，同列"中国"，于是乎"中国"与"中原"义同。自秦灭六国、统一中国后，无论是汉族还是少数民族出身的统治者，已经或雄心勃勃准备在中原建立朝廷的，莫不以"中国"自居。可见，"中国"一词的文化、地域概念得到了进一步的发展。例如东晋、十六国时期，羯族的后赵石勒就径称"中国皇帝"。南北朝分裂时期，南渡的东晋人称北朝的鲜卑等为"索虏"，而北朝的少数民族政权往往以"正朔"自居，斥责南朝是"东南岛夷"。又如，成书于11世纪70年代的《突厥语词汇》(亦称《突厥语词典》)设有"桃花石"一条，按照作者的解释，中国本来分为三部分，即上(东)、中、下(西)秦；上秦为宋，中秦为契丹(辽)，下秦为黑韩王朝治理下的喀什噶尔地区。据对有关历史文献、文书和铸币的考察，于10世纪下半叶至13世纪初建立在中国西部的黑韩王朝，诸位大汗都自认是"中国之君"。①

---

① 参阅张广达：《关于马合木·喀什噶里的〈突厥语词汇〉与见于此书的圆形地图》(上)，载《中央民族学院学报》，1978 (2)。黑韩王朝，即"黑汗王朝"，亦称"喀喇汗王朝"。

到了清朝实现全国空前的大统一,可以说当时中国的版图已基本确定下来,各个民族共同融汇为中华民族的历史过程业已完成,此时"中国"的含义得到了至关重要的发展,亦即成为主权国家的名称。所以,在外交活动中,清朝便称自己为"中国"。如1689年与俄国签订《尼布楚条约》,清廷派出的使臣索额图称为"中国大圣皇帝钦差分界大臣",条约中作为主权国家的名称一律使用"中国"一词。只不过,此时清朝的国号还是"大清"。有的学者指出:从狭义上讲,历史上的中国,"应是一个有内在联系的政治、经济、文化和地域相结合的实体概念。中国历史上形成了以汉族及其前身华夏族为主干的多民族相结合的实体,这个实体包括了在内地错居以及分布在周边的各族,他们与汉族形成了在政治、经济、文化上不可分割的关系,这个总体就是历史上的中国。总体的规模是历史地形成的,至清代才最后完成。"① 从宏观上说,这个结论,大体上符合古代中国历史发展的实际。直到辛亥革命推翻清王朝的统治,建立起中华民国,以及1949年成立的中华人民共和国,都简称为"中国",于是"中国"二字就成为具有现代国家意义的正式国名。

其次,自秦始皇灭六国,第一次实现统一到清王朝鼎盛的2000年间,是中国成为统一、多民族国家的古代发展过程。不必讳言,我们这个文明古国曾经走着几经分合的曲折道路。其间,各民族的最高统治者——君主国王们,为了本阶级的私利,时而陈兵对峙、血刃交加,时而彼此相安、贡赐有序。历史事实通常是这样的:汉族的封建主建立政权后的前期,大多是着力调整统治集团的各种关系,与民休养生息,恢复和发展生产,而对周边地区尤其是偏远少数民族地区,更多的是采取守势,尽可能

---

① 参阅黄烈:《魏晋南北朝民族关系的几个理论问题》,见朱绍侯主编:《中国古代民族关系史研究》,171—172页,福州,福建人民出版社,1989。

地"息事宁人"，然而，一旦政权巩固、国力强盛起来，就把经营目光投向四周，甚至不惜通过军事手段进行开疆辟土，于是代表不同民族统治集团利益的民族战争便不可避免。周边少数民族尽管多落后于中原地区，但也不乏富有进取心的首领崛起，他们首先统一本部，雄踞一方，接着向外拓展，特别是乘中原王朝孱弱腐朽之时，挥兵问鼎中原，建立起号令全国的一代王朝。诚然，民族战争发生的具体原因不一，性质上有正义与非正义之别，后果及其影响也不完全相同；但是应该承认："我国多民族国家的形成和发展，有经济、文化和其他社会原因，却又是通过和伴随着不断发生的征服性的战争实现的。这是历史，是当时社会发展的必然现象。"① 况且，在我国历史长河中，更多的是统一局面，各民族和平相处、友好交往，由封建主或奴隶主发动的民族战争只是短暂的插曲。例如，在宋、辽、西夏并立的160多年内，宋、辽之间的战争仅有20年，宋、西夏之间的两次战争总共也不过30年。这些战争，主要还是在边境上的小规模冲突，真正大规模的战役甚少。② 在这160多年的大部分时间里，对峙的各个政权相互间，维持着经济、文化交流和政治上的礼节往来，而这些在客观上是有利于各民族人民友好交往的，也符合祖国发展的需要。

（二）古代民族关系主流与支流的辨正

关于我国古代民族关系如何评价，半个世纪以来学术界各家各派见仁见智进行探讨，其中最突出的是提出了主流与支流的论点，由于探讨问题的理论原则基本一致，而论据则相互补充而不

---

① 田继周等：《中国历代民族政策研究》，435页，西宁，青海人民出版社，1993。

② 参阅吴泰：《试论宋、辽、金时期民族关系的几个问题》，载《北方论丛》，1982（3）。

断完善，因此，大家取得了越来越多的共识。

在长期的历史发展过程中，我国古代民族关系存在着许多特点，这些特点既相互交错又相互影响，而其成因则有着深远的社会历史根源和各民族独特的生态环境，以及由后者形成的各族人民风格迥异的谋生方式与精神文化生活，因而简单地以主流与支流进行概括，显然很难讲清古代民族关系发展的历史面貌，所以我们在这里有必要作宏观的、简明的述说。

第一，我国自古民族众多，并已形成插花式的交错杂居。民族的迁移、人口的流动，早在春秋战国时期便已出现，那时原先聚居于黄河中下游的汉族前身——华夏，就逐渐向辽东、西北、西南以及长江中下游地区散布，与东胡、蛮、夷、戎、狄、氐、羌、巴、苗、彝等族杂居在一起。自公元前3世纪初秦始皇灭六国，建立起中央专制主义封建王朝以后，我国的民族迁移、人口流动更为频繁，史家公认的就有三次高潮。一是秦汉时期，如秦始皇即曾迁徙50万"罪徒"于岭南，与百越人民杂处；汉武帝为了"屯田实边"，仅公元前127—前102年的25年间，就曾4次，先后计160多万人，被迁到酒泉、张掖、陇西、北地、上郡、朔方、西河、河东和会稽等地。二是魏晋南北朝时期，匈奴、羯、氐、羌、鲜卑诸族，纷纷进入中原，而大批汉族则不断向南方或其他边疆地区迁移，同当地的越、蛮、夷诸族杂处。三是两宋到元朝时期，人口难以计数的契丹、党项、女真、蒙古等"三北"地区的民族向中原地区迁徙，而中原地区的汉族又大量向南方、西南移居，使全国范围内的民族杂居得到进一步发展。及至有清一代，随着满洲贵族入关和清军八旗四向挥师与驻防，以及一批批汉族人民向关外或其他边陲移民垦殖，终于使我国的民族分布形成了独特的格局，即大分散、小聚居，几乎没有一个民族完全集中居住在一起而不与其他民族杂处，而人口最多的汉族（历史上既大量地同化了少数民族，又相当一部分人被同化于少数民族中），则从内地到偏远的边疆都广为散布。显然，这样的民族分布状况，有利于各民族人民的接触和交往，有利于互相学习和互相帮助，为彼此进行经济、文化交流，共同开展反抗统治阶级的压迫、剥削的斗争，提供了方便的条件。

第二，我国经纬度纵横均跨 5000 余公里，陆地面积 960 万平方公里，地形多样、复杂，江河交错，湖泊星罗棋布，还拥有浩瀚的海域，气候类型齐全，天然地形成了各种不同的生态环境。粗线条地看，古代中国各民族所在地域的经济生活，正如有的专家所言："中华民族所处的地理环境，自然使中国的民族与经济区域分为南北三个发展带和东西两大部。"即秦岭—淮河以南是水田农耕民族和水田农业发展带；此线以北到长城以内（包括辽东、辽西）为旱地农耕民族与旱地农业发展带；秦长城以外为游牧、渔猎民族和游牧、渔猎经济发展带。这三带天然划分又天然互相依赖、互相补充。中国的大统一，实际上就是这南北三带民族关系发展的伟大结果。从东西方向看，以天水为中心，北至大兴安岭北端以西，南至云南腾冲，把中国划分为东西两大部，东部湿润而适合于农耕，其东南自古是中国经济发达、人口集中的区域；西部为干旱高寒的游牧和小块农业区，面积超过全国的一半，人口却从未超过全国总数的 10%，但其西北地处东亚、南亚、西亚三个最古老的文明发达区域的交接地带，一直占中西交通的重要地位，尤其在唐代以前，可以说是中西交通的主要枢纽，因而这里蕴藏着中国各民族和中西文化汇聚交融而形成的珍贵宝藏。[①] 如按经济文化类型的理论和方法，去构拟 20 世纪 50 年代以前的中国经济文化类型的框架则可分为：（1）采集渔猎经济文化类型组；（2）畜牧经济文化类型组；（3）农耕经济文化类型组，其下又分为山林刀耕火种型、山地耕牧型、山地耕

---

① 参阅陈连开：《中华民族研究初探》，42—43 页，北京，知识出版社，1991。

猎型、丘陵稻作型、绿洲耕牧型、平原集约农耕型（含北方亚型和南方亚型）。①

以上千姿百态的生态环境形成的多种多样的经济文化类型，为各民族人民取长补短，相互吸收，彼此促进，共同提高，一起熔铸中华民族光辉灿烂的古代文明，提供了特别有利的客观条件。翻开史乘，我们可以看到，内地的汉族曾源源不断地向边疆少数民族提供粮食、茶叶、食盐、铜铁金银器、丝绸、布帛、陶瓷等，弥补了当地生产、生活资料的不足，特别是汉族先进的农业、手工业技艺和中原文化科学知识的传播，对于所有少数民族经济、文化的发展和社会进步，都有着重大意义。而少数民族独特的谋生方式及其生产成就和文化成果，也不断为广大汉族人民所吸收，诸如牛、马、驴、骡等大牲畜和其他畜产品、渔猎产品，以及瓜果蔬菜、高粱、棉花、服饰、音乐、舞蹈、绘画、建筑艺术等等，对于丰富和发展汉族人民的经济、文化生活，为祖国多民族大家庭古代物质文明和精神文明的建设，都产生了巨大而深远的影响。

第三，纵观历史，自秦以降的2000余年间，尽管战乱频仍，但各民族都心向祖国，为祖国的统一进行了长期的奋斗。历史事实说明，我们祖国的统一是由各民族不断奋斗、共同完成的。以下两方面的史实，特别值得我们注意。一是，汉族在统一大业中起了主要作用；蒙古族、满族也起了非常重要的作用；历史上的匈奴、吐蕃、契丹、女真、回鹘、夷、羌、狄等许多民族，在分裂、割据、对峙状态时，他们在自己统治的那部分地区实现的局部统一，为后来全国的大统一准备了基础，同样为祖国的统一大业立下了卓越的功勋。因此，当代中国的历史与疆域，是所有中

---

① 参阅林耀华主编：《民族学通论》（修订本），88—96页，北京，中央民族大学出版社，1997。

国历史上各民族建立的中原王朝、边疆王朝与汗国的继承与发展。① 二是，各族人民的经济联系愈来愈密不可分，文化上的趋同越来越多（汉语、汉文早已成为各民族共同使用的交际工具就是一个典型实例），于是最终形成了一股强大无比的凝聚力，并且一直在推动着中华各民族的联合和国家的统一。它符合各民族人民的心愿，顺乎历史潮流的发展，是任何统治阶级都不可违抗的。例如，面对一切残暴、腐朽的统治和民族压迫，历代爆发的农民起义，不管是哪个民族的人首先发难，都能得到各民族人民的热烈响应。像东汉末年的黄巾大起义、唐末黄巢大起义、元末农民战争、明末农民战争、清季太平天国革命，等等，就都有汉族和少数民族人民参加。正是由于各民族人民的并肩战斗，一次又一次地推翻一切反动统治，我国才波浪式地而且规模一次比一次大地最终实现了全国性的空前大统一。在封建社会后期的300多年间，面对西方列强的疯狂侵略，各族人民莫不同仇敌忾，奋起反抗，以维护祖国大家庭的安全。这是中国各族人民凝聚力不可动摇的又一体现。

总之，从本质上看，在漫长的历史进程中，中国各族人民经过政治、经济、文化诸方面的接触愈益密切，彼此互相吸收、互相依存、逐步接近，形成中华民族特有的强大的凝聚力，创造出光辉灿烂的中华文明，共同缔造和发展了统一多民族的伟大祖国，不断地把祖国的历史推向前进。这就是应有的主要结论。如果对历史上民族关系一定要分出个主流、支流来，那么，这个结论就是主流。

---

① 参阅刘先照主编：《论社会主义民族关系》，4页，北京，民族出版社，1991；陈连开：《中华民族研究初探》，43页，北京，知识出版社，1994。

二、近现代民族关系的新质

中国各民族在长期的历史发展过程中,以其勤劳和智慧创造了灿烂的古代文明,在很多方面都曾居于世界的前列。到了近代,西方国家相继建立了资本主义制度,而中国在清朝的统治下,却仍是一个落后的封建国家,自给自足的自然经济占绝对统治地位。高度集权的封建专制统治和地主阶级对农民的残酷剥削、压迫,使中国的阶级矛盾、社会危机发展到空前尖锐的地步。随着资本主义的迅速发展,资本家迫切需要掠夺海外殖民地作为商品市场和原料供应地,于是以掠夺为本性的西方列强纷纷侵略中国,使中国逐步沦为半殖民地半封建国家。中国的社会性质和国内主要矛盾发生了变化,各民族之间的关系也随之出现了新的发展趋势。

(一)近代民族关系的变化

鸦片战争爆发以后,帝国主义列强依靠武力,强迫清政府签订了一系列丧权辱国的不平等条约,贪婪地吮吸中国人民的血汗,瓜分中国的领土,给中国各族人民带来深重的灾难;同时,中国的封建统治阶级跟买办资产阶级合流,成为帝国主义在中国的忠实走狗,对各族人民实行残酷的压迫和剥削,使中国各族人民陷入了双重民族压迫的深渊。

自1840年起,帝国主义侵略和压迫中国人民达109年之久。包括汉族在内的全国各族人民都是帝国主义列强宰割的对象,他们莫不陷入空前严重的水深火热之中。帝国主义的侵略魔爪不仅伸向我国的东南沿海、内陆地区,也伸向广大边疆少数民族地区。例如,沙俄借第二次鸦片战争之机,侵占了我国东北边疆100多万平方公里的领土和新疆巴尔喀什湖以东、以南和斋桑淖尔南北44万多平方公里的领土。英国于1888年和1904年先后发动武装侵略西藏的战争,1913年又策划"西姆拉会议",玩弄企图把西藏从中国版图中分割出去的阴谋活动。以侵占的缅甸为跳板,英国又把我国云南视为囊中之物。法国则把侵略矛头指向我国广西。总之,整个边疆都是帝国主义列强梦寐以求的一块肥肉。此外,帝国主义列强逐步控制了我国的经济命脉。1895年—1900年,据不完全统计,帝国主义在中国开矿设厂、修筑铁路、开办银行的投资约白银1亿两以上,控制了当时全国1.9万公里的铁路,垄断了中国的金融和财政。他们还通过不等价交换,在全国各地高价倾销剩余产品,廉价掠夺农产品和工业原材料,造成中国巨额入超。通过一次又一次的不平等条约,帝国主义迫使清朝政府又割地又赔款,中国的主权沦丧。例如1895年丧权辱国的《马关条约》规定,中国赔偿日本军费就达两万万两银子,约为当时清政府每年收入的3倍。这样沉重的负担自然就转嫁到中国各族劳动人民身上。此外,《马关条约》还规定,清政府割让台湾全岛、澎湖列岛及各附属诸岛屿,引起了全国人民的极大愤怒。日军侵占台湾后,台湾各族人民纷纷起义,他们同黑旗军并肩战斗,共御外侮。从1895年6月起,只经过5个多月的激烈战斗,台湾军民即毙伤日本侵略者3.28万人,在中国人民反侵略斗争史上谱写了光辉的篇章[①]。

在帝国主义列强的侵略、压迫、掠夺下,中国各民族都面临着亡国亡族的危险。帝国主义列强险恶地实行挑拨离间、分裂中国的政策,如策动边疆少数民族中的反动势力,制造民族纠纷,或甘当傀儡,妄图从中国分裂出去。在这种历史条件下,中国各民族团结起来,反对帝国主义侵略,推翻帝国主义在中国的殖民统治,对外求得中华民族的解放,就成为近代中国最主要的民族问题和中国各族人民共同的民族愿望。

---

① 参阅施联朱:《台湾史略》(修订本),179—184页,福州,福建人民出版社,1987。

同时，在国内既存在着阶级压迫又存在着民族压迫，各民族之间没有平等可言。清朝政府、北洋军阀政府和国民党政府都推行民族压迫政策，实行民族隔离和民族歧视，制造民族矛盾，挑动民族仇杀，对少数民族实行强制同化，直至武力镇压，屠杀各族人民。所以对内推翻封建主义的压迫，废除民族压迫制度，实行各民族一律平等，就成为近代中国民族问题的另一内容。

综上所述，鸦片战争后的109年间，帝国主义、封建主义和官僚资本主义相互勾结，沆瀣一气，成为中国各族人民的共同敌人。帝国主义是中国各民族的最大压迫者，又是国内封建主义和官僚资本主义统治的支柱和靠山；而国内的封建主义和官僚资本主义又是帝国主义在中国的忠实走狗，是中国陷入被压迫、被剥削境地的社会根源。因此，中国各族人民的解放斗争，不反对帝国主义，就不能从帝国主义的铁蹄下挣脱出来，也不能从国内民族压迫下解放出来，同样，不反对国内封建主义和官僚资本主义，不仅不能推翻国内民族压迫制度，也不可能团结各族人民共同推翻帝国主义对中国各族人民的压迫。在这种形势下，各族人民在共同的命运和共同的责任主导下，在政治上开始觉醒，以反帝反封建为斗争中心的各族人民民主革命，在全国各地蓬勃兴起，形成中国近代史上巨大的革命洪流。中国各族人民作为国家主人的历史地位和神圣职责，在反帝反封建斗争中体现出休戚与共的、高度的一致性。

（二）旧民主主义革命时期的民族解放斗争

鸦片战争后，全国各族人民反帝反封建斗争接连不断，规模越来越大，中国民族关系的发展进入到一个新阶段。为推翻三座大山的统治，汉族人民充当了斗争的主力军，少数民族人民也英勇、顽强地参加了斗争。

由于清朝统治者的昏庸无能和腐朽软弱，面对帝国主义的侵略虽然进行了一些抵抗，但屡遭失败。在这种情况下，中国各族人民自发地组织起来，前仆后继地开展反抗外国侵略的英勇斗争。

第一次鸦片战争时期爆发了广东三元里人民抗英斗争，发出了中国各族人民抗御外侮的先声。清朝反动政府为了维护其统治政权，在国难当头，不但不支持人民群众反侵略的斗争，反而加以压制，向帝国主义列强妥协投降，这种卖国求荣、倒行逆施的行径，充分反映了清王朝的腐败，暴露了它畏惧人民，压迫人民，"防民甚于防寇"的反动本质。由此也决定了清王朝在第二次鸦片战争、中法战争、中日甲午战争和八国联军入侵等帝国主义列强侵略中国的战争中屡屡失败，被迫签订一系列屈辱、卖国条约的结局。与此相反，我国各族人民的反帝爱国斗争从未停止过。东南沿海地区和东北、新疆、西藏、广西、云南等边疆地区抵抗外来侵略的斗争，风起云涌，一浪高过一浪。例如，1874年，云南景颇、汉、傣、阿昌等民族群众，抗击英国的武装入侵，把英国的"远征队"打得狼狈逃窜。1885年，法国侵略者攻陷广西镇南关（今友谊关），爱国将领冯子材在当地壮、汉、苗、瑶等各族人民支持下率军奋战，使侵略军全线溃败，重伤法军统帅尼格里，取得抗法战争的胜利。1888年和1904年，英国侵略军两次进攻西藏，西藏军民以火枪、刀、矛、石块为武器作了坚决抵抗。特别是1904年，西藏军民在江孜保卫战中，最后许多战士徒手与敌人搏斗，直至为国壮烈牺牲。江孜陷落后，英军进入拉萨，拉萨市民拒同英军往来，停止市场交易，使侵略军陷入困境。19世纪六七十年代，新疆维吾尔、回、蒙古、哈萨克、柯尔克孜、锡伯、汉等各族人民，经过近20年不屈不挠的斗争，并大力支持以左宗棠为首的清军作战，终于彻底摧毁了英国和沙俄侵略、瓜分新疆的走狗——阿古柏政权，收复了沙俄占领的伊犁。这充分反映了新疆各族人民维护祖国统一和国家主权的坚强意志。1900年，以农民为主，包括汉、满、蒙古、回等民族的群众，掀起了反对帝国主义的义和团运动。在八国联军入侵时，他们在保卫京津的廊坊和紫竹林等战斗中英勇奋战，迫使侵略军多次退却。只是由于清政府的腐败和出卖，义和团运动遭到帝国主义的镇压而失败。清政府在帝国主义的逼迫下签订了屈辱的"辛丑条约"。

各族人民在反帝斗争的同时，也掀起了规模浩大的反封建斗争。除汉族地区的起义斗争普遍爆发外，少数民族地区的反封建斗争也此起彼伏。例如，1845年西宁金羊岭藏族人民的武装暴动；1848年湖南苗族人民的起义斗争，等等。自1850年起，各民族人民的起义斗争日益频繁，规模日益浩大，并终于在1851年爆发了中国近代史上规模最大的农民革命——太平天国运动。

太平天国革命提出建立一个没有剥削压迫的"天下一家，共享太平"的社会，反映了中国历代农民朴素的追求"人人平等"的思想。这种思想对长期遭受民族压迫的少数民族人民产生了重大影响，使他们积极投身到太平天国革命运动中去，形成了一个以汉、壮、苗、瑶等民族为主力、有全国各族人民参加的具有反帝反封建性质的伟大农民革命。太平军由广西金田起义到定都南京，队伍发展到100余万人，先后占领城市600多个，纵横大半个中国，历时十多年，在中国近代史上具有重要的地位。

在太平天国革命的推动下，全国各族人民反抗清王朝的斗争风起云涌。南方比较重要的有：在广西，李文彩领导的永淳、横州壮族农民起义，李锦贵领导的上林壮族农民起义；在贵州，杨元保领导的独山布依族起义，潘新简领导的荔波水族农民起义，张秀眉领导的台拱（今台江）苗族农民起义，姜映芳（一作姜应芳）领导的侗族农民起义；在云南，杜文秀领导的回、汉、白、彝等民族的农民起义，李文学领导的彝、汉、哈尼、傣、白、傈僳等民族的农民起义。此外，还有上海小刀会起义，福建三合会起义，广东陈开、李文茂领导的红巾军起义，四川李永和等领导的农民起义等。在北方，有张乐行等领导的捻军起义；西北回民起义，先后有回、维、汉、东乡、撒拉、保安、土等民族参加，坚持斗争长达16年；辽宁义县、朝阳一带汉、回、蒙古等族人民起义，等等。这些革命斗争的矛头直指帝国主义走狗清王朝的封建专制制度，严重动摇了清王朝反动统治的基础，痛击了帝国主义的侵略势力，充分表现出各族人民的反抗精神，在中国近代史上产生了深远影响。太平天国革命运动和各族人民的起义斗争，在西方列强和清政府的镇压下相继失败了。但是，各族人民在共同命运下产生的共同斗争使历史上形成的相依相存关系更加紧密，并在近代反帝反封建斗争中升华为中国各民族坚固的凝聚力和崇高的爱国主义精神。

随着中国民族工业的发展，民族资产阶级开始登上中国的政治舞台，并掀起了资产阶级民主革命。1911年，孙中山领导的资产阶级民主革命，在武昌发动武装起义，起义的胜利极大地鼓舞了全国各族人民。辛亥革命的浪潮迅速席卷全国，各省热烈响应宣布脱离清朝的统治。东北、内蒙古、新疆、西北、西南等少数民族地区的各族人民也纷纷发动起义。辛亥革命终于一举推翻了清王朝的反动统治。

辛亥革命的胜利，结束了中国几千年来的封建帝王专制制度。但由于资产阶级民主革命的历史局限性和资产阶级革命党人的政治软弱性，决定了他们只是推翻清王朝的统治而不能铲除剥削制度，尤其是反帝方面的软弱和妥协，导致帝国主义势力勾结国内封建势力向革命党人施加压力，造成辛亥革命的胜利果实落入封建军阀手中。中国各民族人民又陷入了军阀割据和混战的统治之中。

历史证明，从鸦片战争到辛亥革命的旧民主主义革命时期，中国各族人民在反帝反封建过程中，进行了可歌可泣的英勇斗争，这些斗争虽然取得了一些成果，但总的来说都失败了，反帝反封建的革命任务没有完成。但是，在这一历史时期，中国各民族由于生死与共，共同奋斗，民族关系在政治上的可喜变化已大大向前进了一步，即促进了中国各民族整体意识的加强和发展，标志着中华民族已由自在民族转变为自觉民族。

(三) 新民主主义时期的民族解放斗争

辛亥革命之后,由于帝国主义加紧对华掠夺和北洋军阀的黑暗统治,阶级矛盾和民族危机日益加深。1919年爆发了五四爱国运动,推动了马克思主义在中国的广泛传播和工人阶级政党的成立。1921年,中国共产党成立,使中国革命有了生机。"灾难深重的中华民族,一百年来,其优秀人物奋斗牺牲,前仆后继,摸索救国救民的真理,是可歌可泣的。但是直到第一次世界大战和俄国十月革命之后,才找到马克思列宁主义这个最好的真理,作为解放我们民族的最好的武器,而中国共产党则是拿起这个武器的倡导者、宣传者和组织者。马克思列宁主义的普遍真理一经和中国革命的具体实践相结合,就使中国革命的面目为之一新。"[1]

在中国共产党领导下,中国开始了反帝反封建的新民主主义革命阶段,也开辟了解决中国民族问题的途径。在革命斗争中,中国共产党提出对外反对帝国主义,实现中华民族的解放、国家的独立;对内消灭民族压迫制度,实现各民族一律平等的民族纲领,得到各族人民的热烈拥护。作为各族人民领导核心的中国共产党,在不同的革命历史阶段,始终把各民族的团结作为革命事业的重要战略问题,从而卓有成效地推动了全国革命的发展。1924年,中国共产党同孙中山建立了统一战线,实行国共合作,中国很快出现了反对帝国主义和封建军阀的第一次国内革命战争。党在全国开展工人运动和农民运动的同时,也积极培养少数民族先进青年,以推动少数民族地区的党组织建设和革命活动。党通过北平蒙藏学校、广州黄埔军校和农民运动讲习所等形式,培养和教育了一大批少数民族先进青年,他们参加了党组织,成

---

[1] 毛泽东,《改造我们的学习》,见《毛泽东选集》,第3卷,第795页,人民出版社1965年版。

为党在少数民族地区开展工作的骨干力量，发动和引导本民族人民群众争取民族解放运动的中坚。如蒙古族的多松年、李裕智、乌兰夫，满族的关向应、王俊，壮族的韦拔群、陈洪涛，白族的张伯简，侗族的龙大道、粟裕等。这次大革命席卷了汉族和许多少数民族地区，沉重地打击了帝国主义在中国的统治，推翻了帝国主义豢养的北洋军阀政府。

1927年国民党叛变革命，国内政治形势发生了巨大的逆转，国民党政府集中一切反革命势力，对共产党人和革命群众实行血腥的大逮捕、大屠杀。中国共产党人在白色恐怖下重整旗鼓。1927年8月7日，中共中央在汉口秘密召开了紧急会议（即"八七"会议），会议根据新的形势，确立了土地革命和武装反抗国民党反动统治的总方针。根据中共中央"八七"会议精神，1927年，毛泽东发动秋收起义，建立了中国第一支工农红军，在井冈山创建了第一个农村革命根据地。1928年，朱德率领南昌起义余部在井冈山与毛泽东会师。从此，革命武装斗争的烈火如星火燎原，少数民族地区也先后建立了革命根据地和红色政权。如1928年2月在海南岛黎、苗族聚居区成立了陵水县工农民主政府，随后建立了琼崖工农红军。1929年12月在广西壮族聚居区建立了右江苏维埃政府和左江革命委员会。1930年9月，在土家族苗族聚居的湘鄂西地区建立了湘鄂西苏维埃政府。此外，在日本帝国主义铁蹄下，台湾各族人民的抗日斗争始终不断。1930年10月27日，台中高山族人民发动了震动东方的"雾社起义"。高山族人民以大刀、土枪和锹、镰等农具作武器反抗日本的殖民统治，汉族人民及时以粮食、大刀等物资予以大力支援，同时得到了祖国大陆人民的同情和支持，成为中国各族人民共同反抗外来侵略，争取民族解放斗争的光荣一页。

1931年，日本帝国主义发动"九一八事变"，蒋介石实行不抵抗政策，东北全境沦亡。内蒙古、新疆等地的反动民族上层也在日、英帝国主义支持下，掀起了一股分裂祖国的逆流。在边疆动荡不安，形势变幻之际，中国共产党为了反对日本帝国主义的侵略和突破国民党对中央苏区的围剿，一方面选派了优秀干部到东北、内蒙古等地领导各族人民进行抗日救亡斗争，建立抗日人民武装；一方面实行伟大的战略转移，于1934年10月进行二万五千里长征。

红军在举世闻名的长征中，途经苗、侗、布依、彝、藏、羌、回等少数民族地区，宣传革命道理和党的民族、统战、宗教政策，颁布坚持民族平等和尊重少数民族风俗习惯及宗教信仰等方面的文告，并在实践中付诸行动，帮助少数民族人民建立革命政权和革命武装。红军的模范行动，受到少数民族人民和民族上层人士的尊敬和拥护，为红军北上抗日创造了有利条件。如红军路过彝族地区时，刘伯承将军与彝族头人果基小约丹歃血为盟，结为兄弟，并帮助建立红军彝族支队，使红军顺利通过了彝族地区。红军在四川甘孜藏族地区，团结了藏族上层人士格达活佛和夏克刀登，组成中华苏维埃甘孜博巴政府。中国共产党的抗日主张和红军严格执行民族政策、宗教政策，深受广大少数民族人民的拥护，他们积极捐献大批粮食和运输工具，支援红军北上抗日。总之，红军长征不仅点燃了少数民族地区的革命烈火，而且使少数民族人民加深了对中国共产党的了解和中国革命的认识。这对于加强国内各民族的团结，改善民族关系，把少数民族人民争取解放的斗争纳入中国革命的发展道路，具有重大的历史意义。

红军长征到达陕北后，为了进一步掀起蒙古族、回族人民的民族解放斗争，1935年12月20日以中华苏维埃人民共和国中央政府主席毛泽东的名义，发表了《对内蒙古人民宣言》，宣言在充分尊重和维护蒙古族人民根本利益的前提下，阐述了中国共产党的民族政策和各民族一律平等的原则，指出蒙古民族独立解放的必由之路。宣言极大地鼓舞了蒙古族人民抗日斗争的信心和勇气，使内蒙古地区蒙汉等各族人民的抗日斗争得到蓬勃发展。1936年5月25日又以同样名义发表了《对回族人民的宣言》，宣言深刻揭露了国民党政府剥削和镇压回族人民，挑拨回汉关系的反动政策，阐明中国共产党解决回族问题的主张与民族、宗教政策，号召回族人民奋起抗日。宣言有力地推动了回族地区抗日斗争的发展。

1937年"七七事变"后，日本帝国主义发动了全面侵华战争。为了结成最广泛的抗日民族统一战线，动员一切力量实现全面抗战，1937年8月25日，中国共产党在陕北洛川召开了中央政治局扩大会议，通过了著名的抗日救国十大纲领。这个纲领是全面抗战路线的具体化，明确提出了党关于抗日救国的正确主张。在新的形势下，为了共同抗日，中国共产党对解决国内民族问题的基本政策有了进一步充实，其主要内容是："第一，允许蒙、回、藏、苗、瑶、夷、番各民族与汉族有平等权利，在共同对日原则之下，有自己管理自己事务之权，同时与汉族联合建立统一的国家。第二，各少数民族与汉族杂居的地方，当地政府须设置由当地少数民族的人员组成的委员会，作为省县政府的一部门，管理和他们有关事务，调节各族间的关系，在省县政府委员中应有他们的位置。第三，尊重各少数民族的文化、宗教、习惯，不但不应强迫他们学汉文汉语，而且应赞助他们发展用各族自己言语文字的文化教育。第四，纠正存在着的大汉族主义，提倡汉人用平等态度和各族接触，使日益亲善密切起来，同时禁止任何对他们带侮辱性与轻视性的言语、文字与行动。"① 党的抗日救国十大纲领和民族政策，有力地推动了各少数民族人民抗日

---

① 毛泽东：《论新阶段》，见中共中央统战部编：《民族问题文献汇编》，第595页，中共中央党校出版社1991年版。

斗争的发展。东北地区汉、朝鲜、满、鄂伦春、赫哲等各族人民纷纷支持和参加抗联队伍。内蒙古蒙汉抗日游击队开辟了大青山抗日根据地，牵制了敌人的大量兵力，保卫了陕甘宁边区和晋西北根据地。冀中回民支队、渤海回民支队、陕甘宁回民抗日骑兵团、安徽定远县清真大队、海南岛琼崖纵队等，都在抗日战争中发挥了重要作用。台湾各族人民也不断掀起抗日暴动，配合大陆人民的抗日斗争。

新疆是多民族地区，中国共产党一贯重视新疆问题。抗日战争期间，党派陈潭秋、毛泽民、林基路等同志到新疆开展工作，与新疆军阀盛世才建立抗日民族统一战线，使新疆的政治、经济、文化、教育等方面出现了新的面貌。新疆各族人民抗日热潮迅速兴起，据"反帝会"统计，1937年9月至1940年5月，新疆各族人士共捐款折合大洋222万余元[①]，有力地支援了全国的抗日战争。1942年盛世才叛变，实行独裁统治，引起新疆各族人民的反抗。1944年，新疆各族人民发动了三区革命，解放了伊犁、塔城和阿勒泰地区，并于1945年在伊犁成立了三区革命政府。在三区革命的影响下，在新疆其他地区又爆发了武装反抗国民党统治的起义。1946年中国共产党派人到三区工作，以后又派联络员正式与三区革命政府建立联系。

随着抗日战争的胜利，内蒙古自治运动迅速兴起。中国共产党领导蒙古族人民粉碎了少数反动上层分子企图成立所谓"内蒙古人民共和国临时政府"以分裂祖国的阴谋，于1945年11月成立了内蒙古自治运动联合会，成为内蒙古人民实现民族解放的直接组织者和领导者。联合会在党的领导下，与封建上层组织的所谓"东蒙人民自治政府"进行了坚决斗争。在内蒙古东西部自治

---

① 白振声等主编：《新疆现代政治社会史略》，第280页，中国社会科学出版社1992年版。

运动统一的基础上，1947年5月1日内蒙古自治区人民政府正式成立。内蒙古自治区的诞生，实现了蒙古族人民当家作主的权利，它是中国共产党在长期革命斗争中运用马列主义民族理论指导中国民族解放运动实践的结果，为党解决国内民族问题，彻底改变旧的民族关系，从理论和实践上提供了成功的模式。它也预示了中国各少数民族人民实现民族平等、民族发展和民族繁荣的光明前景。

抗战胜利后，国民党反动派到处抢占地盘，不顾全国人民和平建国的愿望，悍然发动内战。在解放战争时期，中国共产党领导全国各族人民与国民党反动派进行决战，经过三年的浴血奋战，终于推翻了帝国主义、封建主义和官僚资本主义在中国的统治，取得了新民主主义革命的胜利。

历史证明，各族人民争取民族解放的斗争，只有纳入中国共产党领导的新民主主义革命轨道，才能取得胜利；没有各族人民紧密团结、共同奋斗，就没有新中国。革命的胜利与民族大团结是密切联系在一起的。

1949年10月1日，中华人民共和国成立了。随着中华人民共和国的建立，国家政权由过去阶级压迫和民族压迫的性质，改变为各族人民当家做主、实行人民民主专政的性质。这一重大的根本变革，使民族关系进入了一个新的发展阶段。

第二节 民族识别

一、民族识别是我国新时代提出的一项历史性任务

1949年10月1日中华人民共和国宣告成立，它标志着中国各族人民从此跨进了当家做主的社会主义新时代，开始谱写以平等、团结、互助，促进各民族共同发展、繁荣为基本特征的民族

关系新篇章。

自古以来中国就是一个统一的多民族国家。但是，在人剥削人的社会制度下，历代统治阶级无不实行民族压迫、民族歧视政策。许多少数民族为求生存和发展，被迫隐瞒或改变自己的民族成分，加上各民族在长期历史过程中的兴衰、分合、流徙，以及它们的支系繁多，直至 20 世纪 40 年代末 50 年代初，在中国版图内究竟有多少个民族成分，谁也讲不清楚。

据 1953 年全国人口普查，汇总登记上报的民族名称达 400 多个，其中云南一省就有 260 多个。这些民族名称，除一部分早已公认为少数民族外，绝大多数都属于新中国成立不久才为人所知。仅从名称表面我们就不难看出，有的是自称，有的是他称；有的为一个族体不同支系的名称，有的为同一个族体的不同汉语音译；有的以居住区的地理名称冠之，有的则以特殊的生产方式命名，如此等等。这种纷乱不清的情况，一方面说明党和国家的民族政策深入人心，极大地激发了少数民族的民族自觉意识；另一方面说明名称相当复杂，如不加以科学的甄别，势必影响正确地贯彻执行党和国家的民族政策。

所谓科学的甄别，就是通过调查研究，首先要弄清楚那些有待识别的民族共同体，是汉族还是少数民族；其次，如果是少数民族，那么，他们是单一的少数民族，还是某个少数民族的一部分。我们称此项工作为民族识别。

开展民族识别工作，毫无疑义，对于民族学研究具有很大的科学价值。同时，它更有着不可估量的政治意义，因为只有通过识别不同的民族共同体，并确定他们的民族成分（族称），最后用国家法律的形式固定下来，才能帮助他们充分享受民族平等和民族区域自治等政治权利，充分发展本民族的经济、文化及其他事业，充分发挥他们在祖国社会主义革命和建设中的主人翁作用。因此，中华人民共和国诞生伊始，民族识别就被提上了议事日程，而且始终备受各级党组织和人民政府的重视。认真搞好民族识别工作，无论对于了结棘手的历史遗留问题，还是对于建立和发展社会主义民族关系、振兴中华民族，都有着重大作用和深远影响。我们正是从这个意义上说，开展民族识别工作，是伟大的社会主义新时代所提出的一项历史性任务。

二、民族识别的理论依据

民族识别是集社会实践性和严格科学性于一体的工作。在民族识别工作中，我们始终坚持运用马克思列宁主义关于民族问题的理论，紧密结合我国各民族共同体的实际情况，遵从历史唯物论的观点，尊重本民族人民的意愿，积极而又慎重稳妥地逐一进行识别，以划清不同的民族共同体，并确定恰当的民族名称。

在具体开展民族识别工作时，首先要解决"民族"这个概念问题，或者说，它的定义问题。近代以来，资产阶级提出过五花八门的民族定义。然而，那些定义不是缺乏严格的科学性，就是存在着很大的片面性，未能准确地概括出民族共同体固有的面貌。唯有无产阶级革命导师马克思、恩格斯、列宁，才以历史唯物论的观点和方法，对民族这个特殊的社会历史现象做过不同角度的考察。

斯大林则根据马克思主义理论，第一次全面、系统地提出了民族具有四个基本特征的著名定义。他说："民族是人们在历史上形成的一个有共同语言、共同地域、共同经济生活以及表现在共同文化上的共同心理素质的稳定的共同体。"[①] 这无疑对我们的民族识别工作有极大的启示。但是，众所周知，斯大林是针对西方资本主义上升时期形成的民族提出这个定义的。而且，他还

[①] 斯大林：《马克思主义和民族问题》，见《斯大林选集》，上卷，第64页，人民出版社1979年版。

反复强调:"只有一切特征都具备时才算是一个民族。""这些特征只要缺少一个,民族就不成其为民族。"① 这样,就提出了一个严肃的既是理论又是实践所必须解决的课题,就是在民族识别工作中,我们应如何灵活运用这个定义来研究、确定我国纷纭复杂的民族共同体?

总的说来,我国自周秦以降 2000 多年间停滞在封建社会发展阶段,近代以来的百余年间则处于半殖民地半封建状态,况且各民族的社会发展水平极不平衡,除汉族和若干少数民族已不同程度地发展起某些资本主义因素外,绝大多数民族尚处在前资本主义诸发展阶段。这就意味着,包括汉族在内的我国各民族,都离斯大林指称的"现代民族"范畴甚远,因而他们自然难以完全具备那四个特征。其实,民族作为一定时代形成的稳定的人们共同体,它的四个基本特征是在历史发展过程中逐步成熟、完备的。这正如斯大林在后来的《民族问题和列宁主义》一文中所补充的那样:"民族的要素——语言、地域、文化共同性等等——不是从天上掉下来的,而是还在资本主义以前的时期逐渐形成的。"② 因此,从广义上说,中国各少数民族都可称之为民族,况且这也符合我们中国历来的用语习惯。毛泽东在 1953 年中共中央讨论《关于过去几年内党在少数民族中进行工作的重要经验总结》时曾强调:"科学的分析是可以的,但政治上不要去区分哪个是民族,哪个是部族或部落。"周恩来在 1957 年谈到壮族的民族特点时也曾指出:"在我国,不能死套斯大林提出的民族定义。那个定义指的是资本主义上升时代的民族,不能用它解释前资本主义时代各个社会阶段中发生的有关的复杂问题。""我国许

---

① 斯大林:《马克思主义和民族问题》,见《斯大林选集》,上卷,第 64 页,人民出版社 1979 年版。

② 《斯大林全集》,第 11 卷,第 289 页,人民出版社 1955 年版。

多民族在解放前虽然没有发展到资本主义阶段，但是它们的民族特征都已不同程度地存在着，这种历史和现实的情况都应当正视、研究和照顾……"① 在民族识别工作中，我们反对生搬硬套斯大林提出的民族定义，坚持运用历史的、具体的、辩证的分析方法，力求体现马克思主义原则性与灵活性的科学结合，所以没有把不同社会发展阶段的人们共同体区分为氏族、部落、部族和民族，而是根据马克思列宁主义关于民族问题的理论，结合我国的国情和民族的实际，把它们统统确认为民族。

首先，关于共同语言。一般说来，每一个民族都有一种共同使用的语言。这自然是民族识别的一个重要依据。具有单独的共同语言，自应视作形成单一民族的有力证据。然而，具体到我国，情况颇为复杂。以现代语言为例（不包括兼通某种语言），既有一个民族使用自己固有的或其他民族的某种语言，也有同一个民族内部分别使用不同语支、语族乃至不同语系的语言，或通用的其一种语言又存在差别很大的多种方言。这是我国民族分布早已形成大分散、小聚居的特点所决定的，也与同一个民族由于种种历史原因迁徙分居、长期地理隔绝密切相关。例如，少数民族人口最多的壮族都使用壮语，但有南、北壮语方言之分；占本族人口绝对多数的维吾尔族、蒙古族分别使用维吾尔语、蒙古语，而人口约4000人的湖南桃源维吾尔族却使用汉语，约40000人的云南通海蒙古族则使用彝语；全国的回族一般早已以汉语为交际工具，但海南三亚市人口约4000人的回族却操南岛语系的一种民族语；广布于南方各省的瑶族，使用的语言更复杂，分布在桂、湘、滇、粤的80万人讲苗瑶语族瑶语支的勉语，桂西的40万人讲苗瑶语族苗语支的布努语，湖南、桂东的20多

---

① 国家民委政研室编：《中国共产党主要领导人论民族问题》，第150—151页，民族出版社1994年版。

万人讲汉语，广西金秀的1万多人讲壮侗语族侗水语支的拉珈语，湖南洞口的4000多人讲侗语，于是各地瑶胞聚会，因语言相差甚大，而不得不以汉语为交际工具。上述例子表明，在民族识别工作中，我们既不能撇开语言分析，又不能把语言作为孤立的识别标准，就是说，我们应该在参照语言特征的同时，还要把其他特征结合起来进行分析，才能作出准确的民族认定。

其次，关于共同地域。共同地域是民族形成的基础，也是一个民族的人们共同生活，形成和发展内部联系不可或缺的空间条件。人们只有借助于长期稳定的共同居留地，共同语言才能出现，共同的经济生活才能形成、发展，表现在共同文化特点上的共同心理素质才能得以熔铸、升华。但是，某个民族共同体一旦形成以后，其重要性就不那么显著了，甚至几乎没有多少意义。这就要求我们在民族识别工作中，在考虑共同地域这个特征时，既不能漠然视之，又不能刻板拘泥。实践证明，这样想、这样做，完全符合我国民族分布的实际。例如，壮族以广西为最大聚居区，但云南文山、广东连山、贵州黔东南、湖南江华等地亦有聚居点分布；蒙古族以内蒙古为最大聚居区，而新疆、青海、辽宁、吉林、黑龙江、云南又有规模不等的分布。又如，苗族以黔东南、湘西为主要聚居区，其余则广布于今南方7省（区）200多个县；瑶族的2/3集中在广西的巴马、都安、金秀、大化、富川、恭城等县，其余的又分布在东至江西、北至湖南、西至云南各省的130多个县；回族约1/3集中于宁夏，其次为甘肃临夏、新疆昌吉，就其星散分布而言，则几乎全国的县市都有。这些民族尽管由于社会历史、地理环境的原因，在生产生活方式、语言、风俗习惯等方面存在着不同程度的差异，但传统文化的基本特点，特别是民族感情，或者说民族认同感，并未因居地不完全连在一起而消失。因此，我们应该看到，一个民族共同体在形成之初，必须有一个行政上基本统一、地理上连成一片并相对固定的生息繁衍空间，但它既已形成，其民族特征就具有一定的稳定性，尔后即便这个共同体的人们各居异处，失却了原先的共同地域，他们在当初共同地域上形成的民族特征却未必就随之消失。就是说，像我国这样一个长期处于统一的国家，不能把共同地域这个特征理解成一个民族自古迄今只有固定在某个地域内，认为地域上的分散就意味着某个民族共同体的分解。否则，我们就会犯绝对化的错误。

再次，关于共同经济生活。斯大林认为，资本主义上升时期产生的民族市场和民族的经济中心，消灭了各族人民经济的分散状态，即内部的经济联系把本民族中各部分结合成为一个整体，因而把"共同的经济生活、经济上的联系"称为"现代民族"的特征之一。这对于欧美许多民族，包括斯大林举为例证的格鲁吉亚民族来说，或许是真理，因为在最近的几个世纪，甚至一个多世纪前，他们还处于四分五裂的状态。比如格鲁吉亚人，19世纪60年代废除农奴制以前，公国林立，他们"往往借助波斯人和土耳其人的手来自相残杀。虽然有时某个侥幸成功的皇帝也曾勉强把各个公国统一起来，然而这种昙花一现的偶然的统一，至多也只是表面的行政上的统一，很快就因王侯跋扈和农民漠视而分崩离析了"。① 我国的历史和经济生活的具体情况却不相同。一是我国秦汉以来的2000年间，政治上的统一也好，短暂的分裂、对峙也好，各族人民相互依赖的经济联系始终不断。其联系形式包括官方贡赐和民间互市。二是我国各民族严格说来都尚未进入资本主义经济发展阶段，特别是绝大多数少数民族生产力发展水平很落后，劳动分工和商品交换极不发达，本民族内部的经济联系微弱，很难形成单一的民族市场和经济中心。三是基于我

---

① 斯大林：《马克思主义和民族问题》，见《斯大林选集》，上卷，第63页，人民出版社1979年版。

国长期的政治统一和各民族的交错杂居，某一少数民族和周边其他民族特别是一直比较先进的汉族建立和维持着不可分割的经济联系，从而形成了多民族共同的经济市场和经济中心。诸如东北狩猎民族与汉族"安达"（"朋友"之意）的物物交换，新疆"巴札"的聚会，内蒙古"那达慕"的举行，西南各省的赶"圩场"，以及少数民族地区不胜枚举的节庆，都属于或包含了不同的经济活动，正是通过这些把语言不通、文化迥异的各民族联系在一起了。这就是中国统一多民族国家固有的特殊性，也是中国各民族谁也离不开谁的重要原因之一。因此，在民族识别工作中，共同经济生活这一特征并非对于今天任何一个民族都显著，而只能根据实际作为参考。

最后，关于共同心理素质。表现在共同文化特点上的共同心理素质，是民族四个基本特征中最不易变化的一个特征，因而成为民族识别工作中必须倍加重视的标尺。所谓心理，是指思想、情感、感觉等活动过程的总和。民族心理特点，与各民族的社会经济生活、历史过程、自然环境等因素密切相关。它可以表现为气质不同、行为特点不同、生产习惯不同、社会生活方式不同、文学艺术和爱好不同，等等。可以说，民族心理素质就是这些表现在不同方面的民族心理特点的总和。换句通俗的话说，它就是同一民族的人之间"心有灵犀一点通"，即彼此存在着一种族属亲近感、认同心理感。例如满族，在长期历史发展过程中，已失去了共同地域、共同经济生活，大部分人已不会本族的语言，生活习俗上也大都受汉族的深刻影响或基本上和汉族相同了，但是，他们在心理情感上依然认为自己是满族而不是汉族。又如广泛分散在南岭山区的瑶族，东西相距上千里，社会发展水平不一，语言分属不同语族、语支，衣饰喜好等习俗也不一样，然而他们仍认同于一个民族，关键就在于有一个"看不见、摸得着"的民族心理素质。

由上可知，中国的实际情况是，无论历来公认的少数民族还是有待识别的族体，几乎都未典型地同具斯大林指出的四个特征。因此，在民族识别工作中，我们不是孤立地、机械地看待民族的每一个特征，而是把诸特征作为一个整体进行分析，当我们把各个民族拿来比较的时候，显得比较突出的有时是这个特征，有时是那个特征，有时又是另一个特征。总之，既要遵照马克思主义有关民族问题的理论，又要紧密结合中国的实际，我们才能比较准确地辨明不同的民族单位。

三、民族识别的基本原则

科学研究和"名从主人"相结合，是我们在民族识别工作中所遵循的基本原则。这是尊重科学的严肃态度，也是走群众路线的具体体现。

诚然，灵活地运用马克思主义有关民族问题的理论，是民族识别工作中严格的科学性的表现。但是，仅此还不够，因为民族作为一个特殊的社会历史产物，不仅有变动不居的嬗变过程，而且与周边民族以至国外的有关民族有着千丝万缕的联系，况且我国秦汉以来基本上处于统一的政治格局中，各民族相互渗透、相互影响、相互吸收，因而存在着"你中有我，我中有你"这种特殊的亲缘关系。所以，在民族识别工作中，我们非常重视各民族长期以来的社会发展状况、民族地区的历史、民族的源流、民族的语言、民族的生产生活习惯、民族的文化观念、民族关系（包括政治、经济、军事、文化、婚姻等方面）的演进，以及今后的民族团结和各民族共同繁荣发展等因素，充分利用史料、传说、谱牒、语言和其他各种有关资料，做历史学、民族学、社会学、经济学、语言学、文化学、宗教学等多学科的分析研究，力求以"立体"的综合成果，即尽可能全面地为划清不同的民族单位提供客观的科学依据。

50年代对达斡尔的民族识别，是颇为典型而又取得圆满成功的例子。达斡尔人自称taɣur，通常写作"达呼尔"，其实用"达斡尔"才比较接近本音。至解放时，他们约有50000人，主要分布在黑龙江省嫩江及其一些支流的两岸以及内蒙古呼伦贝尔盟东部，另有1800人居住在新疆塔城。对其族别问题，清末民初以来一直有争论。旧时认定族别，一般都特别看重族源。对达斡尔人的族源说法，大体有上溯隋唐黑水（靺鞨）、唐朝室韦、辽代契丹、宋元间塔塔儿、早期蒙古等数种。由于以往少数的达斡尔上层人士和知识分子主张属于蒙古族的一支，因而它在各种旧说中似乎更可信。那么，达斡尔人究竟是单一民族，还是蒙古族？要得出正确的结论，唯有对达斡尔人的历史变迁、语言、经济生活、传统文化等特点进行调查研究。

据考察，至少在16世纪初（明正德年间），一部分达斡尔人已定居在精奇里江（今俄罗斯联邦境内结雅河）流域。至17世纪初，他们集中居住在精奇里江中下游至黑龙江漠河县对岸以东的一片地域。面对沙俄从西伯利亚向东扩张，在17世纪40年代至1689年中俄尼布楚条约签订的40多年间，达斡尔人与其他索伦人（鄂温克、鄂伦春等民族的先民）跟侵略者进行了英勇斗争。尔后，达斡尔人自黑龙江北岸南迁至嫩江流域（主要在西岸）。清政府为增加该地区的兵力和军粮供应，把达斡尔人编入"新满洲"八旗，强迫他们"披甲驻防"。如果说早在明末清初蒙古科尔沁部曾出兵攻打邻近的达斡尔，彼此关系并不友好．那么，此时达斡尔与蒙古族分属不同的行政系统，关系更形疏远。可见，在有史可稽的450年间，和达斡尔密切相处、共同浴血抗击外来侵略的是其他索伦人，在政治上控制他们的主要是满人。换言之，在最近的数百年时间里，达斡尔人与蒙古族彼此走着独自发展的道路。再者，达斡尔人有自己的语言。它虽然可能是源自古代蒙语的一种方言，今天亦属于蒙古语族中的一种语言，但从其基本词汇、音位系统和语法构造方面看，已发展成为明显有别于现代蒙古语的一种独立语言。今天他们各操自己的语言交谈并不能通达，也有力地说明了这个问题。就经济生活而言，自16世纪初起直至有清一代，达斡尔人都是定居的，在谋生方式上仰赖于农业、牧畜和狩猎。这和蒙古族长年在草原上过着游牧生活有明显的不同。此外，达斡尔人尚未形成自己的民族市场和经济中心，经济上的对外联系，长期以来主要是和汉族进行商品交换，与蒙古族的联系是次要的。至于文化特点上的表现，达斡尔人和蒙古族以及鄂温克、鄂伦春、满等民族确有一些相同或相似之处，但更多的却是具有自己特色的不同点。这些不同点，从日常生活的衣食住行、古老的氏族组织遗留、婚姻家庭、丧葬礼仪、节庆娱乐，直至文化教育、宗教信仰等，都有不同程度的表现。因此，说达斡尔人并非蒙古族，而是另一个单一民族即达斡尔族，是有坚实的科学根据的。

然而，我们进行民族识别工作，并不是代替各个族体的人们决定族别问题。民族成分和名称是不能强加于人或由别人来任意确定的，因此，党和国家把"名从主人"作为民族识别的原则之一，同时将它与民族工作者提供的科学依据结合起来。就是说，有了科学依据，还要征求本民族广大群众和爱国上层人士的意见，进行充分协商，实事求是地最后确定民族单位和族称。这里说的"名从主人"，实际上就是通常所指的民族意愿。

民族意愿之所以重要，是因为它不仅指人们是否认同于某个民族的一种主观愿望，也指人们对某个民族共同体本身的历史和特征的认识、理解与综合，并形成民族的自觉意识，亦即对长期以来民族的形成、发展历史过程等客观事实的自我表达。况且，民族意愿具有相对的长期性、稳定性和独立性，是民族共同心理素质固有的内容之一。同时，我们又必须看到，由于历史上的民族压迫和歧视造成了各民族之间和一个民族中各部分之间的隔阔，加上一些民族的广大群众文化程度有限，尚未掌握对本民族历史、语言等方面的科学知识，因而他们还缺乏正确表达民族意愿的条件。所以，在这种情况下，民族工作者应本着热烈、虔诚的说服精神，帮助他们真正了解本民族的历史发展过程和意义颇深的特点，使之对自己的族别问题做出正确的判断和抉择。

达斡尔是一个单一民族的科学结论，迅速为绝大多数达斡尔人所接受。但是，为什么还有一小部分人（主要在海拉尔和南屯）当时一度仍主张自己是蒙古族呢？历史的、阶级的分析方法解开了这个谜。原来，清代达斡尔人被迫编入"新满洲"八旗以后，某些上层分子出于自己的阶级利益，死心塌地依附于满族统治集团，而且因文化水平较高，一些人还成了封建大官僚和高级军事首领。辛亥革命后，这些人失去了政治靠山，又由于大汉族主义的压迫和歧视，使他们无法以本民族的面目出现，而希冀依附于一个大民族，因有同一语族的语言亲缘关系，他们自然首先想到了蒙古族，于是在民国初年，在达斡尔部分上层中竟然搞起了"达蒙结合"和冒称蒙古族的举动。在日伪时期，日本帝国主义为了反苏反共、进一步侵略蒙古，又竭力拉拢反动的上层分子，并给予出版了《达斡尔蒙古考》等违背史实的书籍，使"达斡尔是蒙古人"的论调进一步流行于民间，而其恶劣影响直到新中国成立之初都未完全消失。正是通过民族工作者全面的调查研究，以及广泛宣传科学结论，终于使达斡尔全体人民愉快地认同于达斡尔族。[①]

对土家人的识别也是一个有代表性的例子。问题的提出，最早是在湖南湘西。至1956年做出最后结论之前，当地的汉族和苗族都认为土家人是汉族的一部分，特别是备受推崇的土家人老

[①] 参阅傅乐焕：《关于达呼尔的民族识别问题》，见《民族学论文选（1951—1983）》，下册，第1—40页，中央民族学院出版社1986年版。

前辈、湘西永顺人氏向乃祺先生的《湘西"土族"考》一文,坚决否认土家人是一个单一民族,他的结论屡屡被人引用。此外,还有种种说法,有的说是苗族,有的说是瑶族,有的说是仡佬族。但是,绝大多数的土家人对这些说法都予以否认。他们自称"毕兹卡",只是在与外族人打交道时才用汉语自称"土家"。举两个事例,可知土家人要求作为单一民族的意愿多么迫切。1950年,作为少数民族代表参加国庆观礼、来自湘西永顺的女青年田心桃同志,上报表格中填写的民族成分是"苗",当时苗族同志表示不满意,说她是"土家",不能代表,而田也不高兴,说她自己是"土家",怎能把她也算作苗而代表苗族?到北京后,她与各民族代表一起活动时,对比了自己民族的语言、风俗,发现跟别的民族有明显的不同,特别与苗族不同,于是向中央有关部门负责同志提出,自己是土家而不是苗族,要求中央派人进行调查。她的要求立即得到中央有关部门的重视。再一个事例是,1955年12月湘西永顺县双凤乡建立农业社时,文书彭某到区政府代表该乡的群众填表,把"土家"一概填为汉族。乡里的群众知道后,大为反对,愤怒地责问他:"为什么把我们'土家'填了汉人?"

经过五六年的反复调查研究,大家的认识趋于一致:(1)土家人有自己的聚居区,主要分布在湘鄂川黔四省毗邻地区。(2)土家人虽早已通用汉语,但聚居区内90%以上的土家人都会讲而且在内部必须讲自己独特的语言。土家语属汉藏语系藏缅语族,接近彝语支。(3)土家人有自己独特的传统文化,表现在风俗习惯和宗教信仰上,如过"赶年"、跳"摆手",男女服饰与当地苗族和其他民族有明显差异,信奉"土老司",崇拜白虎神等。(4)大量的汉文史籍表明,土家人的历史悠久,是古代巴人一支的后裔。土家人自称"毕兹卡",据潘光旦考证,"卡"等于"族"或"家",而"毕兹卡"名称本身,古代与中古的巴人当时也自称为"毕兹",这从许多地名和人名、姓名、族名等方面的痕迹得到有力佐证。(5)土家人有强烈的民族意识。他们向各级政府有关部门和前去调查的专家学者一再申述,自己不是汉族也不是其他少数民族,而是一个单一民族的情由。多次的调查研究结果也予以证实。[①]土家族作为单一民族,终于在1956年为国务院确认。

从以上所举的两个例子,加上前面探讨民族特征问题时所涉及的实例,我们不难体会到,对于任何一个族体的识别,既要对具体的问题作深刻的微观研究,又要对这些具体问题的结论作宏观的综合,这样才能做到实事求是,得出符合各族人民心愿而又比较科学的结论。

四、民族识别的成就与意义

自中华人民共和国成立以来,我们的民族识别工作一直未曾间断过,而且已经取得了重大成就。按工作进程而言,大体可划分为以下四个阶段。

第一阶段:从1949年建国起至1954年全国人民代表大会第一届第一次会议的召开。

为了宣传党和国家的民族政策,改善民族关系,巩固祖国的统一,1950—1952年中央先后派出西南、西北、中南、东北和内蒙古等民族访问团。紧接着,1953年全国开展人口普查。自报的民族名称纷至沓来,开展民族识别工作成为急迫的政治任务。

[①] 参阅潘光旦:《湘西北的"土家"与古代的巴人》、《访问湘西北"土家"报告》、《湘西北、鄂西南、川东南的一个兄弟民族——土家》,见《潘光旦民族研究文集》,第160—362页,民族出版社1995年版;黄光学、施联朱主编:《中国的民族识别》第五章第一节二,第187—190页,民族出版社1995年版。

当时需要进行识别的族体有如下几种情况：（1）有些汉人迁入少数民族地区，保留着汉族的特点，但是，他们并不知道自己是汉族，而以谋生方式作为少数民族名称报了上来。如云南的蔗园人、广东的疍民。（2）迁往少数民族地区的汉人，前后有若干批。早去的汉人和后去的汉人相比，在语言、风俗等方面有了一定的区别，又备受后去汉人的歧视，因而中华人民共和国成立后要求承认为少数民族。如广西的六甲人。（3）有些少数民族在民族压迫时代曾以汉族的身份出现，其中又有一部分民族上层受反动统治阶级的利用，统治过当地的其他少数民族，加上他们受汉族影响较深，民族特征不那么明显，于是中华人民共和国成立后，被统治过的少数民族不以为他们是少数民族，而他们却要求恢复少数民族的身份。如湘西的土家族。（4）历史上，有些少数民族曾被迫分散，各自迁往新居。在迁移过程中，与汉族有广泛密切的接触，某些民族的特征已不那么显著，但始终受到汉族的歧视，自己仍一直认为是少数民族。如福建、浙江等地的畲民等。（5）原本同属一个民族，分散迁居到不同地区后，仍基本上保持着相同的语言、风俗习惯、历史文化传统，但因各部分的人彼此长期隔离，于是他们分别上报了方言的自称，如广西的布壮、云南的布依等。（6）有的民族分布在不同地区后，他们分别接受了当地邻近民族的经济、文化的强烈影响，虽然他们仍保持着共同的语言，但被其他民族用了不同的称呼。如滇西北汉族所称的"西蕃"（语言明显不同于藏语、羌语者）。（7）有的民族分散在互不相连的各省，各有自己一定的聚居区，在语言、文化等方面既有相似之处也有较大的差别，长期以来被其他民族用同一名称相称，而他们亦始终认同于一族。如西南各省的苗人等。（8）有些民族内部对于该族是单一民族还是属于别的民族的一部分，存在着不同的意见，如东北的达斡尔等。

面对如此纷繁复杂的情况，我们本着前述民族识别的理论依据和基本原则开展识别工作。本阶段，首先认定了（包括历来公认的）蒙古、回、藏、满、维吾尔、苗、彝、僮（后改作壮）、布依、朝鲜、侗、瑶、白、哈尼、哈萨克、傣、黎、傈僳、佧佤（后改作佤）、拉祜、高山、水、东乡、纳西、景颇、柯尔克孜、土、羌、撒拉、锡伯、塔吉克、乌孜别克、俄罗斯、鄂温克、鄂伦春、保安、裕固、塔塔尔等38个少数民族。

第二阶段：从1954年至1964年第二次全国人口普查。

本阶段是在前一阶段取得经验和成果的基础上，进一步把民族识别工作引向深入。相对说来，难点主要集中在西南和中南的一些省份，尤其是云南省。当时云南自报的族体有260多个，除个别识别为汉族还是少数民族外，绝大部分都属于确定为哪一个少数民族。所谓个别的，如云南富宁近1000人自称"蔗园"族。经调查，他们由广西迁来，讲粤语方言，住平坝，主要以种甘蔗为生，社会活动、婚姻家庭、风俗习惯、宗教信仰等，可以说全部与汉族相同。虽然他们好几代以来因与周围各少数民族杂处，不免接受了一些当地风俗（如"赶风流街"、丧葬请壮族的师公"作法"等），但心理状态等都有别于当地少数民族。经调查研究后证明，他们是汉族。他们也同意不成为另一个民族。云南的少数民族成分之多居全国之首，而少数民族中支系的繁杂也为国内绝无仅有。在本阶段，云南的民族识别工作主要是对少数民族的支系进行归并，其中工作量最大的则是对彝族和壮族支系的归并。1954年云南操彝语的族体约有300万人，分数十种支系。从语言的音位系统和语法构造，以及经济生活、社会文化习俗（如火把节、族长制、同姓不婚、夫兄弟婚、火葬遗迹、祖先灵台、巫术、多神崇拜）等方面看，他称或自称为"土家"、"蒙化"、"撒尼"、"阿西"、"罗武"、"阿杂"、"普拉"等20多个族体，都基本相同或相近于彝族所具有的普遍特点，因而他们最终被确定为彝族的一个支系，而不是另一个单一民族，这个结论也符合他们的认同愿望。依照同样的识别方法，称作"沙人"、"依人"、"土人"、"天保"（"布依"）、"黑衣"（"布雄"）、"隆安"（"依安"）、"土佬"等族体归属壮族支系，"蒙尼"（"布都"）、"碧约"、"卡都"、"斡纽"（"西摩罗"）、"阿木"等族体归属哈尼族支系，等等。此外，还研究了一些民族的正名问题，并具体地提出了建议。

在本阶段，对上次全国人口普查登记所剩的183个族体名称，新确定了15个少数民族，即土家、畲、达斡尔、赫哲、仫佬、布朗、仡佬、阿昌、普米、怒、崩龙（后改名为德昂）、独龙、京、毛难（后改名为毛南）、门巴；同时，将普查中自报的74个族体分别归并到53个少数民族中。

第三阶段：从1965年至1982年7月第三次全国人口普查。

在本阶段，众所周知，十年"文革"干扰了百业，民族识别工作也不例外，所以仅于1965年认定了西藏珞瑜地区的珞巴族，1979年认定了云南攸乐山区的基诺族。党的十一届三中全会后，民族识别工作有所恢复，如贵州省从1981年起，在8个地、州、市和60多个县（市）建立了民族识别领导小组或办公室，抽调各民族的知识分子和民族工作干部共280余人，继续进行本省未了的识别工作。截至1982年7月第三次全国人口普查，经国务院批准认定的少数民族有55个，加上汉族，我国民族大家庭的构成基本弄清。

第四阶段：从1982年7月第三次全国人口普查至现在。

在本阶段，民族识别工作除继续为一小部分族体的认定进行调查研究外，主要是在一些地区对一批人的民族成分作恢复、更改和对某些族体进行归并工作。1982年全国人口普查时，要求恢复、更改民族成分的人数达500万之多，涉及辽宁、河北、湖南、湖北、贵州、四川、云南、广西等省区。国家民委曾组织专家进行有关省区的重点调查，各有关省区自身也组织力量予以配合或独自开展调查，并取得了很大成绩。例如贵州，对于党的十一届三中全会以来需识别的 23 个族体，经数年的反复调查和论证，最后认定为汉族的 3 个，其余 20 个则分别归并于 9 个少数民族；鄂西地区的 140 多万人，已恢复、更改为土家族；苦聪人归入拉祜族；河北承德和辽宁的一批人恢复为满族，等等。据统计，1982 年人口普查以来，全国共恢复、更改民族成分的人数在 1200 万以上。

我国民族识别工作的成功，有着多方面的重要意义。

第一，在政治上，使我国历史上长期深受民族歧视、压迫，甚至不被承认或被迫隐瞒民族成分的各少数民族，从此有了自己受国家宪法和法律保护的统一族称。由此，党和国家制定的一系列民族政策，诸如民族平等团结、培养少数民族干部、实行民族区域自治、自由使用和发展少数民族自己的语言文字、帮助少数民族发展经济文化、尊重少数民族风俗习惯等政策，才可能得以全面地贯彻执行。同时，也为在祖国统一的、多民族的大家庭中，建立和发展以各民族平等、团结、互助，共同发展、繁荣为特征的新型的社会主义民族关系获得了前提条件。今天祖国的统一局面和各族人民的精诚团结，以及社会主义各项事业的蓬勃发展，与民族识别的成功是分不开的。这也说明，社会科学各领域的调查研究，只有和国家的社会需要紧密结合在一起，才有光明的发展前途；反之又说明，任何轻视社会科学的调查研究，人类社会的发展进程就可能遭到意外的曲折，甚至吞下社会混乱、国家分裂的苦果。对此，中外的历史和现实都已做出了正反迥异的答案。

第二，民族识别工作的丰富实践和经验，促进了具有中国社会主义特色的民族学学科的建设。比如，在理论上廓清了民族形成及其发展阶段的疑窦。我们的经验表明，若像斯大林提出的四个民族特征那样去思考和解决民族识别问题，难免要犯形而上学的教条主义错误。作为一个民族共同体，至少它的雏形一经产生，随着社会历史的演进，特别是长期以来不同民族由于种种原因（诸如战争、政治压迫等等）而"插花"式地分布和彼此生存利益互补的需要而保持频繁交往，民族的四个特征或其萌芽不免发生不同程度的变化。就目前的研究成果看，表现在共同文化特点上的共同心理素质，似乎在历史演进过程中保有明显稳固的特性，所以我们在进行民族识别时，一直把它放在相当突出的位置上。正因如此，对那些长期星散杂居，或相距数千里，或语言差异已不小的民族，我们主张识别为一个民族单位，而且恰恰符合了他们的认同意愿，所以他们都由衷地欣然接受。由此得到启发，有共同特点的民族文化，不仅是以往民族学的重要研究内容，而且是民族学工作者在改革开放、大力发展"四化"的今天仍有特殊意义的研究领域。又如，在民族识别工作中，我们始终坚持社会、历史、语言、文化、风俗、宗教等方面的综合性调查研究，因而促进了历史民族学、语言民族学、社会民族学等交叉学科的发展，而这些学科的研究成果又推动了民族理论研究的深入，充实了民族学体系的构架。

第三，促进了中国民族学科研究队伍的建设。对于任何一个学科的发展，人才都是最可宝贵的。无论专题性的民族识别调查，还是全国分区综合性的社会历史调查（它实际上也同时为许多民族的识别提供了科学依据），都是以少数专家为骨干，结合各地民族工作干部（包括民族语翻译人员）、高等学校相关专业的师生进行的，参加人数逾千。他们莫不直接或间接地得益于民族识别工作的实践和经验。他们对我国各民族的繁荣发展和学科建设做出了重要的贡献。

第四，为世界各国提供了民族识别的范例。我们的民族识别工作是世界上的创举，它的成功实践具有不可忽视的国际意义。在当今世界上，绝大多数国家都是由多民族组成的。但是，许多国家的民族成分至今仍然纷纭不已，究竟本国有多少个民族，连自己的政府当局和专家都说不清楚。在民族平等与民族自觉意识空前增强的今天，一些国家都曾为本国民族构成弄不清而付出巨大代价。可见，我们开展全国性的民族识别工作和所积累的经验，在国际上，特别是发展中国家是有借鉴意义的。

第三节 民族政策的基本内容

马克思主义的民族理论是马克思主义对民族和民族问题的理论体系的总和。中国共产党把马克思主义民族理论应用到中国实际的整个民族工作实践过程中，产生了中国共产党一系列的民族政策。同时，在中国共产党制定民族政策，开展民族工作的过程中，又丰富和发展了马克思主义民族理论。党的民族政策的科学制订和认真落实，是发展社会主义民族关系的关键。

一、处理民族问题的根本原则——平等、团结

民族平等和民族团结是马克思列宁主义、毛泽东思想、邓小平理论解决民族问题的根本原则和根本政策。

马克思、恩格斯在《共产党宣言》中指出：无产阶级只有同时使整个社会解放才能使自己获得解放。各国无产阶级的联合行动，是无产阶级解放的首要条件之一。彻底摧毁资本主义制度，只有各民族的联合，在无产阶级及其政党——共产党的领导下才能取得胜利。"共产党人同其他无产阶级政党不同的地方只是：一方面，在各国无产者的斗争中，共产党人强调和坚持整个无产阶级的不分民族的共同利益；另一方面，在无产阶级和资产阶级的斗争所经历的各个发展阶段上，共产党人始终代表整个运动的利益。"[①] 因此，他们庄严地发出了"全世界无产者联合起来"

---

① 《马克思恩格斯选集》，第1卷，第264页，人民出版社1972年版。

的战斗口号。列宁根据帝国主义时代的特点，把这个口号进一步发展为"全世界无产者和被压迫民族联合起来"。他指出："共产国际在民族和殖民地问题上的全部政策，主要应该是使各民族和各国的无产者和劳动群众为共同进行革命斗争、打倒地主和资产阶级而彼此接近起来。因为只有这种接近，才能保证战胜资本主义，如果没有这一胜利，便不能消灭民族压迫和不平等的现象。"① 毛泽东在领导中国革命和建设实践中，始终坚持了马克思主义民族平等和民族团结的原则。他早在1937年就指出："团结是当前民族和民主革命的最重要的基础；因为只有经过共产党的团结，才能达到全阶级和全民族的团结，只有经过全阶级全民族的团结，才能战胜敌人，完成民族和民主革命的任务。"② 他在回顾党的历史经验时强调："在受帝国主义和封建主义压迫的国家，无产阶级政党要把民族旗帜拿在自己手里，必须有民族团结的纲领，团结除帝国主义走狗以外的一切可能团结的力量。"③ 他把各族人民的团结对革命和建设事业的伟大作用，概括为一句话："国家的统一，人民的团结，国内各民族的团结，这是我们的事业必定要胜利的基本保证。"④ 革命导师的科学论断充分说明，民族团结原则，是解决民族问题的必要条件，是无产阶级事业最终取得胜利的力量源泉。

要达到各民族的无产阶级和劳动人民的团结，就必须坚持民

---

① 列宁：《民族和殖民地问题提纲初稿》，见《列宁选集》，第4卷，第272页，人民出版社1972年版。

② 毛泽东：《为争取千百万群众进入抗日民族统一战线而斗争》，见《毛泽东选集》，第1卷，第268—269页，人民出版社1952年版。

③ 毛泽东：《我们党的一些历史经验》，见《毛泽东选集》，第5卷，第310页，人民出版社1977年版。

④ 毛泽东：《关于正确处理人民内部矛盾的问题》，见《毛泽东选集》，第5卷，第363页，人民出版社1977年版。

族平等。恩格斯指出:"国际合作只有在平等者之间才有可能,甚至平等者中间居首位者也只有在直接行动的条件下才是需要的……排除民族压迫是一切健康和自由的发展的基本条件。"① 这段话极其精辟地说明,民族平等与民族团结是互为条件的辩证统一:民族平等是实现民族团结的前提和基础,而民族团结则是民族平等发展的客观要求和必然结果,又是进一步实现完全平等的保障。因此,无产阶级及其政党只有坚持和实行民族平等和民族团结的基本原则,才能最终实现无产阶级革命和社会主义建设事业的胜利。

中国共产党自成立之日起,就把解决中国民族问题作为自己的历史使命。在领导中国革命的实践中,中国共产党始终不渝地以民族平等和民族团结作为处理民族关系、解决民族问题的基本原则和根本政策,这对于团结全国各族人民,团结一切可以团结的力量,促进民族地区革命形势的发展,直至取得新民主主义革命的全面胜利,起了极其重要的作用。新中国建立后,又通过法律形式把它确立下来,使各民族在一切权利完全平等的基础上,切实加强民族团结,巩固和发展新型的社会主义民族关系。

我国是一个多民族的社会主义国家。民族平等的含义是,中国境内各民族不论人口多少,经济社会发展程度高低,风俗习惯和宗教信仰异同,都是中华民族的一部分,具有同等的地位,在国家和社会生活的一切方面,依法享有相同的权利,履行相同的义务,反对一切形式的民族压迫和民族歧视。而民族团结的核心内容是,各民族在社会生活和交往中的和睦、友好和互助、联合的关系。它要求在反对民族压迫和民族歧视的基础上,维护和促进各民族之间和本民族内部的团结,各民族人民齐心协力,共同

---

① 恩格斯致卡·考茨基(1882年2月7日),见《马克思恩格斯选集》,第4卷,第428页,人民出版社1972年版。

促进国家发展繁荣，反对民族分裂，维护国家统一。《中华人民共和国宪法》第四条明确规定："中华人民共和国各民族一律平等。国家保障各少数民族的合法的权利和利益，维护和发展各民族的平等、团结、互助关系。禁止对任何民族歧视和压迫，禁止破坏民族团结和制造民族分裂的行为。"为了使宪法规定的各民族一律平等的权利在社会生活和政策行为中得到落实和保障，加强民族团结，国家还颁布了诸如《关于保障一切散居的少数民族成分享有民族平等权利的决定》等法令以及《民族区域自治法》等一系列专门法律、法规和特殊的政策措施。少数民族人民享有的平等权利主要表现在以下几方面：

第一，与汉族一样平等地参与国家事务的管理。管理国家的权利，是各民族最根本的平等权利。少数民族人民以平等的地位参与国家大事和各级地方事务的管理，而且少数民族参与行使管理国家的权利受到特殊保障。宪法规定，各民族年满十八岁的公民，不分民族、种族、性别、职业、宗教信仰、教育程度，都有选举权和被选举权，在国家最高权力机关——全国人民代表大会和地方各级人民代表大会在选举中，充分反映了对少数民族权利的尊重。《中华人民共和国全国人民代表大会和地方各级人民代表大会选举法》明确规定："全国少数民族应选全国人民代表大会代表，由全国人民代表大会常务委员会参照各少数民族的人口数和分布等情况，分配给各省、自治区、直辖市的人民代表大会选出。人口特少的民族，至少也应有代表一人。"这就使每个少数民族，包括人口只有几千人的民族都能选出代表，参加国家大事的管理。从1954年第一届全国人民代表大会至今，历届全国人民代表大会中，少数民族代表所占代表总数的比例，均高于同期少数民族人口占全国总人口的比例。例如，1998年选出的第九届全国人民代表大会代表2979人，其中少数民族代表428人，占代表总数的14.37%，比同期少数民族人口占全国总人口的比例约高出5个百分点。

在地方各级人民代表大会中，少数民族都有适当名额的代表。选举法规定，有少数民族聚居的地方，每一聚居的少数民族都应有代表参加当地的人民代表大会。散居的少数民族也应选出参加当地人民代表大会的代表。此外，对少数民族代表的选举还作了特殊规定："聚居境内同一少数民族的总人口数占境内总人口数百分之三十以上的，每一代表所代表的人口应相当于当地人民代表大会每一代表所代表的人口数。""聚居境内同一少数民族的总人口数不足境内总人口数百分之十五的，每一代表的人口数可以适当少于当地人民代表大会每一代表所代表的人口数，但不得少于二分之一；实行区域自治的民族人口特少的自治县，经省、自治区的人民代表大会常务委员会决定，可以少于二分之一。人口特少的其他民族，至少应有代表一人。""聚居境内同一少数民族的总人口数占境内总人口数百分之十五以上，不足百分之三十的，每一代表所代表的人口数，可以适当少于当地人民代表大会每一代表所代表的人口数，但该少数民族的代表名额不得超过代表总名额的百分三十。""散居的少数民族应选当地人民代表大会的代表，每一代表所代表的人口数可以少于当地人民代表大会每一代表所代表的人口数。"这些具体规定，从法律上确保了少数民族参加管理国家大事的权利。

各少数民族除通过人民代表大会行使管理权外，还依照法定程序经过选举进入中央和地方国家权力机关、行政机关、审判机关、检察机关及人民团体和企事业的管理机构，担任各种职务，全面参加国家和地方事务的管理。从建国至今，有不少少数民族人士担任或曾经担任过国家副主席、全国人民代表大会常务委员会副委员长、国务院副总理、国务委员、全国政协副主席等国家高级领导职务。目前，全国人民代表大会常务委员会副委员长中，少数民族占21％，在全国政协副主席中，少数民族占

9.6%；在省（部）级干部中，少数民族干部占10.5%，地市（厅、局）干部中，少数民族占7.9%。

第二，少数民族在社会生活的各个方面享有平等权利。依照我国宪法和法律规定，各民族公民都有言论、出版、集会、结社、游行、示威的自由；各民族公民的人身自由和人格尊严不受侵犯，以及同人身自由相联系的住宅不受侵犯，享有通信自由和通信秘密受法律保护的权利；各民族公民都有对国家机关和国家工作人员提出批评、建议、申诉、控告、检举和取得赔偿的权利；各民族公民在社会和经济生活中享有劳动、休息和丧失劳动能力时从国家和社会获得物质帮助的权利；各民族公民都有从事科学研究、文学艺术创作和其他文化活动的权利；各民族公民都有接受教育的权利；各民族公民都有使用和发展本民族语言文字的权利；各民族公民都有宗教信仰自由的权利；各民族公民都有保持或改革自己风俗习惯的自由权利，等等。

第三，维护和促进各民族大团结。加强民族团结、维护国家统一、坚持反对民族分裂，是全国各族人民的共同责任，也是每一个公民应尽的义务。为此，党和国家十分重视民族团结教育和爱国主义教育，及时妥善处理民族关系中的人民内部矛盾，对于一切敌对势力破坏我国民族团结和国家统一的阴谋活动，则坚决予以反击，维护了我国各族人民的最高利益。

为了切实加强民族团结，坚持进行马克思主义民族观、党的民族政策和民族团结重要性的宣传教育，既在少数民族地区和少数民族中进行，也在汉族地区和汉族人民中进行；既面向广大群众，也面向各级国家公务人员。宣传教育的形式多种多样、生动活泼，如广播、电视、电影、报刊、杂志，举办讲座、培训班等；在一些民族地区开展民族团结月活动，集中对广大干部和群众进行各种形式的民族团结宣传教育；在全国广泛深入开展民族团结进步活动，并在此基础上，1988年以来国务院多次召开了全国民族团结进步表彰大会,对维护各民族平等权利、促进各民族和睦相处和共同进步繁荣的单位和个人给予表彰和奖励。上述的种种宣传教育活动,对于弘扬正气,使民族团结成为强大的社会舆论和良好的社会风尚,推动民族团结进步事业发展,维护祖国统一和广大少数民族地区以及整个国家的稳定都产生了深远影响。

二、解决民族问题的基本政策——民族区域自治

民族区域自治是中国共产党解决国内民族问题的一项基本政策和纲领,是新中国的一项重要政治制度。它是根据马列主义关于民族问题理论原则和国家学说,结合中国的历史条件和实际情况制定的,是把民族自治和区域自治、政治因素和经济因素正确结合起来的一个创举,具有很大的灵活性和无比的优越性。

马克思列宁主义认为,无产阶级取得革命胜利后,国家政权必然是实行无产阶级专政,但在国家结构形式上,从社会发展和无产阶级整体的根本的利益出发,总的说来,反对联邦制而始终坚持民主集中制,坚持统一而不可分的共和国,坚持建立尽可能大的国家的原则。

1848年,马克思、恩格斯为刚刚开始的德国革命提出的政治纲领第一条就是:"全德国宣布为统一的、不可分割的共和国。"[①] 1850年,针对资产阶级民主派的阴谋,即或力求建立联邦共和国,或不能避开统一而不可分割的共和国的时候,他们也要设法使各个乡镇和各省区获得最大的独立自主权,马克思、恩格斯要求德国工人,"不仅要建立统一而不可分割的德意志共和国,并且还要坚决使这个共和国的一切权力集中于国家政权掌握

[①] 恩格斯:《关于共产主义者同盟的历史》,见《马克思恩格斯选集》,第4卷,第197页,人民出版社1972年版。

之下……因为革命活动只有在集中的条件下才能发挥出自己的全部力量。"①

列宁在分析了资本帝国主义的发展和无产阶级革命斗争新形势后，不仅得出了与马克思、恩格斯相同的结论，而且还进一步提出无产阶级应当坚持建立尽可能大的国家的原则。他说："只要各个不同的民族组成统一的国家，马克思主义者绝不主张实行任何联邦制原则，也不主张实行任何分权制。中央集权制的大国是从中世纪的分散状态走向将来全世界社会主义的统一的一个巨大的历史步骤，除了通过这种国家（同资本主义有密切联系的国家）以外，没有也不可能有其他走向社会主义的道路。"② 他还明确指出："我们反对分立主义，我们深信，在其他条件相等的情况下，大国比小国更能顺利地解决发展经济的任务，解决无产阶级同资产阶级斗争的任务。"③

在多民族的社会主义国家中，怎样才能既保证国家的集中统一，又保证少数民族的平等地位和平等权利呢？马列主义认为，最好的办法就是民主集中制原则下的民族区域自治，这是无产阶级政党解决民族问题时应遵循的一项基本政策。

马克思、恩格斯在指出"实行最严格的中央集权制是真正革命党的任务"的同时，又指出地方的和省区的自治制并"不与政治的和民族的中央集权制相抵触"，"也并不一定与狭隘的县区的或乡镇的利己主义联在一起"，而由人民选举地方自治机关"是

---

① 马克思和恩格斯：《中央委员会告共产主义者同盟书》，见《马克思恩格斯选集》，第1卷，第390页，人民出版社1972年版。

② 列宁：《关于民族问题的批评意见》，见《列宁全集》，第20卷，第29页，人民出版社1958年版。

③ 列宁：《关于民族政策问题》，见《列宁全集》，第20卷，第217页，人民出版社1958年版。

革命的最强有力的杠杆"①。这样,他们就从对上和对下两个方面的关系上,都肯定了自治制的必要性和适应性。列宁在新的条件下,论述了在多民族国家里实行民族区域自治的必要性,指出:"民主集中制不仅不排斥地方自治和具有特殊的经济和生活条件、特殊的民族成分等等的区域自治,相反地,它必须既要求地方自治,也要求区域自治。"② 如果不保证少数民族聚居区域享受这样的自治,那就不可能设想有"现代的真正民主的国家"③。列宁认为,"凡是国内居民生活习惯或民族成分不同的区域,都应当享有广泛的自主和自治"④。"马克思主义者所维护的并不是自治'权'而是自治本身,把它当作具有复杂民族成分和极不相同的地理等等条件民主国家的一般普遍原则。"⑤

中国共产党运用马列主义民族理论,从中国的实际出发,采用民族区域自治的形式解决国内民族问题,是符合我国历史实际和近现代革命运动发展规律的。

首先,我国自古以来就是一个多民族的国家。从秦汉开始形成统一的中央集权制的国家起,尽管历史上长期存在着民族压迫制度,各民族之间存在着隔阂和不信任,并发生过许多冲突和战争,甚至出现过时间或长或短的分裂和割据,但统一多民族国家

---

① 马克思和恩格斯:《中央委员会告共产主义者同盟书》,又恩格斯在1885年所作的注释,见《马克思恩格斯选集》,第1卷,第390—391页,人民出版社1972年版。

② 列宁:《关于民族问题的批评意见》,见《列宁全集》,第20卷,第29—30页,人民出版社1958年版。

③ 列宁:《关于民族问题的批评意见》,见《列宁全集》,第20卷,第31页,人民出版社1958年版。

④ 列宁:《民族问题提纲》,见《列宁全集》,第19卷,第239页,人民出版社1959年版。

⑤ 列宁:《论民族自决权》,见《列宁选集》,第2卷,第553页注,人民出版社1972年版。

的格局始终没有改变，集中统一始终占主导地位，大一统的思想深深地植根于各族人民心中。我国革命胜利后，建立单一制的统一国家，既有深厚的思想基础，也符合各族人民的根本利益和共同要求。

其次，在长期的历史发展过程中，各族人民共同开拓了祖国的疆土，共同发展了祖国的经济和创造了灿烂文化，形成了一个相互依存、共同发展的有机整体。随着历史的发展，各民族的交往愈来愈频繁、密切。我国民族关系的这一特点，决定了只有在统一国家中采用民族区域自治形式，才能促进各民族的共同发展繁荣。

第三，由于历史的原因，使我国民族分布形成大杂居、小聚居的格局，绝大多数少数民族都以自己或大或小的聚居区和汉族或其他少数民族交错居住在一起。这种民族分布特点是我国长期历史发展的结果。因此，采取民族区域自治这种灵活形式，才符合我国民族分布的特点，才能既维护祖国统一又能最大限度地满足各少数民族平等、自治权利的要求。

第四，我国有56个民族，汉族人口众多，经济文化较发达，而少数民族人口少，居住面积广，资源丰富，但经济文化却相对不发达。这种人口发展、资源分布和经济文化发展的不平衡性，决定了我国只有实行民族区域自治，把各民族和各地区的优势、长处结合起来，通过通力合作，取长补短，才能实现各民族的共同发展繁荣。

第五，鸦片战争后，我国逐渐沦为半殖民半封建社会，包括汉族在内的各族人民，都遭受帝国主义的侵略压迫和国内反动统治阶级的剥削奴役，有着共同的命运和遭遇。在共御外侮、争取民族独立和解放的长期革命斗争中，各族人民休戚与共，形成了汉族离不开少数民族、少数民族离不开汉族，少数民族之间也相互离不开的政治认同，为建立单一制的国家，在少数民族地区实行民族区域自治奠定了坚实的政治基础和社会基础。

我国实行民族区域自治,是体现国内各民族平等团结的主要标志,也是中国共产党在长期的革命斗争中,经过不断深化认识和实践而最终确立的一项政治制度。我党在建立初期,就提出了革命成功后,促成少数民族地区"自治",进而达到"统一中国"的主张。抗日战争初期,毛泽东在党的六届六中全会的报告中又提出:"允许蒙、回、藏、苗、瑶、夷、番各民族与汉族有平等权利,在共同对日原则之下,有自己管理自己事务之权,同时与汉族联合建立统一的国家。""各少数民族与汉族杂居的地方,当地政府须设置当地少数民族的人员组成的委员会,作为省县政府的一部门,管理和他们有关事务,调节各族间的关系,在省县政府委员中应有他们的位置。"[①] 在这一主张的指导下,陕甘宁边区政府先后颁布了《陕甘宁边区施政纲领》(1941年)、《陕甘宁边区宪法原则》(1946年),都对民族区域自治作出了具体规定,并在辖区内开始实施。如1942年4月,边区政府划定了定边的四、五区和城关镇的两个自然村为回民自治区。同年9月,又划定曲子县的三岔镇为回民自治区。以后又在伊克昭盟建立了城川蒙民自治区等。1947年随着内蒙古地区的解放,建立了全国第一个省一级的民族自治地方——内蒙古自治区,为完善民族区域自治政策,提供了宝贵的经验。

1949年9月在中国人民政治协商会议上,经过各民族共同讨论协商,确定了我国建立单一制的人民共和国,在各少数民族聚居的地区实行民族区域自治。《中国人民政治协商会议共同纲领》对民族区域自治政策作了明确的规定,并确定了我国民族区域自治的基本内容。1952年8月中央人民政府颁布了《民族区

---

① 毛泽东:《论新阶段》,见中共中央统战部编《民族问题文献汇编》第595页,中共中央党校出版社1991年版。

域自治实施纲要》，对民族区域自治制度的实施，作了全面规定。在1954年制定的《中华人民共和国宪法》及以后历次修订的宪法中，都将民族区域自治作为国家的一项重要政治制度加以规定。这样，民族区域自治，就以国家根本大法的形式确定下来。1984年，在总结建国以来实行民族区域自治政策经验的基础上，制定了《中华人民共和国民族区域自治法》，这一基本法，对少数民族自治地方的政治、经济、文化等各方面的权利和义务作了系统的规定。它进一步体现了党和国家坚持民族平等、团结和共同发展繁荣的基本方针，充分尊重和保障少数民族当家做主、管理本民族本地区事务权利的原则。截至1998年底，我国共建立了155个民族自治地方，其中自治区5个，自治州30个，自治县（旗）120个，在全国55个少数民族中，有44个民族建立了自治地方。实行自治的少数民族人口占少数民族人口总数75％，民族自治地方行政区域的面积占全国总面积的64％。自治地方的数量和布局，与我国民族分布和构成基本相适应。

我国的民族区域自治制度，包括民族自治地方的建立、区域界限、行政地位、名称的组成及类型，自治机关的民族组成、职能和自治权利，自治地方内部的民族关系，同上级国家机关的关系等内容。

第一，实施民族区域自治必须维护国家统一、民族团结和社会主义民主的原则。我国宪法规定："各民族自治地方都是中华人民共和国不可分离的部分。"规定表明，实行民族区域自治的地方，都是中国领土范围内的行政区划的一部分。国家和各民族自治地方的关系，是中央和地方的关系，各级自治机关都是在国家统一领导下的一级地方政权机关，都必须服从中央集中统一的领导，在上级国家机关、全国人民代表大会、国务院的领导和监督下行使法律规定的职权。上级国家机关在制定各项政策和计划、进行经济文化建设时，必须充分考虑各民族自治地方的具体特点和需要，动员各方面的力量予以帮助和支持。民族自治地方的人民代表大会是执行本地方人民意志的权力机关，它由民主选举产生，对人民负责，受人民监督。民族自治地方的行政机关、审判机关和检察机关都由同级人民代表大会产生，对它负责。民族自治地方的自治机关，是自治区、自治州、自治县的人民代表大会和人民政府，实行民主集中制原则。民族自治地方的人民代表大会中，除实行区域自治的民族的代表外，其他居住在本行政区域内的民族也应当有适当名额的代表；民族自治地方人大常委会中应当有实行区域自治的民族的公民担任主任或副主任；自治区主席、自治州州长、自治县县长由实行区域自治的民族的公民担任。自治区、自治州、自治县的人民政府的其他组成人员，要尽量配备实行区域自治的民族和其他少数民族的人员。自治机关必须维护国家的统一，保证宪法和法律在本地方的遵守和执行，积极完成上级国家机关交给的各项任务。

　　第二，我国民族自治地方分为自治区、自治州、自治县（旗）三级，在全国的行政区域划分中，自治区与省、直辖市平行，自治县（旗）与一般县平行，自治州则在省、自治区之下，县、自治县之上，与下设区、县的市平行。建立民族自治地方，必须以少数民族聚居区为基础，一个少数民族可以在自己聚居区域内单独建立自治地方，如西藏自治区、延边朝鲜族自治州；也可同其他少数民族联合建立自治地方，如湘西土家族苗族自治州、积石山保安族东乡族撒拉族自治县；还可以按民族分布的情况，在不同地方分别建立几个不同行政地位的自治地方，如回族不仅有宁夏回族自治区，在其他省、区还有2个自治州、11个自治县。另外，在以一个少数民族聚居区为基础建立的民族自治地方内，人口较少的少数民族聚居区也可建立相应的民族自治地方，如新疆维吾尔自治区内，又分别建立了哈萨克、蒙古、回、柯尔克孜、锡伯、塔吉克等族的5个自治州和6个自治县。这样既能充分满足各少数民族实行自治，行使当家作主的权利，也能适应我国少数民族分布的特点。

第三，自治权是民族区域自治的核心。民族自治地方的自治机关，具有双重职权的性质：它既行使同级一般地方国家机关的职权，又行使宪法和法律规定的自治权。根据宪法规定的原则，民族区域自治法着重对自治机关的自治权作了27条规定，它包括政治、经济管理、财政税收、文化教育、卫生体育，以及人口管理、保护和改善生活环境和生态环境等方面。现就政治、经济管理方面的几项主要自治权作一介绍。在政治方面，民族自治地方的人民代表大会有权依照当地民族的政治、经济和文化的特点，制定自治条例和单行条例。自治机关对上级国家机关的决议、决定、命令和指示，如有不适合民族自治地方实际情况的，可报经该上级国家机关批准，变通执行或者停止执行。自治机关有权采取各种措施，从当地民族中大量培养各级干部和各种科技、经营管理人才。自治机关有权采取特殊措施，优待、鼓励各种专业人员参加民族自治地方的各项建设工作。在经济管理方面，自治机关有权在国家计划的指导下，根据本地方的特点和需要，制定经济建设的方针、政策和计划。有权在坚持社会主义原则的前提下，根据法律规定和本地方经济发展特点，合理调整生产关系，改革经济管理体制。有权根据法律规定，管理和保护本地方的自然资源。有权保护和建设草原、森林，组织和鼓励植树种草。有权根据法律规定和国家的统一规划，对可以由本地方开发的自然资源，优先合理开发利用。有权在国家计划的指导下，根据本地方的财力、物力和其他具体条件，自主地安排地方基本建设项目。有权自主地管理隶属于本地方的企业、事业。有权自主地安排利用完成国家计划收购、上调任务以外的工农业产品和其他土特产品。有权依照国家规定，开展对外经济贸易活动和经国务院批准可以开辟对外贸易口岸，在外汇留成等方面享有国家的优待。

半个世纪的实践证明,我国实行民族区域自治是合乎国情,顺乎民意的,显示出强大的生命力,具有无比的优越性。

第一,保障了少数民族人民在政治上的平等权利,使他们在各个大小不同的聚居区享有当家作主、自己管理自己内部事务的权利,最大限度地满足各少数民族参加国家政治生活的要求。这就把国家的统一和民族自主、平等结合起来,解决了国家统一和民族自治的关系问题。

第二,保障了各民族的团结合作和共同发展。统一的国家可以大力帮助各民族自治地方发展经济和文化,组织各民族、各地区相互支援,民族自治地方则可以发挥本地区优势,支援国家建设,使国家的富强和民族繁荣结合起来,正确地解决了祖国强大与民族繁荣的关系。

第三,有利于把党和国家方针、政策与少数民族和民族地区的具体特点结合起来,发挥民族地区优势,调动广大少数民族人民的积极性,促进了社会主义建设事业的发展。

第四,增强了少数民族人民的主人翁精神,大大激发了爱祖国、保边疆的爱国主义精神,确保了祖国的统一和人民民主专政。

在新的历史时期,具有中国特色的民族区域自治制度将不断巩固和完善,进一步显示其巨大的优越性。

三、培养和使用少数民族干部

大力培养少数民族出身的共产主义干部,是党和国家解决国内民族问题的一项重要政策。毛泽东在建国初期就指出:"要彻底解决民族问题,完全孤立民族反动派,没有大批从少数民族出身的共产主义干部,是不可能的。"① 他从彻底解决民族问题和实现共产主义伟大理想的高度,深刻地阐明了培养和使用少数民族干部的重要性和指导思想。

少数民族干部是党和国家紧密联系各少数民族人民群众的桥梁和纽带,是贯彻党的路线、方针、政策的保证。他们熟悉本民族的语言和习俗,了解本民族的历史和现状,有振兴本民族的强烈愿望,能充分反映少数民族的意愿和要求,受到少数民族群众的信任和拥戴。他们对维护民族之间和本民族内部的团结,组织和带领各族群众进行革命和建设,起着不可替代的特殊作用。因此,中国共产党一直十分重视少数民族干部的培养和使用。早在民主革命时期,党就把培养、提拔少数民族干部作为解决民族问题的重要环节。到建国前夕,全国已有蒙古、回、壮、苗、藏、满、彝、土家、朝鲜、羌、维吾尔、哈萨克、锡伯、乌孜别克等少数民族干部约1万人。

新中国成立初期,根据少数民族地区各项工作的需要,党和国家于1950年11月明确提出了"普遍而大量地培养各少数民族干部"的方针,同时,又根据各少数民族地区建党、建政、进行社会改革、推行民族区域自治等中心工作急切需要干部的情况,确定了以"培养普通政治干部为主,迫切需要的专业与技术干部为辅"、"既培养少数民族出身的干部,又要培养适当数量的从事民族工作的汉族干部"的原则,并为此制定了各种行之有效的政策、措施。如在实际工作中直接培养选拔,在民族院校、党校正规培训,举办各种短期训练班,以及吸收少数民族大中专毕业生直接进入干部队伍等,保证了少数民族干部在数量上的较快增加。到1958年底,全国少数民族干部已发展到48万余人。

---

① 毛泽东:《关于大量吸收和培养少数民族干部的电报》,见国家民委政研室编《中国共产党主要领导人论民族问题》,第42页,民族出版社1994年版。

党的十一届三中全会后，党和国家的工作重心已经转移到社会主义现代化建设上来，于是培养少数民族干部的方针，便随着形势的变化调整为："大力培养四化所需要的，具有共产主义觉悟的少数民族政治干部和专业技术人才，为少数民族地区的社会主义现代化服务。"在培养选拔少数民族干部的措施上，随着实践的发展和形势的要求也更加多样。例如，通过下达专项指标，面向社会，从工厂、农村和牧区择优录用少数民族工人、农牧民、知识青年从事基层管理工作；大中专院校对少数民族考生实行同等条件优先录取和适当放宽录取分数线的政策；在重点高等院校设立民族班，在部分院校开办民族预科班，对边远、贫困民族地区实行定向招生、定向分配；增办民族院校，以便更多地培养少数民族人才；设立行政管理干部学校，定向培养少数民族乡镇基层干部，等等，从而拓宽了少数民族干部的培养途径，壮大了少数民族干部队伍。到1998年底，少数民族干部已发展到270多万人，包括党务、政务、经济、科技、文化、卫生、体育等方面的人才。

为了适应改革开放和经济建设的需要，对少数民族干部在素质上提出了更高的要求。为此，党和国家采取了多种途径和办法，如开办各类民族干部培训班，对他们进行岗位、职务、业务和学历培训，以提高他们的文化水平和业务素质；有计划地开展干部交流、岗位轮换，选派少数民族干部到上级国家机关、综合部门、经济发达地区挂职锻炼或参观学习，使他们在实践中提高工作能力。

党和国家在大力培养少数民族干部的同时，对少数民族干部的选拔任用上，坚持"德才兼备"和"任人唯贤"的原则，通过立法和制定一系列政策、措施，以保证少数民族干部切实进入各级领导岗位，并使他们有职、有权、有责。

四、帮助少数民族发展经济建设

加速发展少数民族和民族地区的经济建设,实现各民族共同繁荣,是党和国家的根本立场。1957年8月,周恩来在全国人大民族委员会召开的民族工作座谈会上的讲话中指出:"我们对各民族既要平等,又要使大家繁荣。各民族繁荣是我们社会主义在民族政策上的根本立场。"[1]

新中国的建立,彻底废除了民族压迫制度,少数民族在政治上享有了民族平等权利,实现了中国历史上空前未有的国家大统一。社会主义能为"从民族压迫下解放出来的各民族的复兴和繁荣造成有利的环境"[2]。只有各民族的共同繁荣,才能为各民族更加接近、更加团结合作创造条件。但是,各少数民族和民族地区由于历史原因形成的经济社会发展的不平衡性和落后状况,在建国之初依然明显地存在。"经济相当落后,生产力水平还是刀耕火种和原始的游耕游牧,一些地区手工业还没有从农业中分化出来。基本上没有现代工业和本民族的产业队伍,1949年,全国少数民族地区工农业总产值为36.6亿元,只占全国总产值的7.8%。"[3] 不改变这种落后的经济状况,根本不可能实现各民族的共同繁荣。正因如此,党中央在1954年10月及时地提出了过渡时期党在民族问题方面的任务:"巩固祖国的统一和各民族的团结,共同来建设伟大祖国的大家庭;在统一的祖国大家庭内,保障各民族在一切权利方面的平等,实行民族区域自治,在祖国

---

[1] 周恩来:《关于我国民族政策的几个问题》,见《周恩来选集》,下卷,第263页,人民出版社1984年版。

[2] 斯大林:《民族问题和列宁主义》,见《斯大林全集》,第11卷,第296页,人民出版社1955年版。

[3] 司马义·艾买提:《中国民族工作的辉煌成就》,《人民日报》1994年9月2日。

的共同事业的发展中,与祖国的建设密切配合起来,逐步地发展各民族的政治、经济、文化(其中包含稳步的和必要的社会改革在内),消灭历史上遗留下来的各民族间事实上的不平等,使落后的民族得以跻身于先进民族的行列,过渡到社会主义社会。"①积极帮助少数民族发展经济建设的任务,在《中国共产党章程》、《中华人民共和国宪法》中都有明确规定,并在历次的国民经济和社会发展计划中作了具体安排。党的十一届三中全会提出把全国工作重点转移到社会主义现代化建设上来,从此,党和国家把积极帮助少数民族发展经济建设确定为我国社会主义初级阶段民族工作的中心任务。

党和国家对加速发展少数民族的经济建设,一贯坚持国家大力帮助和少数民族自力更生相结合的方针。少数民族和民族地区经济落后的状况,如果没有国家和先进民族、先进地区从人力、物力、财力和技术力量方面的大力帮助,而单靠少数民族自己的力量是难以改变的。但国家和先进民族的帮助,必须建立在少数民族自力更生的基础之上。只有充分调动少数民族人民的积极性,发扬艰苦奋斗、自力更生的精神,用自己的双手和智慧来改变贫穷落后的面貌,不断增强本民族地区的活力和自我发展能力,国家的帮助和先进民族、先进地区的支援才能发挥更大的效益。实践证明,只有将两者结合起来,才能加速发展民族地区的经济建设。

建国50年来,党和国家在不同的历史时期,依据国家的总任务,从民族地区的实际出发,制定出一系列相应的方针和特殊的政策、措施。

第一,国家在制定国民经济和社会发展计划时,有计划地在少数民族地区安排重点工程,调整那里的单一经济结构,发展多

---

① 《当代中国的民族工作》,下册,第505页,当代中国出版社1993年版。

种产业，以提高综合经济实力。同时，要求各省、自治区和有关部门，把有关民族地区的经济建设列入自己的计划之内，并强调在制定计划时，既要照顾到少数民族的要求、愿望，又要充分估计到各民族当前发展阶段的特点和不同情况，不要脱离现实条件而提出难以实现的计划。从20世纪五六十年代起，国家就在民族地区陆续安排一批批重点建设项目，诸如内蒙古包头钢铁基地、宁夏青铜峡水电站、甘肃刘家峡水电站、新疆石油勘探和内蒙古兴安岭林区的开发，等等。仅"一五"计划新建的8条铁路干线，其中5条就在少数民族地区或直接与少数民族地区相联结，如贯通甘肃和新疆的兰新铁路，联结西南和西北的宝成铁路，内蒙古集宁到二连浩特的铁路，广西黎塘到广东湛江的铁路。近年又开通了南昆铁路，在建的有南疆铁路等。公路建设在少数民族地区也得到了迅速发展，如西藏，今已建成一个以拉萨为中心，青藏、川藏、新藏、滇藏、中尼公路为骨架的公路网。五六十年代起，我国飞行员勇闯"空中禁区"，先后开通了拉萨至北京、西安、成都、西宁、兰州等国内航线。60年代初期，国家从北京、天津、上海和东北等向西北、西南民族地区迁去了以机械制造为主的一批重点骨干企业，使这些地区的工业建设向前迈进了一大步。近年来，国家实行了产业倾斜和区域倾斜相结合的政策，在民族地区建设了一批大中型工业项目，如内蒙古的东胜煤田、广西平果铝厂、青海龙羊峡水电站、乌鲁木齐石化总厂等。迄今在5个民族自治区和云南、贵州、青海3省少数民族聚居区，国家就先后建设了大中型工业企业1400多家。所有这些举措，都有力地促进了民族地区的经济发展。

第二，制定和实施优惠政策。国家为帮助民族地区经济建设，设立了"民族地区补助费"、"民族地区机动金"、"少数民族地区财政预备费"、"边境建设事业补助费"、"边境和少数民族地区教育补助费"、"支援不发达地区发展基金"、"西藏建设专项补助"等多项专用资金,仅前三项优惠政策,到 1998 年国家就累计补助达 168 亿元。此外,在投资、贷款、税收以及生产、供应、运输、销售等各方面,都给予了特殊照顾。据统计,1950—1990 年,国家向民族自治地方全民所有制单位基本建设投资达 1698.72 亿元。

第三,实行轻税和减免负担、休养生息政策。国家对民族地区的农业税一直采取"依率计征、依法减免、增产不增税"的轻税政策,其中牧业区还采取了轻于农业区与城市的税收政策。同时,对许多民族地区实行减免农牧业税、工商税、所得税和征购任务。

第四,积极开展扶贫工作,改善民族地区的生产生活条件。国家设立的各项扶贫基金,在分配上向少数民族贫困地区倾斜,帮助民族地区改善基础设施。仅 1996 年至 1998 年,国家向 257 个少数民族贫困县共投入扶贫资金 169.5 亿元。此外,还实行更宽松的优惠政策,减免贫困户的农牧业税;对没有偿还能力的贫困户所欠农贷延长还款期,停止逾期罚息或实行停息挂账;核实贫困县上交税收基数,超收全留等。通过 10 多年来的扶贫开发,少数民族贫困地区人民的生产和生活条件得到了明显改善。从 1995 年到 1998 年,257 个少数民族贫困县解决了 1092 万人、1514 万头牲畜饮水问题,5 个自治区贫困人口从 835 万人下降到 473 万人,贫困县农民人均纯收入从 833 元增加到 1395 元。

第五,组织经济发达省、市同少数民族地区开展对口支援和经济技术协作。1979 年以来,国家一直组织内地发达省、市对口支援民族地区。按照扬长避短、互利互惠、互相支援、共同发展的原则,对口开展物资、技术支援和经济联合。如新疆从 1983 年至 1988 年,与全国 28 个省、市、自治区和国务院 13 个部委建立了协作关系,共签订各种协作项目 4500 多个,引进资金 3 亿多元,与名牌厂家协作或加入企业集团,开发新产品等达

2100多件，协出协进的物资50余种，加速了新疆的经济发展。随着横向经济联合的发展，区域间的经济技术协作也得到了加强。在少数民族比较集中的西南和西北地区，形成了西南5省区6方和西北5省区经济协作区，并各自成立了松散的协作组织，定期召开经济协调会议，以联合促开放，以开放促开发，推动了民族地区经济的发展。对口支援10多年来，全国共签订对口支援项目1.2万余项，投入资金20多亿元，新增产值10多亿元，培训各类专业人员1.5万多人次，取得了积极的社会、经济效益，对于促进民族地区和发达地区经济的共同发展，起了重要的推动作用。

对于西藏，内地各省市给予了特殊支援。例如，1984年国家组织9省市的人力、物力，在西藏援助修建了包括能源、交通、建材、市政建设等43项工程，投资4.8亿元。1994年国家又决定由中央和全国各地无偿援助西藏62项工程（现已竣工60项），总投资达40亿元。

我国少数民族主要分布在中西部特别是西部地区，这里地域广大，资源丰富，潜在市场广阔，战略地位十分重要。在1999年举行的中央民族工作会议暨国务院第三次全国民族团结进步表彰大会上，江泽民总书记发表重要讲话，代表党中央公布了加快中西部地区特别是实施西部大开发的战略决策。他在讲话中指出，加快中西部特别是实施西部大开发战略，条件已基本具备。实施西部大开发是我国下个世纪发展的一项重大战略任务，也是民族地区加快发展的重要历史机遇。围绕江总书记的讲话精神，朱镕基总理也作了重要讲话。他强调：进一步做好民族工作的关键，是要加快少数民族和民族地区的发展，特别是要把经济搞上去。必须认识到，如果没有少数民族和民族地区的经济繁荣和社会进步，就没有整个国家的兴旺和文明昌盛，没有少数民族和民族地区的现代化，也就没有全中国的现代化。就如何加快少数民族和民族地区的发展,朱总理还阐发了必须着力抓好五个方面工作的意见,其中包括继续增加民族地区基础设施建设;积极调整和优化产业结构,发展各具特色的民族地区经济;高度重视和切实抓好天然林保护工程与生态环境建设;进一步加大对少数民族地区的扶贫攻坚力度;认真实施科教兴国战略等。[①]

西部大开发的号角已吹响,这是加快少数民族和民族地区发展的历史机遇。我们要紧紧抓住这个机遇,把党和政府真心诚意帮助少数民族发展经济和社会进步的政策和举措,一一加以贯彻落实,把全国各民族共同发展、共同繁荣、共同进步的事业推向更高的水平。

五、帮助少数民族发展文化教育事业

表现在共同文化上的共同心理素质,是构成一个民族的基本要素之一。文化的概念很广,涵盖着诸多领域,而教育可说是它的基础和核心。在旧中国,总的说来,少数民族的文化教育十分落后,少数民族文盲率在95%以上。新中国成立前,全国没有一所民族高等院校,基础教育很薄弱,一些少数民族甚至几乎处于空白状态。这是剥削制度下,历代统治者实行阶级压迫、民族压迫和民族歧视的必然结果,而且它进一步制约着少数民族的生存和发展。

中国共产党一贯主张支持和帮助少数民族发展文化教育事业。毛泽东在中共六届六中全会报告中指出:"尊重各少数民族的文化、宗教、习惯,不但不应强迫他们学汉文汉语,而且应赞

[①] 江泽民总书记和朱镕基总理的讲话精神,分别详见新华社北京1999年9月29日、10月3日电讯。

助他们发展用各族自己言语文字的文化教育。"① 曾起过临时宪法作用的《中国人民政治协商会议共同纲领》第五十三条规定："人民政府应帮助各少数民族的人民大众发展其政治、经济、文化、教育的建设事业。"我国历次通过的宪法也都写进了党的这一重要政策。1956年4月，毛泽东以苏联的经验教训为鉴戒，论述了我国社会主义革命和建设中十大关系，其中提到汉族和少数民族的关系问题时指出："我们要诚心诚意地积极帮助少数民族发展经济建设和文化建设。在苏联，俄罗斯民族同少数民族的关系很不正常，我们应当接受这个教训。"② 不到半年，刘少奇在中共八大政治报告中强调："正确处理少数民族问题，是我们的国家工作中一项重大的任务。我们必须用更大的努力来帮助各少数民族在经济和文化上的进步，使各少数民族在我国社会主义建设事业中充分地发挥积极作用。""凡是在少数民族地区的工业，无论是中央国营工业或者是地方工业，都必须注意帮助少数民族形成自己的工人阶级，培养自己的科学技术干部和企业管理干部。只有这样，少数民族在各方面的发展才能比较快地达到现代的水平。"③

到了20世纪90年代初期，党中央领导同志，对于帮助少数民族发展文化教育的政策有了更明确的宣示。1992年，江泽民总书记在中央民族工作会议上的讲话中指出："现阶段，我国的民族问题，比较集中地表现在少数民族和民族地区迫切要求加快经济文化的发展。""在新的历史时期，搞好民族工作，增强民

---

① 毛泽东：《论新阶段》、见中共中央统战部编《民族问题文献汇编》，第595页，中共中央党校出版社1991年版。

② 毛泽东：《论十大关系》，见《毛泽东选集》，第5卷，第278页，人民出版社1977年版。

③ 刘少奇：《在中国共产党第八次全国代表大会上的政治报告》，见《刘少奇选集》，下卷，第250—251页，人民出版社1985年版。

团结的核心问题,就是要积极创造条件,加快发展少数民族和民族地区的经济文化等各项事业,促进各民族的共同繁荣。这既是少数民族和民族地区人民群众的迫切要求,也是我们社会主义民族政策的根本原则。"①

半个世纪以来,为了贯彻党的这一重要政策,国家根据少数民族和民族地区的实际和特点,以及全国社会主义建设的需要,在财力、人力、物力等方面采取了一系列具体措施,积极帮助少数民族发展教育、科技、文化和卫生、体育等各项社会事业,努力提高少数民族的科学文化、思想道德水平和身体素质,从而在社会主义物质文明和精神文明建设上取得了巨大进步。以学校教育为例,截至1998年,国家独立设置的民族高等院校有12所,民族师范学校59所,民族职业中学158所,民族中学3 536所,民族小学20906所,全国有80余所高校举办了民族预科班。各少数民族自治地方教育事业的发展成就也令人振奋,1998年与1952年相比,小学由59597所增至90704所,在校生由467.31万人增至1240.90万人;中等学校由531所增至13466所,在校生由20.94万人增至529.64万人;普通高校由11所增至94所,在校生由0.45万人发展到22.64万人。② 学校教育以及其他教育事业的发展,已培养了大批具有大中专学历的少数民族干部和各种建设人才。

至于在保护少数民族文化遗产、繁荣少数民族文化艺术、保护和发展少数民族传统医药、发展少数民族传统体育和竞技体育运动等诸多领域都取得了重大成就,体现了党和国家诚心诚意帮

---

① 江泽民:《加强各民族大团结,为建设有中国特色的社会主义携手前进》,见国家民委政研室编《中国共产党主要领导人论民族问题》,第251页,民族出版社1994年版。

② 参阅中华人民共和国国务院新闻办公室:《中国的少数民族政策及其实践》,见新华社北京1999年9月27日电讯。

助少数民族发展文化教育的宗旨。

六、民族语言文字平等政策

民族语言是在氏族、部落的基础上逐渐形成的,是组成民族共同体的人们相互间交流思想以及改造自然和社会的工具,也是民族构成的基本特征之一。民族语言及其符号——文字,对促进民族的政治、经济和文化的发展起着重要作用。因此,马克思列宁主义一贯坚持各民族语言一律平等,反对对任何民族语言的歧视和限制,并且把"打倒一切民族压迫,打倒某一民族或某一语言的一切特权",看成是无产阶级的"绝对职责"和"阶级斗争的绝对利益"[①]。语言平等是民族平等的一个重要内容和标志,它关系到一个民族的政治权利和民族之间的友好团结。不坚持语言平等,就谈不上真正的民族平等。正因为这样,列宁指出:"谁不承认和不坚持民族平等和语言平等,不同各种民族压迫或不平等作斗争,谁就不是马克思主义者,甚至也不是民主主义者。"[②]坚持语言平等就必须保证各民族有使用和发展自己的语言文字的自由权利。马克思列宁主义在坚持语言平等的原则下,还提倡各民族人民相互学习语言文字,认为这对民族间的相互交往和学习,对各民族的发展和繁荣都是有利的。但是,这种学习必须在自愿的基础上进行,不能有丝毫的强迫。

中国共产党根据马克思列宁主义关于民族语言文字问题的基本理论,一贯坚持民族语言平等,坚持各民族都有使用和发展本民族语言文字自由的政策。早在1931年11月,中华工农兵苏维

---

① 列宁:《关于民族问题的批评意见》,见《列宁全集》,第20卷,第18页,人民出版社1958年版。

② 列宁:《关于民族问题的批评意见》,见《列宁全集》,第20卷,第11页,人民出版社1958年版。

埃第一次全国代表大会通过的《关于中国境内少数民族问题的决议案》就提出:"必须为国内少数民族设立完全应用民族语言文字的学校、编辑馆与印刷局,允许在一切政府的机关使用本民族的语言文字"[①]。1938年10月毛泽东在《论新阶段》的报告中又指出:"尊重各少数民族的文化、宗教、习惯,不但不应强迫他们学汉文汉语,而且应赞助他们发展用各族自己言语文字的文化教育。"[②] 1945年4月,毛泽东在党的七大政治报告中谈到少数民族问题时再次强调:"他们的言语、文字、风俗、习惯和宗教信仰,应被尊重。"[③] 新中国成立后,党和国家又把这一政策通过法律形式固定下来。《中华人民共和国宪法》第四条规定:"各民族都有使用和发展自己的语言文字的自由。"《中华人民共和国民族区域自治法》第二十一条规定:"民族自治地方的自治机关在执行职务的时候,依照本民族自治地方自治条例的规定,使用当地通用的一种或者几种语言文字;同时使用几种通用的语言文字执行职务的,可以以实行区域自治的民族的语言文字为主。"第四十七条规定:"民族自治地方的人民法院和人民检察院应当用当地通用的语言检察和审理案件。保障各民族公民都有使用本民族语言文字进行诉讼的权利。对于不通晓当地通用的语言文字的诉讼参与人,应当为他们翻译。法律文书应当根据实际需要,使用当地通用的一种或者几种文字。"《中华人民共和国全国人民代表大会和地方各级人民代表大会选举法》第五条规定:自治区、自治州、自治县制订或者公布的选举文件、选民名单、选民证、

---

  ① 中共中央统战部编:《民族问题文献汇编》,第170页,中共中央党校出版社1991年版。
  ② 中共中央统战部编:《民族问题文献汇编》,第595页,中共中央党校出版社1991年版。
  ③ 毛泽东:《论联合政府》,见《毛泽东选集》,第3卷,第1085页,人民出版社1953年版。

代表候选人名单、代表当选证和选举委员会印章等，都应当同时使用当地的民族文字。在其他的国家文件、法令、法规中，对民族语言文字在各个领域的应用都作了明确规定。

为了贯彻、落实民族语言文字平等的政策，国家先后在中央和地方建立了少数民族语言文字的研究机构，在民族院校和其他高等院校，开办了民族语文专业，培养了大批从事民族语文教学、科研和翻译人才。1956年，国家曾组织700多人，分成7个少数民族语言调查队，深入15个省、区，对42个少数民族语言进行普查。在此基础上，本着"自愿自择"和有利于本民族发展繁荣的原则，先后帮助壮、布依、苗、纳西、傈僳、哈尼、佤、侗、景颇（载佤文）、土等民族创制了文字，并对一些民族的文字进行了改革或改进。这些措施，为少数民族使用自己的语言文字提供了便利条件，也为他们发展科学文化教育事业创造了有利条件。

此外，国家还大力发展了少数民族新闻、出版、广播、影视事业。目前，我国用17种少数民族文字出版近百种报纸，用11种少数民族文字出版73种杂志；中央人民广播电台和地方台用16种少数民族语言进行广播，地、州、县电台或广播站使用当地语言广播的达20多种；用少数民族语言摄制的故事片达3410部，译制各类影片10430部。到1998年，全国36家民族类出版社用23种民族文字出版各类图书4100多种，印数达5300多万册，种类包括各种课本、社会科学和自然科学图书、工具书、民族古籍及其他外文重要译作等。

七、尊重少数民族风俗习惯

民族风俗习惯是一个民族在其历史发展过程中逐渐形成的，表现着人们的饮食、服饰、居住、婚姻、生育、丧葬、节庆、娱乐、礼仪、生产等方面的风尚、喜好与禁忌。它在不同程度上反映出一个民族的生产生活方式、历史文化传统和心理情感，具有深厚的民族性、群众性以及相对的稳定性、滞后性和极大的敏感性，对民族发展和民族关系有着重要影响。正确对待民族风俗习惯，是无产阶级政党处理民族问题的一项重要内容。

中国共产党历来尊重少数民族的风俗习惯。早在1938年，毛泽东在党的六届六中全会上就指出："尊重各少数民族的文化、宗教、习惯。"[①] 1941年经中共中央政治局批准的《陕甘宁边区施政纲领》明确规定："依据民族平等原则，……尊重蒙回民族的宗教信仰与风俗习惯。"[②] 1945年，毛泽东又在党的七大会议上做的《论联合政府》报告中，再次强调了要尊重少数民族的风俗习惯。在长期的革命斗争中，尊重少数民族风俗习惯始终是党和军队的一条纪律。在红军长征经过藏、彝等少数民族地区，在抗日根据地和解放区，我军所到之处，无不严格执行尊重少数民族风俗习惯的政策。建国后，又把此项政策用国家根本大法的形式予以肯定。《中华人民共和国宪法》第四条规定：各民族"都有保持或者改革自己的风俗习惯的自由"。按这条规定，各民族不仅有保持自己的风俗习惯的自由，而且有改革自己的风俗习惯的自由。无论是保持优良的风俗习惯，还是改革那些有碍于经济文化发展、有害于人们身心健康的陈规陋习，都必须尊重各族人民的意愿，其他民族不得干涉，更不能强迫命令。

为了确保这一政策的贯彻执行，国家还在其他法律中专门作了规定。如《中华人民共和国民族区域自治法》第十条规定，民族自治地方和自治机关保障本地方各民族"都有保持或者改革自

[①] 中共中央统战部编：《民族问题文献汇编》，第595页，中共中央党校出版社1991年版。

[②] 中共中央统战部编：《民族问题文献汇编》，第678页，中共中央党校出版社1991年版。

己的风俗习惯的自由"。《中华人民共和国刑法》规定，国家工作人员侵犯少数民族的风俗习惯，情节严重的，处二年以下有期徒刑或者拘役。这就从根本上保障了少数民族风俗习惯不受侵犯和不被歧视。此外，国家还先后颁布许多具体的法规、法令，专门安排了少数民族生活特需商品的生产和供应，规定了民族节假日制度，对回、维吾尔、哈萨克、柯尔克孜、乌孜别克、塔塔尔、塔吉克、东乡、保安、撒拉等10个民族饮食习惯及丧葬方面给予特殊照顾和切实的保证，等等。由于各级党组织和政府有关部门贯彻了各民族都有保持或者改革自己的风俗习惯的自由政策，对逐步清除历史上遗留下来的民族间的不信任，改善民族关系，加强民族团结，促进各民族的共同发展繁荣，都起了积极的作用。

八、宗教信仰自由政策

我国是一个宗教多元化的国家，有佛教、伊斯兰教、基督教、天主教、道教和各种形式的原始宗教。我国少数民族，大都信仰宗教，甚至有的民族几乎全民信仰某一宗教。宗教在许多民族的生产、生活、思想意识、文学艺术和风俗习惯等诸方面，有着深刻烙印。有时民族问题与宗教问题交织在一起，呈现出错综复杂的关系。因此，正确认识和对待宗教信仰问题，制定符合客观规律的政策，是党和国家的一项重要任务。

中国共产党根据马列主义对宗教的科学分析、宗教的发展规律及我国少数民族信仰宗教的实际情况和特点，一贯坚持政教分离原则和宗教信仰自由政策。早在1930年11月中共中央就提出了"政教完全分离，信教自由"[①] 的主张。1934年1月《中华苏

---

① 中共中央统战部编：《民族问题文献汇编》，第138页，中共中央党校出版社1991年版。

维埃共和国宪法大纲》中规定,"中华苏维埃政权以保证工农劳苦民众有真正的信教自由为目的,绝对实行政教分离的原则……"① 1936年5月《中华苏维埃中央政府对回族人民的宣言》明确宣布:"我们根据信仰自由的原则,保护清真寺,保护阿訇,担保回民信仰的绝对自由。"② 1945年4月毛泽东在党的"七大"政治报告中指出:"根据信教自由的原则,中国解放区容许各派宗教存在。不论是基督教、天主教、回教、佛教及其他宗教,只要教徒们遵守人民政府法律,人民政府就给以保护,信教的和不信教的各有他们的自由,不许加以强迫或歧视。"③ 1952年10月8日,毛泽东在接见西藏致敬团代表时又指出:"共产党对宗教采取保护政策,信教的和不信教的,信这种教的或信别种教的,一律加以保护,尊重其信仰,今天对宗教采取保护政策,将来也仍然采取保护政策。"④

《中华人民共和国宪法》第三十六条对宗教信仰自由政策的重要方面作了原则规定:"中华人民共和国公民有宗教信仰自由。""任何国家机关、社会团体和个人不得强制公民信仰宗教或不信仰宗教,不得歧视信仰宗教的公民和不信仰宗教的公民。""国家保护正常的宗教活动。任何人不得利用宗教进行破坏社会秩序、损害公民身体健康、妨碍国家教育制度的活动。""宗教团体和宗教事务不受外国势力的支配。"宪法还规定公民不论信教

---

① 中共中央统战部编:《民族问题文献汇编》,第208页,中共中央党校出版社1991年版。

② 中共中央统战部编:《民族问题文献汇编》,第367页,中共中央党校出版社1991年版。

③ 毛泽东:《论联合政府》,见《毛泽东选集》,第3卷,第1993页,人民出版社1953年版。

④ 国家民委政研室编:《中国共产党主要领导人论民族问题》,第85页,民族出版社1994年版。

或不信教，依照法律都有选举权和被选举权。对于违反宗教信仰自由政策的行为，《中华人民共和国刑法》作了处罚规定：国家工作人员非法剥夺公民的正当的宗教信仰自由，情节严重的，处二年以下有期徒刑或者拘役。

宗教信仰自由，是说宗教信仰属于公民个人的私事，公民既有信仰宗教的自由，也有不信仰宗教的自由；有信仰这种宗教的自由，也有信仰那种宗教的自由；在同一宗教里面有信仰这个教派的自由，也有信仰那个教派的自由；有过去不信教而现在信教的自由，也有过去信教而现在不信教的自由。不论是信教的公民，还是不信教的公民，在政治上是平等的，都享有同等的权利和义务。各种宗教之间是平等的，没有占统治地位的宗教，国家对各种宗教一视同仁，并提倡各宗教和同一宗教的各个教派，要互相尊重，和睦相处，互不干涉。

国家保护正常的宗教活动，允许各宗教团体自主地办理教务，开办宗教院校，印行宗教经典，出版宗教刊物，举办各种社会公益活动。在宗教活动场所内和按教徒习惯在自己家里进行的正常宗教活动，都由宗教组织和教徒自理，受国家法律保护，任何人不得加以干涉，国家保护宗教团体的合法权益，保护宗教教职人员履行正常教务的权利。宗教团体也要在宪法、法律规定的范围内活动，承担法律所规定的义务。任何宗教组织和个人都应遵从政教分离原则，不得利用宗教干预国家行政和司法、干预婚姻、干预学校教育和社会公共教育，不允许强迫任何人特别是18岁以下少年儿童入教、出家和到寺庙学经，绝不允许恢复已被废除的宗教封建特权和宗教压迫剥削制度，绝不允许利用宗教反对党的领导和社会主义制度，破坏国家的统一和民族团结。以上这些是使宗教信仰真正成为个人自由选择的问题，真正成为个人私事必不可少的保障条件。

为使宗教信仰自由得以真正实现，使宗教信仰逐 步变成公民个人的思想信仰问题，党和国家还对有关问题作出规定，如争取、团结和教育宗教界人士，充分发挥爱国宗教组织有利于祖国统一和民族团结的积极作用，注意培养年轻一代爱国守法的宗教职业人员，坚决打击一切在宗教外衣掩盖下破坏社会秩序及其他危害国家安全的违法犯罪活动，积极开展宗教方面的国际友好往来，坚决反对国际宗教界敌对势力的渗透、颠覆和破坏活动。

第四节　发展社会主义民族关系，加强民族团结，维护祖国统一

中华人民共和国的成立，开创了中华民族历史的新纪元。在比较短的时间里，党和国家就领导各族人民渡过了国民经济恢复时期，接着又胜利地完成了社会改革——民主改革和社会主义改造，实现了由新民主主义到社会主义的转变。各民族平等、团结、互助的社会主义民族关系建立起来了。

党的十一届三中全会后，我国进入了以实现四化建设为中心任务的新的历史时期。新时期民族工作总的指导思想和根本任务是：坚持四项基本原则，坚持改革开放，紧密结合少数民族和民族地区的实际，从民族平等、民族团结、民族进步、互相学习、共同致富出发，以经济建设为中心，全面发展少数民族政治、经济和文化，不断巩固和发展社会主义的新型民族关系，促进各民族共同繁荣。

一、民族关系的根本改善

建国初期，党和国家为了创造全面实施《中国人民政治协商会议共同纲领》规定的民族政策的条件，消除历代统治阶级造成的民族隔阂、民族歧视的影响，一方面派出民族访问团、代表团

和慰问团，深入到西南、中南、西北、内蒙古和东北等广大少数民族地区，传达党和国家对各族人民的关怀，宣传党的民族政策，进行民族平等、团结和爱国主义教育。仅以中央西北访问团为例，他们在历时3个多月的访问中，就个别访问过300多人，举行66次座谈会，出席座谈会的各族各界代表有4800人；召开45次群众大会，参加人数约28万人；上演京剧27次，放映电影105次；按当时西北5省人口计算，平均每80人中就有1人和访问团有过接触。中央访问团的活动在各族人民中产生了相当广泛和深远的影响。各少数民族地区也先后组织了少数民族参观团、国庆观礼团、致敬团等，到首都和祖国各地参观访问，加深对党、对伟大祖国的热爱和对汉族人民的了解。毛泽东、刘少奇、周恩来等中央领导同志，还亲自向各族人民代表和上层人士做工作，宣传党的民族政策。通过"上上下下"的访问和参观，沟通了中央与各少数民族人民的联系，加深了少数民族与汉族以及少数民族之间的相互了解和信任，融洽了各民族间的感情。同时，为了彻底消除民族压迫制度遗留下来的民族歧视、侮辱的种种痕迹，促进民族平等的实现，中央人民政府政务院于1951年5月16日颁布了《关于处理带有歧视或侮辱少数民族性质的称谓、地名、碑碣、匾联的指示》，使一些带有歧视性或侮辱性的称谓、地名等作了更改。如民族称谓，"卡佤"改称佤族，"归化族"改为俄罗斯族；又如地名，"归绥"改为"呼和浩特"（蒙古语，意为青色的城），"迪化"改为"乌鲁木齐"（蒙古语，意为优美的牧场），"车里"改为"允景洪"（傣语，意为黎明之意）。"平彝"县改为"富源"县，等等。为了解决历史遗留的民族问题，进行了大量工作，使一些问题得到妥善的处理和解决，从而改善了民族关系，增强了民族团结。如1953年初，对流散在甘、青、新三省交界处的哈萨克族进行了妥善安置，给他们划定居住和放牧地区，并拨款帮助他们添置牛、羊、毡房等生产、生活资料,从穿衣到吃饭政府采取头两年包下来的政策。1954年,甘、青两省又分别帮助他们建立自治地方,让他们自己管理本地方事务,帮助他们发展生产,兴办教育。许多饱经忧患的哈萨克牧民感慨地说:"旧社会我们穷苦牧民受压迫,受欺凌,像牛马一样没有做人的尊严;共产党领导我们翻了身,帮助我们重建家园,又成立了自治县,把草原的缰绳交给我们,让我们当家作主,这是过去做梦也想不到的。"[①] 再如对长期在大小兴安岭过着分散游猎生活的鄂伦春人,给予特殊关怀,1951年建立鄂伦春自治旗,使他们实现了当家作主的权利。1953年黑龙江省黑河地区把分散在51处的鄂伦春人搬迁到10个定居点,内蒙古鄂伦春自治旗也在甘河、诺敏河流域设立3个定居点,由政府帮助他们盖房建学校,购置生产工具,解决具体的生活困难,使他们过上定居的幸福生活。诸如此类的政策、措施,使少数民族人民切身体会到了党和国家的亲切关怀。

另一方面,人民政府派遣人民解放军和大批汉族干部,组成工作队、贸易队、医疗队,深入少数民族地区,在各少数民族上层爱国人士的帮助下,积极开展为群众办实事、做好事活动。如发放救济粮、救济款,帮助少数民族解决生产生活上的困难;建立国营贸易机构,实行公平合理的价格政策,对特殊困难的地区以较低价格供应盐、茶等生活必需品;免费医疗,消灭和控制了梅毒、天花、疟疾、鼠疫等许多传染性疾病;免费提供种子、农具,传授先进的生产技术,恢复和发展生产;为少数民族修桥铺路,筑水库开水渠,进行农田基本建设;免费放电影,开展各种文化娱乐活动;调解民族间和民族内部纠纷,等等。所有这些工作都受到了各少数民族人民的热烈欢迎,对疏通民族关系,加强民族团结,起了特殊作用。

[①] 《阿克塞哈萨克族自治县概况》,第73—74页,甘肃民族出版社1987年版。

为了确认祖国大家庭中的各民族成员，以利于推行民族平等、民族团结和民族区域自治等民族政策，从1953年起，党和政府组织专家和民族工作者进行大规模的民族识别调查工作，先后认定公布了55个少数民族，从而保障了各少数民族当家作主的平等权利。与此同的，党和国家根据我国少数民族分布的特点采取不同做法，在各少数民族地区进行民主建政工作。在少数民族聚居区，实行民族区域自治，建立了各级民族自治地方政权；在少数民族和汉族杂居、民族关系比较显著的地区，则根据民族平等团结的原则，建立地方各级民族民主联合政府，以保障各少数民族有平等权利参加地方政权的管理；1952年颁布了《中央人民政府政务院关于保障一切散居的少数民族成分享有民族平等权利的决定》，用行政法规的形式，切实保障了一切散居的少数民族与汉族同样享有《共同纲领》规定的各项平等、民主权利。少数民族地区各级人民政权特别是民族自治地方政权的建立，永远结束了少数民族人民在政治上无权的历史，真正成为国家的主人。

为了确保民族平等、团结政策的贯彻执行，党和国家还于1952年和1956年先后在全国范围内进行了民族政策执行情况的大检查，重点是纠正和克服民族关系中的大汉族主义，以促进各族人民的大团结。

经过几年广泛进行民族政策、爱国主义宣传教育，以及艰苦、细致、耐心的大量工作，毛主席、党中央和人民政府在少数民族中享有了崇高威望，人民解放军和国家工作人员被誉为"新汉人"，民族之间的不信任、猜疑、隔阂基本消除。各少数民族人民已切身感受到本民族是祖国大家庭中的平等成员，享有当家作主的平等权利。此时，我国民族关系发生了质变。即从过去压迫和被压迫的关系改变为平等、互助的关系。

二、社会主义民族关系的形成

新中国成立后，废除了民族压迫制度，实现了各民族在政治上和法律上的平等，从根本上改善了民族间的关系。但是生产资料私有制还存在，少数民族内部的剥削阶级和剥削压迫制度还存在，广大的农牧民仍然受着民族内部剥削阶级的压迫与剥削，这不仅束缚着少数民族社会生产力的解放，而且影响着我国民族关系的正常发展。随着广大群众阶级觉悟的逐步提高，少数民族干部茁壮成长，他们迫切要求进行社会改革，盼望早日从残酷的剥削压迫制度下解放出来。为此，党和国家在领导少数民族实行民族区域自治的同时，积极领导和帮助少数民族完成民主改革和社会主义改造。

党和国家为顺利完成少数民族地区的社会改革，制定了"慎重稳进"的方针和一系列特殊政策。由于我国少数民族社会发展不平衡，各民族地区的社会政治经济情况复杂，因而在改革的时间、方式方法和具体步骤上都从实际出发，依照各民族的发展特点，根据本民族人民群众和与人民有联系的公众领袖的意愿，并且依靠本民族中的干部和积极分子去进行。

在社会经济结构与汉族相同或基本相同的少数民族地区，如壮族、朝鲜族、回族、维吾尔族地区，基本上采取了与汉族地区土地改革大致相同的办法，即直接发动群众，建立农民协会，划分阶级、斗争地主，没收地主土地分配给农民。贯彻执行"依靠贫农，团结中农，中立富农，有步骤地、有区别地消灭封建制度，发展农业生产"的路线，同时根据一些民族和地区的特点，采取了有别于汉族地区的特殊政策和措施。西北少数民族地区的土地关系中，交织着极为复杂的民族和宗教关系，民族上层和宗教人士在群众中有广泛影响，因此在甘、宁、青等地的民族地区，采取有利于民族团结的政策和措施，强调在民族团结的基础上进行土地改革。

在保留着封建农奴制和奴隶制的少数民族地区，如藏族和彝族地区，采取和平协商方式，即根据群众意愿，经过和少数民族上层人士协商，取得他们同意后再去进行民主改革。对农奴主、奴隶主多余的浮财、耕畜、农具、粮食、房屋不予征收，对当地劳动人民缺少的确实需要的物品，由政府出钱购置，然后分配给劳动人民。对藏区寺庙的封建剥削制度的改革采取更为慎重的政策。对于反对民主改革，发生叛乱的地区，如西藏，则分两步走：第一步是发动群众，彻底平叛，进行反对叛乱、反对乌拉差役、反对奴役，开展减租、减息运动。第二步是分配土地。在改革中对于没有参加叛乱和不抗拒改革的上层分子，其土地和其他生产资料，采取"赎买"政策，在政治上不剥夺他们的公民权利，并对一些代表人物在政治地位上作适当安排。

在一些地处边疆的民族地区，如傣族、哈尼族等地区，采取自上而下的和平协商进行土地改革的办法，废除封建领主制度和土司制度，即通过和当地民族上层人士反复协商，说服他们放弃对劳动人民的压迫和剥削，并在具体措施上做到"五个给，两个要"[①]，同时教育劳动人民在改革中对上层做些必要的让步，如改革中不进行面对面的诉苦斗争等。

在阶级分化不明显，生产力水平十分低下，尚保留着原始公社制度残余的少数民族地区，如景颇、傈僳、独龙、怒、佤、基诺、鄂伦春、鄂温克和部分黎族等，不进行系统的民主改革，而是坚持"团结、生产、进步"的方针，大力扶助各族广大群众发

[①] "五个给"：给政治待遇；给土司安排工作，按干部级别发工资；给定额生活补助；给一份与农民同等的土地，浮财、房产等一律不动；给土司子女安排上学或参加工作。"两个要"：一要废除土司制度，没收全部土地，取消官租、地租；二要废除苛捐杂税和高利贷。参阅黄光学、施联朱主编：《新中国的民族关系》，第444页，鹭江出版社1999年版。

展生产和文化,通过合作化道路,直接过渡到社会主义。

在牧业区的民主改革,主要是废除封建特权和封建剥削。为此,根据牧业区的特点,采取了各种特殊的政策措施,诸如保护牧场、保护畜群,实行牧场公有、放牧自由;不斗、不分、不划阶级(不公开在群众中划阶级,只在内部掌握);牧工牧主两利;帮助贫苦牧民发展生产。通过这种方式的改革,废除了王公封建特权和封建剥削,解放了牧奴,激发了广大牧民的劳动热情,不但使畜牧业生产避免了人为破坏,而且为其得以迅速恢复和发展创造了条件。

少数民族民主改革中的一项任务是对宗教制度的改革,主要是实现政教分离,废除宗教中的封建特权和压迫、剥削制度。在改革中,始终保持慎重态度,全面、认真地实行党的宗教信仰自由政策,团结教育宗教界的一切爱国守法人士。同时,严格实行区别对待政策,如把宗教寺庙的封建特权和剥削同群众的宗教信仰问题加以区别,把宗教职业者的一般宗教活动同他们对教徒的勒索、虐待等为非作歹的行为加以区别,把参加叛乱和有现行破坏活动的人同思想反动但无民愤或民愤不大的人加以区别,把发生叛乱的地区同没有发生叛乱的地区加以区别等。通过改革,广大少数民族群众和一些共产党员,澄清了在宗教问题上的许多糊涂观念,宗教界的爱国人士也提高了思想政治认识。

我国少数民族地区的民主改革,绝大部分在1950年至1953年期间与汉族地区同时完成,个别地区在1953年至1954年完成,四川的彝族、藏族地区,青海、甘肃的藏族、蒙古族地区,云南傣族、藏族地区在1955年至1958年完成,西藏地区则在1959年边平叛边改革,在未叛地区进行和平改革,至1960年基本完成。宗教制度的改革,也基本上于1958年到1960年完成。

随着民主改革的完成,全国各民族地区又先后对农业、手工业和资本主义工商业进行社会主义改造,从根本上消灭人剥削人的社会制度,社会主义的全民所有制和劳动群众集体所有制代替了原先的各种生产资料私人占有制。

少数民族地区民主改革和社会主义改造的胜利,不仅解放了生产力,为民族发展繁荣创造了条件,而且彻底消灭了民族压迫的社会根源,为我国各民族的团结打下了坚实的基础,使我国的民族关系发展到一个新的更高阶段。经过民主改革和生产资料私有制的改造,消灭了少数民族内部的压迫剥削制度。剥削阶级作为阶级不存在了,劳动人民成了民族和国家的主人,他们主宰着民族的命运,国家的命运,决定着中华人民共和国各民族间的关系。社会主义的经济制度把各民族联系在一起,为了共同的社会主义建设事业,为了各民族的共同发展繁荣,在共同利益一致的基础上,出现了相互尊重、相互学习、相互帮助、取长补短、友爱团结的大好局面,从而确立了平等、团结、互助的新型的社会主义民族关系。对这个变化,邓小平同志作了明确结论。他说:"我国各兄弟民族经过民主改革和社会主义改造,早已陆续走上社会主义道路,结成了社会主义的团结友爱、互助合作的新型民族关系。"[①]

我国新型的社会主义民族关系,是在民主改革和社会主义改造完成,彻底消灭了剥削压迫制度后形成的,是社会主义全民所有制和集体所有制基础上的民族关系。民族之间的关系基本上是各族劳动人民之间的关系,民族平等、民族团结、民族互助是社会主义民族关系的基本特征。

民族平等、民族团结、民族互助,三者之间的关系是辩证统

[①] 邓小平:《新时期的统一战线和人民政协的任务》,见《邓小平文选》(1975—1982年),第172页,人民出版社1983年版。

一的，不可分割的。民族平等是民族团结、民族互助的前提和基础，民族平等为民族间和睦共处、互助合作开辟了道路；而民族团结、民族互助又是实现民族平等的结果，是民族平等所能达到的"水平"的反映。我国宪法把当今的国内民族关系，确定为"平等、团结、互助的社会主义民族关系"，是对我国民族关系的科学总结。它既是我国社会主义民族关系的特征，确立了我国民族关系的性质，也是衡量我国民族关系的依据。由于这种新型的民族关系是由社会主义制度所决定的，因而在衡量社会主义民族关系时，必须从祖国大家庭这个整体上去认识。民族平等应看各民族在祖国大家庭中的地位是否平等，在政治、经济、文化等各个方面是否实际享有同样的平等权利；民族团结是各民族在祖国大家庭中的团结，是在维护祖国统一基础上，以祖国大家庭为向心力的团结，也就是全国各民族的大团结；民族互助是指祖国大家庭里的互助合作，是国家对各民族的指导和帮助，先进民族对后进民族的帮助和各民族之间的互相帮助，这种互助，首先是整体上的合作，只有国家的繁荣昌盛，才能有各民族的共同繁荣和发展。

三、共同繁荣是发展社会主义民族关系的必由之路

党的十一届三中全会后，全党工作着重点已转移到现代化建设上来，经济建设成为全党工作的中心。通过改革开放，解放和发展生产力，建设有中国特色的社会主义现代化国家，是全国各族人民的共同理想、共同事业。据此，1987年4月党中央、国务院批转的《关于民族工作几个重要问题的报告》，明确提出了新的历史时期我国民族工作总的指导思想和根本任务，即坚持四

项基本原则,坚持改革、开放、搞活的基本国策,紧密结合少数民族地区和少数民族的实际,从民族平等、民族团结、民族进步、相互学习、共同致富出发,以经济建设为中心,全面发展少数民族的政治、经济和文化,不断巩固社会主义的新型民族关系,实现各民族的共同繁荣。江泽民总书记在1992年中央民族工作会议上的讲话再次明确指出:"在新的历史时期,搞好民族工作,增强民族团结的核心问题,就是要积极创造条件,加快发展少数民族和民族地区的经济文化等多项事业,促进各民族的共同繁荣。""少数民族和民族地区的经济社会发展,直接关系到我国整个现代化建设目标的顺利实现。民族地区的现代化同全国其他地区的现代化,少数民族的振兴同整个中华民族的振兴,是密不可分、互相促进的。推动各民族发展进步和共同繁荣不仅是个经济问题,而且是个政治问题。"[①]

我国是一个统一、多民族的社会主义国家。各民族不论大小,不论发展程度如何,都是祖国大家庭中平等的一员,只有大力促进各民族的共同发展,才有整个国家的繁荣富强。为了促进少数民族和民族地区的社会经济发展,实现各民族的繁荣,党和国家制定了改革开放和发展经济的一系列具体政策和措施,有力地推动了民族地区的经济发展,并取得了巨大成就。据统计,1998年,民族自治地方的工农业总产值已由1949年的36.6亿元增加到8523.5亿元。1998年与1952年相比,民族自治地方的生铁产量由0.9万吨增至701.73万吨,原煤由178万吨增至17568.6万吨,原油由5.2万吨增至2047.24万吨,发电量由0.8亿千瓦小时增至1321.1亿千瓦小时。1998年,民族自治地方的铁路、公路通车里程和邮路总长度分别达到1.71万公里、

[①] 国家民委政研室编:《中国共产党主要领导人论民族问题》,第250—251页,民族出版社1994年版。

37.64万公里和113.54万公里，分别为1952年的4.5倍、12.8倍和8.6倍；粮食产量由1581.5万吨增加到7150万吨，大牲畜由2439.2万头增加到5564.7万头。随着少数民族地区的经济发展和社会进步，少数民族城乡居民的生活得到了巨大改善。1997年，全国民族自治地方农民人均收入1633.11元，是1980年的21.5倍；人均占有粮食424.4公斤，是1978年的1.5倍；全国民族自治地方从业人员平均工资达到5593元，比1981年增长6.9倍。[①] 其中西藏自治区，全区国内生产总值达91.18亿元，比1959年增长47.1倍；全区农牧民人均收入达到1158元，城镇居民人均生活费收入首次超过全国平均水平达到5438元[②]。这些成就充分地体现了我国各民族共同发展繁荣的民族政策的根本立场。但是，应该看到，少数民族和民族地区的起点低，经济的增长是低基数的增长，发展是低水平的发展，目前的经济发展水平同全国的战略部署和发展形势仍很不适应。

　　社会主义市场经济是我国各民族向现代化民族转变不可逾越的发展阶段。它是优化产业结构，提高经济效益，合理地有效地配置资源，扩大对外开放，增强参与国内、国际商品交换和竞争能力，促进全国经济发展，实现各民族共同发展繁荣的必然要求，也是现代化大生产的客观需要。社会主义市场经济，就是在社会主义国家的行政管理、政策约束和宏观控制下，在生产资料公有制为主体的条件下，按市场规律进行活动的经济运行方式和经济调节手段。它的建立和发展，可以打破民族地区自然资源转换的封闭系统，发挥其自然资源丰富的优势；吸引国内外资金、

[①] 参阅国务院新闻办公室：《中国人权发展50年》，新华社北京2000年2月17日电讯。

[②] 中国人权研究会：《西藏人权保障的历史性进展——纪念西藏民主改革40周年》，新华社北京1999年7月16日电讯。

技术和人才,把民族地区的资源优势转化为产品的经济优势,提高资源的总效益;可以促进民族地区优化产业结构,根据市场需要,改造传统产业和产品,开发新技术、新产品,提高产品质量,提高社会经济效益;可以加快沿边开放步伐,扩大民族地区与周边国家的经济技术贸易的交流和合作,加速民族地区的经济发展;可以进一步推动民族地区的横向技术联合,促进东西部互补互促、互利互惠,使东部的发展和西部的大开发结合起来,发展成新型区域经济;可以理顺民族地区产权关系,使企业真正成为自主经营,自负盈亏,自我约束的法人实体和市场的主体,使各种经济形式在民族地区共同发展。正如江泽民所说:"我们正在建立和实行社会主义市场经济体制。这个体制符合中国的国情,它有利于资源的优化配置,促进生产力的发展,可以把效率和生产很好地结合起来,既有利于提高效率,又有利于维护社会公平,逐步实现共同富裕。"①

事实证明,实行社会主义市场经济体制是发展民族地区经济,促进各民族共同繁荣的有效途径。只要沿着这条路走下去,借助市场经济这个有力的翅膀,少数民族地区就会与祖国先进地区一道,共同腾飞,实现共同繁荣。

我国社会主义现代化建设事业,是各族人民共同的根本利益所在。毛泽东早就指出,在我国搞社会主义建设,必须很好地把少数民族的"地大物博"即丰富的物质资源和汉族的"人口众多"即巨大的人力资源和技术力量结合起来。他说:"中国没有少数民族是不行的。中国有几十种民族。少数民族居住的地方比汉族居住的地方面积要宽,那里蕴藏着的各种物质财富多得很。

---

① 《光明日报》1993年7月10日。

我们国民经济没有少数民族的经济是不行的"。① 因此，我们在实现四个现代化过程中，必须大力发展少数民族和民族地区的经济和文化，合理开发民族地区的自然资源，把少数民族的地大物博和汉族地区的资金、人才、技术力量结合起来，充分发挥各自优势，才能加快我国四化建设的步伐。这就要求我们，必须搞好民族关系，加强民族团结，调动各族人民的积极性，使各族人民心往一处想，力往一处使。毛泽东说："天上的空气，地上的森林，地下的宝藏，都是建设社会主义所需要的重要因素，而一切物质因素只有通过人的因素，才能加以开发利用。我们必须搞好汉族和少数民族的关系，巩固各民族的团结，来共同努力于建设伟大的社会主义祖国。"②

全国各族人民只要按照党和国家进行现代化建设的战略部署去努力奋斗，千方百计地促进少数民族和民族地区的发展，实现各民族的共同繁荣，我国的社会主义民族关系一定会发展到一个新阶段。

四、坚持正确的民族观，加强民族团结，维护祖国统一

我国是统一的多民族的社会主义国家，民族团结问题直接关系到国家统一的长治久安，直接关系到全国社会稳定和各族人民安居乐业，直接关系到祖国和中华民族的前途。1992年，江泽

---

① 毛泽东：《农业合作化的一场辩论和当前的阶级斗争》，见《毛泽东选集》，第5卷，第214页，人民出版社1977年版。
② 毛泽东：《论十大关系》，见《毛泽东选集》，第5卷，第278页，人民出版社1977年版。

民在中央民族工作会议上的讲话中指出，历史发展表明：国家统一、民族团结，则政通人和、百业兴旺；国家分裂、民族纷争，则丧权辱国、人民遭殃。中国是这样，外国也是这样。没有国家的统一，就没有各民族的团结，我们的事业就不能实现。

新中国成立后，党和国家制定了一系列民族平等、民族团结和各民族共同发展繁荣的政策，使我国平等、团结、互助的社会主义民族关系不断得到巩固和发展。但是，一些不利于社会主义民族关系的消极因素还存在，一些旧社会的影响并没有绝迹，在一定范围内、一定条件下也还会有反复。因此，我们必须加强思想政治教育工作，不断克服历史造成的民族偏见、民族隔阂和互不信任的影响，不断克服地主、资产阶级的民族主义思想影响，增强维护民族团结的自觉性，为社会主义民族关系的正确发展提供有力的思想保证。

讲民族团结，必须有一个共同的基础，基础一致了，各民族就能齐心协力，全力以赴。1987年4月，中共中央、国务院在批转《关于民族工作几个重要问题的报告》的通知中指出："建设社会主义现代化强国的共同理想，则是加强民族大团结的基础"。这个共同理想，集中了我国各族人民的利益和愿望，是我国各族人民共同追求的目标。这个共同理想，把我国各民族的命运和国家的前途紧紧联系在一起，没有国家的社会主义现代化，就不可能有各民族的发展和繁荣。因此，我们必须用共同理想把全国各族人民动员和团结起来。

在进行共同理想的教育中，要高举邓小平理论的旗帜，坚持四项基本原则的教育，坚持马克思主义民族理论和民族政策的教育，反复进行热爱祖国、坚决维护祖国统一的教育。不断提高各级干部和广大党员执行党的民族政策的水平，增强做好民族工作的自觉性和责任感。还要坚持在全社会开展民族团结的宣传教育，使广大人民群众牢固树立汉族离不开少数民族、少数民族离不开汉族、各少数民族之间也相互离不开的思想。尤其要注意在各族青少年中开展这方面的教育工作，让我国各民族大团结的优良传统代代相传。

要进行社会主义现代化建设，实现"三步走"的战略目标，促进各民族的共同发展和繁荣，必须有一个安定团结的政治局面。正如邓小平所说："没有安定团结，就没有一切。"[①] 江泽民在 1990 年 9 月到新疆考察工作时指出："保持全国社会政治的稳定是压倒一切的。没有稳定的局面，一切都谈不上。保持稳定和发展经济是辩证统一的，没有稳定的政治前提，经济就无法搞上去；经济上不去，稳定最终也保持不住。"1988 年 7 月他再次到新疆考察工作时又强调：为了促进经济的发展和社会全面进步，必须保持一个稳定的社会政治局面。经济越是发展，越能够促进社会稳定；社会越是稳定，越能够加快经济发展。历史的实践一再证明，民族团结是国家发展兴盛、人民安居乐业的重要保证。要维护和加强全国各民族的大团结，就必须旗帜鲜明地反对民族分裂主义，维护祖国统一，这是国家最高利益之所在，也是各族人民最高利益之所在。

当前，我国少数民族地区总的形势是好的，改革开放和社会主义市场经济体制的建立，给民族地区带来了深刻变化，社会主义民族关系不断巩固和发展，可以说是继 50 年代以来第二个最好的历史时期。但也应该清醒地看到，一些不稳定的因素还存在，一是极少数民族分裂主义分子在边疆民族地区进行破坏活动；二是局部地区由于民族、宗教问题不时引发一些违法犯罪活动；三是随着改革开放力度的加大，利益关系的调整，一些深层次的矛盾将逐步显露出来，处理不当也会影响民族团结。这些都

[①] 邓小平：《目前的形势和任务》，见《邓小平文选》（1975—1982 年），第 216 页，人民出版社 1983 年版。

是影响民族地区社会稳定和民族团结的不利因素，对此，我们应有一种忧患意识。要把民族问题放到国际、国内大环境中来认识，冷静观察，沉着应付。要正确处理民族地区出现的各种社会矛盾，包括民族宗教方面的人民内部矛盾，善于缓解纠纷、疏导矛盾，化解消极因素，及时把那些影响社会安定的因素和有可能激化的矛盾解决在基层，解决在当地，解决在萌芽状态。

同时，我们还要清醒地看到，西方敌对势力不希望我国各民族团结，不甘心中国统一和强大，不会放弃对我国的"西化"和"分化"。他们利用所谓的"西藏问题"、"人权问题"等，对我国施加压力，妄图以民族宗教问题作为突破口，对我国进行颠覆和渗透，企图推翻我国的社会主义制度。流亡国外的民族分裂主义势力和国内分裂主义分子遥相呼应，伺机制造事端，企图破坏祖国统一和民族团结。他们无视历史和现实，勾结国际敌对势力，打着民族、宗教和人权旗帜，捏造种种虚妄不实之词，欺骗不明真相的人们和国际社会，制造诸如所谓"西藏问题"，并企图使之国际化，达到分裂祖国的目的。因此，我们务必保持高度警惕，旗帜鲜明地反对民族分裂主义，紧密团结和依靠各族干部群众，最大限度地孤立和依法打击少数民族分裂主义分子，防范和抵制国外敌对势力的渗透和破坏。

加强民族团结，维护祖国统一，是全国各族人民的根本利益所在，也是加快少数民族和民族地区发展，促进各民族共同繁荣的根本前提和重要保障。我们坚信，在党的领导下，全国各族人民朝着振兴中华的社会主义现代化建设目标前进，努力促进各民族共同发展、共同繁荣，我国平等、团结、互助的社会主义民族关系必将谱写出更加辉煌的新篇章。

（与温华合作，节选自宋蜀华、陈克进主编《中国民族概论》，中央民族大学出版社2001年版）

党的民族政策光辉胜利的物证

　　1993年10月中旬，我出席了中国民族学学会第五届学术讨论会，会上意外地看到了云南省思茅地区文管所所长黄桂枢展示的《民族团结誓词碑》拓片等资料。细读拓片内容，我兴奋不已，随即找黄桂枢同志面商，希望将此拓片赠给中央民族大学民族博物馆收藏，以发挥它更大的社会作用。他慨然应允，同时向我介绍了立碑的时代背景，以及当地隆重纪念立碑40周年的现实意义等。听完介绍，我更加感到这份拓片的珍贵，因为《民族团结誓词碑》不仅是当代革命文物，而且是中国共产党的民族政策在边疆民族地区取得光辉胜利的又一物证。

　　《民族团结誓词碑》是"普洱区（按：包括今思茅地区、西双版纳傣族自治州和临沧地区沧源县）第一届兄弟民族代表会议"的重要产物，1951年元旦立于宁洱镇红场。碑的材质为石灰石，高142厘米，宽66厘米，厚12厘米。有字18行（计字符83个），标题、正文、落款为宋体或楷书阴刻，26个民族（当时未进行民族识别，经黄桂枢同志考证实为现在的12个民族，即傣、佤、彝、拉祜、哈尼、回、景颇、布朗、瑶、基诺、傈僳、汉族）的代表和当地党政军领导同志共48人，分别用傣、拉祜、汉文签名。其正文如下："我们二十六种民族的代表，代表全普洱区各族同胞，慎重地于此举行了剽牛，喝了咒水，从此我们一心一德，团结到底，在中国共产党的领导下，誓为建设平等自由幸福的大家庭而奋斗！此誓。"誓词既有少数民族独特的传统文化形式，又言简意赅地表现了各族人民决心在中国共产党的领导下，紧密团结在一起，共同建设新生活的主题。此碑在

"文革"期间曾被丢弃，1983年文物普查时才予以登卡。1985年普洱哈尼族彝族自治县成立时，始由县文化馆移立于县政府大院。今已先后被列为县级、省级重点文物保护单位。

《民族团结誓词碑》为什么弥足珍贵？这只有联系立碑的历史背景才能得到更深刻的理解。1949年12月云南和平解放，然而，由于历史的原因，当地少数民族与汉族隔阂很深，各少数民族之间乃至一个民族内部不同群体、社区之间也有矛盾，同时逃到境外的国民党残部不时窜回境内造谣、骚扰，因此，云南边疆尚存不安定因素，给我们的建政、清匪、保卫边防和群众的生产活动带来了许多困难。1950年临近建国一周年之际，按照上级指示，地委和行署的领导反复动员和积极组织当地少数民族领袖人物、开明人士和代表赴北京参加国庆观礼。几经周折，思普区少数民族国庆观礼团一行34人终于抵京，并于10月3日晚在中南海怀仁堂受到了毛泽东、刘少奇、周恩来、朱德等党和国家领导人的亲切接见，领导人还以题词形式昭示中国共产党的民族政策。随后，代表们又前往各大城市参观，开阔眼界。他们回到宁洱时在12月26日，翌日即与先期到达出席"普洱专区第一届兄弟民族代表会议"的270余名各族代表一起开会。会上，赴京参加国庆观礼的傣族代表、原车里宣慰司议事庭庭长、车里县副县长召存信，传达了国庆典礼和中央领导人接见的盛况。会议用三天时间听报告和讨论。与会代表纷纷表示，要拥护共产党、毛主席，搞好民族团结，发展生产，保卫边疆。这就为建立《民族团结誓词碑》奠定了良好的思想政治基础。

会议后期，经酝酿讨论，初步确定建立一座《民族团结誓词碑》。专区领导一再言明，建碑之事，大家自愿，不搞强迫，到时谁愿签名就签。有的代表提出，按佤族习惯要举行剽牛仪式，根据剽牛的结果才能决定能否结盟发誓。专区领导坚决贯彻党的民族政策，表示尊重少数民族的风俗习惯。1951年元旦，在宁洱镇红场召开千人大会,党政军领导讲话后,宣读民族团结誓词,并隆重举行剽牛仪式。先是各位领导与少数民族代表一一喝鸡血酒,接着由西盟佤族头人拉勐剽牛,结果水牛应声倒向左边,牛头朝南,剽口朝上(俗信朝下兆不吉)。见此,拉勐激动万分,又唱又跳,连声高呼:"毛主席万岁!共产党万岁!我们各民族齐心团结,世世代代跟着共产党!"全场欢声雷动,代表们与专区党政军领导一一在写有誓词的大红纸上签名(有的请人代签)。据原稿大小,会后镌刻并在红场上立下了一方具有重要历史意义的《民族团结誓词碑》。此后,国民党残余势力曾窜入境内,强迫某些签名的少数民族头人,掉转枪口打共产党。面对敌人的淫威、恐吓,他们正义凛然地说:"我们剽了牛,喝了咒水,是不会变心的!"签了名的傈僳族代表李保、拉祜族代表李扎迫等,在对敌斗争中都英勇牺牲了,他们永远留在各族人民心中。

1991年1月1日至2日,云南省思茅、普洱两县先后举行各种民族团结活动,并召开大会隆重纪念《民族团结誓词碑》建碑40周年。结合当今改革开放、社会主义现代化建设的大好形势,大会通过了《民族团结进步倡议书》,并决定每年的元月1日为思茅地区民族团结活动日。《倡议书》号召:"全区各族人民更加紧密地团结起来,为建设富裕、民主、文明的社会主义新边疆而努力奋斗!"新的乐章已经奏响,在邓小平同志建设有中国特色社会主义的理论指导下,各族人民将更加紧密地团结在中国共产党周围,高歌猛进在社会主义四化建设的大道上。

(原载《中央民族大学学报》1994年第6期)

讲历史上的爱国主义应该有所选择

读了邓广铭、张希清同志《论历史唯物主义与爱国主义的关系》一文（见《光明日报》1984年2月1日，以下简称"邓张文"），颇受教益，但我查阅了被批评一方的文章，即李一氓同志《在全国少数民族古籍整理工作座谈会上的讲话》（见《民族团结》1983年第7期，以下简称《讲话》），觉得有提出一点商榷意见的必要。

把爱国主义概念弄得很模糊并非无据

我认为，邓张文进行批评的前提是不存在的。《讲话》指出："'爱国主义'这四个字，现在用起来，究竟是什么意思？概念弄得很模糊。什么'国'，谁来'爱'，都弄不清楚。但是某些同志讲爱国主义往往振振有词。其实他的国无非是周国、秦国、汉国、唐国、宋国、明国。元国就不算了，清国也不算了，它们都算是'外国'，不应该爱的。"对于这些话，邓张文大不以为然，说什么"稍加考查，则可发现，至少是在新中国建立以来，凡是学习过马克思主义而又稍具历史常识的人，并无一人曾经把元和清作为'外国'而认为'不应该爱'的"；"不应无凭无据地说人们把爱国主义的概念弄得很模糊"。诚然，中华人民共和国成立以后，似无史学工作者直言元和清两王朝为"外国"而不是中国的，但持汉族王朝代表中国、把少数民族政权划入"外国"的观点并加以宣扬者，却非仅见；受此观点影响的，则大有人在。

事实胜于雄辩。某位学者就持有这样的看法。他在60年代初的文章中写道："以宋代历史为例，'以宋朝代替当时的中国'，把女真侵略宋朝，说成是'女真侵略中国'，是不是可以呢？我认为是可以的。……难道还能够以女真征服者代替中国么？当然，即便把当时的中国视为汉族和女真所共有，也是很荒谬的，因为那实际上就等于承认了女真侵略中国神圣领土的既成事实，等于要人民放弃光复国土的正义斗争。所以，就当时讲，'以汉族代替中国'或'以宋朝代替中国'，乃是客观历史的必然结果。……特别是当外族入侵、民族矛盾达到极端尖锐的时候，汉族的王朝，就更具有了'代表中国'的意义。"（见《中国古代史中有关祖国疆域和少数民族的问题》，载《文汇报》1961年11月4日）几乎过了20年，这位学者仍著文重申这一基本观点："在论述历史上汉族王朝与其他少数民族的关系时，是否称他们为外族和外国，只能根据当时的实际情况决定：当时已经与汉族融合或归入汉族王朝版图的，就属于国内性质；反之，就是外族和外国。"（见《历史研究》1980年第5期）

以上有嫌累赘的引述，相信比笔者的说明会更有助于辨明是非。那些话语予以归纳，至少有三点是明确的：第一，历史上的中国，只是指夏、商、周、秦、汉、晋、宋、齐、梁、陈、隋、唐、两宋和明各王朝，或者说，汉族王朝才可以代表以至等同中国；少数民族政权，一概列入"外国"，否则，只有融合或归附、统一于汉族王朝才能划入中国之内。第二，历史上的中国人，非汉族及其前身莫属，就是说，少数民族只能算作"外国人"。第三，一部中国古代史自然就是汉族的古代史。读者由此不难看到，邓张文里"倘若"的疑问正被事实澄清，即"真有"像《讲话》所指出的那种情况，有的人"确是把'爱国主义'的'概念弄得很模糊'了"。

有所选择体现了革命性与科学性相结合的原则

《讲话》指出："我们的文学家、历史学家，在讲爱国主义时，应该尊重我们民族构成的现实","从历史上来讲，应该有选择，有避讳。不选择，不避讳，就会变成挑拨民族关系，使民族之间互相不和睦，这对于国家的发展，社会主义的发展和各民族的关系，都没有好处"。我认为，这种意见是可取的。综观《讲话》全文，基于我国自古迄今就是多民族的国家这一根本事实，只是提出了"有所选择"的要求，并无"避讳"一切的意思，主张在讲爱国主义问题上，从历史上讲，应该少利用一点宋元、元明、明清之间以及辛亥革命时期关于民族问题方面的东西，反对"只是狭隘地从汉族历史上去找材料"，尤其强调应大讲特讲近代以来各族人民共同奋起抗击资本帝国主义侵略的爱国主义光辉业绩。具体到民族史著述，《讲话》举蒙古族为例，我们应该写它的古今各个方面，包括"也不要避讳"它"和汉族之间有什么纠纷"以及这个纠纷后来又是怎么解决的等等。我认为，这些看法，既忠实于历史的本来面目，又考虑到今天的政治意义，体现了革命性和科学性相结合的原则，无悖于历史唯物主义原理，因而那种一谈"避讳"就指称为"抹杀"、"割断"历史的责难是不公道的。

为什么讲我国历史上涉及民族关系的爱国主义时，应该有所选择或避讳呢？我认为，起码有以下三条理由：

首先，爱国主义是一个历史范畴。它在不同的历史条件下，既有着不同的具体内容和具体特点，又有着世代相承的共同的基本内容和基本特点。就以讨论我国古代的爱国主义问题来说，人们往往只注意了爱国主义的传统性和共同性，却忽略了它的时代性和阶级性。封建王朝的国无非是某一民族剥削阶级总头子的"家天下"，那时的"爱国"无不与"忠君"、"爱朝廷"相联系。像岳飞，无疑是一个可歌可泣的民族英雄，是汉族王朝宋国的一个爱国主义者，在他身上体现出了中国人民的爱国主义精神。但是，也应该看到，他作为一个爱国主义者同样明显地存在着时代和阶级的局限性,"非我族类"、"尊王攘夷"的民族主义思想相当严重。我们总不能不加分析、批判而去全盘宣扬他那个时代的爱国主义吧!

其次,历史上的中国为各兄弟民族所共有。毛泽东同志指出:"各个少数民族对中国的历史都作过贡献。"(《毛泽东选集》第5卷第278页)这种概括和评价是符合中国历史实际的。今天的中国不为汉族专有,历史上的中国亦不为汉族专有。我们反对把汉族王朝等同于历史上的中国就是这个道理。作为马克思主义的史学工作者,今天有义务去充分阐明少数民族在中国历史上所占有的地位。我们至少不能忘记以下几个事实:一、汉族并非"纯而又纯",它所以人口众多,是几千年来不断吸收各少数民族的结果。二、中国版图内的民族,自古并非单一,除汉族外,还有许许多多的少数民族,像经常为某些论者指为"外族"、"外国"的匈奴、突厥,原来就活动于中原地区。再者,汉族和少数民族的居地,一向是大杂居、小聚居的特点,始终不存在一条明显的分界线。三、祖国的绝大部分领土,从东到西、从北到南,直到海南岛、台湾岛,可以说,最早的开发者是少数民族而不是汉族。四、祖国的政治、经济、文化等各方面的发展,少数民族无不做出了自己的独特贡献。只从政治上讲,正是他们首先统一了边疆,有的还统一过大半个中国,甚至实现过历史上空前的全国大统一;从古代的几百次农民起义到近代以来反抗外国列强入侵的英勇斗争,绝大多数都有少数民族参加,其中有的还是在他们直接发动和领导下进行的。因此,清王朝实现统一以前的古代中国,不论是汉族王朝,还是少数民族建立的大大小小政权;不论纳入汉族王朝统治范围,还是独立存在或取而代之,它们都是历史上中国的一部分。各族政权(国家)都为剥削阶级所掌握,出于种种阶级的私利,彼此之间发生战争是不可避免的。这也有一个正义、非正义的问题,但一般来说(即排除外国插手)只具有国内的性质。这种民族战争过程中出现的爱国主义与民族英雄，与今天概念上的爱国主义与民族英雄并不完全等同，而有其特殊的内容和性质。在今天宣传古代的爱国主义的时候，如果不看到它的时代的局限性，不把握国内的性质，不作必要的选择和避讳，那就不免有否定古代的中国是一个多民族国家以及伤及今天民族感情之虞。

最后，在我们统一的多民族的社会主义国家里，无论是处理今天的民族关系，还是探讨古代的民族关系，都应当坚持民族平等这条马列主义的原则。在讲述古代与少数民族有关的爱国主义问题时亦应如此。建国35年来，史学界在这一方面所取得的成绩是很明显的，有情于一方、无情于另一方的民族偏见基本上得到了克服，比如既承认汉族王朝有开拓祖国边疆的功劳，也接受少数民族政权有逐鹿中原直至统一全国的权利。但是，"历史上的反动统治者，主要是汉族的反动统治者，曾经在我们各民族中间制造种种隔阂，欺负少数民族。这种情况所造成的影响，就在劳动人民中间也不容易很快消除。"（《毛泽东选集》第5卷第278页）在宋辽金史的研究中，至今仍有人视辽金为外国，把宋抗击辽金的斗争说成是反侵略的爱国主义举动，似乎宋朝即是中国，保卫宋朝就是保卫中国，这不能不说是以汉族为正统的封建思想残余。既然古代的爱国主义内容那么丰富，题材那么广泛，除了汉族方面的还有少数民族方面的，特别是鸦片战争以后各族人民所表现出来的爱国主义壮举多得很，为什么今天宣传历史上的爱国主义，不愿做必要的选择和避讳，而偏要钟情于汉族方面的爱国主义呢？这样做显然是不妥当的。

（原载《光明日报》1984年5月30日）

略论皇太极的历史作用

皇太极（1591—1643年）是后金汗努尔哈赤的第八子，号称四贝勒。他于1626年承袭汗位，1636年改称皇帝，并易国号为大清。皇太极虽然在位仅18个年头，但他颇有胆识，能顺乎历史潮流，刻意除旧布新，对于促进满族社会的发展和清王朝的建立，有着重大影响。本文着重从皇太极的重大改革及其成效来说明他的历史作用。

一、调整生产关系，发展各业经济

建州左卫的小首领努尔哈赤，从1583年为报父、祖之仇起兵反明，到1621年占驻辽沈地区，其间不过30余年，就使一个区区之部发展成为与明争雄的强大后金国。获得如此迅捷的发展的原因，基本的一条是：努尔哈赤"定国政"以后，致力于提高社会生产力，即在注意发展传统的畜牧业的同时，也极为重视农业、手工业生产，使国家经济实力有很大发展。可以说，他的赫赫战功，靠了物质力量的支撑。

然而，1618年大举征明后，特别是1623—1626年间，同是努尔哈赤统治下的后金，却每况愈下。这有几个原因：一是连年征战。随着战争愈打愈大，人力、物力的消耗逐年增加，且不说需抽调大量劳力补充兵员，仅粮米军需的补给就难以为继。二是大兴土木，建都筑城。后金一再地迁都、建都，均役使民工（主要是诸申）搬石运木，还要为汗和诸贝勒、大臣、将领营造行宫、府第；此外，还限期修筑城池。仅1620年一年就在尚间崖、托克登、德里危黑和旺德赫四处赶建新城，同样耗费大量的人力和物力。三是进驻辽沈后，把落后的奴隶制和农奴制生产方式强加于汉民。为避免明朝封建政治、经济、文化的影响，努尔哈赤愚蠢地采取防范方针，或则把汉族农民沦为奴隶，或则干脆杀掉。即便归服的汉族地主、官僚，亦如皇太极所说，"虽有腴田不获耕种，终岁勤劬，米谷仍不足食，每至鬻仆、典衣以自给"①，至于广大汉族农民焉有活路！努尔哈赤进入辽沈后，尽管对女真人实行了"计丁授田"的封建化措施，但广大的女真劳动人民备受差徭科派之苦，也是"家私荡然"②，迫使大多数诸申降为穷困之人，包衣阿哈纷纷逃亡。致使"金汉之民两相困毙"③，社会危机日益深重。到1624年，社会上出现了物资奇缺，"乞食光棍"越来越多，"盗贼兴起"④的现象。两年后，"国中大饥，一升谷值银八两，民亦相食"⑤，后金的社会危机发展到了空前严重的地步。

"殷鉴不远，在夏后之世。"皇太极上台伊始，便采纳了群臣"足国足民之术"，"罢非时之工，广养人之惠"⑥等建议，采取断然措施，恢复农业生产，安定社会秩序。他首先谕令"用恤民力，专事南亩，以重本务"，举凡"工筑兴建"有妨农事一律停止，嗣后不许新建，只准修补，强调农业生产要因地制宜，不误农时；规定保护人民财产，若"有擅取庄民牛、羊、鸡、豚者，

---

① 《东华录》天聪八年。
② 《天聪朝臣工奏议》卷上。
③ 《天聪朝臣工奏议》卷上。
④ 《满文老档·太祖》卷28、60。
⑤ 《满文老档·太宗》卷6。
⑥ 《天聪朝臣工奏议》卷上。

罪之"[1]。他又多次诏令不许荒芜田园，滥杀大牲畜；强调讲究"树艺"之法，善饲耕畜，以确保作物增产[2]。

特别是，皇太极全力调整生产关系，加速封建化的进程，把农奴和奴隶转变为具有一定人身自由和家庭经济的封建农民。在努尔哈赤时期，对于汉族农民，编十三丁为一庄，按满官品级分给为奴，与满民同住一屯，于是"汉人每被侵扰，多致逃亡"[3]。皇太极改变这种做法，即每庄析出五丁编为民户，分屯别居，其他八丁则仍属"编庄"成员。这样，庄数未减，庄户却大减，减出者即由农奴转变为封建农民，并由汉官管辖之。对于战俘，过去一律没为奴隶，现在实行"半为编户"的政策，以"补壮丁不足之旗"[4]。对于下层的满汉之人，皇太极亦有开明革新，如实行"离主条例"，规定家奴告发主子不轨有功，"皆令出户"；将"皇上包衣下、八贝勒等包衣下及满洲、蒙古家为奴者尽皆拔出"[5]。其结果，"汉官汉民皆大悦，逃者皆止，奸细绝迹"[6]。满汉劳动人民的生产积极性被调动起来了，很快使粮食达到基本自给。到1639年，"地广粮裕"的后金只造酒一项，一年用粮就达"数十万石"[7]。

辽东虽"原自产棉"，但棉田极少，在努尔哈赤时期推行植棉织布略有成绩，也远不敷用。为了解决穿衣的困难，皇太极上台后继续推行植棉织布的做法，下令全国"督织"，并经常奖"赏织造匠役"。1633年时，后金的纺织技术有了很大提高，

---

[1] 《清太宗实录》卷1。
[2] 《清太宗实录》卷31。
[3] 《满文老档·太祖》卷66。
[4] 《清太宗实录》卷30。
[5] 《清太宗实录》卷5。
[6] 《清太宗实录》卷1。
[7] 《清太宗实录》卷58。

"精、粗绢布亦尝织造"①。此外，在皇太极的倡导下，冶铁、陶瓷、造船等手工业也日益发展起来，其工艺技术亦有长足进步。仅经过数年努力，在原有基础上，后金便出现了"文绣锦绮无所不具"，"淋硝工匠般般皆有"②的兴盛景象。

为了活跃经济，以有余补不足，增加国库收入，皇太极还采取了保护和加强内外贸易的政策。他首先抓紧辽东城西关的红、蓝桥市场，严格商业税收制度，规定有贪贿、漏税者绳之以法。像镶蓝旗备官法都管理红、蓝桥税收时，就因偷税十二两半被革了职。皇太极也鼓励抚顺、清河等城镇各族商人设店售货、开当铺、行借贷均不限制，于是辽东地区旧日的所有商业活动得以恢复，沈阳迅速发展成为后金的政治、经济、文化中心，其八门大街更是商贾云集的著名商业区。在贸易方面，后金同明朝、蒙古、朝鲜的互市通商也不断增加，明朝的沙虎口、归化城、张家口和朝鲜的会宁，都是后金与外界通商的重要场所。为了增加国库收入，皇太极严格控制这些贸易，只限官商集体经办，"私往者罪之"③。

以上生产关系的调整，农业、手工业和商业的恢复与发展，安定了人民生活，阶级矛盾有所缓和，也使后金有可能同时实行其他改革，顺利渡过深重的社会危机。

二、笼络汉族官将，缓和民族矛盾

进驻辽沈之后，努尔哈赤的民族压迫政策推行到了登峰造极

---

① 《清太宗实录》卷15。
② 《天聪朝臣工奏议》卷上。
③ 《清太宗实录》卷1。

的地步，特别是1625年大屠杀后，受奴役、压迫的广大汉族人民惶惶不可终日，只好"或逃或叛"，归顺了的一般官绅也"屡煽惑降民，潜引叛逆"①，即便官居高位者日子同样不好过，如大额驸李永芳亦以"向明误我"的罪名被列为可疑对象。

　　正因为看到了民族矛盾的尖锐，所以皇太极刚即汗位便用上谕抚慰汉人："治国之要，莫先安民。我国中汉官汉民从前有私欲潜逃及令奸细往来者，事属已往，虽举首概置不论。嗣后惟已经在逃而被缉获者论死，其未行者，虽首告亦不论。"又曾申明："满汉之人，均属一体。凡审拟罪犯，差徭公务，毋致异同。"②诚然，在剥削制度下要实行一视同仁的民族政策是不可能的，但这些谕令在当时的历史条件下，毕竟有助于缓和民族矛盾。

　　出于维护剥削阶级的根本利益，皇太极对于汉官汉将以及儒生们，总是尽力拉拢收买。首先是将汉官"拔出满洲大臣之家，另编为一旗"。在短短的18年中，新编了汉军一、二、四、八旗。汉军旗的大部分官员由汉官充任，这就与满洲、蒙古八旗享有大体一样的地位。其次是重礼用贤，厚加赡养。1629年，皇太极用科举取人的办法，从没为家奴的汉族儒生中选取了二百生员，对他们授官、免役。皇太极对新旧汉官、将领都以重礼相待，大有明君的风度。例如：明将孔有德、耿仲明、尚可喜三将来归时，皇太极准备破例以满族大礼相迎，而那些在朝的满族官员却多有异议，但他坚持"行抱见礼"，以示"优隆"③。大凌河汉官投降后，皇太极谕令八家诸贝勒"更番具馔，每五日一大宴"，待若上宾。对其中降将祖大寿，皇太极准他假突围回锦州接取家小，并想乘此计图锦州。而祖大寿去后却改变了主意，又

---

① 《东华录》天聪八年。
② 《清太宗实录》卷1。
③ 《清太宗实录》卷14。

与皇太极沙场斗阵十余年。1638年，皇太极两次致书请他"出城一面"，祖大寿均置之不理。直到1642年锦州等四城失守，祖大寿再次投降，皇太极仍然热忱相待。又如明总督洪承畴于1642年被俘后曾坚意不降，终日"谩骂不已"。史载：洪承畴"誓死不屈，文庙（皇太极）命诸文臣劝勉。洪不答，上（皇太极）益厚之，至解貂裘以赐。久之，洪叹曰：'真命世之主也。'因请降。"① 再如明监军道张春被俘后，延颈就戮，坚决"不肯薙发"投降，皇太极亲自相劝也毫不动摇，最后老死于"三关庙"，后金始终未曾一矢一刃相加。皇太极对相继归降的汉官，莫不"照原衔分别授职"②，厚待厚养。1636年10月，明总兵曹丕昌被俘降顺，皇太极赐给男女"阿哈共三十对"，另有马、驴、牛等。自锦州谋叛归来的胡有升等人，分别升为三等梅勒章京、三等甲喇章京和牛录章京，并"各赐妻室、衣服、帽带、弓矢、鞍辔、缎布、银两、奴仆、马、驴、牛、房屋及一切器物"③。

以上的种种做法，使汉官汉将感激涕零，纷纷向皇太极表示：今后"虽肝脑涂地，不能仰答于上恩万一"④。皇太极一直坚持这些做法，为其策划国事的汉人自然就愈益增多，以至后来在皇太极跟前的满族小官员也抱怨道："昔太祖诛戮汉人，抚养满洲，今汉人有为王者也，有为昂邦章京者矣。至于宗室今有为官者，有为民者。时势颠倒一至如此！"⑤

皇太极笼络礼待汉族官将和儒生的做法，不但有利于缓和当时十分紧张的民族关系，而且为其网罗各级军政官员，吸收汉族地主阶级的统治经验提供了条件，从而开创了满汉剥削阶级勾连

---

① 《啸亭杂录》卷1。
② 《清太宗实录》卷30。
③ 《清太宗实录》卷31。
④ 《清太宗实录》卷17。
⑤ 《清太宗实录》卷64。

的新时期,为清朝统治全中国打下了政治基础。

三、废止八家分治,加强封建君权

后金八家分治的政治局面,完全是努尔哈赤造成的。1621年二月,努尔哈赤决定:"四大贝勒按月分置,国中一切机务,俱令赤月贝勒掌理"①。次年一月,他又决定,"八家共理国政"。不过在努尔哈赤生前,分治政局未曾真正出现,因为他始终大权独揽,所有国事都由他说了算。然而他一死,分治政局就成为现实。皇太极继位之初,小心翼翼地"敬三大贝勒为兄",大贝勒们也不谦让,"凡处事,亦与汗并坐"②。据努尔哈赤生前规定,八王共议置汗,共理国政;汗不得有违八王之意,八王可更易汗主③。所以皇太极在登基初期,受多方掣肘,空有一汗虚名。诸贝勒互相猜疑,各以为是,且阳为臣子,阴图汗位。在这种情况下,分裂事件常有发生。首先站出来唱对台戏的是大贝勒阿敏。当努尔哈赤刚"晏驾"之时,他就派部下傅尔丹对皇太极说:"我与诸贝勒议立尔为主,尔即位后,使我出居外藩可也。"④ 实际上是搞四分天下。分裂未成,阿敏不服,扬言:"谁畏谁,谁奈谁何?"其后,他出征朝鲜不听谕旨,擅自行权;征明时弃遵化,屠降民,我行我素。其次是莽古尔泰大贝勒,在攻战时不遵调遣,事后又不服皇太极的批评。他曾"举佩刀",有杀主之意。其后,他以"结怨皇上"与贝勒德格类等密谋,对佛发誓"阳事

---

① 《清太宗实录》卷5。
② 《满文老档·太宗》卷1。
③ 《满文老档·太祖》卷52。
④ 《清太宗实录》卷48。

皇上"，暗地私造"金国皇帝之印"，欲夺皇位。大贝勒代善也有所谋而"轻慢皇上"。因此，在天聪年间，三大贝勒与皇太极之间的斗争十分激烈。明人胡贡明描绘道："有人必八家分养之，地土必八家分据之；即一人尺土，贝勒不容于皇上，皇上不容于贝勒。事事掣肘，虽有一汗之虚名，实无异整黄旗一贝勒也。"①就连朝鲜使臣朴簪也看出了要害："八王互相猜疑，岂得久安乎？"②

显然，后金在内部社会大动荡，外部面临明朝、蒙古和朝鲜强大压力的关键时刻，欲问鼎中原更不可思议。于是皇太极采纳群臣奏议，决定在政治上进行大刀阔斧的改革，坚决废止八家分治的旧规，限制权贵，加强君权，完善中央和地方的封建统治机构。其主要措施有如下几项：

1. 取消三大贝勒的实权。1629年，皇太极看到时机已成熟，便无所顾忌地对众贝勒说："昔尔等请朕上尊号时，朕深知尔等所行如此（不遵朕命），是以固辞不受，谓国中有嫉妒不良之人，难以化诲……今尔等或见国中有庆则神沮色变；见国中有祸则心悦色喜，是与忌且逆者无异矣。"③他以"一切机务辄烦诸兄经理，多有未便"为由，宣布取消三大贝勒按月分直制度。1630年，历数阿敏十六大罪，囚之于狱。1631年，以莽古尔泰在御前露刃，革去大贝勒，降于诸贝勒之列，夺五牛录属员。代善亦曾多次受到指责。经一番较量，到1632年，皇太极"始南面独坐"④。这是满族封建君权得到确立的重要标志。

2. 建立封建专制中央集权统治机构。努尔哈赤死后不久，

---

① 《天聪朝臣工奏议》卷上。
② 《朝鲜李朝实录·仁祖》卷25。
③ 《清太宗实录》卷42。
④ 《清太宗实录》卷11。

皇太极曾定议设八大臣为八固山额真,总理一切事务,"凡议政处与诸贝勒偕坐共议之。出猎、行师各领本旗兵行,凡事皆听稽察"①。1631年,皇太极与诸贝勒、大臣共议,决定改努尔哈赤时期的五部为六部,任命各部贝勒和满、汉、蒙古各部承政、参政、启心郎等。1632年,刑部承政高鸿中奏称:"凡事都照大明会典行,极为得策。我国事有可依而行者,有不可依而行者,大都不甚相远。"②这就是说,后金的政治、经济等方面的封建化,与明朝"不甚相远"了,逐鹿中原的条件正在成熟。此时"出之奴隶"的汉族儒臣甯完我,则直言道:"参汉酌金,用心筹思,就今日规模,立个金典出来……务使去因循之习,渐就中国之制。必如此,庶日后得了蛮子地方,不至手忙脚乱。"③自称"国中人民、财物皆吾所有"的皇太极,对于这些建议是嘉许的,所以在设内外各十六大臣并使他们参与军政大事之后,又在六部之外置两院、八衙门(1636年"改文馆为内三院"。1638年"更蒙古衙门为理藩院"),将原有八旗军事行政、生产诸方面的职能和权力分散开来。一个贝勒只能掌管一部,而作为一国君主的皇太极,则通过各部、各级官员按谕令行事实现了大权独揽。

3. 推行封建等级制度。满族奴隶制社会已经有等级存在,但上下贵贱之分尚不明显。1632年,汉官王文奎在奏文中说,应该正衣冠、辨等威,"严上下尊卑之别",指出社会上至今"官民毫无分别"④。1635年,汉官张存仁又提出,社会上"贵贱莫分"是不"明体统"的表现。皇太极对这些建议十分重视。1632年定"国家服式之制"昭示国中,以"辨等威,定民志",八固

---

① 《清太宗实录》卷1。
② 《天聪朝臣工奏议》卷上。
③ 《天聪朝臣工奏议》卷中。
④ 《天聪朝臣工奏议》卷上。

山、诸贝勒"不得擅服黄缎及五爪龙等服"。1636年定书辞往来,上下问对"各有分别",所有制度都"仿古制行之",即搬用汉族上千年来的封建等级制度。从官制、服制到仪仗、名号都"仿古制",这有利于皇权的加强,加速满族封建化的进程。

4. 实行"离主条例",加强对诸贝勒和各级官吏的控制,倡导忠君。1631年,皇太极规定了"离主条例"。它的基本精神有三,一是提高伊尔根、阿哈的社会地位,"讦告者准其离主"。比如天聪年间莽古尔泰谋权这一严重案件,告发者就是家仆冷僧机等。冷僧机因此不但脱离了家奴的地位,而且被升为三等梅勒章京。这样做,各个贝勒和各级官员的不轨行为都将受到属下和仆人的严密监视,显然有利于皇权的加强。二是通过规定除八分外"私行采猎者,其所得之物入官",出征所获财物不许"隐匿",保护了以最高封建主为代表的国家利益,限制了各级官吏在经济上的贪得无厌。三是严禁"擅杀人命"、隐功不报等条文的规定,从政治上限制了诸贝勒以下各级官吏的权限。特别是经过1636年三月审订的"离主条例",又明确规定:"若子告父、妻告夫及同胞兄弟相告,果系反叛、逃亡,有异心于上及诸贝勒者,许告,其余不许。"① 这就既坚持了忠君亲上的皇权原则,又维护了日常生活中的封建伦理道德准则。换句话说,这是把君君、臣臣、父父、子子的封建意识制度化了。

5. 实行思想文化方面的封建统制。早在幼年时期,皇太极就在汉族"师傅"的教授下用心学习封建文化经典。称帝后,他更是勤奋攻读。他令儒臣翻译汉文书籍,又多次向朝鲜索取各种典籍,自己博览古来经典和历代皇帝记注,以昔日帝王"得失为鉴",又教育子女"勤习汉书",并要求"诸贝勒、大臣子弟读书,使之习于学问,讲明义理","讲求尊君亲上之道"。皇太极

---

① 《清太宗实录》卷11。

曾引经据典地训饬和硕亲王以下官员："圣经有曰，欲齐其家，先修其身，身修家齐而后国治……御下以义，交友以信，如此则身修矣；孝其亲，悌其长，教训其子孙、亲戚，如此则家齐矣。身修、家齐而国不治者有是理乎？"1631年，他以二贝勒屠永平降民为鉴，指出二贝勒所为是"未尝学问，不明理义之故"，而明大凌河军民死守城池四个月，"人皆相食"也不肯投降，是"读书明道理，为朝廷尽忠之故"。[①] 伦理道德观念在民间扎下根，针对女真人婚娶不忌辈数的旧俗，皇太极于1630年宣布："永行革止"纳娶继母、叔伯母、弟妇、侄媳为室，同族人亦不许通婚[②]。

经过前后10年的舆论鼓吹和初步实施，以加强封建君权为中心的改革成效显著，这大大地鼓舞了皇太极。于是在1636年他改称皇帝，并诏令把明朝"十恶不赦"的封建大法全部搬来实行。这一做法的意义，就是标志着满族社会的封建化在上层建筑方面已基本完成。

（与滕绍箴合作，原载《社会科学辑刊》1982年第2期）

[①]《清太宗实录》卷5、10、35。
[②] 参阅王锺翰：《清史杂考》97页所引《明纪辑略》。

从"民族博物馆"名称说开去

80年代中期以来，为适应新时期社会和文化发展需要，加强对各族人民进行爱国主义和党的民族政策教育，宣传各民族对祖国的历史贡献，增进各民族之间的相互了解，发展平等、团结、互助的社会主义民族关系，为各民族的共同繁荣、发展以及促进中外文化交流和各国人民友谊贡献力量，不同级别、不同规模和不同特色的民族博物馆在我国纷纷建立起来。其中，属综合性的、直接冠名为"民族博物馆"的，据我所知，目前已见之于海南、黑龙江、云南等省以及青海海南藏族自治州和中央民族大学。属于国家级的"中国民族博物馆"，1984年中央批准筹建，并在开展了10年工作的基础上，1995年中央批准正式成立，于今在国家民委领导下正在进行馆舍建设事宜等具体运作。

面对上述大好形势，民族工作者特别是热衷于民族学的教学、科研工作者，莫不欢欣鼓舞。然而，除单一民族的博物馆或民俗馆[①]，我的脑子里总是萦绕着一个问题，即为什么名曰"民族博物馆"，而不称别的什么馆？较诸名与实，"民族博物馆"这一名称，似乎还有讨论的必要。

我查了一下资料，"民族博物馆"一称，最早出现在1950年8月30日文化部文物局召开的筹备民族博物馆座谈会上。座谈

[①] 单一民族设馆的，目前在地方上有鄂伦春族、赫哲族、满族、畲族、朝鲜族等。对它们的馆名，不在本文讨论之列。

会主要是讨论兄弟民族即少数民族文物搜集范围。[①] 看来与会者取得了共识,是年10月,便有了以"中央民族博物馆筹备处"名义铅印的《对于国内各兄弟民族文物的搜集范围》这本小册子[②]。它将搜集范围分作八类,即"生产工具";"生产成品(附原料)";"关于生产的其他资料";"人民生活资料";"社会组织资料";"关于语言文字、艺术、教育、科学、宗教等资料";"特殊个人物品——例如历史名人遗物、现代劳动英雄、战斗英雄所有物等";"各民族的体质、历史及其所在环境的资料"。其文末附注称,"以上八类,悉以各兄弟民族所特有的为主,和汉人相同的东西,只宜择少数重要的和必需的搜集……"由此可知,不管具有多大的综合性,中央民族博物馆的"民族"二字,不包括我国汉族,只限于少数民族。这显然有失偏颇。

1956年2月,费孝通教授在全国博物馆和地志博物馆会议上的讲话中明确表态:"我们不应当把'民族'的概念局限于少数民族。""不同意以搜集、研究、展出汉族人民文化、生活的博物馆称民俗博物馆,而把搜集、研究、展出少数民族文化、生活的博物馆称民族博物馆。""在全国范围内,成立一个反映各族(包括汉族)人民文化、生活和他们向社会主义前进的综合性博物馆是迫切需要的。"大概鉴于新中国建立初期,社会学、人类学、民族学不是被取消就是噤若寒蝉,费老才不得已表示:"这个博物馆挂上中央民族博物馆的牌子是相宜的。"不过,对于"民族博物馆"这一名称,他又谦虚、留有余地说:"当然,这是

[①] 参阅王宏钧主编:《中国博物馆学基础》,上海古籍出版社1990年版,第444页。书中"拟集范围"当为"搜集范围"之误。

[②] "中央民族博物馆筹备处"的成立,究竟在座谈会之前抑或之后,手头资料不足,难以断言。该小册子封面题为《民族文物的搜集范围》,中央民族大学图书馆藏有一册。

还应当讨论的问题。"①

　　面对40多年前那种社会政治生活和学术氛围，费老以深邃的目光把民族博物馆馆名的应有含义争辩得再清楚不过了，对博物馆的活动内容及其宗旨也作了言简意赅的概括。然而，在实践中，费老的初衷，许多人并不理解。再者，几十年来，星移斗转，不只许多边缘学科有如雨后春笋兴起，而且社会生活各方面的词语日益丰富，特别是涉及少数民族的名词术语多已约定俗成。例如，"民族语言文字"、"民族经济"、"民族教育"、"民族传统体育"、"民族风俗习惯"、"民族政策"、"民族干部"、"民族地区"、"民族文物"等等，在使用时，人们往往为了简便而省却了"少数"二字，于是"民族"一词也就有意无意地成了少数民族的简称。经年长日久的习用，一些同志不免对民族的概念产生误解，甚至存在片面的理解。鉴于这种混乱，为了正本清源，80年代以来，我国民族学界的同仁，不得不一再述及"民族"一词固有的概念，特别强调民族学的研究对象并不局限于少数民族，还应包括汉族以及世界上的其他民族。

　　与那种误解或认识上的片面性相联系，"民族博物馆"也往往被视为"少数民族博物馆"。遗憾的是，就连业内人士亦不乏偏失者。这有例可证。某民族博物馆，初期的藏品就已数以万计，时空上含祖国的古今和包括汉族在内的56个民族，有些还来自亚洲、非洲和欧美各国。在分编时，国内少数民族逐一单列，而汉族和外国的则统统归之于"各族"名下。多年来收集的文物等，只着眼于少数民族，对汉族的不再问津（撇开经济因素）。在陈列上也反映了片面性，如张挂的50多幅民族形象图片中，偏偏没有汉族的。这些绝非一时疏忽，而是与办馆的指导思想和认识上的糊涂有关。就是说，认识不全面，势必导致实际工

---

① 详见《费孝通民族研究文集》，第103—114页，民族出版社1988年版。

作的偏差。

改革开放近 20 年了，社会政治生活和学术氛围今非昔比，许许多多的问题都允许重新审视、思考、争辩。在"民族博物馆"这个名称上也如此。除省（区）、地（州、盟）、县（旗）的可能有特殊性而不予讨论外，我认为，属国家级的和教学科研重要基地的"民族博物馆"，更名为"民族学博物馆"，这不只满足了民族学界广大专家学者的多年企望，而且更为贴切。具体的理由，至少有如下几条。

第一，从藏品特性看。不少实物，固然可以根据其风格等等特点辨明属于某一具体民族，但大量的实物，事实上却很难作出精确的族属结论。例如，一把清官的扇子，尽管可以因有某御笔或玺印被视为满族文物，但扇骨、扇面及其书画等，就不一定出自满族工匠、艺术家之手。又如一件纺织品或陶罐什么的，只因从今天某少数民族聚居区出土、收集的，我们就能妄言它们是某少数民族的文物吗？如此等等。其实，许许多多的实物，大都反映出内地与边疆、汉族与少数民族、彼少数民族与此少数民族的文化交融，若要断然分割其内在联系，这怎么可能？换言之，收藏的大量实物，很难简单地都归属于少数民族，或记在某一具体少数民族名下。

第二，从学科的分类和建设看。国家技术监督局和国务院学位委员会，尽管在门类划分上不尽一致，但都把民族学列为一级学科，其下再分出民族问题理论、民族史学、藏学、蒙古学、文化人类学与民俗学、少数民族语言文字（亦属语言学一级学科中）等二级学科以及更细的三级学科。作为反映各民族（包括汉族）人民文化和社会生活的综合性博物馆，收集、研究、展示他们古今有代表性的实物和文字图片等资料，将之归为民族学的二级学科，是顺理成章的事情。况且，这类博物馆从实物收集、鉴别、研究、陈列到充分发挥其社会功用，都离不开民族学整个学科群的科研水平及其深入发展。

　　第三，从国际学术界看。国外有关博物馆的设置，基本上都与学科相一致。就我所知，美国哈佛大学设有民族学博物馆。德国柏林设有达勒姆民族学博物馆，该馆在1995年底还隆重举办了《回春——中医历史实物和图片展览会》。东邻日本更在大阪设立了"国立民族学博物馆"，据介绍，该馆收集、研究、展出的实物等，并不局限于本国的大和民族，而是把视野扩大到包括中国在内的世界各民族。

　　总之，无论从名实相符考虑，还是从推动民族学学科建设、有利于国际学术交流着想，把层次定位较高的、藏品颇丰而综合性又较强的"民族博物馆"，改名为"民族学博物馆"，实在是名正言顺，有利无弊。

　　据杨堃教授70年代的回忆，周恩来总理生前对我国的民族学研究和民族学博物馆十分关注和支持。1955年春，周总理赴印度尼西亚参加万隆亚非会议途中路过昆明，特地召见杨堃夫妇5小时之久，大部分时间谈的是有关国内外民族学研究问题。当杨堃谈到民族学博物馆时，"总理说，我在欧洲也参观过几个民族学博物馆，巴黎的、柏林的和英国的，我都参观过。我想了解一下各殖民地和附属国民族解放运动的情况。然而，我所看到的，却使我大失所望。他们全是宣扬殖民地、附属国各民族的落后面，从不展出这些民族反侵略斗争的英勇事迹，对于他们的优秀的民族文化和传统，也一概不提。我们将来也要建立民族学博物馆，就要反其道而行之，要有鲜明的阶级性。"[①] 遗憾的是，周总理的一席话因系叙旧时说的，当年并未见诸报端，只是打倒了"四人帮"，杨教授才借回忆文

---

　　① 参阅杨堃《民族与民族学》，第1—5页，四川民族出版社1983年版。有关内容，杨堃教授首次在《回忆周总理关于民族学的一次谈话》一文中有所披露，见《社会科学战线》1978年第4期。

章形式公开出来。尽管如此，周总理竭力支持发展我国马克思主义的民族学，建立新型的民族学博物馆的决心和思路，是对我们的巨大鼓舞和教育。可喜的是，80年代初，中南民族学院复办后，毅然将昔日的"民族文物馆"更名为"民族学博物馆"，在一定程度上实现了周总理的遗愿。

博物馆事业的兴旺发达，不在于名称，而在于实绩。但是，"名不正则言不顺，言不顺则事不成"这一古训，对于我们还是有借鉴意义的。众多老中青民族学工作者，一而再、再而三地呼吁建立一至几座具有中国特色、服务于社会主义事业的民族学博物馆。为什么？德高望重的民族学家林耀华教授在1981年著文作了全面的回答："民族学博物馆工作是整个民族工作的一个组成部分，也是民族学研究的重要任务之一。民族学博物馆不同于其他类型的博物馆。民族学博物馆的作用除了陈列、研究、保藏文物和标本以外，还有向广大人民群众宣传党和国家的民族政策、介绍我们的民族研究工作的成果、促进各民族的团结等重要作用。它不仅是一般的文化教育机构，同时也是进行民族学研究的科研机构。我国是一个统一的多民族国家，全国共有五十六个民族成分，特别是中华人民共和国成立后在党的民族政策光辉照耀下，各项工作都取得了巨大成就。像这样的例子在今日世界上只有我们国家一个，这是我国各族人民的伟大胜利和骄傲。可是，直到今天，我们还没有一个正式开放的民族学博物馆，这是不应该的。如果我国能立即筹建一座民族学博物馆，一定会受到全国各族人民的热烈欢迎。"[①] 林教授的一席话，真是道出了我们的心声！

（原载《吴文藻纪念文集》，中央民族大学出版社1997年版）

[①] 林耀华：《新中国的民族学研究与展望》，载《民族研究》1981年第2期，又见《民族学研究》，第91—92页，中国社会科学出版社1985年版。

我国古代民族关系史研究的新进展

解放32年来，学术界特别是从事中国古代史和民族史研究的同志，一直就如何正确处理我国历史上的民族关系问题展开讨论，获得了可喜进展。其标志是：在如何理解历史上的"中国"这个关键问题上，越来越多的同志取得了比较一致的认识。因为要想正确处理历史上的民族关系问题，关键就在于对历史上的中国有一个正确的理解。大家都认为，在我们统一的多民族的社会主义国家里，无论是处理今天的民族关系，还是讨论古代的民族关系，都应坚持民族平等这条马列主义的原则，而要求坚持民族平等的原则，并不是意味着把建立在社会主义基础上的民族平等关系套到古人身上，比如像有的同志所分析的那样，在封建社会时代，各民族人民之间"本质上不存在着压迫、剥削、特权和不平等的关系"[1]，而是要正视剥削制度是民族歧视和民族压迫的根源这一客观事实。有的同志则指出：自秦汉时起，我国就开始形成统一的多民族国家，但她的形成和发展，并不是各民族平等、自愿联合的结果，倒常常是经过民族战争和民族压迫来实现的。的确，古代各民族之间不断发展的政治、经济、文化联系，并非和谐地开展，往往是伴随着民族冲突和民族压迫来实现的[2]。既然在剥削阶级统治下的历史时期民族关系是不平等的，

---

[1] 吕振羽：《论我国历史上民族关系的基本特点》，载《学术月刊》1961年第6期。以下凡出处重复者只注篇名。

[2] 参阅李维汉：《我国各少数民族和民族关系》，载《民族团结》1979年第3期。

那么我们就应采取历史唯物主义的态度，而不必回避那些不平等的事实，更不能歪曲史实去适应民族平等的原则。翦伯赞同志说过："照我的理解，用民族平等的原则来处理历史上的民族关系，并不是用一种简单的方法把不平等的民族关系从历史上删去，或者从那些不平等的民族关系中挑选一些类似平等而实际上是不平等的史实来证实这个原则在古代中国已经实现，更不是把历史上的不平等的民族关系说成是平等的；而是揭露历史上的不平等的民族关系，用历史唯物主义的观点，批判的态度，指出那些不平等的民族关系的历史根源和历史实质。"① 对于我们遵循马列主义的民族平等原则来说，更为重要的是研究历史上的民族关系时，对所有的民族——无论其大小，也无论其社会发展程度如何，都应该而且只能使用同一个标准来衡量每个历史事件和人物，不能对汉族一个标准，对少数民族又是一个标准。要打破千百年来旧史学不平等的民族观，清除大汉族主义的正统思想流毒。否则，就无法在民族关系史研究中取得实质性进展，甚至还可能得出不利于民族团结和祖国统一的结论来。

多年来，学术界就如何理解历史上的"中国"这一至关重要的问题进行激烈争论，其焦点是怎样看待历史上的中国民族、少数民族政权和祖国的疆域范围。有的论者强调，在我国形成统一的、多民族的国家这个过程未完成以前，不能把当时一些还作为独立的民族国家如匈奴、突厥、契丹、女真、蒙古等，说成同属于一个国家。就当时讲，以汉族代替中国或以王朝代替中国，不但是可以的，而且是客观历史的必然结果。"总之，在论述历史上汉族王朝与其他少数民族的关系时，是否称他们为外族和外国，只能根据当时的实际状况决定：当时已经与汉族融合或归入

---

① 翦伯赞：《关于处理中国史上的民族关系问题》（遗作），载《中央民族学院学报》1979年第1、2期合刊。

汉族王朝版图的，就属于国内性质；反之，就是外族和外国"[1]。对于这种观点，相当多的同志是不同意的[2]。这些同志认为，自秦汉以来我国就是一个统一的多民族国家，经过两千多年的发展变化，到了清代，我国的疆域和民族已经确定下来。在这个历史过程中，既有一次比一次长久的统一局面，也几度出现过分裂割据或若干政权并立的时期，但毕竟前者是主流，是发展的总趋势；后者是支流，是短暂的历史现象。我们应该承认，汉族各方面的发展水平一直较先进，起着主导的作用，但是各个少数民族（包括已消失了的古代民族）也都为祖国的缔造作出了贡献。换言之，历史上的中国民族除了汉族还有少数民族，中国的历代疆域既包括中原王朝也包括少数民族独自建立的政权或国家的统辖范围，历史上的中国不等于中原王朝，更不等于汉族王朝。一句话，一部完整的中国史包括了各民族共同创造的历史。

"今天的中国是历史的中国的一个发展，我们是马克思主义的历史主义者，我们不应该割断历史。"[3] 我们作为新中国的史

---

[1] 参阅孙祚民：《处理历史上民族关系的几个重要准则》，载《历史研究》1980年第5期；《中国古代史中有关祖国疆域和少数民族的问题》，载《文汇报》1961年11月4日；《再论中国古代史中有关祖国疆域和少数民族的问题》，载《文汇报》1962年8月2日。

[2] 1980年5月25日至31日，在北京召开的民族关系史研究学术座谈会上，绝大多数同志表示不同意孙祚民同志所代表的有关看法。《民族研究》1981年第5期以《开展中国民族关系史研究的一个新起点》为题，摘要报道了发言要点。此外还可参阅翁独健：《民族关系史研究中的几个问题》，载《中央民族学院学报》1981年第4期；陈连开：《怎样阐明中国自古是多民族国家》，载《历史教学》1979年第2期；陈永龄：《我国是各族人民共同缔造的统一的多民族国家》，载《历史教学》1979年第4期；陈梧桐：《正确阐述中国古代的民族关系》，载《陕西师大学报》1979年第4期；田继周：《我国民族史研究中的几个问题》，载《文史哲》1981年第3期；邓广铭、张希清：《略论爱国主义和民族英雄》，载《人民日报》1981年12月8日，等等。

[3] 《毛泽东选集》横排合订本，第499页。

学工作者,有义务去充分阐明少数民族在中国历史上的地位。我们至少不可忘记以下几点事实:一、汉族并非"纯而又纯",它所以人口众多,是几千年来不断吸收各少数民族的结果。二、中国版图内的民族,自古就不是仅有汉族,还有许多少数民族,像经常为某些论者指为外族或外国的匈奴、突厥,原来就活动于中原①,后来才迁出去开发新居,而这些新居大多也还在今天中国境内。同时,汉族和少数民族的居住地,一向交叉在一起,并形成了大杂居、小聚居的特点,始终不存在一条明显的分界线。三、祖国的绝大部分领土,从东北、华北、西北到西南、西域,从江淮流域到台湾、海南岛,可以说,最早的开发者是原居当地的少数民族。四、祖国的政治、经济、文化等各方面的发展,少数民族无不做出了自己的独特贡献。只从政治上讲,正是他们首先统一了边疆,有的还统一过大半个中国,甚至实现过历史上空前的全国大统一;从古代的几百次农民起义到近现代反抗资本帝国主义入侵的英勇斗争,绝大多数都有少数民族参加,其中有的还是在他们直接发动和领导下进行的。毛泽东同志在批判大汉族主义时指出:有些同志总是在那里吹,就看不到没有少数民族是不行的。"少数民族在政治上很大地帮助了汉族,他们加入了中华民族这个大家庭,就是在政治上帮助了汉族。……少数民族在政治上、经济上、国防上,都对整个国家、整个中华民族有很大的帮助。"② 总之,中华民族是以汉族为主体,同时包括了中国所有少数民族。祖国悠久的历史和灿烂的文化,是由汉族和少数民族共同创造的。几千年间,中国各民族相互吸收、相互依存,休戚与共,血肉相连。李一氓同志说得好:无视少数民族的存在

---

① 参阅白寿彝:《关于中国民族关系史上的几个问题》,载《北京师范大学学报》1981年第6期。

② 《毛泽东选集》第5卷,第154页。

和今天融合为一个中华民族的事实,我们就"不免要发生时代错误、地理错误和道德规范的错误"[1]。

为什么有的同志在谈到历史上的中国时,竟把它同汉族、同历代王朝画上等号?其原因之一,是对"中国"一词的古今含义存在误解。翁独健等同志认为"中国"的概念,并非古今如一,是随着时代的发展变化而发展变化的,原先它只是地域的、文化的概念,或是一种褒称[2]。在殷周时代,中国仅指王畿与京畿;到春秋时一般泛指华夏文化的周王朝与诸侯国,当时甚至秦、楚、吴、越都被视为夷狄;到秦汉时,秦、楚等故地就包含在中国之内了。秦汉以降,随着封建主义中央集权制的建立和发展,"中国"虽然被某些人看作汉族王朝的专称,但开明的封建君主大臣们都是把少数民族与汉族一样看作中国这个母体的成员,而少数民族也"毋甘自外",所以他们建立的王朝或汗国,同样自认为中国或中国的一部分。如南北朝时期,南渡的东晋人呼北朝为"索虏",北朝的少数民族政权却以中国自居,骂南朝是"岛夷",像其中羯族的后赵石勒就自称"中国皇帝",氐族的前秦苻坚也以中国统一为政治目标。又如与宋、辽均无政治隶属关系的黑韩汗国,诸汗都自认是"中国之君"。尤其令人叹服的是,该汗国学者马合木·喀什噶里编写的《突厥语词汇》,在"桃花石"条下称中国有三个部分:上秦为中国东部,即宋朝,中秦为契丹;下秦为中国西部,即黑韩汗国统治下的喀什噶尔[3]。晚明清

---

[1] 李一氓:《读〈辽史〉——兼论〈四郎探母〉》,载《文艺研究》1981年第4期。

[2] 参阅翁独健:《民族关系史研究中的几个问题》;陈连开:《论中国历史上的疆域与民族》,载《中央民族学院学报》1981年第4期;田继周:《我国民族史研究中的几个问题》。

[3] 张广达:《关于马合木·喀什噶里的〈突厥语词汇〉与见于此书的圆形地图》,载《中央民族学院学报》1978年第2期。

初以后，随着中外交往的大大增加，"中国"作为主权国家的概念才越来越明晰，并出现了逐渐取代古时那种地域、文化概念的趋势。本世纪初，辛亥革命推翻了清王朝，废止数千年来一家一姓的王朝国号，建立起"五族共和"的中华民国，简称为中国，由此"中国"作为近代主权国家概念的正式国名便最终形成。此后，党领导各族人民胜利地进行了新民主主义革命，创建了社会主义的中华人民共和国，亦简称为中国，这同样是历史发展的规律所使然。

关于历史上少数民族政权的地位和祖国疆域的范围，从实质上说，乃是两个相辅相成的问题。正确地处理这两个问题，与前已述及的问题有着密切的关系。按照有的论者那种"以汉族代替中国或以王朝代替中国"的看法，就是以这些王朝人心目中的中国为历史上的中国，至于先后由蒙古族、满族所建立的元、清这两个累计近400年的王朝便一笔勾销了。同时在这种逻辑下，汉族与少数民族之间发生了战争，便具有"侵略与反侵略的性质"。这与马克思主义的民族观，与各族人民共同缔造了祖国，有何共同之处呢？

许多同志正确地指出：历代中原王朝管辖的领土范围大小不等，如汉朝比秦朝大，北宋则较小，南宋更小，这是事实。但另外的事实是：中国历史上的民族不只有汉族，不只有中原王朝，还有许多的少数民族以及由他们建立的大大小小的政治实体——汗国、王朝。它们与中原王朝的关系不尽相同，也非前后如一，即或是直接统治之下，或是维持羁縻关系，或是割据称雄，或是相互并立。可以说，在清王朝完成统一以前，每一个历史时期都有两个以上的政治实体存在着（如秦朝之外还有匈奴单于国，唐朝之外还有吐蕃王朝，等等），因而没有任何一个中原王朝的疆域能够完全代表历史上的中国疆域[1]。因此，不管少数民族曾经处于什么样的历史地位，纳入汉族王朝统治范围之内也好，独立于中原王朝之外也好，他们劳动、生息过的地方，都应属于我国历代的疆域范围。

翦伯赞、翁独健等同志强调，在论及中原王朝与少数民族政权或国家相互关系时，我们应当采取实事求是的态度。过去往往把中原王朝称为中央王朝，而把少数民族建立的政治实体称为地方政权或割据政权，这是不对的。如果原来是在一个统一王朝的统治之下，后来某个时期分裂出去另立一个政权，这才可以割据政权相称；假如它们与中原王朝在政治上并无隶属关系，那么，不论为哪一个民族所建立，只要是以一个独立的政治实体存在，如宋、辽、金，就同公元3世纪时的魏、蜀、吴一样，都应该视为相互并立的国家，而没有理由硬给冠上"地方"二字，或称作割据政权[2]。否则，凭什么根据称哪一个王朝为中央王朝呢？

在剥削阶级统治的历史时期，民族政权或国家之间发生战争是不可避免的。应如何判断战争的性质呢？有的同志认为，在敌对的民族国家之间发生的战争，必然具有"侵略与反侵略"的性质，如匈奴、突厥、契丹、女真和蒙古等对于汉、唐、宋、明等王朝的入侵，可以说是外族或外国对中国的侵略。并说：如果抽掉侵略与反侵略的具体内容，那么所谓"正义与非正义"，就成了空洞的名词[3]。许多同志不同意这种看法，认为中华民族的成员在中国境内所发生的战争，不同于中华民族反对外来侵略势力的斗争，不带有侵略与反侵略的性质。对于这些战争，范文澜同

---

[1] 参阅邓广铭、张希清：《略论爱国主义和民族英雄》；翁独健：《民族关系史研究中的几个问题》。

[2] 参阅翦伯赞：《关于处理中国史上的民族关系问题》；翁独健：《民族关系史研究中的几个问题》。

[3] 孙祚民：《再论中国古代史中有关祖国疆域和少数民族的问题》。

志曾形象地称之为"兄弟阋墙，家里打架"。又指出："我们不能否认它们当时是敌对民族或敌国，但也不能强调不同的民族或国家而有所偏袒。"①陈梧桐等同志进一步分析道：虽然那些战争不带有侵略与反侵略的性质，但要根据具体的历史情况，辨明其正义与非正义、进步与反动的不同性质。任何民族的统治者对其他民族实行民族歧视和压迫，发动掠夺战争，都是非正义的；反之，被压迫民族奋起反抗民族压迫和掠夺的战争，是正义的。至于那些消灭割据势力，维护祖国统一的战争，当然是正义的，而那些属于统治阶级之间为实行财产和权力再分配的战争，只能对人民和社会生产造成破坏，则应加以谴责和否定②。显然，我们只有坚持民族平等的原则和实事求是的态度，才可能对历史上中国各民族政权或国家之间的战争作出科学的分析和判断。

与上述战争有关的是民族英雄问题。有的同志认为，如果否认历史上民族战争具有侵略与反侵略的性质，不管主观上是否意识到，在客观上是起了否定民族英雄和为民族败类开脱罪行的作用③。学术界的同志普遍不同意这种看法，认为历史上的民族战争虽然只有正义与非正义、进步与反动的区别，不带有侵略与反侵略的性质，但依然会产生出民族英雄和民族败类。不过，在这大前提下，各家对民族英雄还有不尽相同的看法。有的同志认为，这种民族英雄只是保卫了中华民族中某一个民族的利益，只能算作某一个民族的英雄，而且对于别的民族来说，还可能是一

---

① 范文澜：《中国历史上的民族斗争与融合》（遗作），载《历史研究》1980年第1期。

② 参阅陈梧桐：《关于处理我国民族关系史若干原则的商榷》，载《中央民族学院学报》1981年第2期；陈永龄：《戏曲也必须要正确处理历史上的民族关系》，载《中央民族学院学报》1979年第1、2期合刊。

③ 孙祚民：《处理历史上民族关系的几个重要准则》。

个屠夫①。有的同志认为：凡是站在正义战争一面，在反抗民族压迫和军事掠夺上做出重大贡献的人物，就都是中华民族的英雄。这是因为，他们的正义行动，不仅符合本族人民的利益，而且也符合整个中华民族的人民的利益。例如岳飞，抵御女真贵族的掠夺和屠杀，保卫了高度发展的封建的生产方式和文明，既符合汉族人民的利益，也符合女真族人民的长远利益和根本利益，所以称为中华民族的英雄，他是当之无愧的。这一原则，理所当然地也适用于中华民族内部任何一族中的人。但是，在民族战争中，凡属于非正义战争方面的人物，不论他立了怎样的战功，都不能称为民族英雄，不是中华民族的英雄，也不是本民族的英雄②。有的同志认为：受阶级性和时代的限制，封建社会的民族英雄不可能没有褊狭的民族主义思想。如岳飞，要求他既要打退女真统治者的进攻，又要不损害女真人民的利益，是很难做到的。各族人民共同承认的英雄，只有在社会主义的历史条件下才能出现③。我认为，在评价历史人物时，同样要体现民族平等的原则，不能因民族不同而任意褒贬，从现实考虑，尤其要警惕大汉族主义思想的影响。我很赞成白寿彝同志的意见："许多少数民族人物，在各自的民族中立下很大的功劳，把本民族的历史推向前进，也应看做是英雄，并不是非要在抵抗什么后牺牲的才算英雄。我们把民族英雄的含义放宽些，意义就更大了。"④

关于民族同化和民族融合问题，通过多年的讨论，目前基本上取得了一致意见：在剥削制度下，一方面存在统治阶级的强制同化，另一方面存在劳动人民乐于接受的自然同化。强制同化是

---

① 参阅李桂海：《如何看待中国历史上少数民族建立的独立政权问题》，载《中南民族学院学报》1981年第1期。
② 参阅邓广铭、张希清：《略论爱国主义和民族英雄》。
③ 参阅翦伯赞：《关于处理中国史上的民族关系问题》。
④ 白寿彝：《关于中国民族关系史上的几个问题》。

统治阶级实行民族压迫的一种表现形式,而自然同化从根本上说,则是先进的生产方式战胜落后的生产方式的必然结果。至于民族融合,按照马列主义阐述的精神,指的是消灭一切民族之间的差别,它只有全世界都实现了共产主义之后才会逐步实现。所以,历史上并不存在民族融合,至多是它的因素的发展。必须指出的是,一些同志在谈到历史上的民族关系时,往往仍在使用"民族融合"一词,一般地说,它是就自然同化而言的。

民族关系史研究的新进展还反映在其他方面。首先,近几年来,大家在积极整编汉文资料的同时,已注重了对少数民族文字资料的发掘、翻译、整理工作,并在这个基础上,脚踏实地地开展各项专题研究,着手进行地区民族关系史专著的工作,为编写中国民族关系史创造条件。尤其令人欣喜的是,在专题研究方面,许多同志都尽可能把精力放在各族人民对祖国历史作出贡献这个问题上。从发表的专题论文看,成绩很大,涉及面也广,其中有:农牧业生产技术和经验,自然科学的发明、创造,政治、经济、哲学、军事思想,文学艺术成就,反抗统治阶级压迫和外国侵略者的业绩,等等。如此丰富多彩的专题研究,因其内容翔实,感情亲切,比起那些空洞无物的争论和说教,更有裨益。其次,由于党的民族理论和民族政策日益深入人心,民族关系史的研究成果已影响到了其他学科和领域。比如,哲学、经济学界开始了拓荒工作,使少数民族的贡献在中国哲学史、中国经济史中占据应有的地位。又如文学艺术界,比以往更加重视发掘、整理和研究古代少数民族在文学、音乐、舞蹈、绘画等方面的成就。其中引人注目的是,电影、戏剧、曲艺等艺术领域,结合剧本创作和舞台演出,也开始注意正确处理涉及民族关系的历史题材节目,以便更好地促进民族团结和祖国统一,为实现四化服务。

经验表明,认真学习马列主义、毛泽东思想,学习党的民族理论和民族政策是十分重要的。如果我们都能在学习上多下功夫，又有实事求是的科学态度，通过扎扎实实的研究和平心静气的学术讨论，必将在正确处理历史上民族关系问题方面取得更大的进展。

(原载《历史教学》1982年第6期)

略述中国古代民族关系的讨论

20世纪上半叶，严格说来，学术界并未就中国古代民族关系展开讨论。只是中华人民共和国成立后，随着马克思主义民族观和党的民族政策的教育广泛开展，人们才对它越来越重视，因而50年代初以来，学术界特别是从事中国古代史和民族史研究的同志，一直就如何正确处理我国历史上的民族关系问题展开讨论，50年代末60年代初和粉碎"四人帮"以后的十几年可以说是讨论的高潮。至20世纪最后的十年许，讨论的重点已放在中华民族的形成、发展及其凝聚力等问题上。大家一致认为，在我们统一的多民族的社会主义国家里，无论是处理今天的民族关系，还是处理历史上的民族关系，都必须坚持民族平等这条马列主义的基本原则。但是，当具体运用这一原则去探讨错综复杂的古代民族关系时，大家又多有意见分歧，各持一端。现将几个主要问题的讨论情况综述如下。

一、怎样理解历史上的中国

怎样理解历史上的中国？这是带有根本性的问题，许多有关的学术问题都是由此派生出来的。在这个问题上争论最多的是如何看待中国历史上的疆域、民族和民族政权。顺乎自然，人们又进而深入探讨中华民族的形成和发展问题。

范文澜、吕振羽、岑家梧、翁独健等认为，关于我国自古以来就是一个统一的多民族国家的提法，是可以的。所谓"自古以来"的"古",一般是指秦汉。秦汉以降,经过2000多年的发展变化,到了清代,我国的疆域和民族便确定下来。在这个历史过程中,由于汉族政治、经济、文化等方面的发展水平一直较高,起着主导的作用,但各个少数民族(包括已消失了的古代民族)也都为祖国的缔造和发展做出了重大的贡献。我国今天辽阔的国土,一般说来,黄河流域的陕甘及中原地区是汉族最先开发的,而从长江流域到东南沿海,从东北、内蒙古、西北到西南、西藏以及台湾和海南岛,最早的开发者则应属于已经消失或至今仍在发展的少数民族。他们不仅首先开发和统一了边疆地区,而且历史上空前的全国性大统一,恰恰就是分别由蒙古族和满族建立的王朝实现的。同时还应看到,我们这个统一的多民族国家是沿着几经分合的曲折道路向前发展的,既有一次比一次长久的统一局面,也几度出现过短暂的分裂割据或若干政权并立的时期,但是,由于各民族自古就形成了大分散、小聚居的居住特点,特别是逐渐形成了不可分割的政治、经济、文化联系,彼此互相依存、互相吸收,统一是主流,分裂是支流。而且,不论是分还是合,古代少数民族并不自外于中国,汉族建立的王朝也莫不把他们看做是中国的一部分。事理很显然,中国之所以成为历史悠久、延续不绝的伟大国家,这是构成中华民族的各族劳动人民共同创造的成果。既然我国的历史是各族人民共同创造的,那么各少数民族的人民就都是中国人;少数民族的历史,不管他们在历史上处于什么地位,也不论他们纳入汉族王朝统治范围之内或独立于中原王朝之外,都应该是中国历史的组成部分。易言之,历史上的中国民族除了汉族还有少数民族,中国的历代疆域既包括中原王朝也包括少数民族独自建立的国家或政权的辖区;不能把历史上的中国与封建王朝画等号,更不能与汉族王朝画等号。[1]

孙祚民反对上述意见。他认为,"中国自古以来就是一个统一的多民族国家"的提法,是一种缺乏科学性的论据,存有明显的漏洞。因为它不仅背离了历史发展的科学原理,采用简单化的方法来处理复杂的历史问题,否认了我国统一的多民族国家形成的历史过程;不仅混淆了历史上的"过去"和现在的"今天"的不同的时间观念,用"今天"的框子去括套"过去"历史上的疆域和民族,否认了我国历史上疆域范围的变迁和各民族间分离、统一、同化与融合的变化,而且颠倒了历史发展的顺序,强迫千百年前历史上的民族和国家之间,都要按照"今天"来确定相互之间不是外族和外国,而是平等友爱的一个民族大家庭的成员和兄弟。他主张:以我国历史上王朝的疆域为历代国土的范围,因王朝统治的范围不同,而历代国土有所变更伸缩。就当时讲,以汉族或汉族建立的王朝代替中国不但是可以的,而且是客观历史的必然结果。特别是当外族入侵、民族矛盾达到极端尖锐的时候,汉族的王朝,就更具有了"代表中国"的意义。总之,在论述历史上汉族王朝与其他少数民族的关系时,是否称他们为外族和外国,只能根据当时的实际情况决定:当时已经与汉族融合或归入汉族王朝版图的,就属于国内性质;反之,就是外族和外国。抛开建立在严格时间观念之上的这个正确标准,而以今天中华人民共和国疆域的范围来判断数百以至几千年前汉族王朝与其

---

[1] 范文澜:《中华民族的发展》,《学习》,三卷(1);吕振羽:《论我国历史上民族关系的基本特点》,《学术月刊》,1961年第6期;岑家梧:《在教学上如何处理祖国历史上的民族关系》,《历史教学》,1962年第9期;翁独健:《民族关系史研究中的几个问题》,《中央民族学院学报》1981年第4期;马寿千:《民族关系与历史剧》,《中央民族学院学报》1979年第1、2期合刊。以下凡出处重复者只注篇名或书名。

他各少数民族国家的关系,这显然极为荒谬,而且十分有害。①

周乾溁同意少数民族政权"外国"说,但又认为它们还是我国国内民族。他说:说匈奴、突厥、辽、金等是外国,并不意味着它们不是我国国内的民族。所谓外国,乃是就特定的历史时期而言,在历史上说汉朝是中国,与它相对的匈奴便成了外国,依此类推,唐和宋是中国,突厥、辽、金等国便成了外国。若从匈奴、突厥、辽、金等国的角度说,汉、唐、宋等也可以称为它们的外国。不过,这儿所谓外国,还应有一定的界限,因为它们还是生活在我们今天的国土上,和那始终在我国领土之外的外国,就要有所不同。②

田继周从另一角度指出:我国自古就是多民族的地区,却不能说自古就是一个多民族的国家。国家的统一是指一个政权的统治和管辖而言。我国的统一是指居于我国领域内的民族受一个政权的管辖而言。这样的统一或基本上的统一,应该说是从秦汉开始的。秦汉统一和建立多民族国家之后,我国又出现过分裂,出现过同一民族和不同民族建立的不同的国家。分裂之后,又得到统一。经过统一分裂、分裂统一的长期过程,才最后形成我国今日的版图和民族构成。③

谷苞则认为,"我国自古以来就是一个统一的多民族国家"的提法,符合历史事实。他指出:说自秦汉以来中国就是一个统

---

① 孙祚民:《中国古代史中有关祖国疆域和少数民族的问题》,载《文汇报》1961年11月4日;《再论中国古代史中有关祖国疆域和少数民族的问题》,载《文汇报》1962年8月2日;《处理历史上民族关系的几个重要准则》,《历史研究》1980年第5期;《正确处理历史上民族关系的几个问题》,《北方论丛》1982年第4期。

② 周乾溁:《我国历史上民族关系的几个问题》,载《天津日报》1962年6月20日。

③ 田继周等著:《中国历代民族政策研究》,第422页,青海人民出版社1993年版。

一的多民族国家,固然是可以的,说中国自古以来就是一个统一的多民族国家,同样是可以的。秦汉以来,已经有两千多年,不谓不古。①李一氓、陈永龄、王铎强调:今天在处理历史上的民族关系问题时,应该克服大汉族主义的正统思想,坚持民族平等的原则,而没有理由自居于封建王朝的立场,把少数民族视为外族,把他们建立的国家或政权看作外国,否则就会犯时代的错误、地理的错误和道德规范的错误。假如把少数民族视为异族外国,那么,西汉时的匈奴和西域各族,隋唐时的突厥、回纥、吐蕃、南诏,两宋时的辽、西夏、金、大理等就都成了外国,而中华民族自古以来生息繁衍的地区,将因当地有过时兴时灭的民族政权,时而是,时而又不是中国的领土,这岂不荒唐可笑?显然,那种看法是狭隘的历史偏见。②

翦伯赞也说:那种当匈奴、契丹、女真、蒙古等族尚未纳入汉族王朝的政治统治范围之内时均视为外国人的主张,是值得商榷的。按照这种说法,中国史上的民族是不是中国人,岂不要以这个民族曾否被汉族王朝征服为准?这样说来,一个少数民族岂不只能以被征服者的资格参加祖国,不能以独立的地位加入祖国?这种主张者显然把中国和汉族在中国土地上建立的王朝等同起来,因而认为只有汉族王朝势力所及之地,才算中国的领土。然而,汉族王朝的统治范围并不等于中国;在中国这块土地上除了汉族,还有很多民族。作为一个民族,他们和汉族是属于不同的民族,但作为多民族国家的一个成员,不管在分裂时期或统一

---

① 谷苞:《论充分重视和正确解决历史研究中的民族问题》,《新疆社会科学》,1981年创刊号。

② 李一氓:《读〈辽史〉》,《文艺研究》1981年第4期;陈永龄:《我国是各族人民共同缔造的统一的多民族国家》,《历史教学》1979年第4期,又《戏曲也必须要正确处理历史上的民族关系》,《中央民族学院学报》1979年1、2期合刊;王铎:《中国北方民族关系史·序言》,中国社会科学出版社1987年版。

时期,也不管纳入或未纳入汉族王朝统治范围,应该承认他们都是中国人。①

曹永年、周增义认为:"汉族王朝即中国",是汉族封建统治阶级的一份遗产。中国自国家出现以来,有好几个历史时期并不存在汉族王朝。先秦 2000 余年根本无所谓汉族;秦汉以来,元朝 90 年是蒙古族王朝,清朝 200 余年是满族王朝。在这些年代里,中国由什么政权来代表?疆域在哪里?又是怎么发展的?事实是,我国历史上诸王朝,不管由哪个民族建立,无一例外都生活有多种民族。他们指出:孙祚民的主张本身就存在着致命的破绽。第一,蒙古族和它所建立的元王朝,以及满族和它所建立的清王朝,都没有"与汉族融合或归入汉族王朝版图",按照结论,肯定是"外族和外国"。但又将这些王朝与秦、汉、唐、明等并列,作为古代的中国,作为中国发展过程中的一环,这分明是对自己"准则"的否定。第二,论证过程中将"历代王朝"作为"汉族王朝"的同义词来交替使用。"历代王朝"是一个极广泛的概念,汉族王朝固然在内,少数民族所建立的正统王朝如北魏、北齐、北周、辽、金、元、清也在内,少数民族所建立的"僭伪王朝"如十六国、西夏等亦在其中。以"历代王朝"替代"汉族王朝",无异于承认非汉族王朝也是当时的中国。这对于"准则"又是一个否定。孙祚民还经常以"中原王朝"作为"汉族王朝"的同义词使用。"中原王朝"历来是指建立在中原地区的王朝而言。历史上,许多汉族王朝恰恰并不在中原地区,如偏安江左的东晋、南朝,而一些少数民族政权却正占有中原,如十六国、北朝。如用"中原王朝"来替换"汉族王朝",那么淝水之战就成了当时的"中国",即中原王朝、氐族的前秦为一方,当时的

---

① 翦伯赞:《关于处理中国史上的民族关系问题》(1962 年遗作),《中央民族学院学报》1979 年第 1、2 期合刊。

"外族和外国",即非中原王朝、汉族的东晋为另一方的战争,这样,恰好将孙祚民原来的结论颠倒了过去。①

许多同志还结合"中国"一词涵义的演变发表了自己的意见。杜荣坤、白翠琴、杨建新等说:我国历史上的"国"及"中国"的涵义是不断发展变化的。古代少数民族所建立的"国",实际上就是我国境内大大小小的地区性政权,依传统习惯被称之为国。因此,我们既不能用今天的国家概念来理解过去各少数民族建立的政权,也不能用往往是反映我国历史上某个地域名称或某种文化类型、政治地位的"中国"一词,来解释和代替历史上实际存在的由多民族结合而成的中国。因为这个词不是主权范围的概念,也不是指政治上的归属和管辖范围的概念。② 陈连开等认为,"中国"一词,在古代仅有地域的、文化的概念。从夏商周到明清各代,都有自己一家一姓的王朝国号。只是辛亥革命建立了"五族共和"的中华民国;党领导新民主主义革命取得胜利,建立了中华人民共和国,"中国"才最终成为具有近代国家概念的正式名称。他从中国古代史学传统、中国少数民族的国家与地域观念以及当时外国人的地理观念等方面作了一番考察后指出,历史上的中国应当包括少数民族。它们在边疆或内地建国立朝,与现代民族国家有着本质不同。即使它们在历史上是互相对立的,也是中国这一多民族国家在历史上的统一与分裂,都是中国历史不可分割的组成部分。中国的辽阔疆域,不仅是各民族共同开发的,也是因各民族首先在本地区形成政治中心,进而形成地区性多民族统一,最终形成多民族统一的中国。全国性的统一

---

① 曹永年、周增义:《淝水之战的性质和处理历史上民族与疆域的"准则"》,《中国史研究》1982年第2期。
② 杜荣坤、白翠琴:《试论古代少数民族政权与祖国的关系》,《民族研究》1979年第1期;杨建新、马曼丽主编:《西北民族关系史》,第13~14页,民族出版社1990年版。

是以许多局部统一为前提，因而不同层次的统一运动，都对缔造中国的广大疆域作了不可磨灭的贡献。中国各民族共同缔造的统一多民族国家，是中华民族在古代已形成整体的最高政治表现。[①] 谭其骧也说：某一历史时期的中国边界，并不等于这一时期中原王朝的边界。当然，历史上也有中原王朝的边界就是中国边界的时候。匈奴、突厥、回纥、鞑靼、瓦剌，虽然不是汉朝、唐朝、明朝，但都是中国。的确，"中国"这个概念是随着时代发展的。既然"中国"的概念是随时代而发展的，我们生活在今天，当然不能采用古人的观点、立场，再把古代少数民族建立的政权看成外国，而应该把它们看作中国历史的一部分，是那个时期中国的一部分。必须如此看，而且也只有这样看，才能讲得通。[②]

针对一些著作和论文把中原王朝称为中央王朝，而把少数民族建立的政治实体笼统地称作地方政权或割据政权的说法，翦伯赞、翁独健、李桂海等指出：对待中原王朝与少数民族政权之间的政治关系问题，应采取实事求是的态度。那种不加区别地将少数民族建立的王朝或汗国称作中原王朝的地方政权或割据政权的做法，是把复杂的民族关系简单化了。他们主张：如果原来是在一个统一王朝的统辖之下，后来某个时期分裂出去，这种政权可以称之为割据政权；如果原来与中原王朝并无政治上的隶属关系，只要是一个独立的政权，那就大可不必加上"地方"二字，也不存在"分裂割据"问题，而应该承认它是与中原王朝并立的

---

① 陈连开：《论中国历史上的疆域与民族》，《中央民族学院学报》1981年第4期；《中华民族研究初探》，第22页，知识出版社1994年版；刘先照主编：《论社会主义民族关系》，第4页，民族出版社1991年版；黄光学、施联朱主编：《新中国的民族关系》第2章，鹭江出版社1999年版。

② 谭其骧：《对历史时期的中国边界和边疆的几点看法》，《中国史研究动态》1979年第11期。

国家,比如金朝,就是与宋朝并立的国家。这样看,才有可能正确处理少数民族的政治地位,充分估价各个独立的民族政权在历史上对整个中华民族所做出的贡献。①

翁独健在谈到中国的概念和含义时又指出:中国这一概念,在夏商,指夏、商的王畿,是众国之中的意思,也有大国的含义。到了周朝,它又具有与夏族或华夏族等同的性质。秦汉以后,随着中央集权制的发展,随着夏族或汉族的发展,中国便愈来愈成了夏族或汉族建立的中原皇朝的专有名词,所以又出现了"中夏"和"中华"的名称。这是汉族观念的产物,它不能完全反映我们这个多民族国家的面貌和特征。随着清朝的建立,特别随着我国近代史的发展,中国才具有了完整的含义,即包括我国整个领域和在这一领域内的所有民族。中国的概念和含义明确了,中华民族的概念和含义也就随之明确了。我们不能再像古代史学家那样把中国的范围局限于夏族或汉族建立的国家,也不能再把它与汉族居住区等同起来,而应从我国多民族出发,从我国今日的领域出发。只有这样,才能比较正确地研究和反映我国各民族的历史和他们的关系。②

二、中华民族的形成和发展问题

中华民族是怎样形成和发展起来的?她的基本结构或本质特征究竟是什么?不同学科和同一学科的诸多学者,从地理、政

---

① 翦伯赞:《关于中国史上的民族关系问题》;翁独健:《民族关系史研究中的几个问题》;李桂海:《如何看待中国历史上少数民族建立的独立政权问题》,《中南民族学院学报》1981年第1期。

② 翁独健主编:《中国民族关系史纲要》,第5~6页,中国社会科学出版社1990年版。

治、经济、文化等角度，沿着时空两个坐标做了程度不一的探讨。黄崇岳说：大量的文献和考古材料表明，中华民族文化的渊源是多源的。不只是黄河流域，还有长江流域，以至珠江流域和辽河流域等，都是孕育中华文明的大小摇篮。[①] 马大正认为："大一统"思想在秦汉时期变成了现实，也成为中国社会占主导地位的政治思想之一。它是一种无形的强大的向心力，几千年来浸润着我国人民的思想感情。以国家统一为乐，以河山分裂为忧，是中华民族永恒的政治价值取向。"大一统"思想在推动中国古代统一多民族国家的形成和发展中起到了积极的促进作用。[②]

谷苞认为，在我国历史上，两个巨大的游牧区（北方游牧区与西方游牧区，包括原来在两个游牧区内出现的农业区）与一个更大农业区——即中原农业区之间的相互依存、相互促进的关系，是我国大一统思想所以深入人心的经济基础，也是我们历朝历代大统一政治局面所赖以建立的经济基础。王铎也指出：从历史上看，居住在我国大漠南北地区的北方各游牧民族与中原汉族之间属于两种互相区别而又互相依赖的生产和生活类型，或者叫两种文化。这两种经济类型和文化的互相区别和互相补充，构成了一种对立统一的内在联系。[③]

陈连开认为，中华新石器文化的区系类型研究和中华远古各部落集团的研究，为中华民族起源的多元说奠定了坚实的科学基础。关于中华民族起源的单一中心说，被科学证明是没有根据的。他进一步指出：在统一多民族中国的形成与发展过程中，中国各民族的内在联系与整体不可分割性客观地在形成与发展着。

[①] 黄崇岳：《中华民族形成的足迹》，第2页，人民出版社1988年版。

[②] 马大正：《中国古代的边疆与边疆政策》，载《光明日报》2001年2月13日。

[③] 谷苞：《论正确阐明古代匈奴游牧社会的历史地位》，见《民族学研究》第8辑，民族出版社1986年版；王铎：《中国北方民族关系史·序言》。

就是说,中国各民族既是各自在形成发展,又客观地在统一的多民族国家里逐步形成为中华民族的整体,只是在中国古代,没有真正遇到来自中华大地以外的威胁,而历代民族之间的战争和王朝所推行的民族压迫制度所造成民族之间的歧视与隔阂,又掩盖着中华民族客观存在的整体利益一致和不可分割的联系。[①]

在中华民族的形成问题上,费孝通结合自己半个多世纪的思考,广泛吸纳学术界新成果,高屋建瓴地提出了中华民族多元一体格局的新观点,并在海内外引起了巨大反响。他说:中华民族所包括的50多个民族单位是多元,中华民族是一体。中华民族成为一体的过程是逐步完成的。先是各地区分别有凝聚中心,各自形成初级的统一体。比如在新石器时期,黄河中下游有不同的文化区,这些文化区逐步融合出现汉族的前身——华夏的初级统一体,当时长城外牧区还是一个以匈奴为主的统一体,和华夏及后来的汉族相对峙。经过多次北方民族进入中原地区及中原地区的汉族向四方扩散,才逐步汇合了长城内外的农牧两大统一体,又经过民族流动、混杂、分合的过程,汉族形成了特大的核心,但还是主要聚居在平原和盆地等适宜发展农业的地区。同时,汉族通过屯垦移民和通商,在各非汉民族地区形成了一个点线结合的网络,把东亚这一片土地上的各民族串联在一起,形成了中华民族自在的民族实体,并取得大一统的格局。这个自在的民族实体在几千年的历史过程中,由许许多多分散孤立存在的民族单位,经过接触、混杂、联结和融合,同时也有分裂和消亡,形成了一个我中有你、你中有我,而又各具个性的多元统一体。中华民族作为一个自觉的民族实体,则是在近百年来中国和西方列强对抗中形成的一个休戚与共的实体。这个实体的格局是包含着多元的统一体,所以中华民族还包含着50多个民族。虽则中华民

[①] 陈连开:《中华民族研究初探》,第12~23页。

族和它所包含的50多个民族都称为"民族",但在层次上并不同,而且在现在所承认的50多个民族中,很多本身还各自包含更低一层次的"民族集团"。所以可以说,在中华民族的统一体之中存在着多层次的多元格局,而且各个层次的多元关系又存在着分分合合的动态和分而未裂、融而未合的多种情状。①

关于中华民族的凝聚力问题,陈育宁、汤晓芳认为它的形成有四个基本的历史要素:多源多流、源流交错是中华民族凝聚力形成的历史前提;共同开发、共同创造是中华民族凝聚力形成的历史基础;迁徙流动、汇聚融合是中华民族形成的历史途径;互相联系、互相依存是中华民族凝聚力形成的历史根源。②

由卢勋、杨保隆等多人组成的课题组,就中华民族凝聚力的形成与发展进行了全面的综合考察,并得出以下结论:中华民族凝聚力是各种因素交互作用的结果。首先是地理因素。中华大地四周有天然屏障,自成一个地理单元。中国各族在这里生息、繁衍和不断迁徙、融合,成为他们依恋的祖国和家园。其二是经济因素。中国地域辽阔,生活在不同自然环境下的民族,存在着各种不同的经济形态。但自古以来,经济上是互相依存、互为补充的,民族间的经济交往从未间断。频繁而又不可缺少的经济交流,加强了各族之间的政治关系,促进了国家的统一。其三是传统文化的因素。中国各民族的文化是互相影响、互相渗透的。汉族文化不断吸收其他民族的文化,少数民族也不断接受汉族文化,少数民族之间的文化交流也从未中断,从而形成博大精深的中华民族传统文化。其四是共同的心理状态。居住在不同地域的

---

① 费孝通:《中华民族的多元一体格局》,见《中华民族多元一体格局》(修订本),中央民族大学出版社1999年版。

② 陈育宁、汤晓芳:《中华民族凝聚力形成的历史要素》,见中国民族史学会编:《中国民族史学会第四次学术讨论会论文集》,第1～12页,中央民族学院出版社1993年版。

中国各族人民，都认为中国是他们的祖国，都认为自己是这个国家的成员和主人。不论是汉族抑或边疆少数民族，都有着明确的祖国观念和强烈的归属感和认同感。其五是多民族的统一国家。"统一"始终是我国历史的基调，而暂时的分裂割据实际上是重建统一的前奏，它为新的统一创造条件。每一次新的统一，都会使一些少数民族加入中华民族的大家庭，从而使多民族的统一国家更加发展壮大，使中华民族的凝聚力得到进一步加强。其六是团结御侮，共同抵抗外来的侵略。在患难与共的斗争中，中华民族经受了血与火的考验，增长起更加强大的凝聚力和生命力。除以上这些基本因素外，还有其他许多因素。多种因素交互作用的结果，使中华各族产生出强烈的民族认同感，从而凝结成为一个牢不可破、密不可分的整体。①

三、历史上民族关系的主流是什么

吕振羽认为，在阶级社会时代，包括占统治地位的民族的人民在内的各族人民间的关系，是民族关系的主流，在他们之间本质上不存在着压迫、剥削、特权和不平等的关系，在某种情况下出现过的疏远、隔阂、敌视等现象，是统治阶级所制造和强加于他们的，所以，在他们，利于彼此间的团结、友爱、互助和合作，也不断发展了这种团结、友爱、互助和合作。这也是统治阶级禁止、离间和阻拦不了的。王铎也说：在历史上，各民族间和睦相处的时间大大长于分裂和战争的时间，何况这些分裂和战争状况是由历代统治阶级为维护其统治利益所造成的，各族劳动人

---

① 卢勋等著：《中华民族凝聚力的形成与发展》，第2~3页，民族出版社2000年版。

民之间本质上不存在利害冲突和不平等关系。在经济上互通有无和文化上取长补短的友好往来，一直是各族劳动人民生活中的大事，这种友好关系在和平时期是这样的，在战争时期也从不间断。各族劳动人民之间友好互助这个民族关系的主流，是任何人为的力量所不能阻挡的。①

陈永龄同意这种看法，并有所补充：民族的主体是劳动人民。历史上民族关系的主流是各族人民之间的友好合作关系，反映在他们身上的不平等关系只是假象。而历史上各民族统治阶级之间的战争、和亲、会盟、册封、贡赐等关系，只是民族关系的一个侧面。在某些不同的历史时期和不同地区，民族关系中也确曾出现过短暂的民族战争、民族压迫和民族仇杀，以及影响深远的民族歧视和民族隔阂。这些民族关系中的逆流，在一定历史时期内和一定程度上曾严重地影响，甚至破坏了各族人民之间的友好关系。但从历史的全过程看，统治阶级造成的消极因素是一时的、局部的；而各民族人民之间的联合和互相友好合作、取长补短等积极因素，则是长期的、主要的。过多地、片面地强调消极因素的作用，描绘历史上民族关系的阴暗面，是错误的。②

吴晗则认为，一方面承认我国自古以来就是多民族国家，另一方面却又一味强调，在长期的历史关系中各族都是友好相处的，个别的甚至说成是兄弟般的关系，这样一来，就把实际存在的民族矛盾掩盖了，或者说，以今套古，把古代的民族关系也现代化了。片面强调和平共处是非历史主义的。同样，用相反的方法，不讲和平共处的一面，只讲战争、压迫、屠杀的一面，把历

---

① 吕振羽：《论我国历史上民族关系的基本特点》，又《中国历史上民族关系的几个问题》，《学术月刊》1963年第1期；王铎：《中国北方民族关系史·序言》。

② 陈永龄：《我国是各族人民共同缔造的统一的多民族国家》；《戏曲也必须要正确处理历史上的民族关系》。

史上的民族关系说成是民族相斫史,那就更是错误的。①

翦伯赞也认为,在论述历史上的民族关系时,强调各族劳动人民之间的友好往来,把各族劳动人民和各族统治者分开,是完全应该的,但必须给予这种关系以具体的历史内容。不能忘记一个事实,即阶级社会的各族统治者为了便利他们的战争动员,经常挑拨民族之间的仇恨,制造民族之间的不和,在统治阶级长期的挑拨之下,各族人民不能不受到影响,因而他们不可能没有褊狭的民族主义思想。这就是为什么在全国解放后我们还要进行反对大民族主义和狭隘的地方民族主义的教育。②

李维汉、马寅也说:从总的看,2000多年来,各族人民之间的关系,友好团结是主导方面,发展了密切不可分割的政治、经济和文化联系,但在反动统治下,它不能不受社会制度和民族压迫制度的制约。他们又指出:古代各民族之间政治、经济、文化的联系,并不是和谐地开展,而是往往伴随着民族冲突和民族压迫,或者就是通过民族冲突和民族压迫来实现的;统一的多民族国家的建立和发展,常常是经过民族战争和民族压迫来实现的,而不是各民族平等、自愿联合的结果。③

范文澜则提出:剥削阶级统治下的民族和国家,各民族和各国家间,完全依靠力量的对抗;大小强弱之间,根本不存在和平共处、平等联合一类的概念。孙祚民对此表示同意。④ 肖黎也说:我国古代民族间的关系,绝不像某些论者讲的那么甜美和谐。恰恰相反,在剥削制度下,更多的却是民族间的压迫和剥

---

① 吴晗:《历史教材和历史研究中的几个问题》,《人民教育》1961年第9期。
② 翦伯赞:《关于处理中国史上的民族关系问题》。
③ 李维汉:《中国各少数民族和民族关系》,《民族团结》1979年第3期;马寅1981年4月21日在中共中央党校的报告。
④ 范文澜:《中国历史上的民族斗争与融合》(1962年遗作),《历史研究》1980年第1期;孙祚民:《处理历史上民族关系的几个重要准则》。

削，民族间的交往也是一个痛苦的过程，这是不容粉饰的事实。① 杨建新等指出：在剥削阶级统治的社会里，各民族的剥削阶级基本上在各民族的活动中起着主导作用。在民族关系上，当然也要反映各民族统治阶级的意志，就是说，历史上的民族关系只能建立在民族压迫、民族歧视的基础上，而不可能以民族平等、民族友好为基础。这就是历史上民族关系的实质或主流不可能是友好往来的基本原因。②

谷苞不同意范文澜等同志的上述意见，认为那样说实在是说过头了。在古代的民族关系中，有民族斗争的一面；也有民族间经济文化交流、友好往来的一面。民族斗争毕竟不是经常发生的事，不是年年月月天天都要发生的事；而民族间的经济文化交流和友好往来的事，确是年年月月天天都在到处进行的，因而我们认为历史上民族关系的主流是各族人民群众之间的经济文化交流和友好往来。各族人民基本生活的需要乃是无声的律令，它能够冲破一切障碍而力求满足。就我国长城以内从事农业、手工业的汉族和长城以外从事游牧业的各游牧民族的关系来说，在经济上互通有无和在文化上取长补短的友好关系，一直是各族人民生活中的头等重大事件。对游牧民族来说，他们所需的粮食和衣着、工具等许多手工业产品都靠农业区取得。取得的方法可以有两种，一种通过战争进行掠夺；一种通过交易，以牲畜和各种畜产品来换取。前一种不仅是不能经常采用的，而且往往是很危险的，总是要碰到顽强的抵抗，要付出很高的血的代价，尤其是还会遭到最大的报复，因而往往得不偿失。通过和平的交易，是安全的，对双方都有利，因而也是一种经常采取的最主要的方式。

---

① 肖黎：《也谈如何评价西汉"和亲"问题》，《北方论丛》1982年第2期。
② 杨建新、马曼丽主编：《西北民族关系史》，9页。

即使在战争状态和双方不和睦的情况下,这种交易还是照常进行。① 吴泰就宋辽金时期的和战情况进行具体分析时也指出:在宋、辽、西夏并立的 160 多年内,宋辽之间的战争只有 20 年,宋、西夏之间的两次战争总共也不过 30 年。这中间,战争主要是边境的小规模冲突,真正大规模的战役甚少。在这 160 多年的大部分时间里,对峙的各个政权,相互间进行着经济、文化的交流和政治上礼节的往来,对各族人民来说,被卷入战争更是他们之间关系的极次要部分。所以,互相友好相处,在共同创造中华民族的文明的过程中互相融合,才是各民族关系的主流。②

谈到什么是民族关系的主流时,翁独健首先指出,我国各民族的发展和它们的关系存在着下列史实:第一,我们这个领土辽阔、民族众多的国家,有一个长期发展形成的过程,有从小到大、从单一民族到多民族的发展过程。表现在政治上的这个过程,是基于经济文化的发展,基于各民族间经济文化的日益接近和互相吸收和融合。因此,我们中华民族的经济文化,不是由某一个民族创造的,而是由我国所有民族(包括历史上已消失的民族)共同创造的。第二,在阶级社会,我国民族间的关系是不平等的,统治民族和被统治民族是剥削压迫的关系。当我国领域内同时存在由不同民族建立的不同国家的时候,这些国家的关系虽然有时是平等交往,但各国内部仍然存在着统治民族和被统治民族。第三,由于历史上的民族关系是不平等的,也就造成民族矛盾和斗争,以致经常发生民族战争。但同时,在不平等和矛盾斗争的过程中,各民族又存在着和平相处和发生着日益密切的经济文化关系。即在战争时期,这种经济文化关系也没有中断,甚至

---

① 谷苞:《论充分重视和正确解决历史研究中的民族问题》。
② 吴泰:《试论宋、辽、金时期民族关系的几个问题》,《北方论丛》1982 年第 3 期。

战争反成为加强这种关系的手段。根据这些史实，如果说我国历史上的民族关系有主流的话，主流就是各民族日益接近，互相吸取，互相依存，共同缔造了我们这个多民族的统一的伟大国家。①

白寿彝也持类似见解。他说：在民族关系主流问题上的两种意见，都不可能完全否定对方的说法，因而也就不可能完全说服对方。这个问题可以看得开阔一点，不要争论不休，哪个是主流，哪个是支流。这是因为：在这个历史阶段里，可能友好合作比较多；在另一个历史阶段里，也可能民族间打得难解难分。这如何解释呢？一定要在两种现象之间找出个"主流"，定出个"支流"来，这不好办。我们研究历史，不能采取割裂历史的方法。从一个历史阶段看问题，固然是必要的；从整个历史发展趋势看问题，则是更为重要的。在民族关系史上，友好合作不是主流，互相打仗也不是主流。几千年的历史证明：尽管民族之间好一段、歹一段，但总而言之，是许多民族共同创造了我们的历史，各民族共同努力，不断把中国历史推向前进。这是主要的，也可以说，这就是主流。②

四、如何判断历史上民族战争的性质

翦伯赞说：在长期的封建时代里，各族统治阶级之间，曾经发生过战争。这种战争，有时是侵略他族来扩大自己的领土，有时是抵抗他族的侵略，保护自己的领土。在讨论历史上民族关系

---

① 翁独健：《中国民族关系史纲要》，第15～16页。
② 白寿彝：《关于中国民族关系史上的几个问题》，《北京师范大学学报》1981年第6期。

时，应该承认这种侵略和被侵略的事实是存在的。汉族和其他历史上居于统治地位的民族所发动的战争，有很多都是带有侵略性质的，说这些战争是反动的侵略战争一点也不冤枉；但不能说只要他们还手，就是反动、侵略，因为也有些不是侵略战争。少数民族发动的战争，有很多都是为了反对汉族或其他统治民族的压迫，因而大多数都是带有反抗的革命的性质，但不能说凡是少数民族拿起刀子杀汉人都是革命。①周乾溁则举例说：从民族间的战争来看，像金和宋的战争，应该看作是两国交兵，而且是金国贵族发动的侵略战争，宋是反侵略战争。若把它看成是一国之内两个民族的争夺，战争的性质就要发生变化，而宋朝抗金斗争的意义也就不同了，岳飞等人，便成了帮助本族统治者争夺或保持地盘以维护其统治的奴才，哪里还能称什么民族英雄呢！当然这种看法是不对的，是违反历史唯物主义的，因为那时交战的双方不是一国内的两个民族，而是两个族国。②何兹全、王玉哲也认为，匈奴、契丹、女真、蒙古等虽然是中国历史上的民族国家，但对当时中原具体的王朝来说，他们之间又是对立的国家，彼此可以称对方为外国或外族。他们之间的战争，当然也就存在着侵略与被侵略的关系。不过，他们和当时王朝的对立和战争，不是外国或外族侵入中国，只能说是对当时某个王朝的入侵，而不能说是对"中国"的入侵，因为他们同是"中国"的一个组成部分。③

范文澜不同意以上的看法。他说：在当时，作为敌对的民族或国家，经常残酷地进行斗争，今天看来，却是兄弟阋墙，家里

---

① 翦伯赞：《关于历史人物评论中的若干问题》，《新建设》1952年第9期；《关于打破王朝体系问题》，载《光明日报》1959年3月28日。

② 周乾溁：《我国历史上民族关系的几个问题》。

③ 何兹全：《中国古代史教学中存在的一个问题》，载《光明日报》1959年7月5日；王玉哲：《中国古代史上的民族问题》，《南开大学学报》1980年第2期。

打架。汉族有很多祖先，对谁偏袒好呢？当国家完全失去抵御外来侵犯的作用，仅仅是一部剥削机器的时候，如北宋、南宋末年这样的腐朽国家，民众自己不起来，强大的邻国进来消灭它，那是很自然的。虽然这些国家的统治阶级是汉人，但汉族史学工作者不值得替他们呼喊，说是受了侵略，并且谴责侵略者。我们应该严厉谴责那架剥削机器，赞成有人出来打倒它，女真灭北宋，蒙古灭金和宋，都是合乎规律的事情。一个小兄弟用武力打倒老朽残虐的大哥，替大哥管理家务，管得好坏，应作别论，打倒老朽，代管家务，本身总是一件好事。①

吕振羽也认为：侵略和反侵略战争，只能发生在国与国之间，一个国家之内的民族战争、阶级战争或同一阶级内部各集团间的战争，是不存在侵略、反侵略战争的前提的。南北朝、宋辽、宋辽金、宋金元、明清之间的战争，既然都是国内战争，都是压迫和反压迫的民族战争，因此，它们就不存在侵略与反侵略战争的前提。"在过去的民族民主革命时期，为着对群众进行反侵略的教育，连我在内，每每未加深思地把这种战争渲染为侵略、反侵略的战争。这是不确切的。"②

陈永龄、陈梧桐、王铎等指出：历史上的汉族王朝和其他少数民族国家，既然都是中华民族的成员在中国境内建立的国家政权，那么他们之间的战争，就不同于中华民族反对外来侵略势力的斗争，不带有侵略与反侵略的性质。但这不等于说，他们之间的矛盾不是民族矛盾，甚至可以是非不分。大体说来，任何民族的统治者对其他民族实行压迫和掠夺的战争，是非正义的；被压迫民族奋起反抗压迫和掠夺的战争，是正义的。某些民族的上层

---

① 范文澜：《中国历史上的民族斗争与融合》；金石：《这绝不是处理历史上民族关系的准则》，《中央民族学院学报》1981年第2期。

② 吕振羽：《中国历史上民族关系的几个问题》。

分子发动分裂祖国、破坏统一的叛乱战争,如清代的三藩之乱、阿睦尔撒纳叛乱等,是反动的;中央政府镇压叛乱、维护统一的战争,是进步的。某个民族的王朝进行统一全国的战争,其主观动机是为了扩大剥削对象,带有强烈的掠夺性,这应予揭露和谴责;战争的结果消除了全国的分裂割据状态,客观上有利于我国统一多民族国家的发展和经济文化的进步,又应给予历史的肯定。至于不同民族的统治者为了财产和权力的再分配而互相战争,如西晋末年匈奴贵族刘渊起兵反晋,在西晋亡后又与北方各族割据政权混战不休,这只能给人民生活和社会生产造成严重的破坏,则应予以彻底的否定。①

孙祚民对上述观点都不同意,认为战争既然发生在敌对的民族国家之间,就必然具有侵略与反侵略的性质,如历史上匈奴、突厥、契丹、女真、蒙古对汉、唐、宋、明等王朝的侵略,可以说是外族或外国对中国的侵略。以宋代历史为例,如果不同意"以宋朝代替当时的中国",难道还能够以女真征服者代替中国么?即便把当时的中国视为汉族和女真所共有,也是很荒谬的,因为那实际上就等于承认了女真侵略中国神圣领土的既成事实,等于要人民放弃光复国土的正义斗争。再者,如果抽掉侵略与反侵略的具体内容,那么所谓"正义与非正义",就成了空洞的名词。②

在判断战争性质问题上,吴晗、杜荣坤等强调:不但要联系具体的史实进行阶级分析,而且应当用同一标准来衡量,不要好

---

① 陈永龄:《戏曲也必须要正确处理历史上的民族关系》;陈梧桐:《关于处理我国民族关系史若干原则的商榷》,《中央民族学院学报》1981年第2期,又《正确对待我国历史上的少数民族及其与汉族王朝的战争》,载《光明日报》1982年7月5日;王铎:《中国北方民族关系史·序言》;杨建新、马曼丽主编:《西北民族关系史》,第19页。

② 参阅孙祚民前引诸文。

像找到了一条公式，只要是汉族和少数民族打仗，总是把账算在汉族的统治阶级头上，或凡是中原王朝征伐少数民族的战争都是统一、平叛；也不能唯社会制度论、唯民族成份论，似乎只要游牧民族、落后民族进攻农耕民族、先进民族，就可不分青红皂白地一概斥之为掠夺、破坏，甚至扣上叛乱、分裂祖国的帽子，或凡是少数民族反对中原王朝的战争，都说成是反对民族压迫的斗争。①

翦伯赞还认为，在谈到古代民族战争时，既要指出战争的主观目的，又要说明战争的客观效果，尤其要把这种战争放在世界史的总体中来考察，即看它对于当时世界史的发展是起了推进作用，还是起了阻碍作用。以汉武帝出兵西域为例，虽然最初是为了抵抗匈奴的侵略，但后来则发展成为对西域各族人民实行掠夺的政策。不承认这一点而替汉武帝辩护是不对的。可是，同时要着重指出，西域各族人民曾成为西汉帝国的一部分，免除了较落后的匈奴人将使西域各族人民遭更悲惨的奴役，而且，西域各族人民因此而加入了较为高级的经济体系，取得了与文化水平较高的汉族人民接触的机会，这在客观上促进了当时西域社会经济的发展。另一方面，由于西域并入西汉帝国，因而又使汉族获得了来自西域各族的物质和精神文明；由于各族之间的经济、文化交流，丰富了中国的文化。同时，又由于东西文化的沟通，推动了世界史的发展。②

---

① 吴晗：《历史教材和历史研究中的几个问题》；杜荣坤：《试论我国历史上统一与分裂、战争与民族英雄》，《历史教学》1982年第1期；莫俊卿：《关于民族战争和民族英雄问题》，《中央民族学院学报》1982年第1期；布林：《关于我国民族关系史的几点看法》，《内蒙古社会科学》1980年第1期；李桂海：《如何看待中国历史上少数民族建立的独立政权问题》。

② 翦伯赞：《关于历史人物评论中的若干问题》；《关于处理中国史上的民族关系问题》。

孙祚民反对这种观点，认为它模糊了政治目的与客观效果的关系，错把后者当成了判断战争性质的标准。虽然有些非正义的战争，有时客观上也会带来某些有益的后果，从而给予应有的肯定，但战争的客观效果与其政治目的绝不是一回事；客观效果再大、再好，也不能改变战争的性质。这种观点，绝对化了社会制度先进性的意义，错把社会制度的先进与落后，同战争性质的正义与非正义划了等号，因而它不仅有严重错误，并且是十分有害的。①

翁独健综合分析了大量的史实后指出：我国历史上的民族战争，也像其他战争一样，有正义的和非正义的，革命的和反动的，或者说有征服和反征服、压迫和反压迫、镇压和反镇压等等性质。当前在评论民族战争性质的问题上，比较常见的一种倾向，是过多地考虑它的后果和影响，而在后果和影响中，又过多地强调是否对我国政治统一有利，是否对经济文化发展和社会进步有利。如过分强调国家的统一和社会进步，就可能犯大民族主义的毛病或成为征服与压迫的鼓吹者。②

五、关于民族间的"和亲"问题

对于历史上民族间的和亲，范文澜基本上持否定的态度。他说，西汉初年，匈奴强盛，经常入寇，破坏西汉边境。汉朝无力反击，只好用和亲政策，对匈奴忍让，企图换取边境的暂时安静。然而，匈奴却愈益骄横了，连年入侵边郡，抄掠人口畜产。不过，虽然和亲就是对匈奴忍辱退让，但在当时却有利于人民的

---

① 孙祚民：《处理历史上民族关系的几个重要准则》。
② 翁独健主编：《中国民族关系史纲要》，第11～12页。

休养生息。① 有些同志认定，和亲是"屈辱的""投降"、"卖国"政策。②

翦伯赞不同意上述意见。他认为，和亲政策，在今天看来已经是一种陈旧的过时的民族政策，但在古代封建社会时期却是维持民族友好关系的一种最好的办法。如果不分青红皂白，只要是和亲就一律加以反对，那么在封建时代还有什么更好的方法可以取得民族之间的和解呢？和亲政策总比战争政策好得多。③ 他还说：把女人当作历史的弹簧，这是和亲政策的实质。但是哪里需要装上这样的弹簧，以及在怎样的情况下才使用这种弹簧，却决定于当时具体的历史情况。④

梁多俊认为，对和亲的评价，无论全面肯定，还是全面否定，都是片面的。把和亲看作封建社会时代改善民族关系的最好方式，这夸大了和亲的作用。把和亲视为屈辱，看不到它在客观上所起的作用，这也不符合历史事实。⑤ 肖之兴说：从阶级关系来看，和亲主要是我国各民族统治集团上层人物之间的关系。然而，它不能不影响到有关的民族及其经济和文化。一般说来，和亲在客观上或多或少有利于缓和国内民族矛盾，或多或少有利于国家的统一和民族的团结，并对促进各民族之间的经济文化交流

---

① 范文澜：《中国通史简编》（修订本）第二编，第33、81页，人民出版社1959年版。

② 南京大学历史系编：《中国古代史》，转引自《中央民族学院学报》1978年第1期，第14页。

③ 翦伯赞：《从西汉的和亲政策说到昭君出塞》，载《光明日报》1961年2月15日；《内蒙访古》，文物出版社1963年版。

④ 翦伯赞：《文成公主说了话》，载《北京日报》1960年1月1日。

⑤ 梁多俊：《关于我国历史上的和亲问题》，《学术研究》（云南）1964年第5期。

起着一定的作用。① 卢勋在考察有唐一代特别是唐蕃联姻的史实后也指出：毫无疑问，历史上和亲双方都带有明显的政治目的，即各自从其本身的利益出发。但和亲的背景和客观效果各有所不同，自然不应一概而论。但对中央王朝来说，大多数情况都是把它作为缓和矛盾或实现羁縻的一种手段。其次，和亲后，在或长或短的一段时间内，大多加强了相互之间的政治及经济和文化交往，从而有利于中央王朝与边疆民族之间关系的改善。从这个意义上来说，综观历史上和亲，在客观上大多（而不是所有）都起到某种进步作用。②

刘先照、韦世明认为，在私有制社会里，不可能有民族平等的基础。所以，不能用民族平等的观念去要求和衡量和亲政策的好坏，而只能把和亲政策放在当时具体的历史环境中及其具体的历史条件下加以考察，看它是否有利于人民群众，是否有利于社会的发展和进步。他们以汉代为例，说明汉朝同匈奴的和亲，主要是通过双方统治者之间的联姻来建立一种罢战言和的政治关系，因而它是双方订立罢战和好盟约的同义语。这种和亲，无论当时统治阶级的主观愿望是真的希望和好还是一种暂时的策略手段，其结果都有利于民族间的经济、文化交流和民族融合。这也是不以双方统治者的主观意志为转移的。③

任崇岳认为，和亲是汉族和少数民族统治者互相利用的一种外交工具，是统治阶级为扩大自己势力而进行的政治活动。至于和亲究竟是平等的抑或是屈辱的，要看具体情况，不能一概而论。在强敌压境的情况下进行的，像刘邦无力退敌而采取这种权

---

① 肖之兴：《汉唐的"和亲"促进了我国历史上各民族的友好团结》，载《光明日报》1978年9月12日。
② 田继周等：《中国历史民族政策研究》，第145～146页。
③ 刘先照、韦世明：《论汉朝与匈奴的和亲政策》，《中央民族学院学报》1978年第1期。

宜之计，说成屈辱，似无不可；如果不存在威胁，而是自愿采取的行动，像汉武帝、汉元帝时的和亲，也看作是屈辱，那就不符合历史事实了。但就和亲者个人的遭遇来说，她们是演了一出悲剧。①

贾敬颜则认为，物质第一是和亲的实质。对和亲一则，公主的真假并不要紧，要紧的乃是因此关系的确立而带来的政治和经济的利益，尤其是贸易的利益。②

六、关于民族同化和民族融合

吕振羽认为，民族同化和民族融合这两种情况在我国历史上都是存在的。在阶级社会时代，各王朝为巩固、维护统治及其狭隘的阶级利益，采取种种手法愚弄人民，制造民族间的隔阂和歧视，其中也包括实行强制同化政策。这种强制同化，一般都遭到劳动人民的反对。因为强制同化是建立在阶级和民族压迫基础上的，违反了人类历史的前进方向，所以它反而常常促起民族关系的紧张；至于强制同化政策的某些方面或步骤，所以能够为人民接受而起过某种进步作用，是由于它在客观上适应了自然融合的趋势，产生了促进这种趋势的作用。作为与强制同化有原则区别，并且正是其对立面的，则是民族之间的自然融合。各民族、尤其是长期生活在一个国家内的各民族劳动人民之间，在不可避免的相互接触、不断增强的经济、文化联系的纽带作用中，在共

---

① 任崇岳：《汉代和亲政策的几个问题》，《历史教学》1980年第5期；任崇岳、罗贤佑：《试论唐代的和亲政策》，《中央民族学院学报》1981年第1期。
② 贾敬颜：《如何理解历史上游牧民族的战争》，《社会科学辑刊》1979年第3期。

同进行的生产斗争和阶级斗争中,必然地互相影响互相传授、学习和吸收彼此的东西,逐渐引起差别性的削弱、减少以至消失,共同性的形成、增长和发展,表现为一种自然融合的趋势。民族融合的自然趋势在阶级社会时代也能表现为进步趋势,因为它是以劳动人民间的相互平等为基础的,是适应于历史前进的趋向的;在相互平等的基础上的融合,谁也不受到任何迫害或损失,只会增强人类集体的力量和加快历史的进程,不过在阶级社会时代,其道路是很狭隘的,进度是很迟缓的。①

  吴永章说:对于民族同化问题不可一概而论。一种情况是,封建统治者采用政治力量强行推行其政策,如清初在南方一些民族地区强令薙发易服,其间有民族压迫的内容,应该加以否定;另一种情况是,封建王朝为巩固自身统治,以武力为后盾强制同化,甚至采用武力征服的办法,必须给予历史的批判。然而这种强制同化,有时在客观上也会起到进步作用,如南方民族地区的改土归流,有利于各族人民之间的经济文化交流,有利于民族地区的发展,符合历史发展的总趋势。在谴责封建统治者的残酷屠杀时,对这一事件本身的进步意义,则应予以肯定。此外,对于历代王朝及其地方官吏,在民族地区兴办教育、移风易俗等方面,均应具体内容具体分析,肯定其进步的一面,批判其民族歧视的一面。他还提到,在民族文化的交融方面,并非凡是"汉化"就是好的、进步的。经济发展有发达与不发达之分,而广义的文化,作为一个民族物质文明与精神文明的总和,是没有优劣之分的。草原游牧文化、南方山地游耕文化,与中原定居农业文化一样,都有其生态的、人文的、历史的基础,绝不能以经济的发达与否来区分文化的优劣,否则便会陷入民族主义的泥沼。②

---

  ① 吕振羽:《关于历史上的民族融合问题》,《历史研究》1959年第4期。
  ② 吴永章主编:《中国民族关系史》,第5页,民族出版社1992年版。

杨建新等认为，在我国民族关系发展史上，既存在民族同化的现象，也存在民族融合的现象。民族同化是指一个族或这个族的一部分，完全丧失其民族特性，被吸收于另一个民族之中的现象。这种现象在历史上是很普遍的。我国的匈奴、鲜卑、羌、氐、突厥、回鹘、契丹以及蒙古、满等族，都曾有不少同化于汉族。历史上大量进入边疆地区的汉族，也曾同化于少数民族之中。有人把历史上我国各族之间的相互同化称为"我中有你，你中有我"，这个说法是正确的，也很形象。另一种现象，即两个以上的族或其一部分，在长期交往中，互相吸收其特点，逐渐形成另一个新的民族共同体，这在我国历史上也很普遍。如乌孜别克族、哈萨克族就是由突厥人和蒙古人等在长期的共同生活中，于15、16世纪融合而成的；回族是由进入我国的阿拉伯人、中亚人和汉族以及其他民族成分结合而成的，等等。这就是历史上的民族融合。历史上的民族同化，基本上是民族压迫的产物；而民族融合的发生，虽然不可能完全摆脱民族压迫、民族斗争的因素，但其直接原因不是民族压迫。他们还指出：历史上的民族融合与将来共产主义实现后各民族的融合，当然是完全不同的两种情况。①

翦伯赞认为：民族同化和民族融合是有区别的。按照严格的科学的定义，在阶级社会的历史时代，只有民族同化，没有民族融合。同化是大的、生产力高的民族使小的、生产力低的民族在它的影响之下，消失自己的民族特点，变成大民族的一部分。因此，在同化过程中，大民族越变越大，小民族就越变越小，最后，变得没有了。融合则不是一个大民族在其他民族消失其民族特点而同化于自己的情况下扩大自己，而是几个民族，在共同的经济基础和思想基础之上相互影响，形成一个从来没有的新民

---

① 杨建新、马曼丽主编：《西北民族关系史》，第2～5页。

族。这在阶级社会历史时期是没有的，也不可能有的。同化基本上是带有强制性的，只有在特殊的历史条件下，才有自然同化。所谓同化，实际上就是落后民族加入了先进民族经济和文化体系，就是落后民族文明化。同化虽然大半带有程度不同的强制性，但仍然是一种进步的历史现象。但是，欢迎同化，不等于欢迎同化政策，因为这种政策是用强迫命令的办法来消灭另一民族的特征。[①]

范文澜认为，民族融合的现象在历史上还是存在的。他说：由于历史上战争和大屠杀造成的割据分裂这一黑暗时期，残酷斗争是一面，也还有民族融合的一面，斗争与融合同时并进，斗争完成了的时候也就是融合完成了，汉族因增添了新鲜血液而进一步发展。从远古传说中的黄炎之战和黄帝与九黎蚩尤之战，一直到满洲入主中国，几乎无例外地说明民族斗争是民族融合的必经过程，归根还是民族融合。从历史上看，汉族好像是一座融化各民族的大熔炉。汉族之所以成为一个巨大的民族，是由于几千年来不断吸收附近各民族的缘故。这正是马克思指出的"永恒的历史规律"。他强调：经济、文化水平比较低的民族融合到经济、文化水平比较高的民族里面，这是好事情，有进步的性质，历史学工作者用不着避讳这一点。[②]

章鲁根据经典作家的论述，把历史上的同化分作带有暴力的强迫同化和非暴力的自然同化两种，前者是统治阶级实行民族压迫的一种形式，后者是劳动人民自愿选择的，归根结底，还是由"经济情况"决定的。自然同化的过程，实质上就是先进的生产方式与落后的生产方式之间斗争的过程，斗争结果，必然是比较

---

① 翦伯赞：《怎样处理历史上的民族关系和阶级关系》，载《文汇报》1962年5月18日；《关于处理中国史上的民族关系问题》。

② 范文澜：《中国历史上的民族斗争与融合》。

先进的生产方式战胜落后的生产方式。因此,我们反对强迫同化,欢迎自然同化。虽然民族同化与民族融合实质上就是民族的消亡问题,但民族同化只能消灭一部分民族之间的民族差别,只是由一个民族变成另一个民族,而民族融合则是要消灭一切民族的民族差别,把全世界的一切民族的人民融合成为没有民族差别的新人类。因此,两者有着本质不同的概念,不能混为一谈。正因为民族融合指的是全世界一切民族融合成为一个整体,所以它只有在全世界范围内建立共产主义以后才能实现。①

李维汉同意章鲁等对民族融合的理解以及历史上有两种"民族同化"的说法。他还指出:"民族同化"是一个表现历史上某种民族关系的名词,它适于用来表明存在阶级对立和民族对立的社会中发生的一个民族同化另一个民族或同化于另一个民族的现象。就不经过暴力压力这一点来说,自然同化和民族融合有某些共同之点。他认为,在今天,在完全不同的历史时代和完全不同的意义上来讨论民族融合问题的时候,最好不要把"民族融合"和"民族同化"这两个名词混合起来使用。②

(本文是应《文摘报》原主编肖黎同志之约,于2001年3月为"20世纪中国史学重大问题论争"选题而撰写的。各位作者交搞后,正按出版计划结集成书时,不料发生了诸多意外,于是该书出版计划有流产之虞。2003年,《云南社会科学》编辑部热情约稿,我以本文应之。由于篇幅长达2万余字,编辑部建议拆分为两部分,并先后在该刊2003年第4期、2004年第3期发表。今按原稿收入本书。)

---

① 章鲁:《谈谈民族同化和民族融合的区别问题》,《新建设》1962年第6期。
② 李维汉:《关于民族工作中的几个问题》,《民族研究》1980年第2期。

附录

作者主要著述目录

（以公开发表时间为序）

1.《民族问题与民族政策》（与王炬堡合编，署名本书编写组），四川民族出版社1980年版。

2.《坚持民族平等，加强各民族的大团结》（与胡起望合作），载《民族问题与民族政策》，四川民族出版社1980年版。

3.《大力培养少数民族干部》，载《民族问题与民族政策》，四川民族出版社1980年版。

4.《从原始婚姻家庭遗俗看母权制向父权制过渡》，载《民族研究》1980年第1期。

5.《为消除各民族事实上的不平等而努力——学习周恩来在青岛民族工作座谈会上的讲话》，载《南宁师院学报》1981年第1期。

6.《景颇族的婚姻形态》，载《社会科学战线》1981年第1期。

7.《瑶族原始社会残余试析》（与韩肇明合作），载《民族学研究》第2辑，民族出版社1981年版。

8.《略论皇太极的历史作用》（与滕绍箴合作），载《社会科学辑刊》1982年第2期。

9.《我国古代民族关系研究的新进展》，载《历史教学》1982年第6期。

10.《关于我国古代民族关系问题的争鸣》,载《文史知识》1982年第6期。

11.《略述中国古代民族关系的讨论》,载《建国以来史学理论问题讨论举要》,齐鲁书社1983年版。

12.《布依族的"浪哨"和婚仪》,载《旅行家》1983年第1期。

13.《〈家庭、私有制和国家的起源〉写作背景》,载《中南民族学院学报》1983年第1期。

14.《马克思与马克思主义民族学》,载《云南社会科学》1983年第2期。

15.《祖国东南部的畲族》,载《人民日报》1983年9月5日。

16.《讲历史上的爱国主义应该有所选择》,载《光明日报》1984年5月30日。

17.《〈家庭、私有制和国家的起源〉论略》,载《云南社会科学》1984年第4期。

18.《澳大利亚级别婚试析》,载《民族学研究》第7辑,民族出版社1984年版。

19.《婚姻家庭制度演变概说》,载《湖南民族研究》1985年第1期。

20.《黎族合亩制性质试析——兼谈私有制的产生》,载《思想战线》(云南大学学报)1985年第3期。

21.《马克思、恩格斯与摩尔根的关系》,载《中国人民警官大学学报》1985年第4期。

22.《坚持历史唯物主义的婚姻家庭理论》,载《广西民族研究》1986年第1期。

23.《关于原始社会的分期——〈家庭、私有制和国家的起源〉学习札记》,载《中央民族学院学报》1986年第3期。

24. 民族知识丛书《景颇族》(七、八、九章),民族出版社1988年版。

25.《婚姻家庭词典》(主编),中国国际广播出版社1989年版。此书获国家民委三等奖。

26.《民族学通论》(执行副主编,撰写第五章第二节、第九章第二节和第四单元第十二、十三章,负责全书的订正和最后定稿),中央民族学院出版社1990年版,该版先后获北京市哲学社会科学优秀成果一等奖、国家教委人文社科优秀成果一等奖;受主编林耀华教授委托,1997年负责主持该书的第2版全面修订工作,该版获第十一届中国图书奖。

27.《台湾民族历史与文化》(书评),载《中国出版年鉴[1988]》,中国书籍出版社1989年版。

28.《杀头相似风吹帽 敢在世上逞英雄——罗福星革命述略》,载《文史知识》1990年第5期"台湾专号"下编。

29.《中华民族的格局是"多元一体"》,载《北京日报》1990年10月14日。

30.《〈民族学通论〉的显著特色》(书评,笔名莺花),载《中国图书评论》1991年第2期。

31.《"亚细亚生产方式"的真谛》,《北京日报》1991年3月30日。

32.《社会科学新学科词典》(编委,并撰写词条若干,释文万余字),北京工业大学出版社1991年版。

33.《"部族"质疑》,载《民族理论研究》1991年第2期。

34.《拓新、进取是教材的生命所在——评〈民族理论和民族政策纲要〉》(笔名沈勤),载《中央民族学院学报》1991年第4期。

35.《我国民族学学科建设的新收获——中国民族学学会学科建设研讨会纪要》(笔名莺花),载《民族研究》1991年第

6期。

36.《结合实际出特色》,在1991年7月5日—9日举行的"中国民族学学会学科建设研讨会"上的发言,又载《民族学》1991年第6期。

37.《具有中国特色的〈民族学通论〉》(书评,笔名舒晓),载《广西民族研究》1991年第3期。

38.《壮族传统文化的百科全书——读〈布洛陀经诗译注〉》(与林耀华合作),载《广西民族研究》1992年第3期。

39.《中国少数民族风情大观》(大型画册,首席文字撰稿),中国民族摄影艺术出版社1992年版,分中、英、法文三种版本。该书获首届中国民族图书奖一等奖。

40.《关于"民族"定义的新思考》,载《云南社会科学》1992年第6期。

41.《"衣冠王国"的壮丽画卷——〈中华民族服饰文化〉评介》,载《光明日报》1993年2月12日。

42.《〈古兰经〉的婚姻家庭观》(与邱立合作),载《北方民族》1993年第2期。

43.《略评承天太后的历史功绩》(与邱立合作),载《中国民族史第4次年会学术论文选》,中央民族学院出版社1993年版。

44.《中国少数民族》(大型画册,撰文纳西族、景颇族、哈尼族部分),中国画报出版社1994年版。

45.《中国民族问题的理论与实践》(第一章第三节《中国的民族识别》),中共中央党校出版社1994年版。

46.《党的民族政策光辉胜利的物证》,载《中央民族大学学报》1994年第6期。

47.《对中华民族含义的新阐释——评〈中华民族研究初探〉》,载《社会科学战线》1995年第3期。

48.《襟胸坦荡　放眼四海》，载《十年创业路》，中国国际广播出版社1995年版。

49.《民族学与社会主义建设——中国民族学学会第五届学术讨论会纪要》（笔名莺花），载《民族学研究》第11辑，民族出版社1995年版。

50.《〈关于原始社会的分期〉余论》，载《中央民族大学学报》1996年第3期。

51.《从"民族博物馆"名称说开去》，载《吴文藻纪念文集》，中央民族大学出版社1997年版。

52.《〈家庭、私有制和国家的起源〉是恩格斯晚年一部重要的独立著作》，载《中央民族大学学报》1998年第1期。

53.《中华文化大辞海·中华文化习俗辞典》（编委，撰辞条释文凡18万字），中国国际广播出版社1998年版。

54.《建设有中国特色的民族学——〈民族学通论〉（修订本）评介》，《民族研究》1998年第2期。

55.《对藏区"多夫多妻"现象的浅见》，载《西藏研究》2001年第1期。

56.《中国民族概论》（执行主编，又与温华合作撰写第四章），中央民族大学出版社2001年版。此书获北京市哲学社会科学优秀成果二等奖。

57.《历史上中国和中华民族的形成与发展问题讨论述略》，载《云南社会科学》2003年第4期。

58.《中国古代民族关系几个问题讨论述略》，载《云南社会科学》2004年第3期。

59.《让广东汉乐、汉剧唱响中华大地》，载《北京"文化梅州"论文集》，国际炎黄文化出版社（香港）2005年版。

60.《略述中国古代民族关系的讨论》，载肖黎主编《20世纪中国史学重大问题论争》，北京师范大学出版社2007年版。